编　委　会

主编

陆道平(苏州科技大学)
路海洋(苏州科技大学)

副主编

王玲玲(苏州科技大学)

编委(按所撰写之章节先后为序)

周永沛(苏州市吴中区教研教科室)
傅嘉德(苏州市教育科学研究院)
丁　敏(苏州科技大学)
王玲玲(苏州科技大学)
熊　壮(苏州科技大学)
董问博(西安铁一中滨河学校)
王家伦(苏州大学)
陈卫东(苏州科技大学)
刘桂萍(扬州教育学院附属中学)
吴格明(江南大学)
吴　松(苏州科技大学)
路海洋(苏州科技大学)
陈娇华(苏州科技大学)
张　莉(苏州市太湖旅游中等专业学校)
赵　琪(苏州科技大学)
祖晶然(上海市闵行区七宝第三中学)
朱开群(苏州市教育科学研究院)

总　序

“本科教学工程”（全称“高等学校本科教学质量与教学改革工程”），是“十二五”期间我国在高等教育领域实施的一项重要工程。2011 年，教育部、财政部联合下发了《关于“十二五”期间实施“高等学校本科教学质量与教学改革工程”的意见》，明确指出：“鼓励各高等学校根据学校特色，积极筹措资金设立校级‘本科教学工程’项目”，“支持高校开展专业建设综合改革试点，在人才培养模式、教师队伍、课程教材、教学方式、教学管理等影响本科专业发展的关键环节进行综合改革，强化内涵建设，为本校其他专业建设提供改革示范”，根据其中要求，苏州科技大学于 2013 年开展了“本科教学工程”第二批校级重点建设专业遴选工作，办学历史较长、实力比较雄厚的汉语言文学专业顺利获得立项批准。经过几年的建设，这项工作已经取得了明显的成效。

汉语言文学专业是中国大学发展史上开设最早的专业之一，该专业培养出的大量人才为中国社会的发展做出了重要的贡献。当然，随着中国经济社会的快速发展，包括汉语言文学专业在内的许多传统专业的人才培养，已经与“经济社会发展对应用型人才、复合型人才和拔尖创新人才的需要”（《关于“十二五”期间实施“高等学校本科教学质量与教学改革工程”的意见》）存在一定的脱节，我校汉语言文学专业的人才培养同样也存在类似的问题。为了解决这一问题，必须对专业人才培养进行综合改革，这包括改革人才培养模式、教师队伍、课程教材、教学方式、教学管理等一系列工作。必须承认，在上述的专业改革建设环节中，高水平、有特色的自有课程教材建设一直是我们的一个弱项，在认清问题后，我们从“十一五”期间开始就着力推进此项工作，“十二五”期间，这项工作所取得的最重要成果，就是编撰了“本科教学工程”重点专业建设系列教材。

“本科教学工程”重点专业建设系列教材编撰的总体思路或说定位，可以表述为紧扣实践、兼顾基础、努力创新。学界对传统的教师教育人才培养，流行一种“三重”、“三轻”之说，即重理论、轻实践，重动脑、轻动手，重知识、轻能力，将这一说法迻论于传统的汉语言文学专业人才培养，也有一定的针对性。有鉴于此，我们在编撰该系列教材时，首先，考虑到了它们的实践指向，亦即这些教材的首要特点就是针对专业人才实践动手能力的培养，这一点与区域经济发展对应用型人才、复合型人才和拔尖创新人才的实际需要是相吻合的。其次，考虑到实践动手能力是一个综合的能力，因此，在强调教材编写实践性的同时，我们也充分重视对相关基础性知识的融摄，换言之，兼顾实践能力培养与基础理论知识传授，是这套教材的共同特点。再次，我们所编撰的以本科生实践能力培养为主的系列教材，还努力在某一些领域进行开创性探索，尝试完成一些专业人才培养迫切需要而前人尚未涉及或者做得不够的工作。当然，我们的努力是否已经实现了既定的设想，还有待学界和广大师生来检验、评价。

这套教材由陆道平、路海洋担任总主编，由我校汉语言文学专业具有丰富教学经验的资深教授、副教授担任分卷主编，各卷实行主编负责制。诸教材按课程立卷，体例设置不要求“整齐划一”，但必须遵循严格的学术规范，并符合教材编写的实际需要。

由于水平所限，这套教材还存在一些不足之处，敬请同行专家和广大读者批评指正。

编　者

2016 年 6 月

前　言

随着我国经济社会的迅猛发展和时代对创新型中小学教育人才的热切呼唤，深入的教师教育改革已经势在必行。“十二五”期间，根据《国家中长期教育改革和发展规划纲要(2010—2020年)》的相关要求，教育部酝酿、出台了一系列针对教师教育的新要求、新标准。在这些“新要求、新标准”中，“实践能力”是被多次提到的一个关键词，如2012年出台的《小学教师专业标准(试行)》和《中学教师专业标准(试行)》就都强调了一个共同的理念，即在教师教育过程中“把学科知识、教育理论与教育实践相结合，突出教书育人实践能力”，这与社会对中小学教育人才的现实需求是相符合的。

当然，中小学教师《专业标准》中所说的“教书育人实践能力”，显然不是一个单一的能力，而是一个与学科知识、教育理论相结合的综合能力，亦即运用学科知识、教育理论进行教书育人实践的能力，这与我国高等师范教育界长期以来形成的共识——大学师范生应具备广博的综合性知识、丰富的教育理论知识和扎实的教育实践操作能力——是一致的。不过，在实际的人才培养过程中如何贯彻、落实这一共识，却存在着诸多的问题，不少师范类院校不太重视提升学生的综合文化知识，一些综合性大学师范专业对培养学生的“动手能力”关注不够，就是比较突出的方面。

江苏的教育改革，一直走在全国的前列，由省教育厅主办，从2012年到2016年已成功举办五届的省级师范生教学基本功大赛，正是对上述问题一种面上的修正努力。这项比赛分为学前教育、小学教育、中学教育、艺体教育四类(组)，内容涉及基础知识(与应用)、通用技能和专业技能三大块，其与大学师范人才培养的综合性知识、教育理论知识和教育实践操作能力诉求是完全吻合的，事实证明，这一努力的效果是比较明显的。

考虑到国内目前还没有一部针对师范生基础知识、专业知识和教育实践技能指导的综合性教材，我们编撰了《大学文科师范生教学技能十二讲》。这部教材的主体由三大部分内容构成：

一是教育基本知识，包括教育学、心理学、教育法律法规和教师礼仪四讲。这一部分简明扼要地概述了教育学、心理学、教育法律法规和教师礼仪的基本概念、内涵、特点，可以为中小学各学科教师在基础教育知识方面的职前培训与职后梳理、巩固提供参考。

二是一般教学技能，包括口语技能、书写技能、写作技能、信息处理技能和思维能力五讲。这部分内容，将理论总结与案例分析相结合，比较系统地讲授了包括口语表达、“三笔字”书写(主要是粉笔字和钢笔字书写)、教学论文写作、信息处理与运用、逻辑思维能力等通用教学技能，能为中小学各学科教师职前储备、职后提升教育教学一般技能提供指导。

三是学科知识与教学能力，包括语文、历史、政治三门学科的基础知识和教学能力三讲。其将学科基础知识与学科教学技能讲授相结合，突出了专业性和实践操作性；尤其是学科教学技能方面，结合丰富的典型案例，讲授了中学语文、历史、政治教学设计、课堂教学、说课与模拟授课的原理、规律和基本策略，有较强的实践指导意义。

另外，绪论部分概括分析了教师职业理念与职业道德规范、新课程改革与课程标准及教师资格证考试的内涵、特点，是全书的总纲。

全书的内容按照从一般到专门的逻辑次序，以“教学技能”为核心，涵纳了中学语文、历史、政治教师教育的基础知识、一般技能和学科教学技能等多方面的内容，可以为大学汉语言文学、历史学和思想政治教育三个专业类别师范生的教师教育知识、技能学习，提供较为系统的指导和参考。当然，就适用范围而言，本教材不仅适用于全国高等院校汉语言文学、历史学、思想政治教育等师范专业大学生使用，也可供中小学在职教师及其他有志于考取中小学教师资格证书的社会人士学习、参考之用。

《大学文科师范生教学技能十二讲》是教师教育领域教材编写的一个“新生儿”，本身可能存在一些有待完善之处，但我们仍希望这部“新鲜”的教材，能获得专家学者和广大师生的认可与批评指正。

路海洋

2016 年 6 月

目　录

绪　论

一、教师职业理念与职业道德规范

有人说，“教师是人类灵魂的工程师”，此言是说教师作为一种社会角色，承担着塑造学生思想的责任；有人说，“师哉，师哉，桐子之命也”（“桐子”之“桐”，通“僮”、“童”），此言意味着教师之于儿童生命成长具有决定性的意义；有人说，教师是“开启知识宝库的钥匙”，此言则是说教师对于学生的发展肩负着传授知识、培养能力的任务；有人说，“教师是太阳底下最光辉的职业”，这又是从教师职业的光荣和伟大，道出了教师职业所担负着的育人使命的重要性。诸如此类的隐喻说法还有很多，如此多的隐喻思维其实都是在描绘教育现象，解释教育事实，强调教师角色的社会地位、社会价值和社会责任的责无旁贷性。

既然教师的社会使命如此重大，教师的社会角色如此重要，那么，教师的职业就必然会呈现出非同于其他社会职业的显著特性。

特性之一，从工作性质来看，教师职业具有复杂性和艰巨性。教师从事的是脑力劳动，劳动对象是有思想有情感的生动活泼的人——学生。教师要让学生获取知识，获得能力，增长智慧，养成良好的生活习惯，锤炼健康的心理素质，形成优秀的思想品质，不断成长起来，其过程是相当繁难的，要历经艰难竭蹶，方能玉汝于成，因此，教师职业的复杂和艰巨自是可想而知的。

特性之二，从工作职责来看，教师职业具有不可替代性和社会联系性。教育工作是培养人的。说到培养人，首当其冲的承担者当然是教师。但是，教育工作和社会生活又是紧密相联的，单靠学校，单靠教师来育人，是远远不够的，还需要家庭和社会的配合，形成合力，方能真正达成为国家培养合格接班人的目的。因此，不可替代的育人职责，教师本身固然不能推诿，而加强与社会的广泛联系和科学协作也是万万不能忽视的。

特性之三，从工作特征来看，教师职业具有示范性和引领性。汉代扬雄有言：“师者，人之模范也。”这个“模范”，就表现为示范性和引领性。首先是教师人格的示范和引领，即是说教师稳定的个性心理特征、情感态度和道德品质会对学生产生潜移默化的影响；其次是教师思想的示范和引领，即是说教师的世界观、人生观、价值观的主观表达和客观外现会对学生产生耳濡目染的影响；再次是教师的言谈举止的示范和引领，即是说教师的行为方式和处事风格会对学生产生润物无声的效仿效应，也是说教师凭借深厚的专业素养和学识水平构成的学者风范能让学生产生钦佩之情，而激发起学生求知的欲望和学习的热情。

特性之四，从工作方式来看，教师职业具有灵活性和创造性。因为教育工作要面对无数的“千差万别”，教学对象的千差万别，教学环境的千差万别，教学内容的千差万别，教学情境的千差万别，教学活动的千差万别，教学训练的千差万别，教学考查的千差万别，教学资源的千差万别，教学指导的千差万别，教学经验的千差万别，教学创意的千差万别，不一而足。因此，作为教师必须充分认识到这个道理，不能采用定于一尊的教育教学工作方式，而必须从自身的教育教学实践出发，发挥自己的优长和创造性，灵活地对待，创造性地处理。当然，这种灵活和创造，绝不是信马由缰，恣意挥洒，而应该在遵循课程标准的前提下，做到如金代王若虚所言之“定体则无，大体须有”，尽可能探寻到教育教学的规律和章法。

以上我们就教师的职业特性作了一个大致的分析和概括，这不但有利于端正社会上的人们对教师职业本质的认知，而且有利于教师本身对自身的职业性质有一个更深入的认识，认识到自己作为教师这样的社会角色究竟“是什么”，应该“做什么”，“怎样才能做得好”，从而有效地担当起自己的社会责任，实现教师的社会价值和自己的人生价值。关于教师“是什么”，应该“做什么”的问题，在弄清楚如上文所言的关于教师的隐喻和工作特性以后，答案应该是相对清晰的，这里无需赘述。而教师“怎样才能做得好”的问题，则是必须深入探讨的。

当前，在教育界，全国上下都在深入地开展新中国成立以来的第八次课程改革。课程改革的终极目的，说到底，其实就是调整和改变教育方式，为社会培养有用的人才。这涉及教育思想、教育内容、教育模式、教师素养、资源更新等若干方面的改革，而其中的教师素养提升，则是课程改革必须要面对的关键问题。这个关键问题，又涉及教师的职业理念、师德修养、业务功底、教学水平、合作能力和创新精神诸多方面。对于这个“诸多方面”，都要一项一项地下大功夫予以探讨和研究，并且付诸有效的实践。在这“诸多方面”中，至关重要的，或者说，居于首位的，当属教师的职业理念问题。有了正确的职业理念，教师的工作就有了方向和追求的目标；有了正确的职业理念，教师就会明确自己的职责所在，在教育教学过程中当好循循善诱的人师，做和学生心灵相通的朋友；有了正确的职业理念，教师就会根据教育教学要求自觉砥砺教学功底，提升教学能力；有了正确的职业理念，教师就会从学生实际、教材实际和自身实际出发选择适合学生年龄、心理和知识基础的教学方法；有了正确的职业理念，教师就会在其导引下开展教育教学研究，积极探寻教育教学规律，创新教育教学思路，打造出别具一格，富于特色的教学风格；有了正确的职业理念，教师就会勉励自己端正职业态度，尽心尽责，殚精竭虑，塑造敬业的教师形象，展现乐业的教师魅力。这样，“怎样才能做得好”的问题方能得到有效的解决。

那么，究竟什么是教师的职业理念，教师的职业理念究竟包含哪些内容，还需要在这里作一些解读。

所谓教师的职业理念，按笔者的理解，就是指教师在从事教育教学工作的过程中所认定、所抱持、所追求的教育原理、教育本质、教育原则和教育目的。教师的职业理念统摄着、指导着、规范着，也制约着教师的教育教学策略和教育教学行为。教师的职业理念应该烙有鲜明的教师职业的行业性特征，也允许教师在运用过程中烙上鲜明的个体印记。根据当前课程改革的精神，融进我国传统教育的精粹思想，我们认为，教师的职业理念应主要包含以下一些内容：

其一，人本理念。这是一种以人为本的职业理念，它确立以人为核心的价值观，强调人的尊严和平等，以人的思想解放、合作进步和全面发展为最高追求。具体到教育行业上，人本理念就是以学生为本的理念；具体到教育类型上，人本理念就是素质教育的理念。再从素质教育的视角进行具体化解，教育上的人本理念，或曰以学生为本的理念，又可作如下解析：一个叫做“面向全体”，即为孔子所言之“有教无类”，就是说每一个儿童都有受教育的权利；一个叫做“全面发展”，即为颜之推所言之“德艺周厚”，就是说教育要使每一个儿童朝着德才兼备的目标努力；还有一个叫做“发展个性”，即为蔡元培所言之教育“与其求划一，毋宁展个性”，就是说教育要尊重、鼓励和发展学生个体的独特性、主体性和各自的优势，以发扬“学生的自动精神”和求知的自觉性，关注和促进学生的自我价值实现。

其二，能力理念。这个职业理念涉及人们对教育的两种认知。一种叫做“知识本位”，一种叫做“能力本位”。根据本轮课程改革的精神，前者是应该摒弃的，后者是应该倡导的。当然，这里说的对前者的“摒弃”，不是不要“知识”，而是不要那种一味重视知识的本位思想；这里说的对后者的“倡导”，也不是一味强调能力的获得，而忽视知识的掌握。其实，知识和能力是密不可分的，二者并无孰优孰劣的问题，也不存在孰先孰后的问题，世界上绝无没有知识的能力，也绝无不含能力的知识。我们真正要的是提高学生获取能力的重视程度，把学生能力的提高放在检验教育教学效果的优先位置上，实现由重知识传授向重能力发展的转变。这就是我们主张的能力本位理念。需要指出的是，在教育教学中发展学生能力的关键在于激发学生的主体意识和创新思维。因此，在强调能力本位理念的时候，一定要把这两项置于教育教学构思的前位。

其三，角色理念。这个职业理念关乎人们对教育行业系统中教师和学生这两类人的地位的不同认识。一种叫做“教师中心论”，一种叫做“学生中心论”。前者的渊源可以追溯到古代的巴比伦，在古希腊、古罗马已有了发展，在文艺复兴时期得到了深化，到了19世纪，德国教育家赫尔巴特则将其构建成为理论。这种理论虽然有利于系统地传授知识，但其局限性是十分显著的，它强调学生的学习要以教师的教学为依据，教师是课堂的主宰，学生要被动地听命于教师，成了课堂里的仆役。它赖以支撑的教学方法就是众所周知的“满堂灌”、“填鸭式”。直到现在，这一理论在许多教师中还可以说是“深入人心”，其教学方法还顽固地占领着当今的课堂而不肯退席。后者同样可溯源到古代，孔子的因材施教说、苏格拉底的产婆术、昆体良的演说原理都含有“学生中心论”的意蕴。直到20世纪初期，美国教育家杜威便在研究前人教育思想成果的基础上，提出了“学生中心论”，他称之为“儿童中心主义”，认为儿童是社会的未来，教育活动的中心要由教师转移到儿童身上，让课堂教学焕发出学生的活力。当代的钱梦龙先生提出的“学生为主体，教师为主导，训练为主线”之滥觞，也在于此。很显然，这两种观点是针锋相对的。但是，根据素质教育和课程改革的要求，我们是主张后者而反对前者的，因此，很有必要实现教师角色的转换，让教师走下神圣的讲坛，抛却课堂主宰者的角色之累，融入学生之中，和学生建立起平等的朋友式的师生关系，成为平等中的首席，成为学生学习的引导者，成为学生未来发展的规划师，从而改变“教书匠”的刻板形象，不再当教学内容的灌输者，而和学生一起成为教学内容的研究者和开发者。

其四，共生理念。这个职业理念也可叫做教学相长理念，源出于《礼记·学记》，原文说“学然后知不足，教然后知困。知不足，然后能自反也。知困，然后能自强也。故曰教学相长也”。意思是说，教和学两个方面有了不足和困惑，通过自反自强，相互学习，就能得到共同提高。话说得很简单，却充满了深刻的哲学意味，阐明了教与学之间存在的一种相辅相成、互相促进的关系，而不是单向的师生授受关系。一个“相”字，将教与学、教师与学生在教学活动中的非对立统一，抑或说互联互动的关系准确地描述出来了；一个“长”字，又准确地解释了教与学、教师与学生之间并非零和博弈游戏，而是双方得益共进的交流协作，抑或说是互帮互促、共振共生的关系。当前的课程改革提倡营造一种合作、对话、探究的新型的课程文化，完全可以认为，我们古代先贤的教学相长理念，或曰教学共生理念正是当前课程改革所谓新型课程文化的源头。因此，我们要珍视我国古人的先见之明，在教育教学实践中努力践行这一理念。践行的方法可以有如下一些。一曰建立多维的对话机制。在笔者看来，教学的过程其实就是对话的过程。可以是显性对话，也可以是隐性对话。显性对话指师生对话和生生对话，隐性对话则是指师生与教材、与作者、与教材编者的对话，或者说是课堂上二目相视的无声对话。二曰建立多向的信息传输渠道。在笔者看来，教学的过程其实就是教学信息的传输过程。这些渠道可以是师生之间的单向传输，也可以是生生之间，或者是师生和教材、作者、编者之间的双向或交叉向的传输。三曰构筑推进式的解疑链条。在笔者看来，教学的过程其实就是解疑的过程。这个过程可以沿着“设疑—质疑—释疑—留疑”的思路逐步推进。四曰创设生动的教学情境。在笔者看来，教学的过程其实就是多种教学情境的演进过程。这些情境必须弥漫着激情，充盈着情趣，能够引发学生的思考，具有生动活泼、碰撞思维的特征。五曰建立平等的师生关系。这在前文已经有所阐释，平等的师生关系可以使学生消除师生隔阂，感受到来自教师的人文关怀。总之，有了这样一些践行方法，便能保证教学过程呈现出一种灵动活跃的局面：教师神采飞扬，学生情绪饱满，二者智慧引发智慧，情感沟通情感。这样，这种教学相长之共生教学方式，便会取代旧有的“我讲你听”的教学模式而逐渐形成一种崭新的教学常态。

其五，爱心理念。这个职业理念是为人师者最根本的职业理念，或者说是首位理念。夏丏尊先生说“没有情感，没有爱，也就没有教育”，苏霍姆林斯基说“教育的全部奥秘就在于如何爱护学生”，这些说法都强调了爱心之于教育，之于教师的至高无上性。有道是，服从是军人的天职，我们完全可以比照着说，爱生乃是教师的天职。教师对学生的这种师爱，是自然的、纯真的、无私的、普遍的、持久的，是由教师的情致感、理智感、美学感和道德感凝聚而成的一种高尚的职业理念。这种师爱，有别于父母之爱、朋友之爱，表现出了以下一些基本特征。首先是职业性。教师作为一种职业，其工作内容是教育学生。要教育好学生，就必须热爱学生，只有热爱学生，才能履行好教师职责。这样一个自然的逻辑推理，就导出了教师和学生之间存在着必然的职业性的师爱情愫。其次是原则性。教师的师爱是有原则的，这个原则就是要按照国家的教育方针去教育学生、关爱学生，因此，这种师爱，是一种饱含着教育目的的爱，是期待着为祖国培养有用人才的教育之爱。再次是平衡性。教师面对的是学生群体，群体中的每一个个体都是有差异的。他们个性有不同，智力有高低，能力有大小，品行有上下，家庭情况有差异，因此，作为教师，在施爱的过程中就要注意平衡性，以平等的态度对待每个学生个体，把爱平均分给每一个学生，绝不能凭着自己的好恶情感，偏视、庇护一部分学生，而鄙视、冷落另一部分学生，更不能有某些父母式的溺爱和某些朋友式的偏爱。但对于某些学困生或者某些方面存在缺陷的学生则要帮助他们克服自卑心理，树立自信，给他们以热情的鼓励，让他们感受到集体的温暖和教师的真诚，认识到丑小鸭也会变成白天鹅。最后要说一下宽严性。我国一向有宽严相济、恩威并重的说法，师爱也要辩证地来看，只要出发点是爱学生、为学生好，该宽的时候就要宽，该严的时候就要严；该表扬的时候就要表扬，该批评的时候就要批评。这样，学生就会理性地认识到，宽固然是一种爱，但宽而无边，甚至失去了原则，也不是真爱，而严得在理，严得有度，严得让人心悦诚服，其实也是一种爱，而且是一种真爱。作为教师，只要把握好宽而不滥，严而不横的“度”，付出真心，拿出真诚，学生就能焕发出求知上进的正能量，在教师爱心的感召下，健康地成长。

上面，笔者就人本理念、能力理念、角色理念、共生理念和爱心理念作了一些解读和剖析，其实，因为教师职业是个立德树人的职业，教育工作是个庞大的系统工程，教师仅仅怀抱这五种职业理念，要想把工作做得尽可能完美是远远不够的。其他诸如生命理念、差异理念、合作理念、创新理念、服务理念、教是为了不教理念、终身学习理念等，也都需要阐述。限于篇幅，本篇绪论难以尽言。要之，我们必须认识到，教育是一种唤醒，要唤醒学生强烈的求知欲望，而不是一味地灌输刻板的知识；教育是一种激励，要激励学生旺盛的学习热情，而不是窒息学生主动探知的信心；教育是一种陶冶，要陶冶学生高尚的情操，而不是津津乐道于枯燥的道德说教；教育是一种养成，要养成学生良好的学习习惯和善于质疑的思维品质，而不是强求学生如法炮制现成的答案；教育是一种开发，要开发学生无限的潜能，而不是戕害学生的灵气和才气，泯灭学生的智慧和创意。总之，教育是引导而不是去左右，教育是感染而不是去教训，教育是影响而不是去支配，教育是解放而不是去控制。真正好的教育是以人为本的教育，能够让学生去体验崇高，体验美好，体验成功，培养积极的人生态度、鲜明的价值判断和严谨的思想体系。只有懂得了这些道理，才能算是具备了明确的职业理念。

作为人民教师，除了要具备端正的职业理念以外，还要遵循基本的职业道德规范。职业道德是指人们在职业劳动中所应遵循的与其职业要求相适应的道德观念、情操和品质。那么，教师的职业道德便是指教师在教育工作中必须遵循和秉持的符合教育行业要求的一系列道德层面的思想行为规范的总和。但相较于其他职业，因为教师从事的是塑造人的灵魂的工作，其道德规范的要求在规格上要比其他职业道德更高些，在内容上要比其他职业道德更全面些，在影响上要比其他职业道德更深远些，在自我追求上也应该比其他职业道德更有自觉性。

本着以上精神，教育部和全国教育工会于 1984 年制定了《中小学教师职业道德要求》，后来又经过 1991 年、1997 年、2008 年和 2013 年的四次修订，定名为《中小学教师职业道德规范》，颁发全国。内容一共有六条：

一、爱国守法。热爱祖国，热爱人民，拥护中国共产党领导，拥护社会主义。全面贯彻国家教育方针，自觉遵守教育法律法规，依法履行教师职责权利。不得有违背党和国家方针政策的言行。

二、爱岗敬业。忠诚于人民教育事业，志存高远，勤恳敬业，甘为人梯，乐于奉献。对工作高度负责，认真备课上课，认真批改作业，认真辅导学生。不得敷衍塞责。

三、关爱学生。关心爱护全体学生，尊重学生人格，平等公正对待学生。对学生严慈相济，做学生良师益友。保护学生安全，关心学生健康，维护学生权益。不讽刺、挖苦、歧视学生，不体罚或变相体罚学生。

四、教书育人。遵循教育规律，实施素质教育。循循善诱，诲人不倦，因材施教。培养学生良好品行，激发学生创新精神，促进学生全面发展。不以分数作为评价学生的唯一标准。

五、为人师表。坚守高尚情操，知荣明耻，严于律己，以身作则。衣着得体，语言规范，举止文明。关心集体，团结协作，尊重同事，尊重家长。作风正派，廉洁奉公。自觉抵制有偿家教，不利用职务之便谋取私利。

六、终身学习。崇尚科学精神，树立终身学习理念，拓宽知识视野，更新知识结构。潜心钻研业务，勇于探索创新，不断提高专业素养和教育教学水平。

细细阅读，不难看出，这六条道德规范，集中地体现了教师的职业特点对师德的根本要求，具有鲜明的时代特征，而“爱”与“责任”则是贯穿其中的核心和灵魂。具体而言，“爱国守法”，是针对教师职业提出的基本要求，“爱岗敬业”，则是针对教师职业提出的本质要求。“基本要求”和“本质要求”是不一样的。“基本要求”说的是底线要求。一个人，不爱国，不守法，连做一个合格公民都不够资格，当然谈不上做承担育人职能的教师。至于“本质要求”，则是从实质上对教师提出的要求。这个实质，说的就是教师之所以能成为教师而应该具有的事业心和责任心。“关爱学生”和“教书育人”两条，一条说的是师德的灵魂，一条说的是教师的职责。仁者爱人，师者乃仁者之一，当然也必须爱人，让“爱”随时随地体现在日常的工作中、言行中，履行好教书育人的职责。“为人师表”是从教师的品德、人格和形象说的。一个作风正派、业务精湛的教师，必须坚守高尚的品德和情操，以身作则，以自己的学识魅力和人格魅力为学生树立起榜样。“终身学习”，则是从职业道德层面就教师的专业发展提出来的规范要求，足见其重要性。这是强调，一个具有事业心和职业良心的教师绝不能做一天和尚撞一天钟，而必须建立起终身学习理念，拓宽知识视野，更新知识结构，潜心钻研业务，勇于探索创新，不断提高专业素养和教育教学水平。唯其如此，方能胜任有余，从教育教学的必然王国不断步入自由王国。

根据以上对现行《中小学教师职业道德规范》的内涵解读，其鲜明特征便跃然而出了。其一是时代性。现在，我国正处在建设有中国特色社会主义的社会转型时期，教师作为这个转型期的塑造人的灵魂工程师，担负着为国家培养新时代的建设者和接班人的任务，为此，现行的《中小学教师职业道德规范》便从社会转型时期的发展趋势出发，确定了符合时代要求的适时适世的教师道德规范的基本定位，要求教师爱国爱岗，敬业尽职，坚守当今社会的共同理想、价值观、荣辱观和道德指向，以正确引导青少年学生的时代自觉，学好推进新时代社会发展的本领。其二是依据性。道德规范条文的制定，必须具有政策依据和科学依据。政策依据应该是国家的教育方针，各类相关法律法规，科学依据应该是教育发展规律，师德发展规律，教师专业特点等。除此以外，还应参考相关国家和不同历史时期的师德要求。现行的《中小学教师职业道德规范》对上述两种依据都体现得非常充分，总共六个条目，覆盖全面，既具有内容确定的严肃性，又具有条文用语的准确性。因此，这是一份理据合一、完善可行的教师职业道德规范文本。其三是自律性。自律是和他律相对而言的。他律具有强制性，会妨害人的主观能动性的发挥和施展。而自律却能体现人本理念，重视人的内在自觉性的生发和追求。现行的《中小学教师职业道德规范》在字里行间处处强调了教师的自律性，鼓励教师自觉履行规范要求，而不是被动践行。如"志存高远，勤恳敬业，甘为人梯，乐于奉献"，如"循循善诱，诲人不倦，因材施教"等措辞用语，都是启发教师自律的口吻，是一种正面引导式的道德规范要求，而非强制性的条令。其四是严整性。道德规范条文的制定，必须按照师德理想、师德原则和师德规则的逻辑思路来构思，师德理想体现的是教师职业道德的导向性，师德原则体现的是教师职业道德的指导性，师德规则体现的是教师职业道德的约束性。只要把这三个层次结合起来，就能体现出教师道德规范的严整性。细细审读现行的《中小学教师职业道德规范》，每一条都是这三个层次的完美结合。即以第三条为例，"关爱学生"是为师德理想，"关心爱护全体学生，尊重学生人格，平等公正对待学生。对学生严慈相济，做学生良师益友。保护学生安全，关心学生健康，维护学生权益"是为师德原则，而"不讽刺、挖苦、歧视学生，不体罚或变相体罚学生"即为师德规则。其他各条，均可作出这样的分析，这也足以见出其严谨系统的严整性。其五是务实性。教师职业道德规范条文是纸面上的东西，如何使纸面上的内容获得教师的认同，并自觉履行，落实在行动中，这就需要在制定条文时本着务实精神，加强针对性、实效性，贴近国情、贴近认知、贴近实际、贴近教师，以接地气，在教师的心目中得到内化，得到实实在在的施行。查阅一下现行的《中小学教师职业道德规范》，每一条都不乏体现针对性和实效性的务实提法，如"不得有违背党和国家方针政策的言行"，"不以分数作为评价学生的唯一标准"，"自觉抵制有偿家教，不利用职务之便谋取私利"等，都是能够表达上述四个"贴近"，能够落地生根，让教师切实执行的条文，都充分地体现出了务实性的特征。

在阐明了教师职业道德规范的概念、内容、内涵和特征，认识了实施教师职业道德规范重要性的基础上，我们还要在此强调，作为教师，一定要通过自己的实际行动，认真践行规范的要求，为国家、为人民履行一个人民教师所应承担的义务和所肩负的职责。这就首先需要教师能够认识自我，进行自我教育。因为任何社会道德价值观念、社会道德行为都是通过个体的生命形式和实践活动的承载来实现的，教师职业道德规范也同样要求每个教师个体在自我认知、自我修养的过程中去落实和践行，并在这一过程中逐步实现自我的完善。当然，教师在履行职业道德规范的过程中还要认识到，规范的践行还需要每个教师个体伴随着健康的道德情感的建立和合理的道德评价的权衡方能真正走向自我完善，从做一个合格的人民教师不断过渡到做一个成熟的优秀的人民教师。

人民教育事业是伟大的事业。伟大的教育事业需要千千万万个敢于担当、善于从教、乐于奉献的教师个体协同努力地去实践、去奋斗。我们期盼着广大的教师们能够建构起正确的教师职业理念，按照教师职业道德规范的要求肩负起这个伟大的事业，为培养祖国优秀的建设者和接班人而建功立业。

战斗正未有穷期，教育仍需侪辈献力！

二、新课程改革与课程标准

(一)新课程改革

新中国成立以来，我国的基础教育课程改革已经进行了八次。第八次课程改革于1999年正式启动，2000年1月至6月通过申报、评审，成立了各学科课程标准研制组。2000年7月至2001年2月，各研制组在专题研究的基础上形成了课程标准初稿。3月，教育部基础教育司在9个地区向广大教育工作者和专家学者征求意见，对各学科课程标准进一步修改。7月，教育部颁布《基础教育课程改革纲要(试行)》，9月1日基础教育课程改革实验区开始启动。

1. 课程改革的核心理念

此次课程改革的核心理念是一切为了学生的发展。“一切”，指的是学校的所有教育教学方略的制订，方式方法的使用，都要建立在以人为本，促进学生健康成长的基础之上；“学生”，指的是学校里的每一位学生；“发展”，指的是学校的教育教学及一切课外活动，都要把目标锁定在能够有利于学生终身发展之上，有利于学生在学校获得今后走向社会所需要的基本生存能力——自主学习的能力，与人合作的能力，信息收集与处理的能力，学会办事的能力，独立生存的能力，以保证我们的下一代能够在未来社会生存与发展。

2. 课程改革的根本任务及具体目标

全面贯彻党的教育方针，调整和改革基础教育的课程体系、结构、内容，构建符合素质教育要求的新的基础教育课程体系是新课程改革的根本任务。更新教与学的观念，转变教与学的方式，重建学校管理与教育评价制度，是新课程所要完成的三大主要任务，其中，转变教与学的方式，尤其是转变学生的学习方式是核心的任务。课程改革的核心环节是课程实施，而课程实施的基本途径是课堂教学。要逐步实现教学内容的呈现方式、学生的学习方式以及教学过程中师生互动方式的变革。教师课堂教学方式的转变，其目的也是为了学生学习方式的转变。这次课程改革借鉴了美国自19世纪末就开始的“以问题为中心的学习”和“以项目为中心的学习”的成功经验，引入了“研究性学习”这一新课程。其意义就在于通过改变学生的学习方式，培养学生自主学习能力、与人合作能力、自主决策能力、收集处理信息能力、解决实际问题能力。

①改变课程过于注重知识传授的倾向，强调形成积极主动的学习态度，使获得基础知识与基本技能的过程同时成为学会学习和形成正确价值观的过程。

②改变课程结构过于强调学科本位、科目过多和缺乏整合的现状，整体设置九年一贯的课程门类和课时比例，并设置综合课程，以适应不同地区和学生发展的需求，体现课程结构的均衡性、综合性和选择性。

③改变课程内容“难、繁、偏、旧”和过于注重书本知识的现状，加强课程内容与学生生活以及现代社会和科技发展的联系，关注学生的学习兴趣和经验，精选终身学习必备的基础知识和技能。

④改变课程实施过于强调接受学习、死记硬背、机械训练的现状，倡导学生主动参与、乐于探究、勤于动手，培养学生搜集和处理信息的能力、获取新知识的能力、分析和

解决问题的能力以及交流与合作的能力。

⑤改变课程评价过分强调甄别与选拔的功能，发挥评价促进学生发展、教师提高和改进教学实践的功能。

⑥改变课程管理过于集中的状况，实行国家、地方、学校三级课程管理，增强课程对地方、学校及学生的适应性。

（二）课程标准

课程标准是国家课程的基本纲领性文件，是国家对基础教育课程的基本规范和要求，是课程的总体规划和总体要求。课程标准将国家对人才培养的总体要求，落实在每门课程之中。它把对不同阶段的学生在知识与技能、过程与方法、情感态度与价值观等方面的基本要求，按照学科的特点，细化为各门课程的性质、目标、内容框架，并提出教学和评价建议。因而，课程标准是学校实施教育教学的重要指导性文件。

课程标准也是国家管理和评价课程的基础，是教材编写、教与学、考试命题、质量评估的依据，切实保证了各地区、各学校课程的设置、实施按统一质量要求进行。

第八次课程改革将我国沿用已久的教学大纲改为课程标准，反映了课程改革所倡导的基本理念。

1. 课程标准的意义

(1)规定了课程的价值取向

课程标准努力将素质教育的理念体现在课程标准的各个部分之中，将公民素养教育的基本要求落实在具体的教学之中。教学重心从知识本位向促进学生发展转变。课程的学习活动方式以理解、体验、反思、探究和创造为根本；教师和学生不是课程的简单执行者，而是课程的创生者。

新颁布的课程标准力图在“课程目标”、“内容标准”和“实施建议”等方面全面体现“知识与技能、过程与方法以及情感态度与价值观”三位一体的课程功能，从而促进学校教育重心的转移，使素质教育的理念切实体现到日常的教育教学过程中，基础教育从此真正从精英教育向大众教育转变。

(2)课程目标着眼于学生素质的全面提高

基础教育的目标是培养未来的建设者，作为国家对未来国民素质的基本要求的纲领性文件，课程标准着眼于未来社会对国民素质的要求，提出了各学科或领域学生素质的要求。从总体上讲，课程标准要求学生具有爱国主义、集体主义精神，热爱社会主义，继承和发扬中华民族的优良传统和革命传统；具有社会主义民主法制意识，遵守国家法律和社会公德；逐步形成正确的世界观、人生观、价值观；具有社会责任感，努力为人民服务；具有初步的创新精神、实践能力、科学和人文素养以及环境意识；具有适应终身学习的基础知识、基本技能和方法；具有强壮的体魄和良好的心理素质，养成健康的审美情趣和生活方式，成为有理想、有道德、有文化、有纪律的一代新人。

(3)关注课程实施过程

新课程标准，从只关注教师教学转向关注课程实施的过程。课程实施是将编制好的课程计划付诸于实践的过程，是实现预期的课程理想，达到预期的课程目的，实现预期教育结果的手段。课程实施也是一个动态的过程，是课程实施者在实施课程的过程中将课程、情境进行调适、重构的过程。在这个过程中需要激发实施者的内在动机，使他们理解课程改革的意图、实质，实现角色转变，主动地进行课程决策。教师是课程实施活动的主要承担者，是教学过程的组织管理者，是学生学习的直接影响者，也是课程的开发者。学生是课程实施过程中的主体，要注重培养独立精神，学会学习的方法，学会自主学习、研究性学习和合作学习，提高其综合素养。

(4)注重引导学生改变学习方式

各学科课程标准结合本学科的特点，加强过程性、体验性目标，引导学生主动参与、亲身实践、独立思考、合作探究，改变单一的记忆、接受、模仿的被动学习模式，并着眼于发展学生收集和处理信息的能力，获取新知、学会学习、分析问题和解决问题的能力及交流与合作的能力。

(5)突破学科中心、加强学科整合、提倡课堂教学生活化

课程标准关注学生的兴趣和经验，将教材与学生实际生活经验和现代科技发展联系起来，打破学科的封闭性，加强学科之间的有效整合，使课程设置更有利于促进学生的发展。

2. 课程标准的功能

(1)国家教育的质量标准

课程标准是国家对学生接受一定教育阶段之后的结果所作的具体描述，是国家教育质量在特定阶段应达到的具体指标，它具有法定的性质。它是某一学段共同的、统一的基本要求，而不是最高要求。学生学习结果行为的描述是可理解的、可达到的、可评估的，而不是模糊不清、可望而不可及的。

(2)国家管理和评价课程的基础

国家课程标准是教育管理、教材编写、教学、评估和考试命题的依据，是国家管理和评价课程的基础。“体现国家对不同阶段的学生在知识与技能、过程与方法、情感态度与价值观等方面的基本要求，规定各门课程的性质、目标、内容框架，提出教学建议和评价建议。”(《基础教育课程改革纲要(试行)》)

(3)弹性的课程管理依据

课程标准是对学科在某一学段学生应达到的标准的描述，这种标准是指导性的、弹性的，给教学与评价的选择余地和灵活空间都很大。同时对实施过程提出了建设性意见，与教学大纲相比，在实施教育目标的过程与方法知识体系的逻辑结合等方面提供了较大的自由度，也为教材的多样性和教师创造性实施提供了较大空间。同时，这次课程改革把实施三级管理政策作为重要目标，给地方和学校创造性地执行国家课程提供了政策保障。

3. 新课程标准的基本框架

各学科课程标准的结构基本上是一致的，大致包括前言、课程目标、内容标准、实施建议、附录等各部分。前言部分是对课程的性质、价值与功能所作的定性的描述，阐述本课程领域改革的基本理念，并对课程标准设计的思路作详细的说明。在课程目标的陈述上，都包括了知识与技能、过程与方法以及情感态度与价值观三个方面。课程标准中的内容均按照学习领域或主题组织。课程标准中的内容部分和实施建议均提供了典型案例，便于使用者准确理解课程标准，减少课程标准在实施过程中的落差。课程标准的附录部分对课程标准中出现的一些主要术语进行解释和说明，便于使用者能更好地理解与把握。

4. 课程标准对教与学提出的新要求

(1)教师要确立正确的教育观

教育是有意识的、以影响人的身心发展为目标的社会活动，如雅斯贝尔斯所说的：“教育是人的灵魂的教育，而非理性知识的堆积。教育本身就意味着一棵树摇动另外一棵树，一朵云推动另一朵云，一个灵魂唤醒另一个灵魂。”教育就是“塑造学生的终极价值，使他们成为有灵魂、有信仰的人，而不只是热爱学习和具有特长的准职业者”。① 从人的长远发展来看，学生的能力、品德、人格的全面发展是教育工作者用心关注的重点。教师要以知识传播为载体，与学生进行心灵与心灵的沟通、思想与思想的交流、生命与生命的对话。教师要关注每一位学生的成长，尊重、信任每一位学生，发挥每位学生的学习积极性和主动性。不仅要对学优生保持合理的期望，更要对学习困难学生保持期望，相信每个学生都有追求进步的美好愿望，都有可能获得成功。

(2)以学生为本，以学生的发展为教育教学工作的出发点和归宿

新课程标准认为学生是教学过程的主体，学生的发展是教学活动的出发点和归宿，学生的学习应是发展学生心智、形成健全人格的重要途径。因此，教学过程是教师根据不同学习内容，让学生采取掌握、接受、探究、模仿、体验等学习方式，使学生的学习成为在教师指导下主动的、富有个性的过程。教师要研究学生的心理发展和思维发展的特点，研究学生的行为方式和语言特点，充分发挥学生学习的积极性和主动性，体现学生在学习中的主体地位。要尊重学生，公平公正地对待每一个学生，不因性别、民族、地域、经济状况、家庭背景和身心缺陷等歧视学生。要了解每个学生的个体差异，挖掘每个学生的优点，因势利导、因材施教，实行分类指导，满足他们在发展过程中的不同需要，引导他们在原有基础上获得不同程度的发展，促进学生的个性发展。要用全面的眼光看待学生，关注全部学生的发展，而不是只照顾到自己喜欢的学生的学习和发展；关注学生的全面发展，而不是只看到成绩的提高；让学生有个性地发展，而不是一个模式地发展；让学生能终身可持续发展，而不是只顾眼前的发展与提高。不能只看到学生在现阶段的行为表现，要用发展的眼光去看待和期望学生。

(3)教师要不断提高自己的教育教学能力，树立现代教学观

教师要有扎实的专业基础知识以及教育教学理论知识，要把学科知识和教育理论与教育实践相结合。高质量的教师不仅是有知识、有学问的人，而且是有专业追求的人；不仅是高起点的人，而且是终身学习、不断自我更新的人；不仅是学科的专家，而且是教育的专家。教师要有敏锐的观察力、丰富的想象力、良好的表达能力和多方位多角度解决问题的能力，坚持实践、反思、再实践、再反思，不断提高专业能力。新课程标准认为教材是教学过程的重要介质，教师在教学过程中应依据课程标准，灵活地、创造性地使用教材，充分利用包括教科书、校本资源在内的多样化课程资源，拓展学生发展空间。

(4)改革传统的教学方式，提倡自主、合作、探究的学习方式

以课堂教学方式的转变促进学生学习方式的转变，促进学生的创新意识和实践能力的发展。新课程标准下教学过程的核心要素是加强师生相互沟通和交流，倡导教学民主，建

① 雅斯贝尔斯著，邹进译：《什么是教育》，三联书店 1991 年版。

立平等合作的师生关系，营造同学之间合作学习的良好氛围，为学生的全面发展和健康成长创造有利的条件。因此教学过程是师生交往、共同发展的互动过程，而互动必然是双向的，不是单向的。在教学活动中，教师是学习活动的组织者、指导者、促进者以及合作者，要改变以教师为中心、课堂为中心和书本为中心的局面，让学生体验到平等、自由、尊重、信任、理解、宽容与关爱，同时受到激励、鞭策、鼓舞和指导，让教学过程成为一种生命活动，也成为一个学生专业成长和自我实现的过程。

(5)教师要有终身学习的能力

新的课程标准从教育理念、教学目标、教学内容、教学模式、教学评价等方面都作了重大的变革，对教师提出了新的更高的要求。网络时代对教师又提出了特别的要求，教师要树立终身学习的观念，具有终身学习与持续发展的意识和能力，他们应该具有新知识汲取能力，能不断地更新知识结构，补充学术养料，不断地学习先进教育理论，了解国内外教育改革与发展的经验和做法，拓展教育视野。具有处理信息的能力，能够准确、迅速地接收信息，并进行分类、储存和检索。同时，能对信息进行价值判断，把信息有效地变成知识，构建起新的知识体系。同时，具有运用现代教育技术的能力。

5. 课程标准的修订

《全日制义务教育语文课程标准(实验稿)》自公布以来，经过多年的实验出现了一些带有普遍性的问题，在课程实施中也产生了一些困惑和问题。为此，课程标准研制组于2010年前后对各学科的课程标准进行了修订。课程标准的修订坚持将社会主义核心价值体系渗透在课程的目标和课程实施的各个方面；坚持素质教育的理念，着力培养学生的社会责任感、创新精神和实践能力；立足通过改革解决实践中的问题，坚持改革不动摇，同时又注意尊重各地区的实际情况和特点，努力使课程目标的各项要求安排合理，具有可操作性，积极慎重地推进改革；课程标准的目标和内容保持一定的开放性，留有空间，兼顾不同地区和学校的具体情况；暂时不能解决的问题不急于下结论，通过参考以往成功的经验，留待通过以后进一步的实验和研究予以解决。

三、教师资格证考试解读

2011年，教育部开始试点中小学教师资格考试和定期注册制度改革，2015年，将在全国范围内全面推行教师资格制度改革工作。教育部公布的《中小学教师资格考试暂行办法》规定，从2015年开始，教师资格考试实行全国统考，由教育部统一制定考试标准和考试大纲，组织命制笔试和面试试题，并建立试题库，考试将按照高考的要求来组织。

新政实行教师资格定期注册。按照规定，中小学教师资格每5年注册一次，注册条件以师德表现、年度考核和培训情况为主要依据。定期注册不合格或逾期不注册的人员，不得从事教育教学工作。

新政规定，师范毕业生不再直接认定教师资格，统一纳入考试范围。教师资格考试合格证明有效期为3年。在改革试点工作启动前，已入学的全日制普通院校师范类专业学生，可以持毕业证书申请直接认定相应的教师资格。试点工作启动后，将不再分师范生和非师范生的区别，不管是师范生还是非师范生，都必须参加国家统一的教师资格证考试，方可申请教师资格证。

以往教师资格“省考”只开设教育学、心理学两个科目；“国考”科目不仅增加为幼儿园、小学教师考综合素质、教育教学知识与能力，初中、高中教师考综合素质、教育知识与能力、学科知识与能力，并将原来在认定环节组织的面试(教育教学能力测试)纳入到考试环节。

(一)报考条件

1. 笔试报考

笔试报考原则上应具备《教师法》规定的相应学历条件，根据各地具体报考条件要求进行笔试报考。

①学籍、户籍或人事档案须在当地(以各省份报名条件为准)。

②申请高级中学、初级中学、中等职业学校教师资格须具备大学本科以上学历；申请小学、中等职业学校实习指导教师资格须具备专科以上学历；申请幼儿园教师资格原则上应具备专科以上学历，试点期间适当放宽到中等幼儿师范毕业。

③在校生仅限毕业年级学生报考，报考时应提供学校出具的在籍学习证明。

2. 面试报考

面试报考条件同笔试报考条件，且笔试各科目均合格(在成绩有效期内)方能参加面试报考。

(二)考试内容

教师资格统考主要考查申请人从事教师职业应具备的职业道德、心理素养和教育教学能力，包括笔试和面试两部分。

1. 笔试

①笔试每年组织两次考试，上、下半年各一次，各科考试时间为120分钟。

②笔试主要考核申请人从事教师职业所应具备的教育理念、职业道德和教育法律法规知识；科学文化素养和阅读理解、语言表达、逻辑推理和信息处理等基本能力；教育教学、学生指导和班级管理的基本知识；拟任教学科(专业)领域的基本知识，教学设计、实施、评价的知识和方法，运用所学知识分析和解决教育教学实际问题的能力。通过机考和纸笔两种方式进行考试。

考试大纲要求，笔试考试内容更注重考查考生的综合素质，不仅仅考查对知识的死记硬背，更强调灵活运用，比如案例分析题，就是将相关的知识点与实际案例相结合，是知识的灵活运用。这样就突出了专业导向、能力导向和实践导向。

③笔试的题型则“采用多种类型试题，强化能力考核”。题型分为客观题和主观题。客观题为四选一的选择题，主观题包括简答题、论述题、解答题、材料分析题、课例分析题、诊断题、辨析题、教学设计题、活动设计题。其中，材料(案例)分析题主要考查考生运用相关知识评析、解释、说明所给材料的综合性能力。要求考生能够准确处理和解决材料(案例)与问题间的关系。材料(案例)包括教学实录、教学方案、学生作业、教学反思记录、教研论文、教材内容节录、教育教学热议现象等，材料(案例)以文字、图表、多媒体等多种形式呈现，试题答案比较开放，是各科目普遍使用的题型。教学设计题主要考查考生课堂教学方案设计能力和水平。试题提供教学设计需要的相关信息，如背景材料、课标要求、教学内容、学生概况、教材内容节录等，要求考生写出教学方案片段，或

者教学活动基本框架、主要步骤等，是学科知识与教学能力科目普遍使用的题型。

2. 面试

①面试每年组织两次考试，上、下半年各一次，面试考试时间为20分钟。

②面试主要考核申请人的职业道德、心理素质、仪表仪态、言语表达、思维品质等教师基本素养和教学设计、教学实施、教学评价等教学基本技能。通过备课、试讲、答辩等方式进行，使用教育部考试中心统一研制的面试测评系统。考生按照有关规定随机抽取备课题目，备课时间为20分钟，面试时间为20分钟。考官根据考生面试过程中的表现，进行综合性评分。“面试实行考官主考制度，考官由高校专家、中小学和幼儿园优秀教师、教研机构专家等组成，考官须经过省级或以上教育考试机构统一培训后持证上岗。评审组由3名考官组成。”

③面试主要是通过试讲或者模拟上课等形式，考查考生的基本教学能力，通过提问考查考生的应变能力、言语表达与组织能力等。

面试考试程序：

抽题，考生从题库中任选一道面试试题，系统打印备课纸及试题清单。

备课，考生持备课纸、试题清单进入备课室，撰写教案(或演示活动方案)，备课20分钟。

回答规定问题，考官从题库中随机抽取2个规定问题，考生回答，时间5分钟。

试讲，考生按照准备的教案(或活动方案)进行试讲，时间10分钟。

答辩，考官围绕考生试讲内容和测试项目提问，考生答辩时间5分钟。

评分，考官组依据评分标准对考生面试表现进行综合评分。

④教师资格面试题目的基本结构。

中小学教师资格考试面试题主要包括试讲题、展示题和问答题等，这些面试题依据《中小学教师资格考试标准》和《面试大纲》编写。

第一，面试试讲题。

试讲题要求考生根据所给材料内容，在限定时间内，面向面试考官完成模拟课堂教学片段设计及其组织实施过程。试讲题是考生表现其教育教学综合技能和素养的主体媒介，适用于小学和中学教师资格考试面试。

试讲题由试讲题目、试讲内容、基本要求与考核目标组成。试讲内容按照不同学科课程区分，小学分为语文、数学、英语、社会、科学、美术、体育、音乐。中学分为语文、数学、英语、思想品德(政治)、历史、地理、物理、化学、生物、音乐、体育与健康、美术、信息技术。

试讲题目用一句话扼要地概括说明试讲的主题。试讲内容摘自中小学课标教材，内容具体、清晰，有足够的信息量，考生一般不用翻看教材和教学参考书，就能顺利完成备课任务。试讲基本要求会明确告知考生试讲过程中应完成的主要任务及注意事项。如，是否需要板书，设计课堂提问，作业布置，教具与学具使用，对教学方法有无特别要求，试讲时间多少等。考核目标则根据面试大纲，注明主要考核哪些目标，并按照试题考核目标主次程度排序，如教学实施、教学设计、言语表达、思维品质、心理素质、教学评价等(如图0-1)。

1. 题目：认识“=”“>”和“<”

2. 内容：

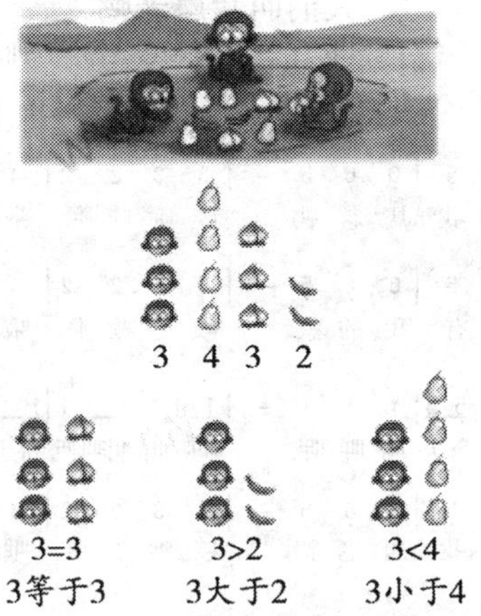

3. 基本要求：

(1)试讲时间约10分钟；

(2)创设情境，激发学生对数的大小比较的需求；

(3)引导学生体会“一一对应”的数学思想方法；

(4)讲授“等于”“大于”和“小于”的写法和读法，恰当板书。

4. 主要考核目标：教学设计、教学实施、言语表达等。

图0-1　小学数学试讲题

第二，面试展示题。

展示题要求考生根据所给材料内容，在限定时间内，面向面试考官完成幼儿园保教活动片段设计和实施，包括幼儿音乐、美术、语言、游戏等。展示题是考生表现其保教综合才能和素养的主体媒介，适用于幼儿园教师资格考试面试。

试题由展示题目、内容、基本要求与考核目标组成。

展示题目扼要概括说明展示的主题。展示内容，提供面试展示的内容，任务要求明确，能够满足考生进行展示准备需求，体现对幼儿园教师的特色要求。基本要求则密切结合展示题目和内容，明确告知考生展示过程中应完成的主要任务及注意事项。如，是否要求设计与幼儿互动，明确使用哪些器材玩具，是否需要自制玩具，展示时间多少等。考核目标注明主要考核哪些目标，并按照试题考核目标主次程度排序，如交流沟通、思维品质、了解幼儿、技能技巧、评价与反思等(如图0-2)。

第三，面试问答题。

问答题是针对幼儿园、小学、中学不同学段各科教师的共性问题，不针对某个学科教师设计关于专业方面的提问问题。问答题由问题(问题情境)、考核目标、参考答案与评分说明组成。

1. 题目：幼儿歌曲《人们叫我唐老鸭》

2. 内容：

人们叫我唐老鸭

——美国电影《米老鼠和唐老鸭》插曲

1=G $\frac{4}{4}$

中快板

佚　名词曲

3. 基本要求：

(1)完整地有表情地弹唱歌曲。

(2)请用这首歌曲展示一个音乐教学活动片段。请在下列活动中选择：

a. 听音乐拍打节奏；b. 音乐游戏活动。

(3)请在10分钟内，完成以上两项任务。

4. 主要考核目标：技能技巧、了解幼儿、仪表仪态、心理素质等。

(1)弹唱歌曲：a. 能流畅地弹奏歌曲；b. 能有表情地歌唱；把握音高的准确度；吐字清晰、节奏准确。

(2)教学展示a：要求正确把握音乐节奏的韵律感，音乐形象鲜明，有一定的创意。教学展示b：要求游戏活动有趣，音乐形象鲜明，与歌曲表现贴切，有一定的创意。

图0-2　幼儿园展示题

问题(问题情境)：试题采用文字、事例、图表、案例、实践活动等多种形式材料来创设问题情境，根据情境设计一问或多问。试题主要考核合格新教师的基本能力和发展潜能。此类问题情境来自中小学、幼儿园教育的具体实践或者社会比较关注的关于学校与幼儿园热点现象，具有代表性、典型性，是中小学和幼儿园教师经常需要面对和处理的。

考核目标：主要考核职业认知、心理素质、言语表达、仪态仪表、思维品质等一个或几个方面，并按照试题考核目标主次程度排序。

参考答案与评分说明：试题附有参考答案。如果问题答案多种多样，会对如何评分进行具体说明。一般针对考生可能的回答情况，按照良好、一般、较差三个等级编写评分说明。考核目标、参考答案与评分说明仅供面试考官评分时使用(如图0-3)。

1. 问题：

有人选择了中小学教师职业后，发现工作辛苦、压力大，感到很后悔。你怎么看？

2. 主要考核目标：职业认知、思维品质、言语表达等。

3. 参考答案及评分说明：略。

图 0-3　问答题

相较于笔试来说，面试注重考官和考生互动过程，考核基本的教育教学活动，丰富多样，对以言语和活动形式呈现的教学技能、师德和综合性素养的考核更有优势。

(三)报考科目

1. 笔试科目

幼儿园教师资格考试笔试科目一为综合素质，科目二为保教知识与能力。

小学教师资格考试笔试科目一为综合素质，科目二为教育教学知识与能力。

初级中学教师资格考试笔试科目一为综合素质，科目二为教育知识与能力，科目三为学科知识与教学能力。

高级中学教师资格考试笔试科目一为综合素质，科目二为教育知识与能力，科目三为学科知识与教学能力。

中等职业学校文化课教师资格的人员参加高级中学教师资格考试。

中等职业学校专业课和中等职业学校实习指导教师资格的人员参加教师资格考试由试点省份自行组织。

2. 面试科目

幼儿园面试不分科目。

小学面试分 8 个科目，语文、数学、英语、社会、科学、音乐、体育、美术。

中学(含中职文化课)面试科目与笔试报考科目三(学科知识与教学能力)相一致，共 13 个学科，语文、数学、英语、物理、化学、生物、政治、历史、地理、体育与健康、音乐、美术、信息技术。

中职专业课和实习指导的“专业知识与教学能力”考试，主要结合面试进行考查，必要时进行笔试。

表 0-1　**教师资格考试面试幼儿园评分标准**

序号	测试项目	权重	分值	评分标准
一	职业认知	10	5	爱幼儿，了解幼儿教师职业
			5	有爱心、有责任心
二	心理素质	10	5	有较好的情绪调控能力
			5	乐观开朗、自信心

续表

序号	测试项目	权重	分值	评分标准
三	仪表仪态	10	6	行为举止自然大方，有礼貌
			4	服饰得体，符合幼儿教师职业特点
四	交流沟通	15	8	与幼儿交流沟通的能力。倾听幼儿，言语表达适合幼儿
			7	与成人交流沟通的能力。理解对方，沟通畅通
五	思维品质	15	8	条理清晰地分析思考问题，思路清晰
			7	应变能力强，能提出解决问题的方法
六	了解幼儿	10	5	有了解幼儿兴趣、需要、已有经验等的意识
			5	有关注幼儿个体差异的意识
七	技能技巧	20	10	有一定的弹、唱、画、跳舞、做游戏、讲故事、手工制作等基本技能
			10	运用上述基本技能开展保教活动的能力
八	评价与反思	10	5	能从幼儿教育专业的角度对现场展示进行客观、准确、较全面的评价
			5	能根据评价结果进行反思，并对自己的问题或不足提出适宜的改善办法

表 0-2 **教师资格考试面试小学评分标准**

序号	测试项目	权重	分值	评分标准
一	职业认知	5	3	热爱教育事业，有正确的职业认知和价值取向
			2	具备从事教师职业应有的责任心和爱心
二	心理素质	10	3	积极上进，有自信心
			3	具有一定的情绪调控能力
			4	具有较强的应变能力
三	仪表仪态	10	5	行为举止自然大方，有亲和力
			5	衣饰得体，符合教师的职业特点
四	言语表达	15	4	教学语言规范，口齿清楚，语速适宜
			6	表达准确、简洁、流畅，语言具有感染力
			5	善于倾听，并能做出恰当的回应
五	思维品质	15	6	思维严密，条理清晰，逻辑性强
			5	能正确地理解和分析问题，抓住要点，并作出及时反应
			4	具有一定的创新意识
六	教学设计	10	4	教学材料处理恰当，教学目标明确，重、难点突出
			3	能够基于小学生的知识基础和生活经验合理设计教师活动
			3	学生活动设计有效，能引导学生通过自主参与、合作探究的方式达成学习目标

续表

序号	测试项目	权重	分值	评分标准
七	教学实施	25	8	教学结构合理，条理清晰，能较好地控制教学节奏
			6	知识讲授准确，能基本完成教学任务
			6	能够根据学生认知特点和学科教学规律，选择恰当的教学方法
			2	能够根据教学需要运用教具、学具和现代教育技术辅助教学
			3	板书工整规范、布局合理
八	教学评价	10	5	能够采用恰当的评价方式对学生的学习活动作出反馈
			5	能够对自己的教学过程进行反思，作出比较客观的评价

表 0-3 **教师资格考试面试中学评分标准**

序号	测试项目	权重	分值	评分标准
一	职业认知	5	2	较强的从教愿望，对教师职业有高度的认同，对教师工作的基本内容和职责有清楚了解
			3	关爱学生，尊重学生，平等对待学生，关注每个学生的成长
二	心理素质	5	3	活泼、开朗，有自信心
			2	有较强的情绪调节能力
三	仪表仪态	5	2	衣着整洁，仪表得体，符合教师职业特点
			3	行为举止稳重端庄大方，教态自然，肢体表达得当
四	言语表达	15	8	语言清晰，表达准确，语速适宜
			7	善于倾听、交流，有亲和力
五	思维品质	15	3	思维缜密，富有条理
			4	迅速地抓住核心要素，准确地理解和分析问题
			4	看待问题全面，思维灵活
			4	具有创新性的解决问题的思路和方法
六	教学设计	10	4	了解课程的目标与要求、准确把握教学内容
			3	能根据学科的特点，确定具体的教学目标、教学重点和难点
			3	教学设计体现学生的主体性
七	教学实施	35	6	情境创设合理，关注学习动机的激发
			10	教学内容表述和呈现清楚、准确
			4	有与学生交流的意识，提出的问题富有启发性
			8	板书设计突出主题，层次分明；板书工整、美观、适量
			7	教学环节安排合理；时间节奏控制恰当；教学方法和手段运用有效
八	教学评价	10	5	能对学生进行过程性评价
			5	能客观地评价教学效果

上篇：教育知识

第一讲　教　育　学

第一节　教育基础知识与原理

一、教育的基本规律

教育是培养人的一种社会活动，是传承社会文化、传递生产经验和社会生活经验的基本途径。教育是随着社会的发展变化而发展变化的，与社会的生产力发展水平和政治经济制度是密切相关的，同时教育是培养人的社会活动，因而必须弄清教育对人发展的作用，正确处理教育与人的发展的关系。

(一)教育与社会的发展

作为一种有目的地培养人的社会活动，教育的发展受社会政治制度、经济发展水平、科学技术和文化传统等的影响，并对这些因素的变化发展产生反作用。

1. 教育与经济发展水平的关系

经济发展是教育发展的物质基础，经济发展的水平制约着教育发展的规模和速度，制约着教育结构的变化，制约着教育的内容和手段。教育是社会经济生活中的一个重要因素，它通过再生产劳动力和再生产科学技术而推动经济的发展。

美国经济学家舒尔茨的人力资本理论：美国经济学家舒尔茨创立，指的是人所拥有的诸如知识、技能及其类似可以影响从事生产性工作的能力。它是资本的形态，因为它是未来的薪金或未来的偿付的源泉，它是人的资本形态，是投资的结果。

2. 教育与政治制度的关系

政治是经济的集中表现，经济基础对教育的决定作用总是通过政治集中地表现出来，例如，教育目的和教育内容，教育的领导权和受教育权均由政治制度所制约和决定。虽然政治制度决定着教育，但教育对政治制度所起的作用并不是一种消极的适应性关系，它通过培养具有一定政治态度、思想意识的人，通过制造政治舆论，宣传一定的政治观点、政治理论来维护和巩固一定的政治制度。

3. 教育与科学技术的关系

科学技术对教育的影响，首先表现为对教育的动力作用。具体地说，科学技术能改变教育者的观念；影响受教育者的数量和教育质量；同时也影响着教育的内容、方法和手段。而教育的科技功能则表现为教育能完成科学知识再生产；推进科学的体制化，同时还能促进科研技术成果的开发利用。

4. 教育与文化的关系

从广义上说，教育是文化的一部分，但教育又是一种非常特殊的文化，因为教育既是文化的构成体，又是文化的传递、深化与提升的手段，这就是教育的双重文化属性。具体表现为文化影响着教育目的的确定、影响着教育内容的选择、影响着教育教学方法的使用。而教育对文化的促进作用则表现为传递、保存、选择提升及更新创造文化的作用。

学校文化是指学校全体成员或部分成员习得且共同具有的思想观念和行为方式。学校文化是一种组织文化，是以传递文化传统为己任、整合性较强的文化。其中，校园文化是学校文化的核心，包括校园物质文化、校园精神文化和校园组织与制度文化。

(二)教育与个体的身心发展

教育的对象是具有可塑性、可教育性的青少年学生，教育的根本目的之一是促进人的身心发展，教育学既要研究教育与社会、教育与政治制度的关系，也要回答教育与人发展的关系问题，这是教育学的永恒主题之一。教育能否培养出社会需要的人才，很重要的一点就是看它是否遵循了人的发展规律。教育和人的发展是相互制约的关系：一方面，教育在个体的身心发展过程中起主导作用；另一方面，教育又要受个体身心发展规律的制约，个体的身心发展状态是教育行为的依据。

1. 个体身心发展的含义

个体身心发展是指作为复杂整体的个人在从生命开始到生命结束的全部人生中，发生的身、心两方面不断转化为现实个性的过程。就内容而言，个体身心发展包括身体和心理两方面的发展。身体的发展指机体的各种组织系统的发育及其机能的增长。心理发展指感觉、知觉、注意、记忆、思维、想象、情感、意志、性格等方面的发展，是人的精神方面的发展。教育学中对个体身心发展的研究是为了开发人的潜在力量，提高每个个体的人生质量和为社会贡献的可能。

在对个体身心发展的动因观上，主要有内发论和外铄论两大流派。内发论者强调人的身心发展的力量源于人自身的需要，身心发展的顺序是由机体成熟机制决定的，如中国古代的孟子，西方的柏拉图，美国心理学家格塞尔均持此观点。内发论对人的发展动因的解释确实有强调人的内在因素几乎不可更改的决定性影响，忽视外部因素和人的能动性的弱点，但是它的观点对于研究人体发展与心理发展的关系、人的成熟与学习的关系等是有意义的。

外铄论的基本观点是人的发展主要依靠外在的力量，诸如环境的压力、刺激或要求，他人的影响和学校教育等，我国古代的荀子、英国教育家洛克、行为主义的创始人华生均是典型代表。外铄论的片面性是显而易见的，他走向了内发论的反面，处于另一极端。然而，正因为如此，他研究了内发论者不可能去关注的问题，为认识外界因素对人的发展的作用提供了认识材料。

2. 影响个体身心发展的主要因素

总体上来看，影响个体身心发展的因素主要有遗传、环境、教育和个体的主观能动性。

遗传是指从上一代继承下来的生理解剖上的特点，如机体的形态、结构以及器官和神经系统的特征等。遗传素质是人的身心发展的前提，为人的发展提供了可能性，但不能决定人的发展；遗传素质的个别差异是人的身心发展的个别差异的原因之一；遗传素质的成熟机制制约着人的身心发展的水平及阶段。

环境包括自然环境和社会环境两大部分，教育学中所说的环境一般指社会环境。社会环境是推动人身心发展的动力，为个体的发展提供了多种可能，使遗传提供的发展可能变成现实。

教育是环境的一部分，但它是影响人的发展的自觉性、可控性的因素，在人的发展过程中起主导作用。其主要作用表现在：学校教育对于个体发展做出社会性规范；具有开发个体特殊才能和发展个性的功能；学校教育对个体发展的影响具有即时和延时的价值；学校教育具有加速个体发展的特殊功能。

个体主观能动性是指人的主观意识和活动对于客观世界的积极作用。个体的主观能动性是人的一种内在需要和动力，是一种寻求发展的积极动机和渴望。所以，个体的主观能动性是人的身心发展的内在动力，也是促进个体发展从潜在的可能状态转向现实状态的决定性因素。逆境可以成才，"同流而不合污"、"出淤泥而不染"、"威武不能屈"等典故反映出人的主观能动性在个体发展中的作用。

3. 个体身心发展的规律

所谓个体身心发展的规律是指不同个体在身心发展过程中所表现出来的共同方面。

首先，青少年身心发展具有顺序性和阶段性。例如，就认知过程的发展而言，青少年的发展总是由无意注意到有意注意，从具体形象思维到抽象逻辑思维。青少年身心发展的顺序性要求循序渐进地促进青少年的发展，不可"揠苗助长"，"凌节而施"，否则，欲速则不达。个体身心发展的阶段性是指个体的发展是一个分阶段的连续过程，前后相邻的阶段是有规律地更替的，前一阶段为后一阶段的过渡做准备。个体在不同的年龄阶段表现出身心发展不同的总体特征及主要矛盾，面临着不同的发展任务。

其次，青少年身心发展具有不均衡性，这种不均衡性一方面表现在不同的年龄阶段身心发展不均衡，另一方面在同一时期，青少年身心发展的不同方面发展也是不均衡的，这种不均衡性是由生物个体的成熟规律造成的。教育工作者必须研究不同时期个体的成熟状况及其特征，了解成熟期，抓住关键期，不失时机地采取有效的教育措施，积极促进青少年身心迅速健康地发展。

最后，青少年身心发展具有差异性。由于遗传、环境及教育等因素的不同，即使在同一年龄阶段，不同个体之间身心发展有可能存在个别差异。这一规律要求教育工作者深入学生实际，了解他们各自的发展背景和水平，了解他们的兴趣、爱好、特长，因材施教，有的放矢。

二、教育目的

(一)教育目的的内涵及功能

教育是人类社会的重要活动之一，人类活动的意识性、目的性决定了教育活动的目的性。教育目的指教育要达到的预期结果，反映了教育在人的培养规格标准、努力方向及社会倾向性等方面的要求。狭义的教育目的特指一定社会为所属各级各类教育人才培养所确立的总体要求。广义的教育目的是指对教育活动具有指向作用的目的领域，含有不同层次预期实现的目标序列，依次为教育目的—培养目标—课程目标—教学目标等。教育目的不仅标示着一定社会对教育培养人的要求，也标示着教育活动的方向和目标，是教育活动的出发点和归宿。

教育目的的功能是指教育目的对实际教育活动所具有的作用。其对教育活动首先具有定向的功能，它指示给教育的不仅有“为谁培养人”、“培养什么样的人”这样未来的方向，而且还包括现实教育问题解决的具体路径，正是因为教育目的的定向功能，教育活动才有所依循，避免其社会性质和发展方向上的失误。一定的教育目的，是一定社会根据自身或人的发展需要对教育活动进行调节、控制的一种重要手段，因此，教育目的具有一定的调控功能。教育目的不仅是教育活动应遵循的指导原则，也是检查评价教育活动的重要依据。

（二）教育目的确立的依据

教育目的的表现形式尽管不同，但它不是一个超社会、超历史的范畴，人们在规定教育目的时必须以一定的客观存在及其发展规律为前提和根据。

首先一定要依据社会现实和发展的需要，因为物质生产发展水平的高低直接决定了社会能够提供给教育的物质条件以及个人受教育时间的多少，从而决定了社会成员发展的可能性，因此生产力发展水平是制约教育目的的最终决定因素。

其次，教育目的含有对人的素质发展的要求，因此，从人的身心发展特点来看，它是确立各级各类教育目的不可或缺的重要依据，如果不考虑这一点，就会导致实际教育活动脱离学生身心发展水平，难以促进学生的发展。事实上，任何社会的教育目的，对人所具备素质的要求，不仅体现着社会规定性，而且也总是不同程度地体现对人的生理、心理、智慧才能、人格品行及生活能力、技能等方面理想化发展的追求。

（三）教育目的的价值取向

教育目的的价值取向即对教育目的的价值性进行选择时所具有的倾向性，其涉及的基本问题是人本位和社会本位的价值取向问题。

1. 人本位的价值取向

人本位的价值取向，即把人的价值看成高于社会价值，把人作为教育目的根本所在的思想主张，其特点是：重视人的价值、个性发展及其需要，把人的个性发展及需要视为教育的价值所在，人本位的价值取向主要反映在自然主义和人文主义的教育思想中。其代表人物是法国思想家卢梭、瑞士的教育家裴斯塔洛齐、美国的马斯洛等。人本位的价值取向对于促进人的解放、提升人的价值、使教育回归到人间起到重要的作用，但在提出教育目的的时候，无视人的发展的社会需要，把满足人的需要和满足社会需要对立起来，极易导致在现实中个性、自由和个人主义的绝对化。

2. 社会本位的价值取向

这种观点认为，社会是人们赖以生存发展的基础，教育是培养人的社会活动，教育培养的效果，只能以其社会功能的好坏来加以衡量，离开社会需要，教育就不能满足社会的需求，这种观点，古已有之，但其理论的鼎盛时期是在19世纪末至20世纪初，其主要代表人物有德国的凯兴斯坦纳、法国的孔德和涂尔干。社会本位的价值取向重视教育的社会价值，强调教育目的从社会出发，满足社会的需要有一定的合理性，事实上，人的存在和发展是无法脱离一定社会的，离开社会，人也就无法获得其发展的社会条件，但它过分强调人对社会的依赖，把教育目的绝对化、唯一化又是片面的。

基于上述分析，可见人本位的价值取向和社会本位的价值取向，虽有一定的道理，但都有其方法上的僵化性和绝对性，就一个社会整体教育目的而言，其价值取向上要把满足人的需要和社会需要结合起来，教育无论是满足社会需要还是满足人的需要，都是通过人的发展来实现的，可见，人的发展是教育的直接目的，是教育的社会价值和人的价值实现的着眼点。

(四)我国教育目的的精神实质

新中国成立以来，我国教育性质开始了历史性的转变，被赋予鲜明的社会主义性质和要求。中共中央、国务院于1993年2月13日正式印发的《中国教育改革和发展纲要》提出："教育必须为社会主义现代化建设服务，必须与生产劳动相结合，培养德、智、体全面发展的建设者和接班人。"这是我国当今的教育目的，对于这一目的，可从下列几方面去认识。

1. 马克思的人的全面发展学说是其理论依据

马克思主义关于人的全面发展学说为我们科学地认识人的全面发展提出了新的方法论指导。关于人的全面发展问题，在马克思主义产生之前，亚里士多德、夸美纽斯、裴斯塔洛齐等都提出过和谐发展的问题，但都脱离社会生产和生活，只是从"神的意志"或"人的本性"出发来说明和解释人的发展，只有马克思主义把人的发展和社会发展结合起来，指出了人的发展的历史必然性，为社会主义人才培养指明了方向。

2."教育必须为社会主义现代化建设服务"是对教育目的的社会性质的规定；"教育与生产劳动相结合"是教育目的实现的途径

教育目的具有浓郁的社会制约性，"教育必须为社会主义现代化建设服务"是对教育目的的社会性质的规定。新中国成立以来，无论我国社会怎样发展变化，我国教育目的所确定的社会性质始终没有变，并从根本上保证了我国教育发展的社会主义方向。教育与生产劳动相结合，是教育为社会主义建设服务的前提保证，同时也是培养全面发展的人的基本途径。

3."培养德智体全面发展的建设者和接班人"提出的是培养人才的素质要求

我国教育目的所反映出来的这一基本精神，明确了我国人才培养的基本素质要求，即德智体美等方面是作为人才应有的基本素质，在注重基本素质形成发展的同时，也更需要整个民族素质的全面提高，因此，提高全民族素质，促进经济建设和社会发展，是我国教育目的所涵盖的一个重要方面。

三、教师与学生

教师与学生是教育活动的主要承担者，是教育系统中两个最基本的要素，研究教师与学生是现代教育理论的基本内容，是教育学人文精神的真正体现。

(一)教师

1. 教师职业的产生与发展

教师是履行教育教学职责的专业人员，承担着教书育人、培养社会建设者、提高民族素质的使命。从广义看，教师与教育者是同一语；从狭义看，教师专指学校的专职教师。

我国西周时，实行政教合一，官师一体，官学中设有专职的教育官，汉代以后，中央及地方官学中有“博士”、“直讲”等专职教师。我国古代教师多以“学识”和“人格”为本，所谓“智如泉涌，行可以为仪表者，人之师也”。

在西方，古希腊时期出现的“智者派”是最早的教师，在中世纪，僧院学校、教会学校多以僧侣、神父、牧师为师。

到了近现代，随着教育的制度化，教育教学工作日益成为一种越来越重要的专门的职业，教师的社会功能日益显著，教师的作用也在增强，它不仅是人类文化的继承者与传递者，也是社会发展变革的重要力量。教师不仅要传授知识，还要培养和发展学生的智力和能力，关怀他们的学习和全面成长。而要实现教师的功能，教师必须经过严格的专业训练，做终身学习的模范。

2. 教师专业发展的内容及途径

为了培养高素质的教师，世界各国对教师教育都非常重视。20 世纪 80 年代以来，教师专业发展日益成为人们关注的焦点。教师专业发展是教师作为专业人员，从专业思想到专业知识、专业能力和心理品质等方面由不成熟到比较成熟的发展过程，即由一个专业新手发展成为专家型教师的过程。其具体内容包括：专业理想的建立，它是教师在教育教学中的世界观和方法论，是教师专业行为的理性支点和专业自我的精神内核。专业知识的拓展，包括知识量的拓展、知识质的深化以及知识结构的优化。专业能力的发展，教师的专业能力就是教师的教育教学能力，是教师在教育教学活动中所形成的顺利完成某项任务的能力和本领，它包括设计教学的能力、表达能力、教育教学组织管理能力、教育教学交往能力、教育教学机智、反思能力等。

教师专业化涉及教师职业地位的改善、职业报酬的提高、教育资源的配置等，因此必然受到社会多层组织机构的制约。从教师个体专业发展的途径来看，主要包括师范教育、新教师入职辅导、在职培训、自我教育等。其中师范教育是教师个体专业性的起点和基础，它是建立在教师的专业特性之上，为培养教师专业人才服务；新教师入职辅导是由有经验的导师现场指导，其目的是向新教师提供系统而持续的帮助，使之尽快转变角色、适应环境；教师在职培训是为在职教师提供的适应于教师专业发展不同阶段需要的继续教育，可以是业余进修，也可以是校本培训；自我教育主要是教师经常性的系统的自我反思、探究教育教学中的各种关键事件、自学现代教育理论、积极感受教学的成功与失败等。

(二)学生

1. 学生的本质特点

学生既是教育的对象又是教育的主体，了解学生是教育工作的出发点和归宿。其本质特征有：首先，以系统学习间接经验为主，在教学中，学生认识的对象主要是前人实践经验的总结，它主要以书本知识的形式体现出来。其次，学生不是被动的加工对象，具有主体性，因为每一个学生都是一个独立的个体，他对教学的影响不是无条件地接受，而是根据主体的条件进行选择，对自己的学习过程进行自我监控，并且可以超越教师的认识，创造具有成效的学习方法。最后，学生具有明显的发展特征，这种发展不仅表现在身体的发展，更表现在心理的发展上；不仅表现在发展的速度，而且表现在发展的广度、深度上。

瑞士教育家皮亚杰从发生认识论的角度研究了儿童的发展过程，他认为在儿童从出生到成人的整个发展过程中，其智慧不是平滑的量的增长，而是充满着许多质的变化。他将青少年儿童的认知发展依次划分为：感知动作阶段(0~2 岁)、前运算阶段(2~7 岁)、具体运算阶段(7~11 岁)和形式运算阶段(11 岁以上)，其中每一阶段都代表了一种组织和超越已有阶段的新水平。

2. 学生的地位

学生的地位包括学生的社会地位和学生在教育过程中的地位。前者是后者的基础和依据，后者是前者的具体化。

学生的社会地位是指他们作为社会成员应具有的主体地位。世界各国都非常重视儿童权益问题，并制订了相应的法规，如 1959 年联合国通过了《儿童权利宣言》，1989 年又通过了《儿童权利公约》，明确了 18 岁以下青少年享有生存、发展、参与社会文化教育等权利，为了保护他们的权利，又提出了儿童利益最佳原则、尊重儿童尊严原则、尊重儿童观点与意见原则、无歧视原则。

学生在教育过程中的地位一直是教育史上争论的重大问题，其中主要有两种对立的观点。一种是“教师中心论”，强调教师的绝对作用。把学生看作被动的容器，学生对教师来说，处于一种从属地位。另一种是“学生中心论”，它把学生视为教育过程中的中心，全部的教育教学都要从学生的兴趣、需要出发，教师只能处于辅助地位。这两种观念都不适当地贬低或抬高了学生的地位，是不科学的。现代教育理论认为，在教育过程中，学生既是认识的客体，又是认识的主体，因为教育过程中学生需要教师有目的、有计划地引导，但教师的作用只是外因，任何知识技能的掌握都依靠学生独立自主地学习，所以，学生在教育过程中是主体与客体的统一体。

(三)师生关系

师生关系是教师和学生在教育教学过程中结成的相互关系，包括彼此的地位、作用和相互对待的态度等。它是一种特殊的社会关系和人际关系，是教师和学生为实现教育目标，以各自独特的身份和地位通过教与学的直接交流活动而形成的多性质、多层次的关系。

良好的师生关系表现为尊师爱生、民主平等、和谐亲密、教学相长等特征，良好的师生关系不仅是教育教学活动顺利进行的重要条件，是衡量教师和学生学校生活质量的重要标准，也是校园文化的重要内容。而良好师生关系的构建对教师来说，有以下几种策略。

1. 了解和研究学生

教师与学生取得共同语言，使教育影响深入学生的内心世界，就必须了解和研究学生，了解学生的思想意识、兴趣、知识水平、学习态度等。

2. 树立正确的学生观，热爱、尊重学生

学生观就是教师对学生的基本看法，它影响教师对学生的认识及其态度与行为，进而影响学生的发展。热爱学生包括热爱所有学生，公平对待每一个学生，尊重学生特别要尊重学生的人格，保护学生的自尊心，维护学生的合法权益。

3. 主动与学生沟通，建立“对话”关系

第二次世界大战以后，教育的民主化已成为世界教育改革的一个共同趋向，其中最主要的就是强调师生关系的民主。教育活动是深切的人与人关系的社会活动，教育的价值内涵和人文旨趣都蕴含在师生关系中，那么具有教育力量的师生关系应该是一种什么样的关系呢？德国哲学家布贝尔认为：人与人之间健康正常的关系应当是一种“对话”关系，即师生在相互尊重、信任和平等的立场上，通过言谈和倾听而进行双向沟通的方式，同时，这种关系也是一种“包容”关系，即师生间的理解与接纳。

第二节　课程与教学

课程是学校教育的基础，课程理论是教育科学体系中最重要的分支。而在我国却长期存在着重教学轻课程的现象，随着全国各地课程和教材的改革逐渐蓬勃发展起来，课程理论也越来越引起重视。把课程理论与教学理论放在并列的水平来看，课程论侧重研究的是教什么，教学论侧重研究的是怎样教。或者说，课程论侧重研究提供哪些教育内容，怎样有效地组织这些内容，教学论侧重的是研究如何有效地教授这些内容的问题。

一、课程理论

在我国，“课程”一词始见于唐宋年间。宋朝朱熹在《朱子全书·论学》中多次提及课程，如“宽着期限，紧着课程”，这里的课程即指功课及其进程。在西方，“课程”一词源于拉丁文，意为“跑道”。课程一词作为教育科学的专门术语最早出现在英国教育家斯宾塞《什么知识最有价值》一文中，他把课程解释为教学内容的系统组织。

关于课程的科学含义，我国很多教育学教材都把课程界定为广义和狭义两种。广义的课程是指学生在校期间所学内容的总和及进程安排。狭义的课程特指某一学科。我们所研究的课程是广义的，具体包括的内容有：课程是某一类学校中所要进行的德智体全部教育内容的总和；课程不仅包括各门学科、课内教学，也包括课外活动、家庭作业和社会实践活动；课程兼有计划、途径、标准的含义。不仅规定了各门学科的目的、内容及要求，而且规定了各门学科设置的程序和课时分配，学年编制和周学时的安排。

(一) 课程理论流派

在课程思想上，历来存在不同的思想流派和观点争论，如形式教育和实质教育之争、博雅教育和实科教育之争、学科中心和活动中心之争、社会本位和个人本位之争等，下面就介绍几种主要的课程理论流派。

1. 学科中心课程理论

学科中心课程理论的主张是，学校课程应以学科的分类为基础，以学科教学为核心，以掌握学科的基本知识、基本规律和相应的技能为目标。

这一主张的早期代表是英国的斯宾塞，他认为，为人类的种种活动做准备的最有价值的知识是科学知识。认为在学校课程中自然科学知识应占最重要的位置。德国教育家赫尔巴特提出，课程的编制应以科学为基础，以发展人的多方面的兴趣为轴心，设置相应的学科。美国心理学家布鲁纳的结构化思想是当代学科中心课程论的一个发展。布鲁纳认为，一门学科的概念、原理及其相互关系是一门学科的基本结构，是组成一门学科的核心，正是知识结构成为教育的重点。

2. 人文主义课程理论

人文主义课程理论以追求人的和谐发展为目标，希望人的本性、人的尊严、人的潜能在教育过程中得到实现和发展，强调不能以成人的标准判断儿童，应该根据儿童的心理发展特征和心理发展要求确定课程。

法国启蒙思想家卢梭对人文主义的课程论有重大贡献，卢梭以崭新的观点看待儿童，卢梭课程教学思想的核心在于创造性地发展儿童内部的“自然性”，这种“自然性”不是静止不变的，它具有无限创造性的潜在能力。

19世纪末20世纪初对课程改革产生巨大影响的是美国教育家杜威。杜威认为，课程必须与儿童的生活相沟通，应该以儿童为出发点、为中心、为目的。理想的课程应该促进儿童的生长和发展，这也是衡量课程价值的标准。此外，课程的组织应该考虑到心理发展的次序以利用儿童现有的经验和能力，做到课程组织心理学化。

3. 社会改造主义课程理论

社会改造主义课程论把重点放在当代社会的问题、社会的主要功能、关心学生的社会现象以及社会改造等方面。这种理论不太关注学科的知识体系，而是认为课程应该围绕当代重大的社会问题来组织，帮助学生在社会方面得到发展。这种课程理论的核心观点是：课程不应该帮助学生去适应社会，而是要建立一种新的社会秩序和社会文化。

社会改造主义的课程有两个值得注意的特点：第一，主张学生尽可能多地参与到社会中去，因为社会是学生寻求解决问题方法的实验室。第二，以广泛的社会问题为中心。学校的课程尤其要关心城市问题、犯罪问题、交通拥挤、家庭破裂等社会问题，学生对这些问题要具有批判的意识。

（二）课程的分类

课程分类是指课程的组织方式或设计课程的种类。

1. 基础型课程、拓展型课程与研究型课程

基础型课程是一种注重学生基础培养的课程，它的内容是基础的，以基础知识和基本技能为主。特别是在义务教育阶段，基础型课程是必修的共同课程。

拓展型课程，注重拓展学生知识与能力，开阔学生的知识视野，发展学生各种不同的特殊能力，并迁移到其他方面的学习。拓展型课程通常以选修课的形式出现，比起基础型课程来有较大的灵活性。

研究型课程，注重培养学生的探究态度与能力，这类课程可以提供一定的目标、一定的结论，而获得结论的过程和方法则由学生自己组织、探索和研究。

2. 学科课程、活动课程与综合课程

学科课程又称为“分科课程”，它以有组织的学科内容作为课程组织的基础，重视有实用价值的知识。学科课程的优点在于，它比较强调每一学科的逻辑组织，其缺点在于，它较少考虑学科之间的相互联系，而把每一门学科看成是与其他学科互不关联的实体。

活动课程主张以生活化的活动教学代替传统的课堂讲授，以儿童的亲身经验代替书本知识，较之于学科课程，提供给学生更为广泛的学习空间和更为充分的动手操作机会。但

是应该看到，儿童从活动课程中获得的知识缺乏系统性和连贯性，有较大的偶然性和随机性。

综合课程又称为“广域课程”，其根本目的是克服学科课程分科过细的缺点，它采取合并相关学科的办法，减少教学科目，把几门学科的教学内容组织在一门综合学科之中，以认识论、方法论、心理学、教育学为学科基础。综合课程除了克服分科过细的缺点以外，还比较贴近社会现实和实际生活，但在实施的过程中面临着怎样把各门学科的知识综合在一起以及师资问题。

3. 国家课程、地方课程与校本课程

国家课程是自上而下由中央政府负责编制、实施和评价的课程，国家课程是面向全国各个地区的，但是，各个地区的经济、科技、文化发展水平和发展趋势不同，教育需求各异。

地方课程是指省、自治区、直辖市教育行政机构和教育科研机构编订的课程，属于二级课程，省市级课程的编订宗旨是补充、丰富国家级课程的内容或编订本地区需要的教材。

校本课程是在克服国家课程弊端的基础上产生的一种课程形式，是由学生所在学校的教师编制、实施和评价的课程，因此，校本课程更具有地方特色，使教师获得工作的满足感和成就感，但课程编制权利的下放扩大了学校与学校之间课程的差异，所耗费的教育资源明显高于实施国家课程的需求。

4. 显性课程与隐性课程

显性课程亦称正式课程、公开课程，是指在学校情境中以直接的、明显的方式呈现的课程。显性课程的主要特征是计划性，这是与隐性课程相区分的主要标志。

隐性课程是学校情境中以间接的、内隐的方式呈现的课程，是通过学校的自然环境和社会环境进行的。“隐性课程”一词是由杰克逊在1968年出版的《班级生活》一书中首先提出来的。

（三）课程目标

课程目标是指课程本身要实现的具体目标和意图。它规定了某一教育阶段的学生通过课程学习以后，在发展品德、智力、体质等方面期望实现的程度。它是指导整个课程编制过程最为关键的准则，具有时限性、具体性、预测性、操作性和指导性等特点。制定课程目标的依据有以下几个方面。

1. 对学生的研究

对学生的研究，就是要找出教育者期望在学生身上所要达到的预期结果。它通常包括三方面内容：了解学生身心发展的现状，并把它与理想的常模加以比较，确认其中存在的差距；了解学生个体的需要；了解学生的兴趣和个性差异。

2. 对社会的研究

在课程领域里对社会的研究通常采用把社会生活划分为若干有意义的方面，再分别对各个方面进行研究的方法。泰勒介绍的一种可行的分类是：健康、家庭、娱乐、职业、宗教、消费和公民。他认为这种分类有利于把整个社会生活分析成一些便于控制的方面，保证不遗漏任何重要的东西。

3. 对学科的研究

由于不同的学科专家熟悉各自领域的基本要领、逻辑结构、探究方式、发展趋势，以及该学科的一般功能及其与相关学科的联系，所以，学科专家的建议是课程目标最主要的依据之一。事实上，大多数课程的教科书通常就是学科专家编写的。

(四)课程内容

课程内容是进入学校教育领域的知识、技能、价值观念和行为规范，是学校教育的内容，是希望学习者在学校环境中获得的全部经验，主要包括课程计划、课程标准和教材等。

1. 课程计划

课程计划是根据一定的教育目的和培养目标，由教育行政部门制定的有关学校教育和教学工作的指导性文件。它具体规定了教学科目的设置、学科顺序、课时分配、学年编制和学周安排。

2. 课程标准

课程标准即教学大纲，是单科课程的总体设计，它从整体上规定了某门课程的性质及其在课程体系中的地位，规范性确定学科教学目标、内容范围、顺序，是教师教学工作的指南，也是编写教科书和测评教学质量的依据。课程标准主要包括两部分内容，一是说明部分，主要是规定本学科的教学目标、内容范围及依据、教学进度以及教学方法等建议；二是本文部分，规定章、节、目的标题，内容要点，授课时数等。制定课程标准的过程是目标与教科书之间的中介过程，所以它既是目标具体化的关键，也是教科书规范化的关键，是教程与学程的依据。

3. 教材

教材是依据课程标准和学生的接受能力编写的教学用书，它是教程与学程的共同依据，必须体现出教法与学法的一致性，它的深度和广度必须体现为课程标准与学生的可接受性的一致性。教材是课程标准的具体化，它不同于一般的书籍，通常按学年或学期分册，划分为单元或章节。教材主要由目录、课文、习题、实验、图表、注释和附录等部分构成，课文是教材的主体部分。

教材是学生在学校获得系统知识、进行学习的主要材料，也是教师进行教学的主要依据，熟练地掌握教材是教师顺利完成教学任务的重要条件。

(五)课程评价

课程评价是以一定的方法、途径对课程的目标、实施和结果等有关问题的价值和特点做出判断的过程。它包括对课程本身的评价和对学生学业的评价。现代教育评价理念提倡发展性评价，更关注学生的学习过程和个体差异。其主要模式有目标评价模式、目的游离评价模式、CIPP 评价模式。

1. 目标评价模式

这一评价模式是以目标为中心而展开的，是针对 20 世纪初形成并流行的常模参照测验的不足而提出的，是在泰勒的“评价原理”和“课程原理”的基础上形成的。泰勒是现代课程理论的重要奠基者，是科学化课程开发的集大成者。他在 1949 年出版的《课程与教学的基本原理》被誉为现代课程理论的圣经。目标评价模式的评价原理可概括为七个步骤或阶段：制订教育计划的目标；根据行为和内容来界定每一个目标；确定使用目标的情境；设计呈现情境的方式；设计获取记录的方式；确定评定时使用的记分单位；设计获取代表性样本的手段。

目标评价模式强调要用明确的、具体的行为方式来陈述目标，并以预先规定和界定的教育目标为中心来设计、组织和实施评价，从而确定学生通过课程教学所取得的进步，亦即确定学生达到教育目标的程度，找出实际结果与课程目标之间的差距，并利用这种信息反馈作为修订课程计划或更新课程目标的依据。由于这一模式既便于操作又容易见效，所以在很长时间里在课程领域占主导地位。但由于它只关注预期的目标，忽视了其他方面的因素，因而遭到不少人的批评。

2. 目的游离评价模式

目的游离评价模式是由美国学者斯克里文针对目标评价模式的弊端而提出来的。即主张把评价的重点从“课程计划预期的结果”转向“课程计划实际的结果”上来。评价者不应受预期的课程目标的影响，尽管这些目标在编制课程时可能是有用的，但不适宜作为评价的准则。目的游离评价模式对目标评价模式的批判是击中要害的，但它也存在问题：如果在评价中把目标搁在一边去寻找各种实际效果，结果很可能顾此失彼，游离了课程编者的目的，评价者很可能会用自己的目的取而代之。严格地说，目的游离评价不是一个完善的模式，因为它没有一套完整的评价程序。

3. CIPP 评价模式

CIPP 是由背景评价（Content Evaluation）、输入评价（Input Evaluation）、过程评价（Process Evaluation）和成果评价（Product Evaluation）这四种评价名称的英文第一个字母的缩写语。该模式包括以下四个步骤：

第一，背景评价，根据评价对象的需要对课程目标本身作出判断，即要确定课程计划实施机构的背景；明确评价对象及其需要；明确满足需要的机会；诊断需要的基本问题；判断目标是否已反映了这些需要。

第二，输入评价，主要是为了帮助决策者选择达到目标的最佳手段，对各种可供选择的课程计划进行评价。

第三，过程评价，主要是通过描述实际过程来确定或预测课程计划本身或实施过程中存在的问题，从而为决策者提供如何修正课程计划的有效信息。

第四，成果评价，即要测量、解释和评判课程计划的成绩。它要收集与整理有关的各种描述与判断，把它们与目标以及背景、输入和过程方面的信息联系起来，并对他们的价值和优点作出解释。

二、教学

学校教育中最基本的活动是教学活动。在教学工作的宏观控制方面，课程与教材是关键；在教师与学生共同的教与学的活动中，教师的工作做得如何是教学活动是否有效的关键。教学活动是什么样的活动？教学活动的规律是什么？根据教学活动的规律，教学工作应遵循哪些基本要求？教师在教学工作时，至少应掌握哪些教学工作的规范？下面就探讨这些问题。

(一)教学的含义

德国教育家赫尔巴特在《普通教育学》中最早系统地阐述了现代意义上的教学理论，至今已发展了200多年，其间的历程曲折纷繁，错综复杂。

教学的认识存在差异的同时，也有一些共同的特点，即教学是教师的教与学生的学的结合；明确了教师的主导作用和学生的主体作用；都指出了教学对学生发展的促进功能，因此，教学是一种尊重学生理性思维能力，尊重学生自由意志，把学生看作独立思考和行动的主体，在与教师的交往和对话中，发展个体的智慧潜能、陶冶个体的道德性格，使每一个学生都达到自己最佳发展水平的活动。

(二)教学过程的规律

教学规律，指教学现象中客观存在的，具有必然性、稳定性、普遍性的联系，对教学活动具有制约作用。

1. 间接经验和直接经验相结合的规律

学生认识有两个方面：一方面是获取直接经验，即通过亲自活动、探索获得的经验；另一方面是获取间接经验，主要指人类在长期认识过程中积累并整理而成的书本知识。学生学习必须以间接经验为主，这是学校教学为青少年学生设计的一条认识世界的捷径，但是学习间接经验又必须以直接经验为基础，因为间接经验即现成的书本知识，是一种偏于理性的知识，是抽象的不易理解的，学生要把这种书本知识转化为自己理解的知识，就必须依靠个人以往积累的或现时获得的感性经验为基础。

2. 掌握知识与发展智力相统一的规律

智力的发展依赖于知识的掌握，知识的掌握又依赖于智力的发展。在教学过程中，学生智力的发展依赖于他们知识的掌握，因为系统的知识是智力发展的必要条件，人们智力的发展离不开知识和经验。同时，学生对知识的掌握又依赖于他们的智力发展，智力发展好的学生，他们的接受能力才强，学习效率才高。但是，知识不等于智力，一个学生掌握知识的多少并不一定能标志他的智力发展的高低，教学中必须启发学生思考，避免"填鸭式"教学，让学生学会独立思考，才能发展学生的智力，培养学生的创造才能。

3. 传授知识与发展思想品德相统一的规律

德国教育家赫尔巴特说过：单纯传授知识的教学是不存在的，教学具有教育的性质。因此教学过程不仅是传授知识的过程，还应促进学生思想意识及品德发生变化，特别是在语文、历史、政治等学科的教学中，教师要激发与该知识有关的情、意活动，毫无疑问，教屈原的《离骚》，不能仅仅教关于赋的知识、辞藻和篇章结构；教抗日战争史不能仅仅是陈述日寇侵华和中华民族抗战的事件经过，而应注意情感的培养、意志的发展，把知识涵养和人的人格成长统一于教学过程之中。

4. 教师的主导作用和学生的主动性相结合的规律

在教学过程中，要充分发挥教师的主导作用，因为教师是教育者，他受过专门训练，精通专业知识，了解学生的身心发展，懂得如何组织教学，教学的效率和质量主要由教师教得好坏决定，但是教师的教是为了学生的学，在教学过程中，必须发挥学生学习的主动性、积极性，因为学习主动性、积极性越大，学习效率就越高，调动学生的学习主动性是教师有效教学的一个主要方面。

理解教学中教师的主导作用和学生的主动性的关系，必须防止教学史上出现的以赫尔巴特为代表的“传统教育”派和以杜威为代表的“现代教育”派的倾向，传统教育派强调教师在教学中的中心地位，忽视学生的主动性，不利于学生创造性的培养；而现代教育派则走向另外一个极端，学生变成教学的中心，忽视教师的主导作用，因而不利于学生系统知识的掌握。

(三)教学原则

教学原则是有效进行教学必须遵循的基本要求。它是从人们的教学实践中总结出来的，如我国古代《学记》中总结了“教学相长”、“启发诱导”、“长善救失”等宝贵的经验，都属于教学原则的范畴，只不过未加科学论证。夸美纽斯在《大教学论》中提出了37条教学原则，并加以论证，此后，各国的教育家如裴斯塔洛齐、赫尔巴特等都对教学原则都作了研究。现阶段中常用的教学原则有直观性原则、启发性原则、循序渐进原则、巩固性原则、因材施教原则。

1. 直观性原则

直观性原则是指在教学中要通过学生所学事物或教师语言的形象描述，引导学生形成所学事物的清晰表象，丰富感性知识。

直观性原则反映了学生的认识规律，它给学生以感性的、形象而具体的知识，有助于提高学生的兴趣和积极性。因此，教学中要根据教学的任务、内容和学生年龄特征正确选择直观教具和现代化教学手段，直观要与讲解相结合，重视运用语言直观，因为生动地讲解、形象地描述，能够给学生以感性知识，形成生动的表象或想象。

2. 启发性原则

启发性原则是指在教学中教师要承认学生是学习的主体，注意调动他们的学习主动性，引导他们独立思考、生动活泼地学习，提高分析问题和解决问题的能力。

中外教育家都很重视启发教学。孔子提出了“不愤不启、不悱不发”的教学思想；后来，我国最早的教育专著《学记》又提出了“道而弗牵，强而弗抑，开而弗达”的教学要求；在西方，苏格拉底在教学中重视启发，他善于用问答方式来激发和引导学生自己去寻求正确答案，这种苏格拉底方法被称为“产婆术”；德国教育家第斯多惠在提倡启发教学上很出名，他的名言是：“一个坏的教师奉送真理，一个好的教师则教人发现真理。”

在教学中要贯彻启发性原则，要求教师首先调动学生学习的主动性，这是要解决学生在学习上的内在动力问题。学生的学习主动性受许多因素影响，如好奇心、兴趣、爱好、求知欲等，教师要充分发挥教材本身的吸引力，它的情趣、奥妙、意境，在生活、科技中的作用，以激发学生的求知欲和积极性。其次，要启发学生独立思考，通过提问、激疑，启发他们的思维，引导学生动手，让他们独立探索，发展他们的创造才能。最后，发扬教学民主，建立民主平等的师生关系，鼓励学生发表不同意见，敢于向老师质疑，这是启发教学的重要条件。

3. 循序渐进原则

循序渐进原则，是指教学要按照学科的逻辑系统和学生认识发展的顺序进行，使学生系统掌握基础知识、基本技能，形成严密的逻辑思维能力。

我国古代的《学记》要求“学不躐等”，“不陵节而施”，就是循序渐进的教学要求。要贯彻该原则，首先要按教材的系统性进行教学，这也是为了保证科学知识的系统性和教学的循序渐进。其次，抓主要矛盾，解决好重点与难点的教学。循序渐进并不意味着教学要面面俱到，平均使用力量，而是要求区别主次，分清难易，有详有略地教学，就是要求把较多的时间和精力放在重点上，围绕重点对学生进行启发诱导，开展对话、议论、讨论，对于难点要考虑学生的具体情况，如学生缺少感性知识，要加强直观感受，概念或技能本身过程复杂的，则要进行分解。最后，由浅入深、由易到难、由简到繁，这是循序渐进的一般要求，否则必然“欲速则不达”。

4. 巩固性原则

巩固性原则是指教学要引导学生在理解的基础上牢固地掌握知识和技能，长久地保持在记忆中，能根据需要迅速再现出来，以利知识技能的运用。

历代教育家都很重视掌握知识的巩固问题。孔子要求“学而时习之”，“温故而知新”。俄国乌申斯基认为“复习是学习之母”。因为没有知识的巩固就没有知识的积累，就无法进行复杂的创造性的思维，不能提高学生的能力。

贯彻巩固性的原则，首先，要求在理解的基础上巩固，因为理解知识是巩固知识的基础；其次，重视组织各种复习，复习就是重温已学过的知识，它可以使知识在记忆中强化、熟练，加深学生对知识的理解，提高学生的创造力；最后，在扩充改组和运用知识中巩固知识。

5. 因材施教原则

因材施教原则是指教师要从学生的实际情况、个别差异出发，有的放矢地进行有差别的教学，使每个学生都能扬长避短，获得最佳发展。

我国古代的孔子善于根据学生的不同特点，有针对性地进行教育，以发挥他们各自的专长。宋代朱熹把孔子这一经验概括为：“孔子施教，各因其材。”这是因材施教的来源。美国心理学家加德纳提出并阐明的“多元智能”理论，即人的智力结构中存在着七种相对独立的智力，这七种智力在每个人身上的组合方式是多种多样的，每个人在不同领域智力发展是不同步的，多元智能理论也有力地说明了应当针对学生的个性特征进行因材施教。

学生的身心发展各有其特点，尤其在智力才能方面更有他们各自的兴趣、爱好和特长，只有因材施教才能把他们培养成各种有用的人才。因此教师要针对学生的特点进行有区别地教学，重视探索和采用一些特殊措施或制度，以保证早出人才，快出人才。

(四)教学方法

在教学过程中，教师必须采取一系列的手段才能完成教学任务。无论教师采取怎样的教学流程、组织形式，完成什么样的教学任务，都必然会采用教学方法。现代教学对教学方法的要求日益严格，提倡以系统的观点为指导来选择教学方法和教学手段，以便教学过程优化。中学教学常用的基本方法有如下几种。

1. 讲授法

讲授法是教师运用口头语言系统连贯地向学生传授知识、技能的教学方法，包括讲述、讲解和讲演法。

讲授法是学校教学中最常用的方法之一。其优点是可以发挥教师的主导作用，使学生在短时间内获取大量的科学知识，缺点是不易发挥学生的主动性，不利于因材施教。因此在运用讲授法时要注意扬长避短。做到讲授内容有科学性、系统性；注重启发，引导学生分析和解决问题；讲究语言艺术，提高语言表达水平。

2. 谈话法

谈话法是教师根据学生已有的知识和经验，提出新的问题，引导学生进行思考，通过师生间的对话，让学生自己获得知识、得出结论的一种方法。

早在中国古代，孔子提倡“叩两端”的方法，就是一种谈话法。古希腊的苏格拉底的产婆术，从学生所熟知的具体事物和现象出发，通过师生问答，从而得出结论的方法也是一种谈话法。

谈话法可以激发学生积极思考，有利于发展学生的思维表达能力和口头表达能力。运用谈话法的关键是提问题，所以提问要明确，难易适度，要善于启发；提问的对象要面向不同层次的学生；提问结束后，教师要做好小结。

3. 讨论法

讨论法是学生在教师指导下为解决某个问题而进行探讨、辨明是非真伪以获取知识的方法。

中国古代书院有学术讨论的传统，现代的讨论法起源于美国大学的课堂讨论。讨论法有助于师生交流思想，学生集思广益，相互启发，共同切磋学术，利用群体的力量共同探究问题。中学教学中，对一些重要问题以全班或小组方式开展讨论，能提高教学质量。

讨论的问题要有吸引力，要善于在讨论中对学生启发引导，讨论结束时教师要做好小结。

4. 发现法

发现法通常被称做发现学习或问题教学法，是指教师组织和引导学生通过独立的探索和研究活动而掌握知识、培养能力的方法。它是由美国心理学家布鲁纳所倡导的，其主要优点是学生的主体性、独立性得到彰显。其步骤是：创设问题的情境，使学生在这种情境中产生矛盾，提出要解决的问题；促使学生利用教师提供的某些材料或问题，提出解答的假设；从理论上和实践上检验自己的假设；根据实验获得的一定材料，在评价基础上引出结论。

5. 情境教学法

情境教学法是指在教学过程中，教师有目的地引入或创设具有一定情绪色彩的生动具体的场景，以引起学生一定的情感体验，从而帮助学生理解教材，并使学生的心理机能得到发展的教学方法。

教师创设的情境一般包括生活展现的情境、图画再现的情境、实物演示的情境、音乐渲染的情境、言语描述的情境。

(五)教学组织形式

教学总是以一定的组织形式进行。教学组织形式是指为完成特定的教学任务教师和学生按一定要求组合起来进行活动的结构。在教学史上先后出现的影响较大的教学组织形式有个别教学制、班级上课制、道尔顿制和分组教学制等。

1. 个别教学制

古代中国、埃及和希腊的学校都采用个别教学形式。教师向学生传授知识是通过个别进行的，教师在教某个学生时，其余学生均按教师要求进行复习或作业。个别教学最显著的优点在于教师能根据学生的特点因材施教，使教学内容、进度适合于每一个学生的接受能力，但是教学的效率很低，因为一个教师所能教的学生数量是很有限的。这种个别教学形式在古代学校中普遍推行是与古代社会生产力发展水平比较低的状况相适应的。

2. 班级上课制

随着科学文化的发展与繁荣，教学内容增加，另一方面要求学校培养更多的人才，于是个别教学便不能满足社会发展的需求了，班级上课制应运而生。

班级上课制是一种集体教学形式，它是把一定数量的学生按年龄与知识程度编成固定的班级，根据周课表和作息时间表，同一个班的每个学生的学习内容与进度必须一致。班级上课制萌芽于16世纪西欧的一些国家，经捷克教育家夸美纽斯的总结、改进和理论升华。其最显著的优点是它比个别教学的效率高，一个教师同时教几十个学生，注重集体化、同步化、标准化，但不利于照顾学生的个别差异、对学生进行个别指导，不利于发展学生的志趣、特长和发展他们的个性，因此，许多国家的教育界人士都致力于改革班级上课制。

3. 分组教学制

为了解决班级上课不易照顾学生个别差异的弊病。19世纪末20世纪初，分组教学在一些国家出现。

所谓分组教学，就是按学生的能力或学习成绩把他们分为水平不同的组进行教学。一般有内部分组和外部分组。内部分组是在传统的按年龄编班前提下，根据学生能力或学习成绩分组；外部分组是打破传统的年龄编组，按学生的能力或学习成绩的差别分组教学。分组教学最显著的优点在于它比班级上课更切合学生个人的水平和特点，便于因材施教，有利于人才的培养。但是，它仍存在一些较严重的问题，一是很难科学地鉴别学生的能力和水平，二是在对待分组教学上，学生、家长和教师的意愿常常与学校的要求相矛盾，三是分组后造成的副作用很大，往往使快班学生产生骄傲情绪，使普通班、慢班学生的学习积极性普遍降低。

4. 设计教学法和道尔顿制

设计教学法是美国教育家克伯屈创立的一种教学组织形式，主张废除班级授课制和教科书，打破传统的学科界限，在教师指导下，由学生自己决定学习目的和内容，在自己设计、自己负责任的单元活动中获得有关知识和能力。

道尔顿制是美国教育家柏克赫斯特提出的，指教师不再上课向学生系统地讲授教材，而只是为学生分别指定自学参考书、布置作业，由学生自学和独立作业，有疑难时才请老师辅导，学生完成一定阶段的学习任务后，向教师汇报学习情况并接受考查。

两者的优点是有利于调动学生学习的主动性，培养他们的学习能力和创造才能，但不利于系统知识的掌握，且对教学设施和条件要求较高。

总之，教学的组织形式是在实践中不断发展的，每一种教学组织形式都有它的特点、优点和缺点，都只能在一定条件下和范围内发挥作用。当前，在国内外的教学改革中，人们对教学组织形式的改革，突出下面几个重点：第一，适当地缩小班级规模，使教学单位趋向合理化。第二，改进班级上课制，实现多种教学组织形式的综合运用。第三，多样化的座位排列，加强课堂教学的交往互动。第四，探索个别化教学。

(六)教学工作的基本环节

教学应以上课为中心。要上好课，课前教师必须备课，学生也要作相应的准备或预习；为了巩固和发展课堂教学成果，课后还要辅以其他教学形式，主要的是学生独立作业和教师的课后指导；此外，还必须适时进行评价以推动和改进教学。这样，教学便围绕上课组织起来，形成了一个循序渐进、周而复始的工作流程。若从教学的主要方面——教师教的方面分析，备课、上课、课后辅导和评价构成了教学工作的基本环节。

1. 备课

备课是上好课的先决条件。上课前，教师必须备好课，编制出三种计划，即学期教学进度计划、课题计划与课时计划。

教师备课，必须做好三方面的工作。第一，钻研教材。钻研教材有助于教师掌握教材的逻辑体系，有助于教师科学设计教学内容，有助于全面贯彻和落实课程标准。教师掌握教材有一个深化的过程，一般要经过懂、透、化三个阶段。第二，了解学生，包括了解学生原有的知识技能的质量，他们的兴趣、需要与思想状况、学习方法和习惯等。第三，设计教法，在钻研教材、了解学生的基础上解决如何把已掌握的教材传授给学生，它包括：如何组织教材，如何确定课的类型，如何安排每一节课的活动，如何运用各种方法开展教学活动。

2. 上课

提高教学质量的关键是上好课。怎样才能上好每一堂课呢？无疑，必须以现代教学理论为指导，遵循教学规律，全面贯彻教学原则，善于灵活运用各种教学方法，此外，还要注意下述要求：

教学目标明确。教学目标是教学活动的出发点和归宿，因此，教学目标的制订应符合课程标准的要求及学生的实际；课堂上的一切活动都应该围绕教学目标来进行。

教学内容准确。保证教学内容的科学性和思想性，在进行教学时，教师既要突出教材的重点、难点和关键点，又要考虑教材的整体性和连贯性，在讲授时，教师对概念、定理等的表述要准确无误。

教学结构严谨。整个课的进行，要有高度的计划性，严密地组织好教学活动，何时讲新内容、何时练习、何时演示等都要进行合理的安排。

教学方法合适。教师要善于启发、调动学生学习的积极性，各种方法有机结合、运用自如，师生密切配合，感情融洽，使教学过程中既有紧张的学习活动，又有生动活泼的学习气氛。

调动学生的主体性。在教学中应使师生都处于积极活动状态，尤其要调动学生的主动性，教师要善于启发学生积极进行认识活动，只有调动师生两个方面的积极性，才能上好一堂课。

3. 教学评价

教学评价是以教学目标为依据，通过一定的标准和手段，对教学活动及其结果给予价值上的判断，即对教学活动及其结果进行测量、分析和评定的过程。

教学评价是教学工作不可缺少的一个基本环节，从整体上调节、控制着教学活动的进行，具有导向、调节、激励和鉴别四种功能。四种功能，归根结底是个控制功能：导向是定向控制，调节是过程控制，激励是行为控制，鉴别是结果控制。

教学评价的主要方法有以下几种：

观察法：观察是直接认知被评价者行为的最好方法。它适用于在教学中评价那些不易量化的行为表现和技能性的成绩。

测验法：测验主要以笔试进行，是考核、测定学生成绩的基本方法。它适用于对学生学习文化科学知识的成绩评定。测验的质量指标有信度、效度、难度和区分度。信度指测验结果的可靠程度，如果一个测验在反复使用或以不同方式使用都能得出大致相同的可靠结果，那么这个测验的信度就较高。效度是指测验达到测验目的的程度，即是否测出了它所要测出的东西。难度是指测验包含的试题难易程度，试题过难或过易都不能准确测出学生的真实成绩，所以，一个试卷总的来说难易要适中，但它的试题既要有较难的题，又要有较易的题，做到难易合适。区分度，指测验对考生的不同水平能够区分的程度，即具有区分不同水平考生的能力。

调查法：是了解学生的学习情况，为进行学生成绩评定搜集资料的一种方法，调查一般是通过问卷、交谈进行。

第三节　德育与班主任工作

一、当代学校德育的发展与模式

(一) 学校德育的发展

德育是学校工作的一个重要组成部分，德育理论也是教育学研究中的一个重要组成部分。关于德育的界定，目前尚无定论，国际上对德育的称谓和定义也不尽相同，法国称为“公民教育”，美国等许多国家把政治教育、公民教育和道德教育分开设课，许多国家则把相关的教育活动称之为学校公民与道德教育。因此，广义的学校德育是教育者依据特定社会要求和德育规律，对受教育者实施有目的、有计划的影响，包括了政治教育、思想教育、道德品质以及心理教育，狭义的学校德育专指道德教育。

德育对人类社会的形成和发展有重要作用，因此自有学校以来，德育就受到重视。古代学校教育注重传授帝王统治术及愚民的忠君报国观念，以期起到“建国君民”的作用。欧洲中世纪，学校被教会垄断，成为宗教的附庸。20 世纪以后世界教育发展引发了学校德育变革浪潮，一是越来越多的国家取消公立学校的宗教课，代之以公民课或道德教育课；二是尊重人性，倡导以人为本的德育；三是德育理论、方法和手段等不断多样化，从而促使德育流派的形成。

(二) 学校德育的主要模式

1. 认知发展德育模式

这是当代德育理论中流行最广、占据主导地位的德育学说，它是瑞士学者皮亚杰提出，而后由美国学者柯尔伯格进一步深化的。该模式假定人的道德判断能力按照一定的阶段和顺序从低到高不断发展，道德教育的目的就在于促进儿童道德判断力的发展及其行为的发生。

这一德育学说的特征有：一是人的本质是理性的，因此，人必须利用智慧达到对理解的把握并在此基础上建构合乎理性的道德原则和道德规范。二是必须注重个体认知发展与社会客体的相互作用，因此人的道德理性并非天赋或外界规则的直接灌输，而是主客体在实践过程中互动的结果。三是注重主体在德育中的地位，注重研究个体道德认知能力的发展，强调按道德认知发展的要求设计，选择内容和方法。

2. 体谅模式

体谅模式或称学会关心的道德教育模式，为英国学校德育学家彼得·麦克菲尔和他的同事所创。

这一模式的主要特征有：一是坚持性善论，主张儿童是德育的主体，德育必须以儿童为中心，尊重儿童发展需要。二是坚持人具有一种天赋的自我实现趋向，德育不是强加于人什么，关键是促进内在潜能得到充分自由的发展。三是把培养健全人格作为德育目标，把培养主动的、集体的、创造性的丰富人格作为现代德育的任务。四是倡导民主的德育观，主张教师要采取中性立场，虚心接纳儿童的思想感情，以促进者或引导者的身份出现，倡导民主平等的师生关系。

3. 社会模仿模式

该模式是美国心理学家班杜拉创立。班杜拉认为，儿童的发展不仅是一个内部成长的过程，而且是受社会示范作用和通过道德的社会实践训练来实现的，因此，观察学习是行为获得的基本方法，而示范存在于日常生活和校园的方方面面，学校德育应重视家长、教师、同辈人、大众媒介以及学校环境的示范作用。

二、学校德育目标及内容

德育目标是指德育工作应达到的预期效果和所应实现的基本任务，是受教育者在品德发展上的质量和规格要求，是教育总目标在德育上的体现。它不仅决定了德育的内容、形式和方法，而且制约着德育工作的基本过程，当代世界各国都很重视根据本国实际制订德育目标，用以指导学校德育工作，提高德育的实效。

纵观各国学校制订的德育目标，最重要的依据是从本国社会发展的实际需要出发，并考虑到德育的社会制度特征和时代特征，其次，也要受国家的教育目的和受教育者思想品德形成及发展的规律及心理特征。因此，德育目标具有历史性与社会性相统一的特征。

我国学校德育就是要培养身心健康、道德高尚、富于进取的学生；培养富有民族精神、遵纪守法、仁爱之心的好公民；培养较高政治素质和阶级觉悟、富有正义感和爱国主义精神的社会成员。

德育内容是指实施德育工作的具体材料和主体设计，关系到用什么样的道德规范、政治观、人生观、世界观来教育学生的重大问题。世界各国对选择德育内容都很重视，如英国专家麦克菲尔历经 10 余年研究编写了德育教材《起始线》与《生命线》，美国品德教育委员会经近 20 年编写的中小学系列《品德教程》。可以说，德育内容基本上都是一个国家长期沿袭传承下来的，反映特定国家和民族文化传统、政治要求和道德规范。我国中小学德育的内容主要有政治及公民教育、思想教育及道德品质教育。

三、学校德育工作的基本原理

德育作为一种人类社会实践性的教育活动，本身具有相应的活动过程，研究这一过程的生成和演变，揭示其矛盾和规律，对学校德育工作和德育理论的发展具有重要意义。

(一)德育过程的基本规律

德育过程是指依据一定社会的德育要求和思想品德形成规律，对受教育者有目的地施加影响，使之形成预期的思想品德的过程。德育过程通常由教育者、受教育者、德育内容和德育方法四个相互制约的要素构成，德育过程是在多种因素相互作用中实现德育目标的过程，其规律主要有以下几个方面。

1. 德育过程是促使学生道德认知、情感、意志和行为的互动发展的过程

学生的品德是由知、情、意、行构成的互动体，其中，知是思想品德形成的基础，它不仅是对政治准则、思想行为规范、道德观念的理解，更重要的是由此形成的辩证的、合理的是非判断能力和人生信念。道德情感是关于人们对现实生活中道德行为的爱憎、好恶的一种内在态度体验，它对德性的发展起动力作用。道德意志是指人们在实现道德行为目标时所表现出的顽强努力，它是调节行为的一种精神力量。道德行为是指个体把道德认知付诸具体的行为中。德育过程一般以知为开端，以行为终结，但在具体实施过程中，又具有多种开端，可根据学生品德发展的具体情况，或导之以行开始，或动之以情开始，或从锻炼意志开始，最后达到使学生品德在知、情、意、行几方面和谐发展的目的。

2. 德育过程是一个促使学生思想品德结构不断建构完善的过程

学生品德形成和发展是一个以认知为基础的运动过程，所谓品德结构就是品德发展的水平，表现为学生道德判断能力和道德行为能力的高低。在德育中，通过主客体的互动，使结构在吸纳同化外来影响并同时促进结构的改变以适应新发展，这种结构的组织和转换所产生的建构的过程就构成了道德的发展，从而促使学生品德从低阶段上升为高阶段，从不平衡转向均衡发展。

研究表明，学生、社会参与的质与量，解决问题的经验水平，是促进个体道德发展的重要水平，而要引发和提高学生全身心投入道德情境，关键是激发学生的道德冲突，在冲突产生、解决、再产生和再解决中推动结构的转换和重组，促使学生道德新阶段的形成。

3. 德育过程是一个多种因素互动、反复且长期逐步提高的过程

学生思想品德的发展受到多种因素的共同作用，如受遗传、环境、教育的影响，学校、家庭、社会的不同作用以及学生实践形式等，这些因素的作用往往是不一致的且会致使儿童品德结构在演进中极易引发各种复杂的情况，使道德要求和德育效果不相一致，而且还会出现发展上的摇摆和反复。因此，学校德育应当针对现代社会和学校德育实际，因地制宜，采取切实可行的方法，争取较佳的德育效果。

(二)德育工作的基本原则

德育原则是德育工作中必须遵循的基本要求和基本的工作准则。根据我国的情况，以下原则是德育工作中值得重视的。

1. 导向性原则

德育工作的方向问题，集中反映了特定社会的政治价值取向和道德规范体系。进行德

育时要有一定的理想性和方向性，德育目标必须符合新时期的方针政策和总任务的要求，把德育的理想性和现实性结合起来，以指导学生沿正确的方向发展。

2. 疏导原则

疏导原则是指进行德育时要循循善诱，以理服人，从提高学生认识入手，调动学生的主动性，使他们积极向上。由于青少年求知欲强，喜欢模仿各种英雄人物，易犯错误，仅仅批评指责，就会压抑青少年的发展，使之产生逆反心理，因此，坚持正面性教育，可以树立正确榜样，调动积极性，符合青少年发展规律。

3. 尊重学生与严格要求相结合原则

德育要尊重爱护学生，对学生既要严格要求又循循善诱，学会关心、学会按学生实际开展德育工作。正如苏联教育家马卡连柯所说："要尽量多地要求一个人，也要尽可能地尊重一个人。"严格要求与尊重信任是辩证统一的，是制约德育效果的两个相辅相成的必要条件。尊重爱护学生首先要把学生当作一个主体人，尊重其人格和发展权利；其次是给予充分的信任，鼓励发扬优点的同时帮助克服其缺点；最后是要严格要求，宽严适度。

4. 教育的一致性与连贯性原则

在德育工作中，教育者应主动协调多方面教育力量，统一认识和步调，有计划、有系统、前后连贯地教育学生，发挥教育的整体功能，培养学生正确的思想品德。而要贯彻这一原则，首先要统一学校内部各方面的教育力量，充分发挥教师集体的作用；争取家长和社会的配合，主动协调好与家庭、社会教育的关系，逐步形成以学校为中心的"三位一体"的德育网络。

5. 因材施教原则

因材施教原则是教育者在德育过程中，应根据学生的年龄特征、个性差异以及品德发展现状，采取不同的方法和措施，加强德育的针对性和实效性。孔子很早就提出了"视其所以，观其所由，察其所安"的了解学生的有效方法。因此教育者应深入了解学生的个性特点及年龄特征，有的放矢地进行教育，努力做到"一把钥匙开一把锁"。

(三)德育方法

德育方法是为达到德育目的，在德育过程中采用的教育者与受教育者相互作用的活动方式的总和，它包括教育者的施教传道方式和受教育者的受教育方式。德育方法很多，包括活动本身以及教师态度本身的影响，只有选择适当的方法才能使德育收到实效。

1. 说服教育法

这是一种坚持正面教育理论和正面思想引导，增强辨别是非能力，促进道德发展，通过摆事实、讲道理，使学生提高认识、形成正确的观点的方法。该法的主要特点：一是坚持德育课程教育，学习系统的道德知识；二是坚持以理服人，注重启发；三是坚持以激励为主，注重调动学生内在的积极因素。

2. 陶冶教育法

它是教师利用环境和自身的教育因素，对学生进行潜移默化的熏陶和感染，使其在耳濡目染中受到感化的方法，包括：人格感化、环境陶冶和艺术陶冶。运用该方法时要注意创设良好的情境，与启发说服相结合，引导学生参与环境的创设。

3. 价值澄清法

这是一种目前世界上应用广泛的德育方法，最早由美国教育家拉斯等人倡导。该法主要通过分析引导学生评价各种价值观，做出道德选择，进而付诸行动的方法。这种方法的特点：一是注重发展学生在德育中的主体地位，二是注重发展学生的道德意识、道德判断和价值观选择能力，三是面对现实生活，引发学生对社会问题进行探讨，而且具有很强的操作性。

4. 榜样示范法

榜样示范法是指运用具体典型的正面形象教育影响学生的思想、情感和行为。这种方法符合青少年发展易模仿的特征，有较强的效果。班杜拉社会学习理论很重视榜样教育的作用。该法的特点是通过具体的典型，把抽象的政治、思想、道德观念具体化、形象化、人格化，对青少年产生极强的感染性和权威可信任性，从而加深对道德问题的体验。榜样是非常广泛的，包括领袖人物或历史名人，文学、艺术中的典型形象以及生活中的各种英雄模范先进优秀人物都可能成为青少年的偶像，进而产生榜样教育效应。

四、道德发展理论

(一)皮亚杰的道德发展理论

皮亚杰通过一些对偶故事的观察实验，揭示了儿童道德判断的发展过程，把儿童的道德分为他律道德和自律道德两种水平，把儿童的品德划分为四个阶段：

1. 自我中心阶段(2~5岁)

这一阶段是从儿童能够接受外界的准则开始的。这时期儿童还不能把自己同外在环境区别开来，而把环境看作是他自身的延伸。规则对他来说不具有约束力，而是以“自我中心”来考虑问题。

2. 权威阶段(5~8岁)

这一阶段也称为“他律期”。该时期的儿童服从外部规则，接受权威指定的规范，把人们的准则看作是固定的、不可变更的，而且只根据行为后果来判断对错。例如，妈妈不在家，一个小孩为了帮妈妈做事，打碎了一盘玻璃杯；另一个为偷吃柜上的糖果，打碎了一个玻璃杯。让这个时期的儿童判断，他往往认为前者错误更大，因为他打碎了很多的玻璃杯，而不会考虑两个小孩的动机。有人称该时期为道德现实主义或他律的道德。

3. 可逆性阶段(8~10岁)

这一时期的儿童已不再把准则看成是一成不变的，而把它看作同伴间共同约定的。儿童一般都有这样的概念：如果所有的人都同意的话，规则是可以改变的。准则对他们来说已具有一种保证他们相互行动、互惠的可逆特征，同伴间的可逆关系的出现，标志着品德由他律阶段进入自律阶段。

4. 公正阶段(10~12岁)

这一阶段的公正观念是从那个可逆的道德认识脱胎而来的。他们开始倾向于主持公正、平等。

皮亚杰的道德发展阶段给我们的启示是：学校德育应该改变重视道德知识传授，忽视能力培养的理论倾向，要把重点放在发展学生的道德判断能力上；不同年龄阶段的儿童需采取不同的德育方法，年幼儿童虽然在成人的道德要求下做事，但他们不明白为什么这样做，所以成人的发号施令不能达到促进儿童智慧和道德发展的目的，年长儿童能够根据自己的观念的价值标准对道德问题做出判断，应该晓之以理、以理服人才会取得良好的效果。

(二)柯尔伯格的道德发展理论

柯尔伯格系统地扩展了皮亚杰的理论和方法，他采用“道德两难故事法”进行研究，最典型的就是“海因兹偷药”的故事，让儿童对道德两难问题做出判断，将道德判断分为三个水平，每一水平包含两个阶段，六个阶段按照由低到高的层次发展。

1. 前习俗水平

前习俗水平大约出现在幼儿园及小学中低年级。该时期的特征是：个体着眼于人物行为的具体结果及其自身的利害关系，认为道德的价值不决定于人及准则，而是决定于外在的要求。前习俗水平包括两个阶段，即服从与惩罚的道德定向阶段和相对功利的道德定向阶段。

2. 习俗水平

习俗水平是在小学中年级出现的，一直到青年、成年。这一阶段的特征是：个体着眼于社会的希望和要求，能够从社会成员的角度去思考问题；开始意识到人的行为必须符合群体或社会的准则；能够了解、认识社会行为规范，并遵守、执行这一规范。这一水平也包括两个阶段，即好孩子的道德定向阶段及维护权威或秩序的道德定向阶段。

3. 后习俗水平

该时期的特点是：个体不只是自觉遵守某些行为规则，还认识到法律的人为性，并在考虑全人类的正义和个人尊严的基础上形成某些超越法律的普遍原则。该水平包括社会契约的道德定向阶段和普遍原则的道德定向阶段。柯尔伯格认为后习俗水平一般要 20 岁以后才能出现，而且只有少数人能达到。

柯尔伯格提出的“三水平六阶段”道德发展理论，反映的是个体从低级向高级发展的一般趋势，在道德教育的实践活动中，应遵循学生的道德发展规律，有针对性地开展教育，促使学生向更高的水平发展。

五、班主任工作

班主任是班集体的组织者和领导者，是学校贯彻国家教育方针，促进学生健康成长的骨干力量。教育部印发的《中小学班主任工作规定》指出：“班主任是中小学日常思想道德教育和学生管理工作的主要实施者，是中小学健康成长的引路者，班主任要努力成为中小学生的人生导师。”

(一)班主任的地位和作用

1. 班主任是班级建设的设计者

班级建设的设计是指班主任根据学校的整体办学思想，在主客观条件许可的范围内所提出的相对理想的班级模式，包括班级建设的目标，实现目标的途径、具体方法和工作程序。

2. 班主任是班级组织的领导者

班主任在班级管理中的影响力主要表现在两个方面：一是以班主任的权威、地位、职权构成的职权影响力；二是班主任的个性特征与人格魅力构成的个性影响力。职权影响力可能会造成学生口服心不服，因此班主任应发挥个性影响力的作用。

班主任领导方式可分为：权威型、民主型、放任型。民主型的领导方式是开放、平等和互助。在民主型模式之下，学生的学习努力程度比较适中，学习成绩比较稳定。

3. 班主任是协调班级人际关系的主导者

班主任要协调好三大关系，即学校内部各种教育因素之间的关系；学校教育与家庭教育之间的关系；学校教育与社会教育之间的关系。

(二)班主任工作的主要内容

1. 了解和研究学生

了解和研究学生是班主任工作的前提和出发点。对学生的教育没有一个固定的模式，因此，班主任的工作方法要灵活多样，了解学生包括学生的学习、思想状况、兴趣爱好、学生的群体关系、学生的家庭类型等。

了解学生的方法很多，如可以通过阅读学生的有关材料来了解学生，或者通过对学生本人或知情者的调查，也可以通过观察，了解学生的行为表现。

2. 组织和培养班集体

组织和培养班集体是班主任工作的中心环节。班集体不是自发形成的，它有一个发展过程，大致要经过组建、初步形成和形成发展三个阶段。而培养班集体的方法有很多，但一般都要注意以下几个方面：确定班集体的共同目标；建立集体核心；组织班级活动；培养正确的舆论和优良的班风等。

3. 协调校内外各种教育力量

调节和统一校内外各方面对学生的要求，是有效地教育学生的重要条件。首先，协调好家长和学校的关系，使家庭教育与学校教育协调同步，形成教育合力，可以促进学生的健康成长。一般而言，家庭协调的常用方式有：家访、家长会、家长学校、家长沙龙等。其次，要协调好学校与社会的关系，因为在现代社会的学校教育中，广泛的社会资源是实现其资源整合的重要保证，具体形式有依托社区的教育委员会，建立校外教育基地等。

4. 个别教育工作

集体教育与个别教育是紧密联系的，班主任在教育集体时，实际上也就在教育学生个人，但个别教育不同于集体教育，它是教师根据学生个人的特点、需要和问题而单独进行的教育。个别教育既包括后进生的工作，也包括中等生和先进生的工作。对于先进生要严格要求，防止自满、战胜挫折、发挥优势，带动全班。对于中等生则要给他们创造充分展示自己才能的机会，增强自信心。对于后进生则要了解其心理特点，多加爱护和关心，激发学习动机，制订合适的学习目标，根据个别差异，采取不同的教育方式。

5. 操行评定

操行是指学生的思想品德的表现。操行评定就是对学生一学期来的思想品德发展情况的评价。操行评定一般采用评语方式。为了做好操行评定，班主任在日常的教育工作中要注意积累每一个学生的思想品德表现的材料。操行评语要实事求是，抓主要问题，有针对性，能反映学生思想品德的全面发展趋向，要充分肯定学生的进步，适当指出他们的主要缺点。

6. 写好工作计划与总结

班主任工作计划一般分为学期计划、月或周计划以及具体的活动计划。学期计划比较完整，包括基本情况；班级工作的内容、要求和措施；本学期的主要活动安排。

班主任工作总结一般分为全面总结和专题总结两类，一般在学期/学年末进行。做好总结要注意两点：平时注意对班主任工作资料的积累；注意做阶段小结。

7. 建立学生档案

班主任在全面了解学生的基础上，对所掌握的材料进行分析处理，并将整理结果分类存放起来，即建立学生档案。一般包括四个步骤：收集、整理、鉴定和保管。

学生档案有两种：集体档案和个体档案。学生档案中最常见的是学生个人档案，最常见的形式有文字形式和表格调查形式两种。

8. 班会活动

班会活动是班主任进行教育活动的重要手段，是培养优秀班集体的主要方法，也是锻炼学生活动能力的基本途径。有计划地组织和开展班会活动是班主任工作的一项重要内容。

班会有三个特点：集体性、自主性和针对性。班会一般有三类：常规班会、生活班会和主题班会。主题班会一般要经过确定主题、精心准备、具体实施、效果深化等阶段，同时还要注意：主题不能过杂，要有的放矢，班主任做好“导演”而不是“演员”。

第二讲　心　理　学

第一节　中学生学习心理

一、认知过程

个体的心理异常复杂，概括起来，可以分为认知、动机和情绪、能力和人格三个方面，认知是人们获得知识或运用知识的过程。它主要包括感觉、知觉、注意、记忆、思维、想象和言语等。

（一）感觉及其特性

感觉是人脑对直接作用于感觉器官的客观事物的个别属性的反映。眼睛看到颜色、耳朵听到声音、鼻子闻到气味、舌头尝到冷热，这些就是感觉。感觉是一种最简单的心理现象，是认识的起点。根据刺激物来源于身体外部还是内部，可以把感觉分为两类，即外部感觉（视觉、听觉、嗅觉、味觉、肤觉）和内部感觉（机体觉、平衡觉、运动觉）。感觉的特性有以下几个方面。

1. 感觉适应

在外界刺激的持续作用下，感受性发生变化的现象，叫感觉适应。各种感觉都会发生感觉适应。“入芝兰之室，久而不闻其香；入鲍鱼之肆，久而不闻其臭”，这是嗅觉的适应。手放在温水里，开始觉得热，慢慢就不觉得热，这是触觉的适应。从亮处转入暗处视觉感受性提高的现象叫暗适应，从暗处转入明处视觉感受性下降的现象叫明适应，这是视觉的适应现象。

2. 感觉对比

不同的刺激作用于同一感觉器官，使感受性发生变化的现象。比如吃过糖后吃橘子，会觉得橘子特别酸；手放进热水之后，再放到温水里，会觉得温水很凉。

3. 感觉后像

在刺激作用停止后暂时保留的感觉现象称为感觉后像。视觉的后像很显著，又称视觉后像。视觉后像有两种：正后像和负后像。

4. 感觉的相互作用

人们的各种感觉器官往往是相互联系、相互作用的，一种刺激不仅引起一种感觉，同时还引起另一种感觉的现象叫做联觉。例如，看到红色会觉得温暖，听到某种声音会引起某种颜色感觉。某种感觉系统的机能丧失后，由其他感觉系统的机能来弥补，称为感觉的补偿。如，盲人失去视觉，通过实践活动使听觉更加敏锐。

(二)知觉及其特性

知觉是人脑对直接作用于感觉器官的客观事物的各个部分和属性的整体的反映。其特性有以下几个方面。

1. 知觉的选择性

知觉的选择性是指人在进行知觉时从复杂的环境中把某些事物或现象当作知觉对象，而把另一些事物或现象当作知觉的背景。若以黑色部分作为知觉对象，看到的是两个人脸的侧面影像，而白色部分则为背景；若以白色部分作为知觉对象，看到的是一个花瓶，而黑色部分则为背景(见图2-1)。

图2-1 双关图形

2. 知觉的整体性

知觉的对象都是由不同属性的许多部分组成的，人们在知觉它时却能依据以往经验组成一个整体，这一特性被称为知觉的整体性。两个三角形重叠，图中间第一层的三角形虽然在实际上都没有边缘、轮廓，可是，在知觉经验上却都是边缘最清楚，轮廓最明确的图形(见图2-2)。

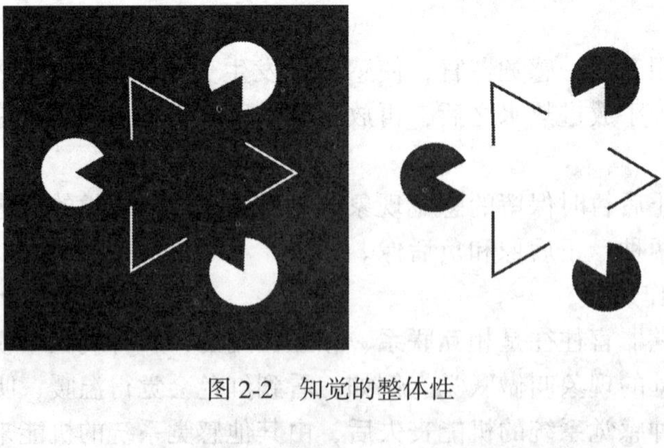

图2-2 知觉的整体性

3. 知觉的理解性

人们以已有的知识经验为基础去理解和解释事物，并用词语加标志的特性，以使它具有一定的意义。知觉理解性主要受到个人的知识经验、言语指导、实践活动以及个人兴趣爱好等多种因素的影响。

4. 知觉的恒常性

知觉的恒常性是指客观事物本身不变，但知觉条件在一定范围内发生变化时，人的知觉映像仍相对不变。知觉的恒常性使人们可以客观地、稳定地认识事物，这对于人们的正常生活和工作有很重要的意义。

(三)记忆

记忆是人脑对过去经验的保持和再现。记忆过程包括识记—保持—回忆与再认三个环节。记忆是保存个体经验的形式之一。记忆联结着人们心理活动的过去和现在，是人们学习、工作和生活的基本机能。

1. 记忆系统及其特点

按照现代信息加工的观点，记忆是一个结构性的信息加工系统。记忆系统由三个不同的子系统构成：瞬时记忆、短时记忆和长时记忆。信息首先进入瞬时记忆，那些引起个体注意的感觉信息才会进入短时记忆，在短时记忆中储存的信息经过加工再存储在长时记忆中，而这些保存在长时记忆中的信息在需要时又会被提取到短时记忆中。

2. 知识的遗忘

遗忘是与保持相反的心理过程，是指对识记过的材料不能回忆或再认。最早对以往进行研究的是德国心理学家艾宾浩斯，他提出了著名的“遗忘曲线”。这条曲线表明：遗忘是有规律的，即遗忘的进程是不均衡的，其趋势是先快后慢、先多后少，呈负加速，且到一定的程度就不再遗忘了。影响遗忘进程的因素有学习材料的性质、系列位置效应、识记材料的数量和学习程度等。

3. 遗忘的原因

关于遗忘的原因最主要的解释有以下五种：

第一，消退说。即记忆痕迹得不到强化而逐渐衰弱，以致最后消退的结果。

第二，干扰说。遗忘是因为在学习和回忆之间受到其他刺激的干扰所致。干扰说可用前摄抑制和倒摄抑制来说明。前摄抑制是先学习的材料对识记和回忆后学习材料的干扰作用。后学习的材料对保持和回忆先学习材料的干扰作用称为倒摄抑制。

第三，压抑说。这种现象首先是由弗洛伊德在临床实践中发现的。他在给精神病人实行催眠术时发现，许多人能回忆起早年生活中的许多事情，而这些事情平时是回忆不起来的。他认为这些经验之所以不能回忆，是因为回忆它们时，会使人产生痛苦、不愉快和忧愁，于是便拒绝它们进入意识，也就是被无意识动机所压抑，因此，遗忘是由于情绪或动机的压抑作用引起的，如果压抑被解除，记忆就能恢复。

第四，提取失败说：从信息加工的观点看，遗忘是一时难以提取出需要的信息，这种明明知道某件事，但就是不能回忆出来的现象称为“舌尖现象”。一旦有了正确的线索，经过搜寻，所需要的信息就能提取出来。

第五，同化说(认知结构说)。奥苏伯尔认为，遗忘是知识的组织和认知结构简化的过程。当人们学到了更高级的概念与规律之后，就可以以此来代替低级的观念，使低级观念简化，从而减轻记忆负担，这是一种积极的遗忘。

4. 记忆与有效学习

①集中注意。集中注意时，记忆时就会聚精会神、专心致志，排除杂念和外界干扰，大脑皮层就会留下深刻的记忆痕迹而不容易遗忘。如果精神涣散，一心二用，就会大大降低记忆效率。

②深度加工材料。认知心理学研究表明：如果人们在获取信息时对它进行深度加工，那么这些信息的保持效果就可以得到提高，并有利于信息的提取的回忆。所谓深度加工，是指通过对要学习的新材料补充细节、举出例子、做出推论，或使之与其他观念形成联想。

③有效运用记忆术。记忆术是利用联想的方法对无意义的材料赋予某些人为的意义，以促进知识保持的策略。

④进行组块化编码。所谓组块，是指信息编码过程中，利用储存在长时记忆系统中的知识经验对进入短时记忆系统中的信息加以组织，使之成为人所熟悉的有意义的较大单位的过程。组块可以是一个字母、一个数字、一个单词、一个词组，甚至一个句子。组块的方式主要依赖于人过去的知识经验。

⑤适当过度学习。所谓过度学习，是指在学习达到刚好程度以后的附加学习。如读一首短诗，学习 10 分钟就刚好能背诵，在背诵之后增加的学习(如再读 5 分钟或再读 5 遍)便是过度学习。

⑥合理进行复习。与遗忘进行斗争的首要条件是组织识记后的复习。复习在保持中有很大的作用。刺激物的重复出现是短时记忆向长时记忆转化的条件，没有重复的信息是不能进入长时记忆的。因此，复习要及时，注意分散复习，反复阅读结合尝试背诵。

(四)注意及其品质

注意是心理活动对一定对象的指向和集中。其主要特点有指向性和集中性。根据产生和保持注意时有无目的以及意志努力的参与，注意分为无意注意、有意注意和有意后注意。无意注意是指没有预定目的，不需意志努力的注意。有意注意是指有预定目的，需要意志努力的注意。有意后注意是指同时具有前两者的某些特征，有自觉的目的，但不需要意志努力的注意。注意的品质有以下几个方面。

1. 注意的稳定性

注意的稳定性指注意保持在某一对象或某一活动上的时间长短特性。注意的稳定性的标志是活动在某一段时间内的效率。同注意稳定相反的状态是注意的分散。

2. 注意的分配

注意的分配指人在同一时间内把注意力集中于两种或两种以上的事物。如教师需要一边讲课，一边注意学生的课堂反应；司机一边驾车，一边观察路况。事实证明，注意的分配是可行的，人们在生活中可以做到“一心二用”，甚至“一心多用”。

3. 注意的转移

注意的转移指有意识地把注意从一事物转向另一事物。例如，在学校课程安排上，如果先上语文课，再上数学课，学生就应根据教学需要，把注意主动及时地从一门课程转移到另一门课程。

4. 注意的广度

注意的广度又称注意的范围，是指一个人在同一时间内能够清楚地把握注意对象的数量，它反映的是注意品质的空间特征。实验表明：在 1/10 秒时间内，成人一般能注意到 8~9 个黑色圆点或 4~6 个没有联系的外文字母，3~4 个几何图形。扩大注意广度，可以提高工作和学习的效率。

(五)思维和问题解决

1. 思维及其分类

思维是借助语言、表象或动作实现的，对客观事物的概括和间接的认识，是认识的高级形式。按照解决问题时的思维方向，可以把思维分为聚合思维和发散思维。聚合思维是把问题所提供的各种信息集中起来得出一个正确的或最好的答案的思维。发散思维又称求异思维，是从一个目标出发，沿着各种不同途径寻求各种答案的思维。

2. 创造性思维及其培养

创造性思维是指用独特、新颖的方法解决问题的思维过程。它是人类思维的高级形式，是智力的高级表现。创造性思维是以发散性思维为核心，新颖独特性、灵感状态是创造性思维的特征。

培养创造性思维的方法有：运用启发性教学，保护学生的好奇心；培养学生的发散思维；组织创造性活动；开始具体创造性课程等。

3. 问题解决的影响因素

问题解决是指个人应用一系列的认知操作，从问题的起始状态到达目标状态的过程。问题解决是一个复杂的过程，早期心理学对问题解决的研究多以动物为对象，提出了各种理论，综合有关研究，可以将问题解决的过程分为发现问题、理解问题、提出假设和验证假设四个阶段。

问题解决的思维过程受多种心理因素的影响，如：问题的特征、已有的知识经验、定势和功能固着、原型启发、迁移的作用、动机和人格等。

二、学习的基本理论

学习是个体在特定情境下由于练习或反复经验而产生的行为或行为潜能比较持久的变化。首先，学习的发生是由经验引起的；其次，只有当个体在经验的作用下发生了行为上的变化，才能认为学习发生了。学习是一个广泛的概念，它不仅是人类具有的，而且动物也存在学习。

学习是一种复杂的现象，不同的心理学家从自己的观点出发，提出了多种学习分类学说。

加涅的学习分类：加涅早期根据学习情境由简单到复杂、学习水平由低级到高级的顺序，把学习分成八类，构成了一个完整的学习层次结构。这八类学习依次是信号学习—刺激、反应学习—连锁学习—言语联结学习—辨别学习—概念学习—规则或原理学习—解决问题学习。事实上，加涅的这种学习分类几乎概括了心理学家所研究的一切学习类型，它不仅包括了动物的学习，也包括了人类的学习。

我国心理学家的分类：我国心理学家通常把学习分为知识的学习、技能的学习和行为规范的学习三类。知识学习使得学生可以解决知与不知、知之深浅的问题，从而在实际生活中更好地确立个体活动的方向；技能的学习有助于学生解决会与不会做和做得熟练与否的问题，从而在实际生活中更好地控制个体活动的执行；行为规范的学习则有利于学生协调个体与他人、集体之间的关系，从而在实际生活中更好地为个体的社会行为进行定向和调控。

以上简单介绍了学习的实质及学习的一般分类。但是，教育心理学家至今仍在有关学习的实质、学习的过程和学习的条件等方面存在争议，并未取得共识。下面，我们就来介绍几种对教育教学具有重要影响的学习理论。

(一)联结学习理论

联结学习理论认为，一切学习都是通过条件作用，在刺激和反应之间建立直接联结的过程。强化在刺激反应联结的建立中起着重要作用。在刺激反应联结之中，个体学到的是习惯，而习惯是反复练习与强化的结果。习惯一旦形成，只要原来的或类似的刺激情境出现，习得的习惯性反应就会自动出现。桑代克的试误说、斯金纳的操作性条件作用说是联结理论的主要代表。

1. 桑代克的试误说

桑代克是现代教育心理学的奠基人。他以动物为对象研究学习过程，创立了著名的试误说。他认为：学习的实质在于形成一定的联结；一定的联结需要通过试误建立。桑代克在总结他早期实验的基础上提出了三个学习定律：准备律、练习律和效果律。

桑代克对于心理学有两大贡献。首先，他构建了学习心理学中最早也最系统的学习理论。其次，桑代克是将传统哲学教育心理学转化为科学教育心理学的第一人，因此被尊称为“教育心理学之父”。

2. 斯金纳的操作性条件反射理论

斯金纳是美国著名的行为主义心理学家。斯金纳提出了操作条件反射的概念，在这种条件反射中，行为的后果对于条件反射的形成是一个关键的因素。斯金纳着重对强化问题进行了研究。他认为，凡是能增强反应发生概率的刺激和事件就是强化，其分为正强化和负强化，能提高反应概率的刺激即正强化，取消厌恶性刺激以提高反应概率的过程即负强化，无论是正强化还是负强化，最终都是提高反应的概率；反之，在反应之后紧跟一个讨厌的刺激从而导致反应发生概率的下降，则是惩罚。惩罚是抑制或消除某种反应，即降低反应发生的概率。

根据操作性条件学说，在教育过程中，教师应多用正强化的手段来塑造学生的良性行为，用不予强化的方法来消除消极行为，而应慎重地对待惩罚，因为惩罚只能让学生明白什么不能做，但并不能让学生知道什么能做和应该怎么做。

斯金纳将操作性条件反射原理应用到教学活动上，提出了程序教学论及其教学模式。程序教学是一种个别化的教学形式，斯金纳将要学习的大问题分解成一系列小问题，并将其按一定的程序编排和呈现给学生，要求学生学习并回答问题，学生回答问题后及时得到反馈信息。程序教学的基本原理是采用连续接近法，通过设计好的程序不断强化，使学生形成教育者希望的行为模式。

(二)认知学习理论

认知学习理论认为，学习不是在外部环境的支配下被动地形成S-R联结，而是主动地在头脑内部构造认知结构；学习不是通过练习与强化形成反应习惯，而是通过顿悟与理解获得期待；有机体当前的学习依赖于原有的认知结构和当前的刺激情境，学习受主体的预期所引导，而不受习惯支配。苛勒的完形—顿悟说、布鲁纳的认知—结构学习论、奥苏伯尔的有意义接受学习，是认知主义学习理论的主要代表。

1. 苛勒的完形—顿悟说

苛勒在黑猩猩取香蕉研究的基础上提出，学习就是知觉的重新组织，这种知觉经验变化的过程不是渐进的尝试错误的过程，而是突然领悟的，即顿悟。顿悟说肯定了主体的能动作用，强调心理具有一种组织的功能，把学习视为个体主动构造完形的过程。这对反对当时盛行的行为主义学习论的机械性和片面性具有重要意义，但这一理论与桑代克的试误学习并不是相互排斥和绝对对立的。尝试错误往往是顿悟的前提，顿悟则是练习到某种程度的结果。

2. 布鲁纳的认知—结构学习论

布鲁纳是美国著名的教育心理学家。他主张，学习的目的在于以发现学习的方式，使学科的基本结构转变为学生头脑中的认知结构。因此，他的理论常被称为认知—发现说或认知—结构论。其观点主要有：学习的实质是主动地形成认知结构；学习包括获得、转化和评价；提倡使用发现法，即是指学生在学习情境中经由自己的探索寻找，从而获得问题答案的一种学习方式。

由于布鲁纳强调学习的主动性和认知结构的重要性，所以他主张教学的最终目标是促进学生对学科结构的一般理解。学科的基本结构，是指学科的基本知识、基本方法与基本态度。他认为，学生理解了学科的基本结构，就容易掌握整个学科的具体内容，就容易记忆学科知识，就能促进学习迁移，促进智力和创造性的发展，并可提高学习兴趣。

3. 奥苏伯尔的有意义学习理论

奥苏伯尔学习理论中的一个很重要的研究是有意义学习。所谓有意义学习，指符号所代表的新知识与学习者认知结构中已有的适当观念建立起非人为的实质性的联系。他认为，有意义学习的产生必须满足三个内部条件，即学习者必须具有有意义学习的心向；学习者认知结构中必须有适当的知识，以便与新知识进行联系；学习者必须使这种具有潜在意义的新知识与他们认知结构中有关的旧知识发生相互作用。

(三)建构主义学习理论

建构主义学习理论属于认知主义学习理论，但它是认知主义学习理论的进一步发展。维果斯基、皮亚杰和布鲁纳等人是建构主义学习理论的早期代表。其主要观点有：知识并不是对现实的准确表征，它只是一种解释、一种假设，并不是问题的最终答案，它必将随着人们认识程度的深入而不断地变革、升华和改写，出现新的解释和假设；学习不是由教师向学生传递知识，而是学生建构自己的知识的过程，这种建构不可能由其他人代替；教学不是知识的传递，而是知识的处理和转换。

建构主义学习理论强调个体已有经验的影响，重视个体已有经验对学习的作用，强调学生的主动性及学生之间的合作，提倡合作学习和小组学习，这是当今学习理论的一场革命。

(四)人本主义学习理论

人本主义心理学是20世纪五六十年代在美国兴起的一种心理学思潮，其代表人物是马斯洛和罗杰斯。

人本主义的学习理论从全人教育的视角阐释了学习者的整个的成长历程，以发展人性、注重启发学习者的经验和创造潜能，引导其结合认知和经验，肯定自我，进而自我实现。

在教育实际中，人本主义心理学家倡导以学生经验为中心的“有意义的自由学习”，对传统的教育理论造成了冲击，推动了教育改革运动的发展。这种冲击和促进主要表现在：突出情感在教学活动中的地位和作用，形成了一种以知情协调活动为主线、以情感作为教学活动的基本动力的新的教学模式；以学生的“自我”完善为核心，强调人际关系在教学活动中的重要性，认为课程内容、教学方法、教学手段等维系于课堂人际关系的形成与发展；把教学活动的重心从教师引向学生，把学生的思想、情感、体验和行为看作是教学的主体，从而促进了个别化教学运动的发展。

三、学习动机

(一)学习动机及其分类

学习动机是指激发、维持和指引个体学习活动的心理动因或内部动力。学习动机的两个基本成分是学习需要和学习期待。学习需要是指个体在学习活动中感到有某种欠缺而力求获得满足的心理状态，它包括学习的兴趣、爱好和学习的信念等。学习期待是个体对学习活动所要达到目标的主观估计。

总体而言，在一般情况下，学习动机与学习效果的关系是一致的。学习动机越强，有机体对学习活动的积极性就越高，学习效果就越佳；对一项具体的学习活动而言，只有当学习动机的强度处于最佳水平时，才能产生最好的学习效果。按照“耶克斯—多德森定律”：动机的最佳水平随着任务性质的不同而不同；一般来讲，最佳水平为中等强度的动机；动机水平与行为效果呈倒U形曲线。

1. 内部动机和外部动机

按学习动机产生的诱因来源，可分为内部学习动机和外部学习动机。内部学习动机是指来自于学习者本身的内在因素，即学生因对活动本身发生兴趣而产生的动机。外部动机是指诱因来自于学习者外部的某种因素，即在学习活动以外由外部的诱因激发出来的学习动机。

2. 高尚的学习动机和低级的学习动机

按学习动机的社会意义，可分为高尚的学习动机和低级的学习动机。高尚的学习动机的核心是利他主义，学生把学习同国家和社会利益联系在一起。低级的学习动机的核心是利己的、自我中心的，学习动机只来源于自己眼前的利益。

3. 近景的直接性学习动机和远景的间接性学习动机

按学习动机起作用时间的长短，可分为近景的直接性学习动机和远景的间接性学习动机。近景的直接性学习动机是指由活动的直接结果所引起的对某种活动的动机，这种动机具体，但不稳定，易随环境的变化而变化。远景的间接性学习动机是指由于了解活动的社会意义、活动结果的社会价值而引起的对某种活动的动机，这种动机既具有一定的社会性和理想色彩，又与个人的志向、世界观相联系，具有较强的稳定性和持久性。

4. 认知内驱力、自我提高内驱力和附属内驱力

根据学校情境中的学业成就动机的不同，奥苏伯尔把动机分为认知内驱力、自我提高内驱力和附属内驱力。认知内驱力是以求知为需要，以理解和掌握为目标，指向学习任务本身的一种动机，属于内部动机。自我提高内驱力是指个体因自己的胜任或工作能力而赢得相应地位的需要，属于外部动机。附属内驱力是指个体为了获得长者的赞许或认可而表现出把工作、学习做好的一种需要，属于外部动机。在儿童早期，附属内驱力最为突出，他们努力获得学业成就，是为了实现家长的期待，并得到家长的赞许。到了儿童后期和少年期，附属内驱力的强度减弱，来自同伴的赞许和认可逐渐替代了对长者的依赖，而到了青年期，认知内驱力和自我提高内驱力成为学生学习的主要动机。

（二）学习动机理论

1. 强化理论

强化理论是行为主义心理学派的心理学家们提出的。他们认为，人的一切行为都是后天在环境中通过条件反射的方式建立和形成的，任何条件反射的建立和任何行为的学习都是为了获得强化物。行为主义强化理论对学校教育的实际活动有着广泛的影响，主要表现为采用强化原则，通过奖励与惩罚的措施来维持学生的学习动机。但是，强化理论只讨论外部因素或环境刺激对行为的影响，忽视了人的内在因素和主观能动性对环境的反作用。

2. 需要层次理论

需要层次理论是人本主义心理学理论在动机领域中的体现，其提出者和代表人物是美国心理学家马斯洛。马斯洛认为，人的基本需要有五种，它们由低到高依次排列成一定的层次，即生理的需要、安全的需要、归属和爱的需要、尊重的需要和自我实现的需要。虽然马斯洛的需要层次理论本身没有直接的教育意义，但是却对教育活动产生间接的影响。比如：在某种程度上，学生缺乏学习动机可能是由于某种低层次需要没有得到充分满足；归属、爱和自尊的需要是学生学习和交往的动力，教育者要充分利用这一特点，为学生创设良好的学习环境，使学生有成功和获得赞许的机会；自我实现的需要推动人发挥自己的潜能，是学校教育应该重点加以培养的。

3. 成就动机理论

成就动机是个体执行任务时追求成功的心理动因或内部动力。阿特金森是成就动机理论的主要代表。他把个体的成就动机分成两类：一类是力求成功的动机；另一类是避免失败的动机。力求成功者的目的是获取成就，因此倾向于选择既存在成功可能性又有足够挑战性的中等难度的任务，当他们面对完全不可能成功或稳操胜券的任务时，动机水平反而会下降。相反，避免失败者则倾向于选择非常容易或非常困难的任务，即使失败，也可以找到借口，减少失败感。

在教育实践中，对力求成功者，应通过给予新颖且有一定难度的任务、安排竞争的情境、严格评分等方式来激发其学习动机；而对于避免失败者，则要安排少竞争或竞争性不强的情境。

4. 成败归因理论

归因是人们对自己或他人活动及其结果的原因所做的解释和评价。美国心理学家维纳对行为结果的归因进行了系统研究，并把成败原因分为三个维度：内部和外部、稳定和非稳定、可控和不可控。他又把人们获得成败的原因归结为四个因素，即能力高低、努力程度、任务难度、运气好坏。如果将此三维度和四因素结合起来，就可组成表 2-1 的归因模式。

表 2-1 **成就动因的归因模式**

	稳定性		内部性		可控性	
	稳定	不稳定	内部	外部	可控	不可控
能力高低	+		+			+
努力程度		+	+		+	
任务难度	+			+		+
运气好坏		+		+		+

归因理论认为，个人对其成败的归因广泛影响着其后来行为的动机。不同的归因对学生所产生的影响是极不相同的。当个体倾向于能力归因，成功时会认为自己能力强，易产生自豪感；失败时，就会认为自己能力差，易失去信心；当个体倾向于努力归因，成功时会归因于自己努力的结果，容易产生自主感，失败时会认为是自己努力不够，易产生内疚感；当倾向于难度、运气归因时，成功时同样会产生侥幸感，失败时产生无辜感。

由于归因理论是从结果来阐述行为动机的，因此它的理论和实际应用价值主要表现在以下方面：有助于了解心理活动发生的因果关系；有助于根据学习行为及其结果来推断个体的心理特征；有助于从特定的学习行为及其结果来预测个体在某种情况下可能产生的学习行为。

5. 自我效能感理论

自我效能感是由班杜拉首次提出，是指人对自己能否成功从事某一成就行为的主观判断。班杜拉认为，人的行为受行为结果因素及先行因素的影响。行为的结果因素就是通常所说的强化。强化分为三种：一是直接强化，即通过外部因素直接对学习行为予以强化，如奖励与惩罚便是学习中常用的两种强化方式；二是替代性强化，即通过一定的榜样来强化相应的学习行为或学习倾向；三是自我强化，即学习者根据一定的评价标准进行自我评价和自我监督，来强化相应的学习行为。

班杜拉认为，行为的出现不是由于随后的强化，而是由于人认识了行为与强化之间的依赖关系后，形成了对下一强化的期待。所谓期待，包括结果期待和效能期待，结果期待是指人对自己的某一行为会导致某一结果的推测，效能期待是指人对自己能够进行某一行为的能力的推测或判断。当个体确信自己有能力进行某一活动时，他就会产生高度的“自我效能感”，并努力实施该活动。

班杜拉研究发现，影响自我效能感的因素主要有以下几种：成败经验；归因方式；对他人的观察；言语劝说；情绪和生理状态。

（三）学习动机的激发

1. 创设问题情境，实施启发式教学

创设问题情境，就是在教学过程中提出有一定难度的问题，使学生既感到熟悉又不能单纯利用已有的知识和习惯的方法去解决，从而激起学生思维的积极性和求知欲望。

要想创设问题情境，首先要求教师熟悉教材，掌握教材的结构，了解新旧知识的内在联系；此外要求教师了解学生已有的认知结构状态，使新的学习内容与学生已有水平构成一个适当的跨度，这样才能创设问题情境。

2. 根据作业难度，恰当控制动机水平

根据耶克斯—多德森定律，教师在教学时，要根据学习任务难度的不同，恰当控制学生学习动机的激起程度。在学习较容易、较简单的课题时，应尽量使学生集中注意力，使学生紧张一些，而在学习较复杂的课题时，则应尽量创造轻松的课堂氛围。

3. 充分利用反馈信息，妥善进行奖惩

心理学研究表明，来自学习结果的种种反馈信息，对学习效果有明显影响。这是因为，一方面，学习者可以根据反馈信息调整学习活动，改进学习策略；另一方面，学习者为了取得更好的成绩或避免再犯错误而增强了学习动机，从而保持了学习的主动性和积极性，这就是奖励与惩罚的作用。教师的正确评价以及表扬、奖励与批评、惩罚的恰当运用，是激发学习动机的重要手段，根据优秀教师的经验，把奖惩结合起来运用，以表扬、奖励为主，惩罚为辅；在表扬、奖励时指出进一步努力的方向，在批评、惩罚时又肯定其进步，这样做能收到理想的教育效果。

4. 正确指导归因，促进学生继续努力

根据维纳的成败归因理论，不同的归因方式会影响个体以后的行为及动机，并且归因方式可以训练和改变。因此，可以通过改变主体的归因方式来改变主体今后的行为。在学生完成某一学习任务后，教师应指导学生进行成败归因。一方面，要引导学生找出成功或失败的真正原因；另一方面，教师也要根据每个学生过去一贯成绩的优劣差异，从有利于今后学习的角度进行归因。

四、学习策略

（一）学习策略分类

学习策略是指学习者为了提高学习的效率，有目的、有意识地制定有关学习过程的复杂的方案。研究学习策略的根本目的是为了帮助学习者有效地达到学习目标。

学习策略的分类如图 2-3 所示：

- 学习策略
  - 认知策略
    - 复述策略
    - 精细加工策略
    - 组织策略
  - 元认知策略
    - 计划策略
    - 监视策略
    - 调节策略
  - 资源管理策略
    - 学习时间管理策略
    - 学习环境管理策略
    - 学习努力和心境管理策略
    - 学习工具的利用策略
    - 社会性人力资源的利用策略

图 2-3　学习策略的分类

1. 认知策略

认知策略是学习者信息加工的方法和技术。认知策略可以分为三种：复述策略、精加工策略和组织策略。

复述策略是指在工作中为了保持信息，运用内部语言在大脑中重现学习材料或刺激，以便将注意力维持在学习材料上的方法。常用的复述策略有：利用无意识记和有意识记、部分识记和综合识记；多种感官参与识记活动；复习形式多样化；利用画线突出内容等。

精加工策略是一种将新学材料与头脑中已有知识联系起来从而增加新信息的意义的深层加工策略。它是一种理解性的记忆策略，和复述策略结合使用，可以显著提高记忆效果。常用的精加工策略有：记忆术、做笔记、提问、生成性学习、利用背景知识、联系实际等。

组织策略是根据所学新知识之间、新旧知识之间的内在联系，形成新的知识结构。当然，组织策略和精加工策略是密不可分的，如做笔记和写提要实际上是两者的结合。常用的组织策略有：列提纲、利用图形、利用表格等。

2. 元认知策略

元认知策略是学生对自己认知过程的认知策略，包括对自己认知过程的计划策略、监控策略和调节策略，有助于学生有效安排和调节学习过程，包括计划策略、监视策略和调节策略。

计划策略是根据认知活动的特定目标，在认知活动开始之前完成任务所涉及的各种活动、预计结果、选择策略、设想解决问题的方法等。

监视策略是指在认知过程中，根据认知目标及时检测认知过程，寻找两者之间的差异，并对学习过程及时进行调整，以期顺利实现有效学习的策略。

调节策略是根据对认知策略的效果，及时修正、调整认知活动的策略。调节策略能帮助学生矫正他们的学习行为，使他们补救理解上的不足。

3. 资源管理策略

资源管理策略是辅以学生管理可用环境和资源的策略，有助于学生适应环境并调节环境以适应自己的需要，对学生的动机具有重要的作用，主要包括时间管理策略、学习环境策略、努力和心境管理策略等。

(二)学习策略的训练

在学习策略的训练教学中，非常讲究教学方法。只有根据训练原则，应用相应的教学模式才能帮助学习者掌握有效的学习策略。

1. 指导教学模式

指导教学模式的基本思想是学生在教师的引领下学习有关的学习策略，由激发、演讲、练习、反馈和迁移等环节构成。在教学中，教师先向学生解释所选定学习策略的具体步骤和条件，在具体应用中不断给予提示，让其口头叙述和明确解释所操作的每一个步骤以及报告自己应用学习策略时的思维，通过不断重复这种内部定向思维，可加强学生对学习策略的感知与理解保持。

2. 程序化训练模式

根据加涅的学习层次理论，程序化训练就是将活动的基本技能分解成若干有条理的小步骤，在其适宜的范围内作为固定程序。学习者要按程序进行活动，经过反复练习使之达到自动化程度。

3. 完形训练模式

完形训练就是在直接讲解策略之后，提供不同程度的完整性材料促进学生练习策略的某一成分或步骤，然后逐步降低完整性程度，直至完全由学生自己完成所有成分或步骤。

4. 交互教学模式

交互式教学模式，是由教师和一组学生(大约 6 人)一起进行的，主要是为了把擅长阅读的人的心智模型，通过策略外化成不擅长阅读的学生能操作的程序，以帮助成绩差的学生阅读领会。此外，交互式学习还是一种很好的改善人际关系的学习方式，学生在互帮互学的过程中增加交往活动。

5. 合作学习模式

在这种学习活动中，两个学生一组，一节一节地彼此轮流向对方总结材料，当一个学生主讲时，另一个学生听着，纠正错误和遗漏。然后，两个学生彼此互换角色，直到学完所有材料为止。

在实际教学中，教师不管采用什么方法进行学习策略的教学，都要结合学科知识。教师要善于不断探索优化自己的教学步骤，为学生提供可以效仿的活动程序；同时，要根据学生原有的学习方式基础来启发学生的思路，让其有意识地内化有效的学习策略。

五、学习迁移

(一)学习迁移的种类

学习迁移也称训练迁移，是指一种学习对另一种学习的影响。迁移是学习的一种普遍现象，广泛地存在于各种知识、技能、行为规范与态度的学习中，平时所说的“举一反三”、“触类旁通”等即是典型的迁移形式。迁移的主要种类有以下几类。

1. 正迁移与负迁移

这是根据迁移性质不同进行的划分。正迁移是指一种学习对另一种学习产生积极的促进作用，如阅读技能的掌握有助于写作技能的形成。负迁移是指两种学习之间相互干扰、阻碍，如地方方言对学习普通话具有消极影响。

2. 顺向迁移和逆向迁移

这是根据迁移方向的不同进行的划分。先前的学习对后来学习的影响称为顺向迁移。如学习数学有利于学习物理；后继学习对先前学习的影响称为逆向迁移，如在掌握汉语语法的情况下，影响了英语语法的掌握。两种学习也可能不发生影响，这种状态称为零迁移，它是迁移的一种特殊形式。

3. 水平迁移和垂直迁移

这是根据迁移内容的抽象和概括水平不同进行的划分。水平迁移是指处于同一水平和概括水平经验之间的相互影响，垂直迁移是指处于不同抽象和概括水平经验之间的相互影响，表现为自上而下的迁移和自下而上的迁移。

4. 一般迁移与具体迁移

这是根据迁移内容的不同进行的划分。一般迁移是将一种学习中习得的一般原理、方法、策略和态度等迁移到其他学习中去。具体迁移是一种学习中习得的具体的、特殊的经验直接移到另一种学习中去。

(二)学习迁移理论

早期的迁移理论主要有桑代克的共同要素说、贾德的经验类化说以及格式塔心理学家提出的关系转换理论。现代迁移理论具有代表性的是奥苏伯尔的认知结构迁移理论。

1. 相同要素说

桑代克等人认为，迁移是非常具体的、有条件的，需要有共同的要素。相同要素也即相同的刺激与反应的联结，刺激相似而且反应相似时，两情境的迁移才能发生。根据相同要素说，如果两种学习活动含有共同成分，无论学习者是否意识到这种成分的共同性，都会有迁移现象的产生。

2. 概括化理论

1908 年，贾德批评了共同要素说，提出了经验类化理论。这种理论认为，先前的学习之所以能迁移到后来的学习中，是因为在先前的学习中获得了一般原理，这种一般原理可以或全部应用于前后两种学习中。他的一个著名的实验是给一组儿童授予光学折射原理，另一组不教，然后让两组儿童射击置于水中的靶子。最初射击置于离水面 3 厘米的靶子时，成绩基本相同；但靶子被移到水面下 10 厘米时，掌握折光原理的儿童，不论在速度上，还是在正确度上均大大超过另一组。贾德认为，这是由于经过训练的儿童对不同程度的目标可以做出更适当的调整，将折射原理概括化，并运用到特殊情境中去。

3. 认知结构迁移理论

奥苏伯尔在有意义接受学习理论的基础上提出了认知结构迁移理论，认为一切有意义的学习都是在原有认知结构的基础上产生的，不受原有认知结构影响的有意义学习是不存在的。一切有意义学习必然包括迁移，迁移是以认知结构为中介进行的，先前学习所获得的新经验，通过影响原有认知结构的有关特征影响新学习。

认知结构迁移理论指出，学生学习新知识时，认知结构可利用性高、可辨别性大、稳定性强，就能促进对新知识学习的迁移。“为迁移而教”实际上是塑造学生良好认知结构的问题。在教学过程中，可以通过改革教材内容和教材呈现方式改进学生的原有认知结构变量以达到迁移的目的。

（三）影响学习迁移的主要因素

1. 学习材料的相似性

学习材料作为学生学习的对象和知识的主要来源，对学习迁移有着重要影响。相似性的大小主要是两种任务中含有的共同成分决定的，较多的共同成分将产生较大的相似性，并导致迁移的产生。共同成分既可以是学习材料、学习中的环境线索、学习结果、学习过程、学习目标等方面的，也可以是态度、情感等方面的。例如，英语和法语在字形、读音和语法结构上有相同或相似的地方，学习这两门外语，在听、说、读、写能力以及记忆、思维等心理过程方面有共同要求，所以学习时就容易产生正迁移。相反，学习对象没有或缺少共同因素，或虽有共同因素，但要求学习者做出不同的反应时，则可能在学习时产生负迁移。

2. 原有的认知结构

原有的学习对后继学习的影响是比较常见的一种迁移方式，其影响主要表现在：学习者是否拥有相应的背景知识，这是迁移产生的基本前提条件；原有的认知结构的概括水平对迁移起到至关重要的作用；学习者是否具有相应的认知技能或策略以及对认知活动进行调节、控制的元认知策略对迁移的产生有重要影响。

3. 学习者的心向与定势

心向与定势常常是指同一现象，即先于一定的活动而又指向该活动的一种动力准备状态，定势的形成往往是由于先前的反复经验，它将支配个体以同样的方式去对待后继的同类问题。定势是在连续活动中发生的，前面的活动经验为后面的活动形成一种准备状态。定势的作用有两重性：一是积极的促进作用；二是消极的阻碍作用。

（四）促进迁移的教学

使学生产生最大限度的迁移，这是有效教学的主要目标之一，同时真正有效的教学又必须依据迁移规律，利用或创设某些条件，促进迁移的产生。

1. 精选教材

教师应该选择那些具有广泛迁移价值的科学成果作为教材的基本内容，而每一门学科中的基本知识、技能和行为规范具有广泛的适应性，其迁移价值较大。

2. 合理编排教学内容，注意学科之间的联系

从迁移的角度来看，合理编排的标准就是使教材达到结构化、一体化、网络化。结构化是指教材内容的各构成要素具有科学的、合理的逻辑联系，能体现事物的各种内在关系。一体化指教材的各构成要素能整合为具有内在联系的有机整体。网络化是指教材各要素之间上下左右、纵横交叉联系要沟通、要突出各种基本经验的连接点。

3. 合理安排教学程序，注意教学的启发性

合理编排的教学内容是通过合理的教学程序得以体现、实施的，教学程序是使有效的教材发挥功效的最直接的环节。无论是宏观的整体教学规划还是微观的每一节课的教学活动，都应体现迁移规律。学习迁移的发生，有赖于教师进行启发式教学，引导学生透彻地理解基本知识和原理，并随时向学生提供迁移的机会，使他们在此基础上掌握学习方法，

学会如何学习。

4. 教授学习策略，提高学生的迁移意识

“授人以鱼供一饭之需，授人以渔则终生受用无穷。”学生只有掌握了良好的学习方法，才能把所学的知识技能顺利地进行应用，促进更广泛、更一般的迁移。因此，教学中教师要重视引导学生对各种问题进行深入分析、综合、比较、抽象和概括，帮助学生认识事物之间的关系，寻找新旧知识或课题的共同特点，归纳知识经验的原理、法则、定理和规律的一般方法，发展学生分析问题和概括问题的能力，必须重视对学习方法的学习，以促进有效的迁移。

第二节　中学生发展心理

一、中学生认知发展与教育

（一）中学生认知发展的特点

1. 中学生观察力发展的特点

进入青少年时期，中学生的感知表现为一种特殊形式，即观察—有目的、有计划的、持久的、有思维活动的知觉。研究发现，中学生观察的发展具有如下特点：观察的自觉性逐步增强；观察的精确度不断提高；观察事物的概括性明显发展；观察事物的方法不断完善。

2. 中学生记忆发展的特点

中学生记忆发展的特点，就是青少年时期的记忆力是人生中记忆的“最佳时期”，达到了记忆的“高峰”。具体说，有以下几个特点：

首先，有意识记迅速发展。进入中学后，学生逐渐学会根据教材内容，独立地提出识记的目的和任务；能逐步自觉地检查自己的识记效果，主动选择良好的识记方法等。

其次，意义识记能力不断提高。进入中学以后，由于学习内容的不断增多、加深以及言语和抽象逻辑思维的发展，意义识记得到了发展。心理学研究表明，进入初中以后，中学生的意义识记就超过了机械识记，并呈直线上升的趋势；相反，机械识记运用得越来越少，其效果也越来越差。

最后，抽象记忆进一步发展。初中学生在抽象记忆发展的同时，具体形象记忆也在发展，但发展的速度已慢于前者；到了高中时期，抽象记忆发展迅速，而具体形象记忆则开始出现下降的趋势。

3. 中学生思维发展的特点

中学生思维的主要形式是抽象逻辑思维，而抽象逻辑思维发展的突出特点是由“经验型”上升为“理论型”。心理学研究表明：初一学生的抽象逻辑思维虽然占优势地位，但在很大程度上，还属于“经验型”，还需感性经验的直接支持；初二是中学阶段思维发展的关键时期，从此开始，中学生的抽象逻辑思维由经验型水平向理论型水平转化；到高中一二年级，这种转化完成，这就意味着他们的抽象逻辑思维日趋成熟。

(二)认知发展与教学的关系

1. 认知发展制约着教学的内容和方法

在皮亚杰看来，学习从属于发展，从属于主体的一般认知水平。因此，教学对不同发展阶段的学生提出既不超过当前认知能力，又能促进他们向更高阶段发展的任务。

2. 教学促进学生认知的发展

通过适当的教育训练来加快各个认知发展阶段转化的速度是可能的，只要教学内容和方法得当，系统的学校教学肯定可以起到加速认知发展的作用。

3. 关于最近发展区

前苏联的维果茨基认为：儿童有两种发展水平，一是儿童的现有水平，二是即将达到的水平；两种水平间的差距，就是最近发展区。它说明了儿童发展的可能性，教育者不仅应看到儿童今天的发展水平，更应该看到正在发展的过程。因此，教学应走在发展的前面，跨越最近发展区达到新的发展水平。

二、中学生情绪的发展

情绪是指个体在其需要是否得到满足的情景中直接产生的心理体验和相应的反应。关于情绪的类别，长期说法不一，但一般认为有四种基本情绪，即快乐、愤怒、恐惧和悲哀。

情绪状态是指在一定的生活事件影响下，一段时间内各种情绪体验的一般特征表现。根据情绪状态的强度和持续时间可分为心境、激情和应激。

(一)中学生的情绪特点

青春期是“疾风怒涛”时期，是人生的“第二次断乳期”。这个时期的青少年情绪体验跌宕起伏，剧烈波动，情感活动广泛且丰富多彩，表现出很明显的心理年龄特征，具体有以下几方面特征。

1. 爆发性和冲动性

青少年学生对各种事物比较敏感，自我意识迅速发展，心理行为自控能力较弱。一旦激起某种性质的情感，情绪就如火山般猛烈爆发出来，表现出强烈的激情特征，情感情绪冲破理智的意识控制，淋漓尽致地显露出他们对外界事物的爱、恨、不满或恐惧、绝望等。

2. 不稳定性和两极性

青少年学生情绪虽然强烈，但波动剧烈，两极性明显，很不稳定，情绪很容易从一个极端剧烈地转向另一个极端，他们对事物看法较片面，很容易产生偏激反应。心理学家曾把处于这个时期青少年的情感情绪形象地比喻为“一个钟摆”，在寻求平衡点的过程中摇晃于两级之间，这主要与这个时期青少年学生的认知发展特点有关。

3. 外露性和内隐性

随着年龄的增大、认知范围的扩大、个人知识经验的积累、自我意识的逐渐成熟，青少年学生情感情绪的自我认识、自我观察体验、自我监控的能力逐渐增强，他们逐渐学会控制自己的情感表现和行为反应。他们既表现出强烈的情感情绪反应，对外界事物的喜怒哀乐喜形于色，淋漓尽致地抒发他们的内心感受；又能逐渐掩饰、压抑自己的情绪，使这种情绪的表露有时往往带有很大的掩饰性，并逐渐学会用理智控制自己的情绪反应。

4. 心境化和持久性

一方面青少年会因为成功或收获而使快乐的情绪体验延长成为积极良好的心境；另一方面因挫折或失败会使不愉快的消极情绪延长为不良的心境。青少年的许多不良情绪往往具有情绪心境化色彩。

(二)指导中学生情绪调节的方法

1. 教会学生形成适宜的情绪状态

用词语、理智控制自己情绪发生的强度。比如有人用座右铭“忍”字来时刻告诫自己不要感情用事。当沮丧的时候，想一想过去愉快的情景，消极的情绪能得到一些缓解。

2. 丰富学生的情绪体验

教师应给学生创造一种过渡的情景，即从不紧张到稍微有些紧张，最后再到很紧张，使学生积累各种情景下的情绪体验，这样就能做到“临场不乱”。

3. 培养学生正确看待问题

由于学生分析问题的能力还不完善，对一个问题往往只从一个角度解释，所以容易遭受挫折。教师应该指导学生从多个角度看待问题，以发现问题的积极意义，从而产生健康的情绪。

4. 教会学生情绪调节的方法

当学生发现自己有负性情绪时，可以通过认知调节法、合理宣泄、转移注意等方法，改变非理性的认知，通过合理的宣泄或者把注意力转移到新环境和新事物上去。

三、中学生的人格发展

人格是个人在适应环境的过程中所表现出来的系统的独特的反应方式，主要是指人所具有的与他人相区别的独特而稳定的思维方式和行为风格。人格是一个具有丰富内涵的概念，具有独特性、稳定性、整体性和功能性的特点。

(一)埃里克森的人格发展阶段理论

埃里克森认为，人格的发展必须经历八个顺序不变的阶段，其中前五个阶段属于儿童成长和接受教育的时期，它们是如下几个阶段。

1. 基本的信任感对不信任感(0~1.5岁)

本阶段的发展任务是发展对周围世界，尤其是对社会环境的基本态度，培养信任感。这种基本信任感是形成健康个性品质的基础，尤其是青年时期发展起来的同一性的基础。

2. 自主感对羞耻感(2~3岁)

本阶段的发展任务是培养自主性。儿童初步尝试独立处理事情，如果父母允许幼儿去做他们力所能及的事，鼓励幼儿独立探索的欲望，幼儿就会逐渐认识自己的能力，养成主动、自主的性格；反之，如果父母过分溺爱和保护，就可能使儿童怀疑自己对自我和环境的控制能力，产生羞耻感。

3. 主动感对内疚感(4~5岁)

本阶段的发展任务是培养主动性。由于身体活动能力和语言的发展，儿童有可能把活动范围扩展到家庭之外。如果父母或教师对儿童的建议给予适当鼓励或妥善处理，则儿童不仅发展了主动性，还能培养明辨是非的道德感，反之，会产生内疚感。

4. 勤奋感对自卑感(6~11 岁)

本阶段的发展任务是培养勤奋感。本阶段影响儿童活动的主要因素已由父母转向同伴、学校和其他社会机构教师在培养儿童勤奋感方面具有特殊作用。敏感、耐心、富于指导经验的教师有可能使具有自卑感的学生重新获得勤奋感。

5. 自我同一性对角色混乱(12~18 岁)

本阶段的发展任务是培养自我同一性。自我同一性是指个体组织自己的动机、能力、信仰及活动经验而形成的有关自我一致性形象。

(二)影响人格发展的社会因素

人格的发展是个体社会化的结果，影响人格发展的因素有遗传、家庭、学校教育等多种因素。

1 遗传因素

遗传是人格不可缺少的影响因素，遗传对人格的作用程度因人格特征的不同而不同。通常在智力、气质这些与生物因素相关较大的特征上，遗传因素较为重要。

2. 家庭因素

鲍姆宁曾根据控制、成熟的要求、父母与儿童的交往、父母的教养水平等四个指标，将父母的教养行为分为专制性、放纵型和民主型等三种教养模式。研究发现，专制型教养模式下的儿童忧虑、退缩、怀疑，不喜欢与人交往。放纵型教养模式下的儿童是最不成熟的，他们缺乏自我控制力和探索精神，有极强的依赖性，遇到新奇事物或紧张事情就会退缩。民主型教养模式下的儿童是最成熟的，他们有能力，独立性强，自信，善于控制自己，喜欢交往，自我肯定。

3. 学校教育因素

学校不仅是传授文化科学知识的场所，而且是发展智力、进行政治和思想品德教育的地方。教师的品质修养、知识经验、教育和教学技巧、对学生态度等对学生人格发展的影响举足轻重。

(三)中学生自我意识发展的特点

自我意识是指个体对自己的认识和态度，是人格的重要组成部分，一般认为，自我意识是由自我认知、自我体验、自我调控等组成的。个体自我意识的发展经历了从生理自我到社会自我、再到心理自我的过程。中学生自我意识发展的特点有以下三点。

1. 自我意识急剧发展并趋向稳定

进入初中后，中学生的生理发育进入了人生的第二个“高峰”期。生理上的急剧变化，尤其是成人体貌特征等的出现，使得青少年的自我意识迅速发展起来。高中时期，中学生的自我意识逐渐趋向稳定。

2. 自我意识具有交错性

中学生自我意识的发展经历了明显的典型的分裂—矛盾—统一的过程。自我的分裂意味着自我矛盾的产生，自我表现出明显的冲突，他们内心动荡不安，甚至有一定的痛苦。这些矛盾交错地出现在一个人身上，使中学生的自我意识发展表现出交错性。随着年龄的增长，到高中时期，学生自我意识的矛盾冲突不断减少，自我逐渐趋向统一，自我形象也逐步形成。

3. 自我评价能力日趋提高

中学生的自我评价经历了他评到自评、片面到全面的发展过程。初中生的自我评价具有明显的肤浅性和片面性，高中生的自我评价能力逐渐接近成熟。

四、个别差异与因材施教

(一)认知风格差异

认知风格是指个人所偏爱使用的信息加工方式。认知风格有许多种，主要有场独立型和场依存型、冲动型和沉思型、辐合型和发散型等。

1. 场独立和场依存

场独立方式是指对客观事物作判断时，常常利用自己内部的参照，不易受外来因素的影响和干扰；场依存方式是指对物体的知觉倾向于以外部参照作为信息加工的依据。

2. 沉思型和冲动型

沉思型是指在解决有几种可能解答的问题情境中，倾向于深思熟虑且错误较少的认知方式；冲动型是指解决有几种可能解答的问题情境中，倾向于很快地检验假设，且常常出错的认知方式。冲动与沉思的标准是反应时间与精确性。

3. 辐合型和发散型

辐合型认知方式是指个体在解决问题过程中表现出辐合思维的特征，表现为搜集或综合信息与知识，运用逻辑思维缩小解答范围，直至找到最适合的唯一正确解答。发散型认知方式是指在解决问题的过程中表现出发散思维的特征，表现为个人的思维沿着许多不同的方向发展，使观念发散到各个有关的方面，最终产生多种可能的答案而不是唯一正确的答案，因而容易产生有创见的新颖观念。

(二)智力差异

智力是指观察力、记忆力、思维力和想象力等认知能力的综合体。智力测量是依据智力量表将智力发展水平表示成数字的过程。世界上第一个智力测验量表是法国心理学家比纳和西蒙于1905年编制的，后由斯坦福大学对该量表进行修订，称为斯坦福—比纳量表。

由于智力是个体先天禀赋和后天环境相互作用的结果，因而存在明显的差异，表现为以下几个方面。

1. 智力发展类型的差异

智力类型差异是指构成智力的各种因素存在质的差异，主要表现在知觉、记忆、思维类型方面。例如，有的人长于想象，有的人长于记忆，有的人长于思维。智力类型差异一般不代表智力水平的高低，只影响人们学习的过程和获取知识经验的方式。

2. 智力发展水平的差异

智力发展水平的差异，指的是个体之间或个体内部智力水平高低不同的程度。它表明人的智力发展有高有低。研究表明：人们的智力呈正态分布，两头小，中间大，即智力超常或智力低常的人是少数，大部分人属于智力中常。

3. 智力表现早晚的差异

各种智力不仅在质或量的方面表现出明显的差异，而且智力表现的早晚也存在明显差异。有的人智力表现较早，研究表明，30~45 岁是人的智力最佳年龄阶段，其峰值在37 岁。

(三)认知差异的教育意义

认知方式没有优劣之分，只是表现为学生对信息加工方式的某种偏爱，主要影响学生的学习方式。智力并不影响学习能否发生。它主要影响学习的速度、数量、巩固程度和学习的迁移。我们必须根据学生认知差异的特点，不断改革教学，因材施教。

1. 创设适应学生认知差异的教学组织形式

为了适应学生的智力差异，常采用的教学组织形式包括分校、分班、班内分组、复式教学、升留级、调级、开设特长班和课外兴趣班等。

2. 采用适用认知差异的教学方式，努力使教学方式个别化

掌握学习、个别指导教学法和个人化教学系统就是其中的三种教学方式。

3. 运用适应认知差异的教学手段

当前直接应用于教学的现代技术设备主要有计算机辅助教学、多媒体辅助教学等。

第三节 中学生心理辅导与教师心理

一、中学生的心理健康

(一)心理健康的标准

心理健康是一种良好的、持续的心理状态与过程，表现为个体具有生命的活力，积极的内心体验，良好的社会适应能力，能够有效地发挥个人的身心潜力以及作为社会一员的积极的社会功能。心理健康至少应该包括两层含义：一是无心理疾病；二是积极发展的心理状态。

心理健康标准是心理健康概念的具体化。根据研究者的不同观点，可以归纳出心理健康的下列几条标准。

1. 对现实的有效知觉

心理健康的学生，虽然智力发展水平各不相同，但一般都能把自己的智慧与能力有效地运用到学习上。能客观地看待问题，正视现实，对社会生活中遇到的各种问题、困难和矛盾能力求有效地认识和改造。

2. 人际关系协调

良好的人际关系不仅是维护心理健康不可缺少的条件，而且是心理健康的内在需要。一个心理健康的学生，能以信任、礼貌、诚挚的态度与人相处，保持和发展融洽的关系，并从中寻求生活的乐趣，获得友谊。

3. 人格结构完整

具有健全人格的人，为人诚实正直，对学习、劳动、工作认真负责；在情绪方面，也能做到既恰当又适度，并能保持个体的独立性，保持认识、情感、意志行动的协调一致。

4. 自知、自尊与自我接纳

一个人具有正确的自我观，就意味着他能客观地认识自己和对待自己，既不高估也不

低估自己的能力。对自己的潜能和长处能发扬光大，对于自己的缺点和不足之处也能努力克服。因而，他们不会同自己过不去，不会因为理想和现实的差距过大，而产生自责、自怨或自卑。

5. 生活热情与工作高效率

心理健康者经常能保持愉快、开朗、自信和满意的心情，善于从生活中寻求乐趣，对生活充满希望，在工作上，也能以积极的态度去应对，工作效率高。

(二)中学生常见的心理问题及辅导

1. 焦虑症

焦虑症是以与客观威胁不相适合的焦虑反应为特征的神经症，它是由紧张、不安、焦急、忧虑、恐惧交织而成的一种情绪状态。学生中常见的焦虑反应是考试焦虑。其表现是考试临近，心情极度紧张。考试中不能集中注意力，知觉范围变窄，思维刻板，慌乱，无法发挥到正常水平。考试后又持久地不能松弛下来。

学生焦虑症状产生的原因是多方面的，升学的压力、家长过高的期望、学业上多次失败的体验、某些人具有容易诱发焦虑反应的人格基础等。

为防止考试焦虑的发生，学校咨询人员可以通过一些早期干预的措施，如对这些学生集体指导、讲授自我放松缓解紧张的方法进行早期干预。此外，采用肌肉放松、系统脱敏方法，运用自助性认知矫正程序，指导学生在考试中使用正向的自我对话，对于缓解学生的考试焦虑，都有较好的效果。

2. 抑郁症

抑郁症是以持久性的心境低落为特征的神经症。过度的抑郁反应，通常伴随有严重的焦虑症。抑郁症的表现：一是情绪消极、悲伤、颓废失去满足感和生活的乐趣。二是消极的认识倾向，低自尊、无能感。三是动机缺失。四是躯体疲劳、失眠、食欲缺乏等。

抑郁症是由心理原因造成的，各种理论有不同的解释，精神分析学派认为抑郁源于各种丧失和失落，而认知学派认为，抑郁源于个人自我贬低式的思维方式或者不适当的归因方式。

在对有抑郁症的学生辅导时，首先要注意给当事人以情感支持和鼓励；鼓励学生做一些力所能及的事情，从活动中体验到成功与人际交往的乐趣，也可采用认知行为疗法，改变学生已习惯的自贬性的思维方式和不适当的成败归因模式，发展对自己、对未来的更为积极的看法。

3. 强迫症

强迫症又称强迫性神经症，是一种以强迫观念、强迫意识或强迫动作为主要表现的神经症，患者能意识到这些症状不合理、不必要，但不能控制和摆脱，深为焦虑和不安。强迫症分为强迫观念和强迫行为。强迫观念是强迫症状在认知方面的表现，是强迫症的原发症状。强迫行为是强迫症的继发症状，往往是患者为缓解或对抗强迫观念的苦恼而产生的。

强迫症的影响因素有社会心理因素和个体内部因素，社会心理因素包括学习过分紧张，学校、家庭要求过严，学习失败、学习困难，在班级学校处境不良，人际关系不良均可使学生产生过度焦虑，久而久之便可能出现强迫症状。生活中出现的强烈的精神刺激，受到严厉批评，人格受辱，家庭争吵，都可能使学生紧张焦虑，检查过去，担忧未来，出现强迫症状。个体内部因素，包括个体人格发展缺陷和以往的创伤性体验两方面。

日本的森田疗法强调，应放弃对强迫观念作无用控制的意图，而采取“忍受痛苦，顺其自然”的态度治疗强迫行为。

4. 恐怖症

恐怖症是对特定的无实在危害的事物与场景的非理性惧怕。分为单纯恐怖症、广场恐怖症和社交恐怖症。中学生中社交恐怖症多见，包括与异性交往的恐怖。

精神分析学派认为恐怖是焦虑的移植，行为主义学派认为恐怖是学习得来的，而认知学派心理学家则认为恐怖症源于个人对某些事物或情境的危险作了不现实的评估。

系统脱敏法是治疗恐怖症的常用方法。帮助学生改善人际关系，营造宽松、自由的氛围，适当减轻当事人的压力对于缓解恐怖症有一定的作用。

二、教师心理

(一)教师的职业心理特征

心理特征是指一个人在心理过程和个性心理特征两方面所表现出来的本质特点。教师在教育活动中长期扮演的角色，使其逐渐形成特有的心理特征，它是教师的认知、情感、意志、个性和才能的综合体现，是教师具有的典型的心理特点。这些心理特征可以概括为教师的认知特征、人格特征和行为特征。

(二)教师的专业素质

1. 教学效能感

教学效能感是教师对自己影响学生学习行为和学习成绩的能力的主观判断。这种判断，会影响教师对学生的期待、对学生的指导等行为，从而影响教师的工作效率。

2. 教学反思

教学反思是教师以自己的教学活动过程为思考对象，来对自己所做的行为、决策以及由此所产生的结果进行审视和分析的过程，是一种通过提高参与者的自我觉察水平来促进能力发展的过程。反思不是简单的教学经验的总结，它是伴随整个教学过程的监视、分析和解决问题的活动。

布鲁巴奇提出了四种反思的方法，它们是反思日记、详细描述、实际讨论和行动研究。美国教育心理学家波斯纳提出了教师成长公式：经验+反思=成长。

3. 教学监控能力

教学监控能力是指教师为了保证教学达到预期的目的而在教学的全过程中，将教学活动本身作为意识对象，不断地对其进行积极主动的计划、检查、评价、反馈、控制和调节的能力。

4. 教育机智

教育机智是教师在教育教学活动中的一种特殊智力定向能力，是指教师对学生各种表现，特别是对意外情况和偶发事件，能够及时做出灵敏的反应，并采取恰当措施和解决问题的特殊能力。

在教育教学过程中，教育机智表现为善于因势利导、善于随机应变、善于对症下药、善于掌握教育时机和分寸。

（三）教师成长心理

从一名新教师成长为一名合格教师有一个过程，教师在不同阶段所关注的问题不同。福勒和布朗根据教师的需要和不同时期所关注的焦点问题，把教师的成长划分为关注生存、关注情境和关注学生三个阶段。

1. 关注生存阶段

处于这一阶段一般是新教师，他们担心的问题是“学生喜欢我吗”，“同事们如何看我”等，因而有些新教师可能会把大量的时间都花在如何与学生搞好个人关系上，想方设法控制学生，而不是更多地考虑如何让学生获得学习上的进步。

2. 关注情境阶段

在此阶段，教师关心的是如何教好每一堂课的内容，一般总是关心诸如班级的大小、时间的压力和备课材料是否充分等与教学情境有关的问题。一般说，老教师比新教师更关注此阶段。

3. 关注学生阶段

当教师顺利地适应了前两个阶段后，成长的下一个目标便是学生。教师将考虑学生的个别差异，认识到不同发展水平的学生有不同的需要，根据学生的差异采取适当的教学，促进学生发展。能否关注学生是衡量一个教师是否成熟的重要标志之一。

教师成长与发展的基本途径主要有两个方面，一方面是通过师范教育培养新教师作为教师队伍的补充，另一方面是通过实践训练提高在职教师。

（四）教师心理健康

心理健康是健康的重要内涵，也是对教师心理素质的最低要求。教师心理健康是从事教育工作的必要条件，如果教师的心理有健康问题，就会直接影响到正常的教学工作，影响教师作为学生学习指导者的角色职责，从而间接影响学生认知能力大发展。

影响教师心理健康的因素是多方面的，主观方面受其人格特征、心理素质等自身因素的影响。客观方面有：家庭、学校、社会环境的影响不容忽视；工资待遇和社会地位与劳动强度不成正比，挫伤积极性，使教师缺乏成就感和前途感；学校中人际关系复杂、家庭关系不和谐等。

要促进教师的心理健康，学校首先要注重引导，提高教师心理承受能力，营造环境，提供教师发挥才能的舞台。作为教师个人要更新观念提高自己的心理素质，注重自身情绪的调节，合理安排生活，避免身心处于疲惫状态。

第三讲　教育法律法规

第一节　教育法律基础

一、教育法规概述

(一)教育法规的内涵

教育法规是调整一切教育关系法律规范的总称，即有关教育方面的法律、条例、规章等规范性文件的总和，它对于推进我国教育管理和教育事业发展的规范化、制度化具有重要意义。

理解教育法规的概念应注意如下几点：首先，教育法规是由国家制定或认可的国家意志；其次，教育法规是规定教育管理和实施教育教学活动过程中不同主体地位及其权利与义务的规则；最后，教育法规是以国家强制力保证实施的行为准则。

(二)教育法规的制定与执行

教育立法即教育法的制定，是指国家立法机关依照法律程序制定规范性教育法律文件的活动。我国法律的立法程序被规定在《中华人民共和国宪法》和《中华人民共和国全国人民代表大会组织法》中，立法的程序分为四个步骤，即教育法律草案的提出、教育法律草案的审议、教育法律草案的表决和通过、教育法律的公布。

教育法规的实施有两种形式，即教育法规的遵守和使用。

教育法规的执行即教育执法，根据执法对象的不同，教育行政执法分为教育行政许可、教育行政处罚、教育行政强制措施、教育行政强制执行和教育行政奖励五种形式。

二、教育法律规范

教育法律规范是由国家制定或认可，并以国家强制力保证实施的行为规则。在教育实践中，并非所有的与教育有关的行为都以教育法律规范来约束，这是不可能的，也是不必要的。因为教育过程在相当大的程度上是一种精神活动过程，精神活动的最大特点之一是人的主观能动性的发挥。因此，对教育活动的某些方面以过于具体的教育法律规范予以约束，可能会限制这种主观能动性的发挥。

从逻辑结构上看，教育法律规范通常由法定条件、行为准则和法律后果三个要素构成。

三、教育法律关系

教育法律关系是教育法律规范在调整人们有关教育活动的行为过程中形成的权利和义

务关系，是一种特殊的社会关系。在教育领域内，学校与政府、学校与社会、学校与教师、学校与学生的关系因为有相应的法律规定，故皆属于法律关系。

教育法律关系的构成要素有主体、客体和内容，三者相互制约、缺一不可。教育法律关系的主体是指教育法律关系的参与者，也就是在具体的教育法律关系中享有权利并承担义务的人和组织。教育法律关系的客体是教育法律关系主体的权利和义务所指向的对象，一般包括物质财富、非物质财富和行为三个方面。教育法律关系的内容是教育法律关系的主体依据法律规定而享有的权利和义务。权利和义务是法律关系的核心。

四、教育法律责任

教育法律责任是教育法律关系主体因实施了违反教育法的行为，依法应承担的带有强制性的法律后果。根据违法主体的法律地位、违法行为的性质和危害程度的不同，教育法律责任主要可分为行政法律责任、民事法律责任和刑事法律责任三种。

行政法律责任是指行政法律关系主体因违反行政法律、法规而应承担的法律后果，其主要有两类：行政处分和行政处罚。

民事法律责任是指行为人由于民事违法行为所应承担的法律后果，是一种以财产为主要内容的责任。

刑事法律责任是指行为人刑事违法所应承担的法律后果。刑事责任是一种惩罚最为严厉的法律责任。

五、教育法律救济

教育法律救济是指教育法律关系主体的合法权益受到侵犯并造成损害时，获得恢复和补救的法律制度。在教育领域中主要运用的法律救济方式包括教师申诉制度、受教育者申诉制度、行政复议、行政诉讼、行政赔偿和民事诉讼。

(一)教师申诉制度

教师申诉制度是指作为教育法律关系主体的公民，在其合法权益受到侵害时，向国家机关申诉理由，请求处理的制度。

根据《中华人民共和国教师法》的规定，教师申诉的范围包括：教师认为学校或其他教育机构侵犯其《中华人民共和国教师法》规定的合法权益的，可以提起申诉；教师对学校或其他教育机构做出的处理决定不服的，可以提出申诉；教师认为当地人民政府的有关行政部门侵犯其根据《中华人民共和国教师法》享有的合法权益的，可以提出申诉。

教师申诉程序包括提出、受理和处理三个环节，并依次进行。

(二)受教育者申诉制度

受教育者申诉制度即学生申诉制度，是指受教育者在其合法权益受到侵害时，依法向主管的行政机关申诉理由，请求处理的制度。

根据《中华人民共和国教育法的规定》，学生申诉的范围包括：对学校做出的各种处分不服，如警告、严重警告、记过、留校察看、勒令退学、开除学籍等，可以申诉；对学校或教师侵犯其人身权，可以进行申诉；对学校或教师侵犯其财产权，可以申诉；对学校或教师侵犯其知识产权可以进行申诉。

第二节　依法执教与教师违法行为预防

一、依法执教

依法执教就是要求教师在教育教学活动中，按照教育法律、法规使自己的教育教学活动法制化和规范化。1995 年制定的《中华人民共和国教育法》是我国第一次以国家基本法律的形式明确教育的地位和作用，从而为教育事业的改革和发展提供了坚实有力的法律保障。

教师依法执教的主要内容有两点：一是教师要模范地遵守宪法及其他各种法律、法规；二是教师要依法进行教育教学活动。

二、教师违法行为预防

教师违法行为即指教师出于故意或由于过失而侵犯他人(主要是学生)合法权益的行为。在履行教师职责、实施教育教学活动中，中小学教师实施的侵权行为若是执行职务的行为，那么学校必须承担因此而导致的损害后果。如果是教师的个人行为导致他人权利受损，则学校不承担责任。

(一)教师违法行为的主要类型及其表现特征

1. 侵犯学生的受教育权

受教育权是学生最基本的权利，常见的侵犯学生受教育权的表现形式主要有：侵犯学生受教育的平等权；侵犯学生的入学权；侵犯学生参加考试的权利；随意开除学生。

2. 侵犯学生的人身权

人身权是公民享有的最基本、最重要的权利。根据有关法律规定，学生的人身权可分为生命权、身体权、健康权、姓名与肖像权、名誉与荣誉权、人格尊严权、人身自由权、隐私权。

3. 侵犯学生的财产权

学生的合法财产受法律保护，教师不得侵占、破坏或非法扣押、没收。教师侵犯学生财产权的表现形式有：损坏学生财物、非法没收学生物品、乱罚款、乱摊派、推销商品等。

4. 侵犯学生的著作权

中小学生的作文也是作品，是受我国《著作权法》保护的文字作品。

5. 不作为违法侵权

不作为侵权行为是指行为人以一定的不作为致人损害的行为。根据我国《教师法》、《未成年人保护法》的规定，学校和教师负有保护学生的法定义务。如果教师没有积极履行保护职责或阻止有害学生的行为即构成不作为侵权。

(二)教师违法行为的主要法律责任

1. 教师违法行为

教师违法行为主要包括：故意不完成教育教学任务给教育教学工作造成损失的；体罚

学生，经教育不改的；品行不良、侮辱学生、影响恶劣的。

2. 教师的法律责任

教师违法行为应承担的法律责任有：按现行教师管理权限，由所在学校、其他教育机构或教育行政部门给予行政处分或者解聘；教师有上述违法行为中的后两种行为，情节严重，构成犯罪的，由人民法院追究刑事责任；对学校、其他教育机构和学生造成损害或损失的，应当依照我国《民法通则》的有关规定赔偿损失。

第三节　现行主要的教育法律法规及规定解读

一、《中华人民共和国教育法》解读

《中华人民共和国教育法》(以下除需要全称外，简称为《教育法》)自1995年9月1号实施，是新中国成立以来我国制定的第一部教育基本法。它的颁布，标志着我国开始进入全面依法治教的新时期。

(一)立法依据及立法宗旨

《教育法》的立法依据是落实教育优先发展的战略地位的需要；是我国教育改革的需要；也是我国教育全面依法执教的需要。

《教育法》总则第一条明确了该法的立法宗旨是“为了发展教育事业，提高全民族的素质，促进社会主义物质文明和精神文明建设”。

(二)《教育法》的法律地位

《教育法》是教育的根本大法，是由全国人民代表大会审议通过的，是位于国家根本大法——《中华人民共和国宪法》之下的国家基本法律之一。在整个教育法律体系中，处于“母法”和“根本大法”的地位，具有最高的法律权威。其他单行的教育法规只是调整和规范某一方面的教育关系或某一项教育工作，都是“子法”。各种单行教育法规的制定和实施，应以《教育法》为依据，不得与《教育法》确立的原则和规范相抵触。

(三)《教育法》主要内容解读

1.《教育法》的适用范围

《教育法》的适用范围是“在中华人民共和国境内的各级各类教育，适用本法”。这里所称的“各级各类教育”，是指国家教育制度的各级各类教育，包括学前教育、初等教育、中等教育和高等教育。

2. 教育性质与方针

《教育法》总则第三条规定了我国教育性质：“国家坚持以马克思主义、毛泽东思想和建设中国特色的社会主义理论为指导，遵循宪法确定的基本原则，发展社会主义教育事业。”

从我国教育的社会主义性质出发，《教育法》总则第五条又明确规定了我国的教育方针：“教育必须为社会主义现代化建设服务，必须与生产劳动相结合，培养德、智、体全面发展的社会主义的建设者和接班人。”

3. 教育的基本原则

教育的基本原则是发展我国教育事业所必须遵循的基本要求。《教育法》中规定的我国教育的基本原则有：对受教育者进行政治思想道德教育；继承和吸收优秀文化成果；教育公益性；教育与宗教分离；受教育机会平等；帮助特殊地区和保护弱势群体；建立和完善终身教育体系；鼓励参加教育科研；推广普通话；奖励突出贡献。

4. 教育管理体制

《教育法》总则第十四条明确规定："国务院和地方各级人民政府根据分级管理、分工负责的原则，领导和管理教育工作。中等及中等以下的教育在国务院领导下，由地方人民政府管理。高等教育由国务院和省、自治区、直辖市人民政府管理。"这就是我国现行的教育行政分级管理的基本体制。

5. 教育基本制度

新中国成立以来，我国教育体制日臻完善，形成了一系列基本制度，主要包括学校教育制度、义务教育制度、职业教育和成人教育制度、国家教育考试制度、学业证书制度和学位制度等。

6. 教育者与受教育者

《教育法》对教师和其他教育工作者与受教育者的权利和义务进行了规定，以便更好地维护教育者和受教育者的合法权益，确保教育活动顺利开展。教师和其他教育工作者的权利和义务，参见《教育法》第三十二条和第三十三条规定。《教育法》第四十三条规定了受教育者应履行的义务，主要有：遵守法律法规；遵守学生行为规范，尊敬师长，养成良好的思想品德和行为习惯；努力学习，完成规定的学习任务；遵守所在学校或者其他教育机构的管理制度。

此外，《教育法》对教育投入、教育管理体制、教育基本制度等方面也作了具体的规定。

二、《中华人民共和国义务教育法》解读

《中华人民共和国义务教育法》(以下除需要全称外，简称为《义务教育法》)于1986年7月1日起施行，是新中国成立以来颁布的第一部基础教育的法律，是促进和保障我国基础教育健康发展的基本法。1992年颁布《义务教育法实施细则》，进一步推进了我国义务教育的实施。2006年9月1号进行修订通过并实施最新的《中华人民共和国义务教育法》。

(一) 法律地位及指导思想

《义务教育法》是教育的单行法，也是我国历史上第一部关于基础教育的法律。它的颁布，标志我国将开始实施九年制义务教育，使我国普及义务教育事业开始走向依法执教的轨道，对于提高全民族素质具有重要意义。

另外，新《义务教育法》是义务教育的一个新的里程碑，无论从义务教育本身、教育法制建设，乃至中国教育事业的发展来说，都有深远的意义。

(二) 指导思想

《义务教育法》第三条明确规定："义务教育必须贯彻国家的教育方针，努力提高教育质量，使适龄儿童、少年在品德、智力、体质等方面全面发展，为培养有理想、有道德、有文化、有纪律的社会主义建设者和接班人奠定基础。"

《义务教育法》的根本指导思想是贯彻国家的教育方针。

(三) 义务教育的性质和特征

义务教育作为一项教育制度和法律制度，具有不同于其他教育制度和教育工作的属性。就其性质而言，义务教育具有强制性、普及性、免费性、公共性和基础性。

1. 强制性

义务教育的强制性是义务教育的最本质特征。义务教育是法律保证实施的教育活动。义务教育不仅是受教育者的权利，而且是国家的义务，国家、社会、学校和家庭必须依法予以保证。

2. 免费性(公益性)

免费性是义务教育的重要特征。所谓免费性是指国家对接受义务教育的适龄儿童、少年免除其全部或大部分就学费用。所谓“公益性”就是明确规定“不收学费、杂费”。

3. 公共性

所谓公共性是一种社会公共事业，属于国民教育的范畴。它表现在义务教育属于一种政府行为，是在国务院领导下，实行地方负责，分级管理。义务教育的这种国民性，保证了国家对义务教育的宏观调控，有利于义务教育质量的提高。

4. 普及性

所谓普及性是指全体适龄儿童、少年，除依照法律规定办理缓学或免学手续的以外，都必须入学接受教育，并且必须完成规定年限的义务教育。

5. 基础性

所谓基础性是指义务教育是基础教育，其目的是为了提高民族素质，为培养“四有”的社会主义人才奠定基础。

三、《中华人民共和国教师法》解读

《中华人民共和国教师法》(以下除需要全称外，简称为《教师法》)从1986年开始起草，后经过八年酝酿、修改，于1993年10月31日通过，1994年1月1日起施行。

(一) 法律地位

《教师法》是我国教育史上第一部关于教师的单行法律，它的颁布和制定体现了党和国家对教师的重视，有利于提高教师的社会地位，保障教师的合法权益，使教师成为受人尊重的职业，造就具有高素质的教师队伍，促进社会主义教育事业的发展。

(二) 立法宗旨

《教师法》以教师为立法对象，把国家尊师重教的方针上升为法律，体现了全国人民的共同愿望和意志，总则第一条对立法宗旨作了明确规定，具体包括：保障教师的合法权益、提高教师队伍素质，促进我国社会主义教育事业的发展。

(三)《教师法》适用范围

《教师法》总则第二条规定适用范围：“本法适用于在各级各类学校和其他教育机构中专门从事教育教学工作的教师。”《教师法》关于适用范围的规定，是教师的形式特征，也是法律意义上教师概念的外延。

（四）教师的权利和义务

教师的权利和义务是基于教师的特定的职业性质而产生和存在的。教师的权利和义务是统一的。

教师的权利是以公民的基本权利为基础，围绕履行教育教学职责依法行使的权利和享有的利益。《教师法》第二章第七条规定，教师享有六方面的权利，即教育教学权、科学研究权、管理学生权、获得报酬权、民主管理权、进修培训权。

教师的义务是指教师依法应尽的责任。《教师法》第二章第八条对教师应当履行的义务作了六方面的规定，即遵纪守法义务、教育教学义务、教书育人义务、尊重学生人格义务、保护学生权益义务、提高水平义务。

（五）教师的资格与任用

《教师法》第三章对教师的资格条件、认定办法、过渡方法、职务制度、聘任制度等几个方面做出了规定，构成了符合教育规律，符合教师劳动特点，适应社会主义市场经济发展需要的教师资格制度和任用制度。

1. 教师资格制度

教师资格制度是指国家对教师实行的一种特定的职业资格认定制度，是公民获得教师工作应具备的特定条件和身份。《教师法》第十条第二款规定，教师资格构成要件包括国籍、品德、业务、学历和认定五个方面，缺一不可。

2. 教师任用制度

《教师法》第十六条中规定："国家实行教师职务制度。"我国教师职务根据岗位设立，即根据学校教学和科研的实际情况设置职务；教师职务与工资待遇挂钩，并有数额限制；教师职务要经过全面考核，以确定其是否称职。

根据国家教育部的有关规定，目前我国教师职务系列设置：高等学校教师职务设助教、讲师、副教授、教授；中等专业学校设教员、助教、讲师、高级讲师；普通中小学及幼儿园设一级、二级、三级和高级教师。

3. 教师聘任制度

教师聘任制是学校与教师在遵循双方地位平等的原则下，签订聘任合同，明确规定双方的权利、义务和责任的一种制度。教师聘任制度有以下基本原则与内容：教师聘任制度必须遵循双方地位平等的原则；聘任双方在平等地位上签订的聘任合同具有法律效力；教师聘任形式依其聘任主体实施行为的不同可分为招聘、续聘、解聘、辞聘几种。

4. 教师的考核与奖励

教师的考核是指各级各类学校及其他教育机构，按照教师考核规章的考核内容、考核原则、考核程序，对教师进行的考查和评价，它具有导向功能。

《教师法》第二十二条规定教师考核机构是"学校或其他教育机构"。教师考核的内容是"政治思想、业务水平、工作态度、工作成绩"四个方面。

教师的奖励是按照教师的工作成绩、对教育事业的贡献大小而给予的一定的精神奖励和物质奖励。

5. 教师的待遇

教师的待遇是指教师的工资、津贴、住房、医疗、退休等方面的总和。教师的待遇是

《教师法》的一个重点问题，长期以来，我国教师的待遇偏低，不适应教育事业发展的需要，因而迫切需要提高教师的待遇。所以，《教师法》第六章专门对教师的工资、住房、医疗保健、养老保险等作了具体规定。

四、《中华人民共和国未成年人保护法》解读

《中华人民共和国未成年人保护法》(以下除需要全称外，简称为《未成年人保护法》)于1991年9月4日第七届全国人民代表大会常务委员会第二十一次会议通过，于1992年1月1日起施行。青少年是祖国的未来和希望，他们关系着千家万户的幸福安康，关系着国家的前途和命运。《未成年人保护法》的颁布填补了我国法制建设的一项空白，为青少年的健康成长提供了重要的法律依据。

《未成年人保护法》共七章七十二条，附有刑法有关条文，其结构体系采用的是立体性结构体系，即一方面它以未成年人生活的环境为主线，组成了家庭保护、学校保护、社会保护以及司法保护等横向保护网络；另一方面，它又以保护的不同层次为辅线，组成了纵向保护、一般保护对象、特殊保护对象等。

(一)总则

未成年人是指未满十八周岁的公民，保护未成年人的基本原则有：保护未成年人的合法权益、尊重未成年人的人格尊严、适应未成年人身心发展的特点、教育与保护相结合。

(二)家庭保护

家庭保护是指父母或其他监护人对未成年人实施的家庭方面的教育和保护，包括对未成年人生理上的关心爱护和心理上的帮助教育两方面。

父母是未成年人的第一监护人，这是由法律规定的。家庭保护是我国未成年人保护的重要组成部分。《未成年人保护法》第十条规定了监护人的监护职责：父母或者其他监护人具有监护职责和扶养义务；不得虐待、遗弃未成年人；不得歧视女性未成年人或者有残疾的未成年人；禁止溺婴、弃婴。

《未成年人保护法》第十三条规定了监护人对未成年人受教育权的保护，主要体现在以下两个方面：使适龄未成年人按照规定接受义务教育；不得使在校接受义务教育的未成年人辍学。

(三)学校保护

学校保护，是指各级各类学校在其自身的职责范围内，依照法律法规的规定，对在校的未成年学生进行教育并对他们的身心健康和合法权益所实施的保护。主要表现在：学校对未成年学生受教育权的保护；教职员对未成年人人格尊严的尊重；学习对未成年学生人身安全、健康的保护。

(四)社会保护

社会保护是指在社会生活环境中对未成年人实行的保护。主要表现在：未成年人不宜进入的场所；未成年人隐私权的保护；未成年人通信自由的保护。

(五)司法保护

司法保护是指公安机关、人民检察院、人民法院及监狱、少年犯管教所等劳动改造执行机关，依法行使权利履行职责，对未成年人实施的专门保护活动。司法保护可以对那些

直接或间接侵害未成年人合法权益的行为进行法律制裁，通过惩戒行为来教育本人及其他公民；对于误入歧途的未成年人，依法进行惩罚改造、教育挽救。主要内容有：

①不予刑事处罚的违法犯罪未成年人的管教与收容教养。

②办理未成年人犯罪案件中对未成年人的保护。

③违法犯罪的未成年人的协同教育挽救工作。

④对未成年人继承权和受抚养权的司法保护。

第四讲　教师礼仪

第一节　礼仪概述

一、什么是礼仪

礼仪是以约定俗成的方式接人待物规范的总称。

与“礼仪”密切相关的概念有“礼貌”、“礼节”等。礼貌是言语动作行为谦虚恭敬的表现。礼节是人际交往中律己敬人的行为规范，是礼貌行为的具体方式。礼貌是行为表现，礼节是行为规范，礼仪则是规范的总称。三者的共同点在于律己敬人。

礼仪是社会生活中文明交际的体现。被人礼貌相待，可以感受到他人对自己的尊重和生活的美好。礼貌待人，可以显示自己的修养和高贵。反之，人们的心情，人与人之间的关系就会受到伤害。正所谓“好言一句三冬暖，恶语一句六月寒”。我敬人人，人人敬我的社会才是文明社会。这样的生活才是可爱的生活。

礼仪的内涵除了一般意义上的言语动作行为，还包括场景仪式，例如，迎接贵宾或重大庆典时铺红地毯，就是一种场景仪式。

礼仪的外延除了与礼貌、礼节相关的人际交往的指向，还包括待物的指向。或者说还包括待物的行为规范。例如，向国旗行礼，以表达对国家的敬意。

礼仪是内在思想与外在形式的统一。内在思想通过外在形式展现出来，外在形式服务于内在思想。礼的精神核心是敬，是谦卑自奉，以恭敬接人待物。

中国历来是礼仪之邦。先哲们留下了许多关于礼仪的深刻思想。

孔子认为：“礼也者，理也。”这是说，礼是处理人际关系和治理社会生活的方式方法。

荀子说：“礼者，养也。”这是从个人素质方面来阐释礼仪，礼仪是一个人的修养或教养。

孟子曰：“礼，门也。”这是从行为学角度来看待礼仪，礼仪是人们做事获得成功的门径或开端。

许慎指出：“礼者，履也。”这是强调礼仪的实践性。

二、礼仪的基本要求

“礼”的基本要求是尊重。孔子云：“礼者，敬人也。”敬人的核心就是尊重人，尊重他人的个性。从本质上讲，尊重是一项做人的基本道德标准。“礼者，养也。”“礼”所规范的是一个人对待自己、对待别人、对待社会的基本态度。因此，“礼”的基本要求是：每一个人都必须尊重自己、尊重别人，并尊重社会。

作为一个现代人都应该尊重自己。一个人不尊重自己就不可能获得别人的尊重。在正式的社交场合，如果穿着随便，举止不文明，自然会被门卫质疑、拦截，因为你的仪容举止表现出轻慢、无视的态度，与此时的环境不和谐。尊重自己就是要自重，个人行为在公众场合要符合社会规约，要消减自身的个性而主动配合场合情境，还要关注细节，低调行事，这就是尊重自身的表现。“礼”的规范程度更体现在职场，在职场中每个人的职位显现出社会化的高低分工，但彼此没有尊卑区别。如果刻意地划分等级，在言谈中轻视自己的职业，包括职位高低、金钱多寡等，这是不自重的表现。有些人甚至会将这种情绪一直蔓延到轻视自己工作的单位，把自己生活的不如意迁怒于单位。不尊重自己所从事的职业，更不尊重自己所在的单位，这是背离了“礼”的做人道德。

每一个现代人都应该尊重别人。常言道：“来而不往非礼也。”一个人不尊重别人，就难以得到别人的尊重。以职场为例，尊重别人的具体要求不同：尊重上级，是一种天职，是上下级的执行。即使提出自己的不同意见也是对上级的尊重，是对上级的支持。如果对上级心有怨怼，故意忤逆，这是一种戾气。尊重同事，是一种本分。因为在合作化社会，需要协同合作，尊重是合作的前提。尊重下级，是一种美德。关爱下级、尊重下级，消除长官意识，倾听下级意见，这是领导的风度。最后尊重所有人，则是一种做人所应具备的基本教养。

每一位现代人都要尊重社会。每个人都生活于社会。当机动车行驶到斑马线时，不管是否红灯，只要有行人，就必须礼让；当然，行人也不可乱闯斑马线。我们常见，有的行人即使看见机动车礼让也不敢贸然通过，这是社会教养程度不高而产生的互不信任的结果。美化人类生存的社会环境，必须从全民养成教育开始。讲究公德、维护秩序，保护环境，爱国守法，因为“礼仪”的表现形式是外显的、规范的、具有可操作性的一套行为准则。内化于礼，外显于仪。

随着现代社会的快速发展，人们工作、生活、社交更趋多元化，交际圈也在不断扩大。在不同领域，中华礼仪又发展为形式多样的礼仪细则，并且融合现代礼仪，成为人们工作、生活、社交的指南。用现代人的眼光来看，人与人之间的交际，不仅是出自本能的需要，而且也是适应社会发展、个人进步的一种必不可少的基本路径，具有较强的交际能力，是现代人立足社会并谋求发展的重要条件。

第二节　教师礼仪的意义

教师礼仪，是教师在人际交往中所应恪守的基本行为规范。从具体内容上讲，教师礼仪包括了教师的自我规范和待人规范。就本质而言，教师礼仪属于职业礼仪的范畴。与其他礼仪相比，教师礼仪又具有一些自身所独具的特征，其主要表现在规范性、传承性方面。这种规范性，不仅约束着教师在正式交际的场合中的言谈举止，使之合乎身份，而且也是教师在其他场合中必须关注自己言行的尺度标准。孔子曰：“其身正，不令而行；其身不正，虽令不从。”教师只有“身正”，才能在教育教学中达到“不令而行”的目标，这里的“身正”就包括教师的礼仪形象。

一、内强素质

“师者，传道授业解惑也。”道由心生，礼在敬人。我们倡导“师道尊严”，是建立在“爱人者，人恒爱之；敬人者，人恒敬之”的礼的精神内涵之上的。上课铃声一响，老师走上讲台，班长一声“起立”，学生起身给老师行礼。在“老师好”的问候声中，师生间都有一种发自内心的恭敬之情。行礼就是由内而外地诠释“礼”的敬人内涵。否则，学生起立时敷衍了事，教师回礼时无精打采，流于表面形式，失去了礼的行为本质。

内强素质就是教师要进行自我教育。执教要有师德，教师职业化的道德可以称之为一种高度的社会化的角色道德。执教要有水平，知识渊博、知书达理是对教师的职业要求。如果按照中国古代儒家要求掌握的六种基本才能(包括礼、乐、射、御、书、数六艺)来衡量现今教师的知“书”和达“礼”，实际情况远远难以达到这一标准。我们常用一桶水来比喻教师应具备的知识量，在今天看来，仅有一桶水已经难以满足学生的需求。如果这是从长江、黄河里打入的一桶水，那么给学生的一碗水就不同寻常了。教师应通情达理，既可以教育好聪明的学生，也应该接纳智商不高的学生；既可以容忍学生的个性需求，也可以宽容学生的不恭。在学生面前永远是不急不躁、宽厚仁慈的师长，不因个人喜好、个人厌恶、个人情绪影响教师的良好形象。教师树立良好的职业形象是一生潜心修行的过程，是内在修养的不断补给，它在很大程度上依赖于教师素养的高低。

二、外塑形象

自古以来，中国传统文化就推崇尊重师长，并有所谓“天地君亲师”之说，这是因为教师传承知识、培育后人、为人师表。师表就是教师的公众形象。衡量一个教师的公众形象标准既有硬指标又有软指标，硬指标是指教师个人形象的规范标准，包括个人仪容、表情、举止、着装、谈吐、交往等方面必须合乎社会对教师形象的定义。软指标的弹性系数比较大，它涵盖了由内而外的职业素养，不仅仅是指外在的形象。“师表”的外延远远超出了形象本身的定义。有素养的教师不论是课堂上还是下课在走廊上行走，都是从容不迫的，表情是温文尔雅的，言语是彬彬有礼的。这种由内而外生发出的教师风度让学生有一种既想亲近又有一丝敬畏之感，学生发自内心地向老师恭敬致礼。如果教师穿一身潮流时装走进教室，学生心里会惊呼：这像教师吗？如果教师在课堂上语言粗俗，学生心里会愤懑：这还是教师吗？如果教师在公众场合嬉笑怒骂，众人会马上指责：你是教师吗？由此可见，外在形象是自己塑造的。

民国大师胡适可以称得上是相貌堂堂的典范，是最极致的书生之脸，最极致的书生之躯。有一张胡适与蒋介石的合影非常有趣，两人在一起做交谈状，胡适的文气轻轻松松抵住了蒋介石的诡谲。胡先生跷着腿，一脸随意，骨子里却透着风流与俏皮。领袖森严遇见了学术气度，竟也无能为力，只好双手放在膝盖上老老实实。这里比拼的是什么？是骨子里的看不见摸不着的气质，即使百万之兵也难以抵挡儒雅风骨。

三、增进交往

教师的职业交往面主要是学校、学生、同事、家长。教师在学校处理人际关系时，要有意识地维护自尊。首先，自尊表现在维护环境方面，具体而言，办公环境又有“大环境”与“小环境”之分，我们不仅要维护大环境的整洁，还应该关注自己的小环境卫生、有序。其次，自尊表现在称呼他人是否恰如其分，是否自重，是否敬人，这不但体现其自身修养和对别人的尊重程度，而且也反映彼此之间关系和社会风尚。教师与学生间称呼要体现师长之礼，最犯忌的是师生间“哥们”相称，更不宜使用绰号；教师与教师间称呼要规范，尤其是正式场合，不宜滥用某一特定的行业性称呼，例如，“师傅”、“老板”、“战友”等均属于不宜滥用的行业性称呼。

教师要遵守敬人的原则。接待家长来访，尤其是表现不够好学生的家长，教师应面含微笑，热情握手，真诚地表示“欢迎”，让座、倒茶，然后才能与家长交谈。交谈中教师要眼睛看着对方，耐心倾听，不时言语呼应。家长告辞时，教师应主动与家长握手，道以“再见，欢迎再来”，“谢谢您的配合”等告别语，并起身送至门外，目送远去。敬人体现在细节，礼节不周，失敬于人。荀子曰：“礼者，所以正身也；师者，所以正礼也。无礼，何以正身？无师，吾安知礼之为是也？”说的就是教师的所作所为皆为他人学礼、行礼之楷模。礼在敬人就是善于使用敬语。恰当使用敬语是一个教师必须具备的职业素质，“文质彬彬，然后君子”，说的是言语上雅正，行为上质朴，这是君子的风范。敬语使用的频率高低，与人的交际圈层次高低成正比。

教师能说会道，与人交往似乎不成问题。其实，真正的礼仪之道是礼让对方，少说多听。一些教师总是娓娓道来、侃侃而谈，自恋于自己的见识与高论，不顾别人的感受，这也是一种失礼，久而久之，影响与人沟通。教师要摆正位置，态度谦和，礼让三分。声调要低一些，表情动作要配合，话题上要合作。

随着互联网的快速发展，扩大了人们的社交圈，媒体交往也成为教师礼仪的一部分。对教师而言，要了解其属于主流媒体还是非主流媒体；了解其属于官方媒体还是非官方媒体，以便谨言慎行，把握分寸。教师在通过网络、短信等方式与他人交往时，应牢记教师身份；在使用网络语言时要尊重他人；留言板上要对自己的言论负责，不能因为网络状态虚拟而产生侥幸心理，有失教师的行为规范。

第三节　服　　饰

一、典雅

教师的穿着打扮不仅关乎外人对自身的印象好坏，而且也是其个人修养与素质的形象展示。教师走进教室，说话赏心悦耳，形象儒雅可亲，衣着典雅庄重，学生自然会对这样的老师产生好感，继而对学习产生兴趣。如果不太重视个人形象，衣着不整洁、不加修饰，甚至穿着常服，这是不够庄重的表现。衣着过于时尚、隆重，甚至是交际礼服，不仅不合时宜，也不合乎教师职业的要求。

过去人们对教书先生的形象定义是公式化的，长衫、礼帽，文质彬彬；现代社会，打破了对教师职业形象的严格定义，教师的服饰已经看不出职业特点了，过多地增加了现代时尚色彩，这一偏移有碍于教师外塑自身的职业形象。学生有学生服，教师也应该有制服。若学校有条件，应当为教师定制制服，既可以体现职业规范，又可以展示教师的精神面貌。教师的制服应该简洁、明快，色泽淡雅，过于复杂容易转移学生的注意力。以中山装为例，男教师身着中山装站在讲台上不仅给自己提神，也让学生肃然起敬；如果穿着T恤，太过随便，恐怕会让学生怀疑自己的素养与品位。目前女教师的衣着比男教师的要繁复得多，式样、色彩、质地、配饰等都不同程度地追求现代时尚风格。虽然仪表美的定义与时代审美性有紧密关联，但庄重、典雅是对教师服饰的永远不变的要求。女教师身着时尚的套裙，款式简洁、色调和谐，也会受到学生的欢迎，都是一个典雅的女教师形象。

教师典雅的服饰不仅显现其外在形象儒雅有致，还可以是对自己言谈举止的一种制约，我们经常有这种经验，如果穿着正式，在公众场合就会更加关注自己的行为是否得当，自己的言谈是否雅正。

二、庄重

教师的服饰还需要庄重、大方。具体体现为三个特征：式样简洁，中性色调，搭配和谐。简单地说，在正式场合教师衣着要符合“三色原则”，即保持在三种色彩之内，否则就会不和谐，给人以杂乱无章的感觉。除此之外，教师的配饰也是有要求的。佩戴简洁大方的戒指、耳钉、手镯是可以的，但同时不能超过三件，否则也破坏了整体和谐的原则。手表是教师必备的配饰，无论是美观性还是实用性都是教师形象的重要组成部分。在课堂上，为了掌握教学进度，教师不经意地扫视一眼手表，对学生的注意力毫无影响，这是一个教师应有的职业规范。随着手机的出现，弱化了手表的功能，手表不再是教师的必备配饰。一些教师手机放在讲台上，课堂上不时看手机掌握教学进度，这是违反了教师教学行为规范的。因此，如果教师的配饰可以减少为唯一的一种，那就是手表。

教师着装整体和谐也是庄重的表现。若穿西装就不能搭配运动鞋。形似拖鞋的鞋子不能进课堂。若穿裙子就必须穿长袜，裸腿穿裙不够庄重。一个教师只有对个人仪表有所讲究，有所设计，与自身的条件、职业相符，才能真正体现一个现代教师的仪态风范。

三、大方

教师服饰大方体现在服饰的款式、色调和搭配上。如果是在比较正式的场合，男教师可以穿黑色或深蓝色的中山装，内衬白衬衫，脚穿黑皮鞋，系好风纪扣，马上就显现仪表堂堂的风度。女教师可以穿旗袍或套裙，鞋袜保持与服装色调一致，也是一身文雅、知性的风采。在非正式场合，教师一般穿着便装，因为对便装没有太多的限制或规定，有些人就会为了舒适、随意，往往在整体上给人感觉与教师的身份不太相符，过于休闲显得不够精神，显得比较随便，面对学生难以维护形象定义，甚至会减弱教学信度。便装在穿着时有不少的自由度，可以任人发挥，即便如此，教师仍然需要注意是否协调、是否大方，是否有修养、品位。

第四节　表　　情

一、和蔼

教师表情永远是学生关注的焦点，而眼神又是焦点中的焦点。教师的眼神是亲切而友善的，神态是和蔼而热情的，它像春风给学生带来和煦的春天。从态势语的角度，我们将神态称之为“眼语”，学生从教师的眼中可以看到是否肯定、赞美，是否友善、鼓励，是否批评、责怪。眼语有时可以超越肢体语言，有时可以超越言语而表达真实的态度。教师在教室门口一站，给学生一种亲切的、可信赖的眼语，学生马上有精神地开始上课；如果一进教室，眼睛就开始搜寻学生的不足：考试成绩不理想、作业问题多、学习不努力、家长不配合等，这时教师的眼神还会友善吗？学生对这种眼神会避之不及。有些学生成绩总是不理想，往往会受到教师“不正眼看”的待遇，这是冷暴力，学生也会放弃对教师的信任。不能眼里无学生，更不能眼有戾气，眼有冷暴力，或者故作高深，卖弄地微笑，这些都背离了教师的职业道德。或许有的教师认为，只有眼神严肃、威严才能镇住学生，其实教师的威严是教师的学识、人品树立的。还有一些教师认为，必须赢得学生的喜爱，于是眼神的热情类似明星商业化的演出，反而失去了一个教师应有的庄重。

教师的眼神是多功能的。赞美学生时，眼神充满肯定与鼓励；批评学生时，眼神中有善意的提醒又不失威严。教师的微笑应该是善解人意的，尤其是学生答错了的时候，更要把握微笑的分寸，看着学生的眼睛，态度和蔼，不紧不慢，一直到学生回答完全正确。

二、热情

注视他人的常规角度有平视、仰视、俯视，其中平视是最多的，平视也叫正视，有平等交往的意思，因此平视也是教师对学生的常用的方式。注视学生的目光角度往往意味着亲疏远近，热情还是冷漠，所以眼语是表态度的，只有平视、正视才是平等尊重的态度。注视学生时间的长短也是非常重要的，可表示友善，也可表示重视，抑或表示轻视，甚至是表示敌意。在交谈中，听的一方通常应当多注视说的一方，以表示尊重、友好、重视。然而，我们常见的师生谈话，学生总是低着头，不敢正视教师，这是教师的神态举止以及言语态度让学生感到彼此交谈有隔阂，有距离，旁人一看就知道互动不理想，交谈不投机。

心里有什么，眼睛里就有什么。眼光是有温度的，热情就使人容易接近，感受到温暖。边擦黑板边讲课是教师的教学常规举止，似乎没有什么含义，其实严格意义上的擦黑板动作也是有规范的，擦时不讲解，讲解时教师手指黑板例句，身子侧向学生，眼睛看着学生。传统教学中教师喜欢用教鞭，延伸了手的长度，教鞭指向黑板更容易身体面向学生，眼睛环视全体，以捕捉不懂的眼神，以便调整教学策略。现今教师喜欢用多媒体教学，师生间眼神交流减少了，多媒体抢占了互动频道，焦距难以集中，学生对教师的关注程度减弱。

三、友善

教师的友善在不同层级的学生中表现形式不同。对幼儿园、小学教师来说，教师的表情永远是微笑，甚至不管学生回答是否正确，首先是微笑，鼓励的微笑；到了中学、大学，教师的微笑相对减少了，或者虽然是微笑，但是笑得浅淡一些，因为学生身心的发展成熟了，理解的层次提高了，这时教师就可以采取多种方式的肯定：可以笑，也可以不笑，甚至可以表情严肃，因为学生对教师的评价方式或者教育方式可以理解、体会了。其实，一个教师是否友善，就连幼儿园的小孩都能够感受到，儿童细微、敏感的心智已经能够体察到教师的态度。魏巍在《我的老师》中，以一个孩子的眼睛来描写心目中的蔡云芝老师：我的那些小“反对派”们，常常在我的耳边猛喊：“哎哟哟，你爹回不来了哟，他吃了炮子儿罗！”那时的我，真好像死了父亲似的那么悲伤。这时候蔡老师援助了我，批评了我的“反对派”们，还写了一封信劝慰我，说我是“心清如水的学生”。教师的友善可以维护一个孩子的自尊。

第五节　举　　止

一、文明

所谓举止，是指人们在日常生活中的活动、动作，以及身体各部分在其具体过程中所呈现的姿态。日常中人们所推崇的气质、风度，通常指的是训练有素的、优雅的、具有无比魅力的举止，因此，举止也是学习的结果。在实际工作中，教师的举止行为时刻在自觉或不自觉地表露其思想、情感以及对他人的反应。教师在人际交往中，尤其是正式场合，一定要力求举止文明、优雅、有度。

进教室前，教师准备好上课教材、教具，不携带通信工具进课堂；讲课不坐着、不倚靠着讲台；不能始终站在讲台上，双手一撑就是一节课；示意学生回答问题，多用敬语“请”字和尊重的手势；学生回答问题时，教师的目光与身体方向一致；教师上课的步态是小步的，慢慢在讲台前或者延伸到学生当中踱步。观察学生的听课反应，是否疲劳，是否厌烦，是否不懂；抑或状态不佳，身体不适，这些都是教师最基本的行为规范，也是教师文明行为的准则。教师在教学中的教态也是有功能的。

教师在课堂上要避免使用不稳重或失敬于人的手势，如手端双臂、双手插兜；掌心向下挥动手臂；勾动食指或拇指招呼学生，这些都是犯忌、失礼的动作。魏巍在《我的老师》中回忆的蔡云芝老师是教师举止文明得体的楷模：“她是一个温柔和美丽的人，即使她写字的时候，我们也默默地看着她，连她握铅笔的姿势都急于模仿。她从来不打骂我们。仅仅有一次，她的教鞭好像要落下来，我用石板一迎，教鞭轻轻地敲在石板边上，大伙笑了，她也笑了。我用儿童的狡猾的眼光察觉，她爱我们，并没有真正要打的意思。孩子们是多么善于观察这一点啊！”一个教师的言行举止对学生的影响是深远的，甚至是一生的表率。

二、优雅

教师举止自然、热情有度就是对优雅的职业诠释。教师的举止不能让人感到呆板、虚假、做作。新教师刚入职，在课堂上有些紧张，可又想表现出教师的风度，于是会有意识地设计一些肢体动作，殊不知非顺理成章的动作，反而会让学生觉得多余。教师的举止不是要多，而是应该精简，要有所指向，要有标识意义，避免过分程式化、脸谱化，甚至是戏剧化的动作。不必要的举止，会干扰学生的注意力，影响学生学习效果。

性格外向、热情开朗的教师总是受到学生的欢迎，但作为教师一定要遵守“热情有度”的基本原则。在工作和生活中，教师既要为人热情，又要具体把握好基本分寸。有些教师对学生的一切事都过分热情，却忽视了学生的隐私。热情越界，会令对方感到不快或不便，损伤他人的尊严。

对于年轻教师来说，首先要学会的举止是稳重成熟。稳重成熟中包含了举止庄重、文明优雅的要素，这样做不仅可以展现自己的阅历在不断地丰富，而且也可以显示自己处事有方，进而更好地赢得学生的信任。教师应努力做到稳健沉着、不温不火、有条不紊，努力使自己的行为举止不急不躁。切忌风风火火，冒失过火。即使是下课，教师在走廊或者操场等地，也应当保持正常速度走路，不宜快步疾走，以保持稳重的步伐。

三、有度

礼仪有度是指教师礼仪与别的职业不同，与商业性的礼仪有本质的区别。这种有度主要是指教师本身的言谈举止、服饰表情应有尺度。以规范为准绳，追求对象性，面对不同的交往对象把握不同类型的礼仪尺度。要“有所为”与“有所不为”，“有所不为”就是教师礼仪在个性表现方面还是有限定的，不倡导教师坐在桌子上讲课；不倡导与学生围坐在地上讲课，除非这一切必须是教学的需要，而不是突出个性风格，也不是为了课堂气氛活跃。教师的举止要和学生有距离而又不能有大距离，有距离会缺少亲切感，没距离又会失去了敬畏。无道必无敬畏。

以上教师礼仪种种，是从礼仪规范的角度而言的。一个有素养的教师，应该忘记规范而带头示范。规范不是一成不变的规则，规范也是在示范性的基础上形成的规范。最具示范性的教师，就是最具个性风采的最美教师。规范不是保持一致，规范不否认个性。民国有很多大师总有一些个性癖好，但不妨碍学生对先生的痴迷。先生学贯中西，人格魅力，个性风采，永远是学生的楷模。不能用一个模子去衡量教师礼仪的规范标准；也不能用一把尺子去否定率性的大师风范。关键是，师者，是否传道、授业、解惑也。

中篇：一般教学技能

第五讲　口语技能

第一节　口语概说

一、语言

人类在地球上的存在历史久远，大约有两三百万年的时间。人类与其他生物物种最大的区别，除了能够制造工具并使用工具劳动之外，就在于人类具有语言表达能力。生物学中有一种观点认为，人类的胚胎在子宫的孕育过程再现了地球物种的进化历史。婴儿大约在七八个月大小时就可能有一些象征性行为(交谈)，但这些行为不能等同于母语，而是他自身的一套原始语言系统发挥的作用。原始语与语言的不同之处在于，原始语的系统只有两个层面——意义和声音；而语言系统却有三个层面——语义、语法和语音。原始语系统的缺陷在于，一次只能表达一个意思，而不能满足其他表义诉求。这种缺陷也就成为推进人类不断发展语言的动力。

人是具备语言能力的高等动物。马克思说："语言是思想的直接现实。"海德格尔说："语言是存在的家园。"人类有了语言，就可以凭借自己对世界的认识，构建思想家园或精神家园。语言是人类最重要的交际工具。凭借语言，人类可以交流思想，协调劳动，形成社会族群。《伊索寓言》记载——国王问伊索："世界上什么东西最好?"伊索说："舌头。"国王问伊索："世界上什么东西最坏?"伊索说："舌头。"这里的"舌头"借代"语言"。无论是好还是坏，语言总是具有表情达意的功能。杰斐逊的《独立宣言》开启了西方民主制度的新时代。陈独秀的《新青年》开创了中国现代历史的新纪元。第二次世界大战期间，美国的三大战略武器是：舌头、美元、原子弹。当今时代，美国的三大战略武器是：舌头、美元、电脑。可见，语言始终是美国最重要的战略武器。语言的力量由此可见一斑。正如哲学家伽达默尔所言："谁掌握了语言，就掌握了世界。"

二、口语

从远古的结绳记事开始，人类的口语经历了漫长而循序渐进的过程，最终发展为书面的文字。文字的出现，使语言超越了时空的限制，朝着规范化的进程发展。尽管如此，文字书写却不能把口语所有的特点完整无遗地记录下来。用文字将口语记录下来后，往往会丧失一定的信息。另外，在书面语中，口语独有的语气和情感特点，尤其是口语最典型语调和节奏都难以如实地体现。例如"你好吗"这句问话，语调和语气不同，表义则迥异。口语的节奏作用于语音层面，而语调则作用于词汇语法层面，这是口语表达本质的特点，但呈现在书面语里，则很难把丰厚的含义传神无误地记载下来。

口语表达和书面语表达属于不同的表意系统，二者各有特色而互为表里，相互补充。在一般情况下，口语给人的感觉比较随意，结构似乎杂乱。汉语口语句子组织的粗略性以及口语运用的情境性，使交流双方可以省略某些成分，直接聚焦话语的关键词，这是口语的一维性所决定的。口语和书面语属于语言表达的不同手段，是语言交流两种不同的输出方式。因此，口语与书面语，没有孰优孰劣之分。口语表达的有声性以及语气语调的变换，可以将书面语中隐藏的情感要素以及言外之意、话外之音呈现出来。

从口语到口语表达是语言能力上的飞跃，是日常口语到规范口语的递进。日常口语稍纵即逝，这要求说话人不断调整语言内容与形式以适应瞬息万变的语境。在调整过程中，语义表达能够得以丰富与补充。口语表达有两个层次：最基本的是口语交流，这种交流是即兴的，张口就来，十分随意；其次是指在较正式的场合，带有明确的目的性，属于经过构思并加工提炼过的口头语言。前者无准备地边想边说；后者有准备地边想边说，这里的"有准备"包含多个条件，最基本的是表达内容的得体以及语音、语义、语法的规范。正如张志公先生所言："善于说话不是一件简单的事情。有思想，有丰富的知识，有敏捷而致密的思维能力，有丰富的语言材料的储备，有敏捷的驾驭语言的能力，有丰富的社会经验，知道在什么样的场合用什么样的语言是得体的，效果好的，有力量的，如此等等，这是善于说话要具备的条件。至于听感灵敏，发言清晰，能说正确流畅的标准语等那些基本功，更是不在话下的。"对口语表达提出了很高的要求。

作为正式场合讲话中的口语是有讲究的，即使是即兴口语，也需要迅速调取语言材料并调适表达方法，以达到预期的交际效果。我们称正式场合中的讲话为规范的口语。一个语言能力强的人，会建造自己丰富多彩的口语词汇库，说话的时候就可以调取自如，还可以进行语词、句子的扩展，或者根据一个主题词尽量使用得体的表达方式，再加上语气语调的选择、肢体语言的辅助，在言语表达过程中显现出独特的魅力。

三、口语与书面语

口语和书面语是用语言表达意义的不同呈现方式，或者说，是语言的两种不同输出方式。口语与书面语的主要区别体现在三个方面：第一，传播介质、语言功能和语言的形式特点。口语通过口头传播，具有发生快的特点，并能根据变化的语境进行适时调整，传递微妙的人际意义。第二，口语表现为动态的交流过程，而书面语如静态的语言产物。第三，在结构方面，口语的组织性丝毫不比书面语逊色，书面语可以用一个小句表达清楚，但口语往往需要不同的小句表达两个以上的行为过程。因为口语的语境性特点，才产生了比书面语更为复杂的语法结构。

口语和书面语用不同的方式记录人类的生产活动经验。但与书面语相比，口语似乎更能再现原汁原味的语言。韩礼德认为，从某种意义上而言，口语更接近语言的本质。例如，"漆黑——黑咕隆咚"、"瘦弱——瘦不拉几"、"丑陋——歪瓜裂枣"，前者书面语显得庄重、典雅、规范，富有文学色彩；而后者属于口语词，描摹日常生活有触觉、视觉感的现象，因富于质感而更生动。

（一）口语与书面语的转换

1. 复述：书面语转换口语

复述能力是口语表达的基本能力，它可以培养系统、连贯的说话能力。虽然复述是小学生们都会做的基础练习，然而将书面语转换成口语的复述却并不是很容易做到的。多年的学校教育，让很多学生不擅长口语表达，一张口就像背诵书本上的语言。会说口语只是复述的第一步，还必须掌握将书面语转换成口语的方法。

复述就是把听到的或看到的语言信息经过理解、加工，然后将记忆的信息内容转换为口头语言表述出来的过程。复述要求忠实于原始材料，不得改变原有情节和观点。复述不是机械背诵，它是在理解的基础上，经过详略的处理，对语言重新加以组织，并用自己的话转述材料内容的口语表达。这需要迅速捕捉关键信息并组织语言，是记忆力、表述力和语言连贯性三者的综合。

如：根据下面这段文字，完成口头复述，限时30秒。

20世纪30年代，在英国一个名不见经传的小镇里，有一个叫马格丽特的小姑娘，从小受到严格的家庭教育。父亲经常向她灌输这样的观点：无论做什么事情都要力争一流，永远走在别人前头，不能落后于人。“即使坐公共汽车，你也要永远坐在前排。”父亲从来不允许她说“我不能”或“太难了”之类的话。

“永远要坐在前排”是一种积极向上的人生态度，是一种一往无前的勇气和争创一流的精神。在这个世界上，想坐在前排的人不少，真正能够坐在前排的却总是不多。许多人所以不能坐到前排，就是因为他们把“坐在前排”仅仅当成人生的理想，而没有采取具体的行动。一位哲人说过：无论做什么事情，你的态度决定你的高度。撒切尔夫人的父亲对孩子的教育让我们明白这样一个道理：教育我们的孩子永远都要坐在前排是当父母的责任。

根据材料复述如下：

撒切尔夫人的父亲经常对她说：“永远不能落后于人，即使坐公共汽车，你也要永远坐在前排。”然而，能够坐在前排的人，为什么总是不多呢？因为把坐在前排当作你的人生理想，没有具体的行动，永远实现不了。因而，“教育孩子永远都要坐在前排是当父母的责任”。

复述的方式有很多，要根据口语表述的需要进行选择。一般可以粗略地分为详细复述、简要复述、转化性复述、扩展性复述以及修饰性复述。

详细复述是对原始材料进行尽可能细致的复述。复述者用自己的话严格按照原有材料的内容、顺序、结构进行完整、细致的叙述。这种复述与原材料有什么区别呢？区别在于，比原有复杂的语法结构简单些，长句子化为短句子，书面语转化成通俗易懂的口语。尽管如此，这也是一种最接近原作的较详细的复述。除非是带有考核性的复述，一般给材料口语表述采用的是简要复述，即抓住材料重点，略去铺陈、解释、修饰等次要部分，提高分析、归纳、综合概括的能力。

若要多角度、多层次地认识和表述事物，提高思维的灵动性，就需要学习转化性复述，这是提升口语表达水平的关键。转化性复述需要对原材料有较大的改动，如改变原材料人物、结构，对内容进行增减，具体包括：转化人称，把原材料第一人称“我”，改为第三人称“他”等。转化结构，把原材料的叙述顺序加以改变，如顺叙改为倒叙。转化语体，复述时将原材料的体裁转化为另一种体裁，如把文言文改为现代汉语复述出来，但是增加的相关的想象和创造要合情合理。

还有扩展性复述和修饰性复述，前者相当于作文中的扩写；后者是一种创造性复述，加上一定的想象和创造，是一种描述性较强的复述。

2. 评述：口语转换为评述

(1)“评”和“述”的关系

评述是由叙述和评论组成，在一定叙述的基础上发表自己的观点。评述与复述不同点在于，它不仅要“述”所见所闻，更重要的是要谈出所感。“述”是“评”的基础，从对事实(材料)的复述到评论自己的观点。

评述的一般顺序是，先对原材料进行简述，再由此表达观点。以《从孔融让梨之“让”谈起》为例，评述的步骤是传统释义、情节复述、逆向辨析、新意立论四个部分。以述为辅，以评为主。评是建立在复述之上的评说，述与评是有内在关联的。具体步骤可以是：首先用一句话概括“孔融让梨”的主要内容，(父亲叫孔融分梨,)孔融挑了个最小的梨，其余按照长幼顺序分给兄弟。接着，根据这句话，有两个关键词可以作为“评述”的切入点：第一，“挑了个最小的梨”；第二，“按照长幼顺序分给兄弟”。前者立论为凡事应该懂得谦让，这是每个人年幼时就应该知道的道德常识；后者采用批判性思维立论，观点新颖，兄大弟小，兄之于弟是强者，弟之于兄是弱者，梨有大小，大梨乃大利者，小梨乃小利者，强者占大利，弱者占小利，何来谦让？要是强者将占据大利的机会让给弱者，这才叫谦让。这样两个切入点得出不同结论。再换个角度，西方人是怎么看待“孔融让梨”这个事情呢？在西方的教育体系中，孔融让梨显然不符合他们对学龄前儿童的教育理念。西方学者对此进行了实验，结论是：在一个家庭里，家长鼓励挑选小的苹果的孩子，赞扬他们的友爱精神，并且表扬挑选大苹果的孩子，称赞他们勇于追求自己想要的，这些孩子长大后都有了不一般的成就。并非“孔融让梨”就一定能造就一个圣人。三段述评，三个角度三个结论，可见，选择评述的角度是很重要的，它关乎立论是否站得住脚。

(2)找准“评述”角度

根据材料进行评述，要从中选出一个最易评说、最易出彩的点来确立论证的角度，这是关键。同时还需要具备与材料相关的专业知识，以及对社会时事具备较好的洞察力以及选择判断力。在评述中，个人观点显得非常重要。

再以前文的“永远要争做第一”作为评述材料，“请你谈谈对这种教育观点的看法”。评述思路是：这种给孩子灌输争一流的做法要一分为二地看待，因为好胜、好强是一种优秀的品质，也是一个人走向成功的重要条件。但在人生旅途中，没有常胜将军，所以教师或者家长也要告诉孩子，要能输得起，要总结失败教训。此外，从心理学的角度看，总是告诉孩子争第一，对孩子的压力大，还会使孩子产生很强的嫉妒心理。

还有一类社会话题评述。社会话题评述内容包括赞扬性话题、批评性话题和启示性话题。这类述评，通过对某种社会现象进行分析评论，挖掘现象背后隐藏的道理，表现出看问题的态度。以一则社会话题评论为例：

近日，一篇名为《西少爷赖账，众筹的钱该怎么讨回来》的文章在网上掀起了阵阵波澜。该文章中，“西少爷肉夹馍”联合创始人宋鑫，公开声讨另一名创始人孟兵赖账跑路。24 小时后，西少爷团队发表公开信，对于宋鑫提出的一系问题进行了批驳。一起创业的兄弟“自相残杀”，成了网民津津乐道的话题。商报记者联系了当事双方的宋鑫和孟兵，为读者“诊断”这场因众筹而最终爆发的“病例”。

针对这个话题，可以选择多个评述角度：

角度一，在我国众筹发展时间太短。今年比较火热，但是发展方式和模式还需要探索。不管是近期火热的房产众筹，还是众筹开咖啡厅等，最迫切的需要是理清管理者和投资者之间的关系。

角度二，众筹是一种“众人拾柴火焰高”的思路，肯定会有权利分配的问题，最后还会有利润分配的问题。很多创业者从众筹这一模式看到了创业的曙光。创业者缺乏资金，但有想法；投资者有资金，但又苦于投资无门，众筹起到了很好的连接作用，因此激起了创业者的热情。但创业不是一腔热血就能成功的，必须考虑到方方面面的因素，创业难，守业更难。

角度三，近期爆出众筹失败的案例不胜枚举，也狠狠地给了互联网金融一记耳光。但是，互联网金融是一种新兴事物，新兴事物的发展必然会遇到很多挫折。行业的监管必须出台，投资人必须理性，管理者必须有道德心，创新不能毁在一小群人的手里。

还可以有另外的述评角度。

我们要选择一个自己熟悉、好说的角度来展开评论。如果各个点都比较熟悉，我们还可以从中选择一个容易出彩、新颖的点集中进行述评。也可以几个点都涉及，显得更加全面而宏观。

(二) 口语与书面语转换缺失

1. 言语缺失

有人在正式场合说话时，开始比较流畅，但是突然就“卡壳”了，脑子一片空白，瞬间组织不起一个句子，这种现象我们称之为“语言休克”。那么为什么会突然出现言语缺失呢？言语缺失通常是语料调取失败或语料组接失败造成的。

首先是语料调取，因为没有调取也就没有组接。我们大脑中储存了大量的“材料”，有文字的、图像的、视频的等。如果我们平时对这些材料不加整理、分类，放在不同的抽屉里，那它就好比是一个乱糟糟的房间，难以很快拿到自己想要的东西。受过教育的成年人，其语料库中的词是不会少的，但关键时刻就是调不出来。因此，我们不仅要对大脑中的语料进行整理，还需要进行转换、拼接。如将书面语转换成口语，将文字的、视频的、图案的进行拼接、转换。也就是说，大脑内存要分区，才能调度自如。打通大脑内存语料库的各个分区，让这些语料呈现出活跃的、有生命的、灵动的语言形式，而不是呆板的，打入冷宫的尘封语料。

2. 语调沉闷

在书面语里，语流缺乏原有的全部语音特征，而在口语表达中，一个词或句子必须有语气语调。口语句子的实际意义往往是语调来完成的，这是口语独特的韵律特点决定的，也是汉语的会意性特点决定的。善于用正确、恰当的语调进行交流是书面语转换成口语语调的重要标志。我们常常对书面语语句理解发生歧义也是因为缺少了语境制约，读出来时与原来意思相左。另外，汉语口语语调在不同语境中的表现形式也是不同的。以课堂教学为例，可以归纳为四种语调类型：抑制型、高亢型、平缓型、变换型。抑制型语调的教师讲课声音偏小，语调低沉，学生听不清楚；高亢型语调的教师上课嗓音嘶喊，学生容易情绪烦躁；平缓型语调的教师上课平铺直叙，学生上课打不起精神；唯有变换型的教师语调轻重缓急，适时调整，兼而有之，学生一定喜欢听课。

口语表达中语调自然，这是建立在科学、正确地借助语音条件的帮助来实现的。首先是音准，说话声韵调清晰饱满，语调抑扬顿挫有弹性。其次，借助发声学的知识，调整音色，关注自己音色是否悦耳。最后，书面语转换口语的过程中，用词、用句的选择，如用词通俗、口语化，多用短句避免长句，多用单句少用复句等。

第二节　教师口语素养

一、口语素养概说

张志公说过：“过去教语文，往往忽视口、耳，只注重手、眼，这是砍掉植物的根而希望它开花的办法，充其量这叫插花。也许能开两朵花，然而开不多，也开不久。”①这里的意思是，语言是口耳之学，口头语言是第一性的，书面语是第二性的，听、说、读、写是语言学习的一个系统。长期以来，口耳之学缺失，而且口耳与读写之间也没有系统链接，只是“头痛医头，脚痛医脚”，因而即使能写会读的人其口语表达水平也不高，以至于以口语为职业的人，语言素养也不甚理想。

什么是语言素养呢？《汉书·李寻传》说：“马不伏枥，不可以趋道；士不素养，不可以重国。”意思是说马只有勤练，才可以在道上奔跑；士兵只有练就一身功夫，才能保卫国家。可见素养是通过平日里的训练和实践练就的技巧或能力。也就是说，素养不是一蹴而就的，它是平素里由知识、技能供养出来的一种能力。比如养成教育就是一种素养教育。语言素养是指一个人具有的与语言相关的知识、技能的素质。口语素养则特指一个人的口语能力的高低，包括口语表达的准确、流畅、有效等与口语相关的能力。教师口语素养与一般口语素养相比，其口语能力的要求更高，因为“传道、授业、解惑”，这些教育功能必须通过教师的口语素养来体现。

教师口语素养是衡量一个合格教师最基本的条件之一。口语素养最基本的要求，除了能讲一口标准的普通话，还能够掌握多种口语表达的技巧。例如，朗读、复述、解说、演

① 陈建民：《张志公先生与口语教学》，《语文建设》1993年第1期。

讲、论辩、交谈等一般口语表达的方式，做到语义规范、表意明确、条理清晰、善于应变、态势得体。除此之外，教师口语又与一般口语表达有不同的特殊性，需要掌握教育口语与教学口语的特点、要求和技巧。从职业要求来看，教育教学语境中的口语表达是一种语言艺术。一个成熟的教师基本的标志就是形成自己独特的口语表达风格，追求口语艺术的个性化。苏联著名教育家苏霍姆林斯基说："在拟定教育性谈话内容的时候，你时刻也不能忘记，你施加影响的主要手段是语言。你是通过语言打动学生的理智与心灵的。然而，语言可以是强有力的、锐利的、火热的，也可以是软弱无力的。"①教师口语追求语言的"雅"、"正"，要求教师说话要规范、典雅，要有深厚的学养。在教育活动中，教师要开启学生的心灵之窗，需要摆事实讲道理，还要表达自己的观点。可见，教师口语素养是由多方面素质构成的。

二、教师口语素养内涵

(一) 准确

1. 语言的规范性、科学性

教师口语应该使用标准或比较标准的普通话，发音准确、清晰，语流通畅，语调自然；用语用词规范、恰当；语法符合现代汉语标准，口语符合现代汉语习惯。不仅如此，教师口语因职业的特点还受到其他社会规范的制约。教师的根本职责是教书育人，教师的教育使命是传授知识与技能，塑造正确的人生观、价值观，这决定了教师在教育教学活动中所说的话，必须符合国家的政策法令、道德标准和社会主义教育方针。

学校教育教学内容的科学性决定了教师口语的科学性。无论是教育口语还是教学口语，都必须概念准确、判断合乎常理、推理合乎逻辑、解说符合客观事实。并且，教师口语的表达方式要体现现代教育的基本原则。教育口语必须以理服人，必须实事求是；论事必须有充分的根据，推理要严谨。同时，用词要准确、恰当，尤其要根据学生的接受能力区别对待，在鼓励的基础上教育学生。

教师口语，特别是教学口语，由于受到时间、地点以及教学内容的制约，必须语言简练准确，切忌东扯西拉，或者过多口头禅。教师口语必须让学生容易接受、乐于接受，这就必须注意教育对象的年龄、性别、区域等特性，不断调整教学口语的目标。针对不同的学科，教学口语的言语风格也应作相应的调整。

2. 语言思维的链接性

口语表达是否准确除了用语、用词规范以外，还有一个重要的检测指标是语言思维是否连贯、联结。语言与思维构成了密不可分的依存关系，但同时又产生了互为促进与制约的关系。思维品质的提高有助于强化语言的准确性、流畅性。口语表达能力强的人特点在于能够快速思维，快速组织内部语言，这时思维比说话还活跃，思维就像内化的脚本，指挥着话题方向、话题中心、话题框架，所以语言思维是超越了形而下的用词、用语规范的，是形而上的大规范。因为它要完成两类信息反馈任务：一是监听自己的语言是否准

① 国家教育委员会师范教育司组编：《教师口语训练手册》(试用本)，北京师范大学出版社 1994 年版，第 1~12 页。

确，随时给予调整；二是听众所做出的各种反应随时反馈过来，对此还需要做出相应的调整，这一切都是语言与思维联结的结果。口语表达的难度之一就是这种思维的负荷。

语言与思维联结是否通畅的关键是建立立体的思维框架，我们可以从思维的宽度、深度和速度等方面来建构：

思维的宽度是指善于全面地看问题。围绕问题多角度、多途径、多层次、跨学科地进行全方位的思考。表现为语言表达思路开阔，既能纵观问题的整体，又能兼顾问题的细节；既能抓住问题的本身，又能兼顾有关的其他问题。

思维的深度是指在围绕一件事情进行表达时，要深入到客观事物的内部，抓住问题的核心，进行层层递进、步步深入的思考。

思维的速度是指口语表达者思维活动的反应速度，善于迅速和准确地做出回应，提炼中心，捕捉要点，顺畅表达。要尽可能简洁明快，舍弃细枝末节。

因此，一个人的口语表达水平可以用立体的结构来描述：

口才=思维能力+语言技巧

宽度：广博的社会知识与系统的专业知识

——口若悬河

深度：深邃的思考能力与敏锐的观察能力

——语惊四座

速度：迅速的敏感反应与准确的回应能力

——反应敏捷

技巧：吐字清晰流畅与语调节奏适中

——得心应手

风度：仪表端庄与态势动作潇洒得体

——赏心悦目

(二)简洁

1. 提高对简洁的认识

语言表达简洁是教师教育教学技能的要求之一。因为，简洁体现在教师口语表达内容和语言组织的形式两个方面，这是从教育技能的角度来要求的。其实，并不是所有教师都真正认识到了简洁的重要性，这不是技能本身就能解决的，而是教师的认知问题。殊不知在教育教学中，教师在语言“简洁”上做得很不到位，“好为人师”，教育教学效率并不高。语言累赘、冗余，有效信息并不多。早在1991年，著名教育家叶圣陶之子叶至善在《语文学习》上发表了叶老在北京师范大学的讲话。叶老对即将成为教师的学生说：“师范生自己宜为研究者，并为熟习者。但出而任教，不宜令学生亦为研究者。能令学生于阅读时多所练习，知道最重要的几条规律，并成敏捷的语感，即可。”这段话的意思是教师自己必须有比较全面的知识，如果仅仅知道三四分或一二分，那是教不好的。教师要有十分的知识，但是并不意味要教十分，不能把自己的学识一股脑倒出来给学生，以此炫耀自己学富五车。因为多教并不能多得，多阅读多练习自然就培养了语感。叶老还以教学语音知识为例，“语音——自己要掌握语音学知识，可是教学时不必讲这些知识，能口耳授受，使发音准确，即可。尤其教方言区学生，要掌握对应规律，使能扼要练习，举一反三”。叶老的一番讲话，今天读来仍不过时，而且仍是教师的警世箴言。至今，满堂灌仍然是课堂教学中的常见现象。应让学生在读写中，学会体会，学会应用。教师少讲，精讲；哪些讲，哪些不讲，这都是教师的了然于心的设计。

叶老在报告中告诉学生怎样理解教师的“主导作用”，他说：“所谓教师之主导作用，其义在‘引导’，并非一切由教师主动，学生处于被动的地位，只好听教师讲说。譬如走路，教师指点一下，或者在前面走，路还是要学生自己走。引导之后，学生能自己理解，自己练习，教师又何必多事口说？要在学生走不通的时候，才给他们扼要说明。”“径直讲课不如布置预习，径直说明不如提出适当的问题，安排适当的练习，让他们自求得之，如有不合，才给他们纠正或补充。”叶老的这一教育理念正是对教师口语应“简洁”的形而上的诠释。有了形而上的认知，解决形而下的简洁技能，这仅仅需要经验积累的结果。

2. 降低语言冗余度

一般说来，具备张口就说是一个教师必备的语言能力，但是，张口就说与能说会道并不是同一个水平。喋喋不休的空话，以极少的语料使语言无限扩张，从而产生大量无效的语言垃圾，这就是语言冗余。在一些公众场合，如会议、教学、媒体等口语表达中，语言冗余现象并不在少数，甚至并不为很多人所察觉，反而以为这是口若悬河，其实有效信息并不多。例如，学校的班主任能说“流利的废话”，媒体节目的嘉宾能说“幽默的废话”，某些官员能说“空洞的官话”，可见，语言冗余现象还是很普遍的。降低语言的冗余度，是以口语为业的人必须认识的问题，更是以教师为职业的人必须修炼的目标。“能说”不一定“会说”，“会说”不仅是语言技巧，更重要的是语言是否有内容，是否有观点；语言表达是否流畅，是否清楚，这一切都与表达者的思路是否清晰有关系。如何避免语言冗余问题呢？要做好以下两点准备：

首先，准备要充分。说话之前，就需要做好充分的“腹稿”准备，关注内容要点，关注条理。避免没有时间限定的讲话，天南海北乱扯一气，口头禅频密，随想随说，言不及义。

其次，设计要优化。真正善于表达的人，应该对口语信息量进行优化设计。侃侃而谈中要有信息量，而信息量大也是事先设计的结果，详说略说、先说后说，都是精心布局。语言精彩不是语言的外在形式，也是为解读内容服务的。

（三）有说服力

语言的说服力与语言思维缜密是相关联的，而思维缜密又与思维方式密切相关。学习不同的思维方式，就是架构立体思维的框架，以明确具有说服力的语言思维路径。明确思维路径是从学习不同的思维方式开始的。以思维探索问题答案的方向划分，可以把思维方式大致分为发散思维、聚敛思维、类比思维、逆向思维四种。

1. 发散思维

发散思维是人的大脑在思维时呈现的一种扩散状态的思维模式，是人的思路从某一中心向不同层次、不同方向辐射，从而引出许多新的信息的思维方式。① 发散思维又称扩散

① 姜燕：《即兴口语表达》，山东人民出版社2014年版，第125页。

思维、求异思维、辐射思维，发散思维可以为即兴演讲带来多样化的呈现形式。发散思维训练是培养思维开放、敏捷、灵动的重要方法之一。思维具有发散能力是需要大脑拓展的，如扩张与突破，多学科，多种知识。对这些元素的碰撞、顿悟、汇总、吸纳，还需要文化积淀、感悟、灵活多变头脑支撑。发散思维的图示(如图 5-1)：

思维主体——→思维对象

想象力突破原有知识圈；

重组眼前信息、记忆系统信息；

不同角度、方向、关系思考问题；

提出设想、寻找途径；

多方面、多层次寻求答案和方法。

图 5-1

发散思维对于即兴演讲而言，是你的观点具有说服力的必由之路。别人单一角度立论，你可以多种角度立论；在诸多角度中，选择最佳角度立论；从不同角度、方向、方面、方法、技巧、思路来解决问题，立论合理而有说服力。

如在《实话实说 · 野生的朋友》中崔永元采访熊猫养殖专家，在你来我往的谈话中，充分体现了主持人思维灵活与发散性。

崔：大熊猫可爱、憨态可掬，您跟它们接触多，它也有残忍的一面？吃不吃人？

吕：吃竹子，野外看见人跑，因人吃它。

崔：它有无可恨的地方？

吕：恨不恨从人的角度来衡量。对人利益损害就恨。历史上从未有过正面冲突。它是隐士，深山老林吃竹子。

崔：听说过隐士伤人吗？

吕：有，多半发生在动物园。我想任何一个人被关笼子里，也会产生熊猫的心情。

崔：有野生动物的地方，是否当地经济不发达？为了发展，他们是否会不自觉破坏野生动物的家园？

吕：确实存在，特别交通不便地区，眼睛盯着自然资源。

崔：保护野生动物很神圣，是否因此就要那些地区经济不发展或者发展变慢呢？

吕：公平地说，穷人同样有权利过得更好。但资源也是有限的，我们不能把好生活建立在消耗资源基础上，我们提倡用可以再生的东西就可以减少对环境的压力。

2. 聚敛思维

聚敛思维又叫求同思维，它是一种以集中为特征的逻辑思维，即将许多新的信息围绕中心进行选择、归纳和重新组合。如图 5-2 所示：

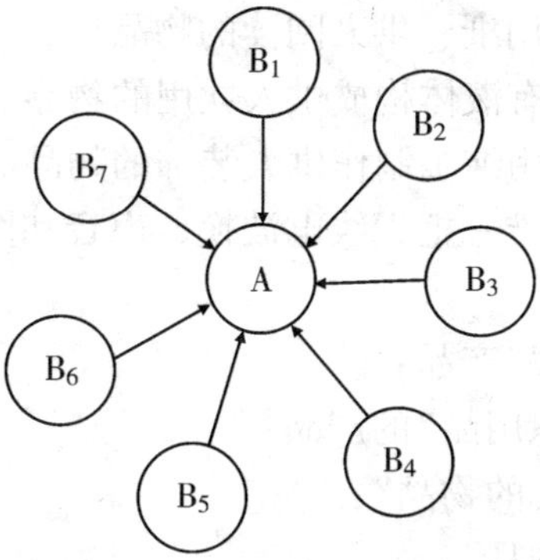

图 5-2

能否具有思辨能力？能否从大量的信息中理出主线，抓住本质，思维是否具有集中性和深刻性。这是聚敛思维能够解决的问题。

聚敛思维与发散思维的区别在哪里？发散思维总是思索还有什么新的方向、新的途径、新的方法，多角度着眼，搜寻多种可能性。平常中见异常，相同中见不同。常见中见特例。而聚敛思维则是根据已有的知识经验，在收集大量现实信息的基础上，向着一个方向去思考，得出一个认为最好的结论。它是一种求同的思考方法。在一个问题的众多答案中寻找最佳答案。因此，“旁征博引”也不具说服力的话，那一定是没有找到最佳角度或者问题的实质，试一试聚敛思维，聚焦视角。

运用聚敛思维的典型案例：

苏联大文豪高尔基的故事。他在食品店干杂活。刁钻顾客的订货单：请马上定做九块蛋糕，但要装在四个盒子里，而且每个盒子里至少要装三块蛋糕。大伙都没有办法，高尔基解决了问题。他运用的就是聚敛思维方式。(答案：三个盒子套叠在一个盒子里。)

再做一个练习，检测一下，我们有聚敛思维的能力吗？

在你的桌前放着四种物品：

A. 一本平装书

B. 一瓶百事可乐

C. 一根纯金项链

D. 一台彩色电视机

请你开动脑筋，从上述四种物品中找出一种“与众不同的物品”。

……

请你再一次开动脑筋，从这四种物品中找出两种“属于同一类”的物品。这一次，你的思路应该开阔了吧？

选择 A 吗？选对了。唯一用纸、供人阅读的物品。

选择 B 吗？选对了。唯一有液体构成供人饮用的物品。

选择 C 吗？选对了。唯一用纯金制作供人装饰的物品。

选择 D 吗？还是选对了。唯一把无线电波换成声音和图像的物品。

思路开阔了吧？

平装书与可乐，“价格低廉”产品；

平装书与彩电，作为“知识用品”的产品；

可乐与彩电，“诞生于现代的物品”；

项链与彩电，属于“贵重物品”；

运用聚敛思维来进行分类和组合可以得到很多答案。

3. 类比思维

类比思维是从两个对象之间在某些方面的相似关系中受到启发，从其他领域离得很远的事物中获得启示，从而产生出新设想使问题得到解决的一种创造性思维方法。这就是我们平常所说的触类旁通。

例如，在演讲中一些人的语言表现缺乏活力，这除了与他的知识面、想象力有关外，更重要的是他的思维转移能力不高。据说一个老太太在一次晚会上问爱因斯坦“你能不能很快地告诉我，什么叫相对论呢？”爱因斯坦是这样解释的：

> 亲爱的太太，晚上你在家里等女儿回家，墙上的挂钟已经是 12 点，你女儿还没有出现，还没有回家，10 分钟长不长啊？那么太长。
>
> 如果你在纽约大歌剧院听一场歌剧《卡门》，演得真是非常的精彩，同样也是 10 分钟过去，你觉得很久吗？这时间真是太短了！
>
> 同样是 10 分钟，一个感觉很长，一个感觉很短——相对不同，也就是时间的长短是一种相对的误差，太太，这个就叫相对论。

爱因斯坦的讲解就是采用了类比思维的方式，很容易让人明白又形象生动。

4. 逆向思维

逆向思维也叫“反向思维”，即“反过来想一想”，把通常思考问题的思路反过来加以思考。训练逆向思维可以采用成语作为话题。一些成语的褒义、贬义已经被人们视为“公理”，拿这些成语作为对传统思维模式作逆向思考，既体现对传统的批判精神，又可以提高自身的辩论性思维能力。列举三个题目：《“东施效颦”好！》、《“坐井观天”，有何可笑？》、《“好逸恶劳”赞》。

这三个成语寓意贬义，用逆向思维思考会得出什么结论呢？简单地说，就是换一个角度想一想，看看能否找到新的自圆其说的理由。改变以往传统的寓意，这也是一种与众不同的个性口语表达的重要手段。

具体方法：“反弹琵琶”式脑筋震荡。

演说步骤：传统释义、情节复述、逆向辨析、新意立论四个步骤。

《“东施效颦”好！》具体演说环节：

第一、第二步，传统释义、情节复述。《东施效颦》是《庄子·天运》中的故事，东施长得很丑，但期望变得美丽而处处模仿西施，反而被人们厌恶、嘲笑。

第三步，逆向辨析。人们在嘲笑东施效颦的时候，为什么不想想，她效仿西施不就是想取人之长补己之短吗？爱美之心人皆有之，能够认识自己的缺点而敢于向他人学习，不正说明了她有一颗爱美、上进的心吗？这种追求美的精神还可以嘲笑吗？

第四步，新意立论。首先，我们要为她敢于借鉴别人的长处和经验叫好！(在当今社会)如果我们明知自己有缺点，却不敢去学习，甚至不认为应该去学习，那么我们只能停滞不前、故步自封。与东施相比，谁更应该受到嘲笑？其次，为她的勇敢叫好！有些人知道自己的缺点，但内心自卑，只能躲在家里抑郁，不敢改变自己，甚至不愿意承认自己。与东施相比，谁更应该受到嘲笑？最后，为她敢于正确地模仿叫好！至少，东施知道什么是美的标准，知道模仿是美的正确方法；而有些人本来不丑，却模仿不美的潮流，反而越弄越丑。与东施相比，谁更应该受到嘲笑？

(四)有口语美感

汉语口语美感的界定是从人对口头语言的审美角度出发的。以汉民族自然口语本身作为主要对象，从汉语口语的音韵、语势等与人的审美意识之间的关系为纽带，从而按照美的规律塑造和欣赏的口语美。汉语口语是外在语音和内在情感节奏的和谐同构，在独特的韵律中产生了口语的美，通过对口语的感官体验，从而激发和获得的美的感受。

口语寄存于可感的语音中，而且先有声后有意。两千年前《乐记》便提出了“乐”的根源是“物”动“心”感；“乐”的形成过程是悦之—言之—长言之—咏叹之—手之舞之、足之蹈之，因此有声性是语言的首要属性。口语美感的产生至少有两点：一是美感的产生必须以感知客观事物的能力为基础，也就是必须有视、听、触、嗅等感知客观事物的能力；二是美感包括美好的、欢悦的、愉快的等多种肯定性情感。从口语的角度，美感是具有直觉性的，声音的音色、音质、音频等都在美感中起着重要的作用。相比而言，动物的感觉完全是自然的禀赋，动物的感觉直接限制在对象上面；而人的感觉可以超越感觉器官的物理时空限制，人的感觉的自由性和精神性使人的审美层次超越了生理性阶段，集感性和理性于一身，上升到一种积极主动的、富有创造性的审美境界。因此，我们追求的口语美感也是一种积极的主观能动性的反映。那么如何去寻找这种主观能动性呢？我们必须了解汉语口语美的特征以及生成条件。

第一，汉语口语美的一个重要特征是元音多，辅音少，从而在汉语音节上产生了引发美感的一个重要元素就是元音出现的频率高，这种“声少韵多”的特点成为汉语美感产生的重要条件。汉语元音是一种乐音，发音响亮，每一个音节都有元音，且大多数音节以元音作为韵尾，几乎没有辅音音节，更没有复辅音，因而汉语口语和谐悦耳。读一读，下面哪组词读起来好听呢？

①婀娜　曼妙　窈窕　滴答　悠悠
②毛茸茸　抱抱　布丁　咕噜　咕咚
③戊戌　逡巡

很明显，第①和第②二组词读起来口腔饱满，因为元音无阻碍，开口度大，响亮，自然就产生了比较多的乐音；而第三组的元音都是高元音，开口度小，辅音发音部位靠后，阻力大，摩擦大，产生的噪音大，读起来就比较费力一点。

第二，汉语口语是声调语言，调值的高低起伏幅度大，如四声的调值为55、35、214、51，由最高的5到最低的1，这种声调的抑扬顿挫是构成汉语口语乐音的基础条件。例如，下列词语由四个声调组合，读起来非常有乐感。

西湖景致　天然美丽　山明水秀　花红柳绿　非常可爱　酸甜苦辣

相反，如果是同一声调组合的词语，读起来就会缺少抑扬顿挫的语感。

搬迁新居　人民银行　总统选举　运动健将

很多外国人说汉语时难以把握声调的高低起伏变化规律，说出来的洋泾浜汉语让人感觉滑稽，声调一马平川或随意加调，很容易产生歧义。

汉语除了四声抑扬顿挫外，四个声调之间的组合又产生了乐音的平仄美感。这种平仄美感在汉族人的生活中很是常见。以姓名为例，两个字或三个字的姓名如果平仄匹配得当，组合后就能产生一种音韵美，反之就会让人读来拗口。

比较这两句话的语意："真糟糕，火车赶不上了"与"坏了，火车赶不上了"，哪一句更有口语表现力呢？很明显，"真糟糕"三个字都是平声，而后一句话不仅口语性强，"坏"又是仄声，更能宣泄人的情绪。汉语仄声具有短促、摩擦而有噪音的特点，像"喊"、"呸"、"吓"，这些拟声词都是仄声，在口语中最能体现人的情绪状况。

第三，汉语多双声、叠韵是口语美感的来源。朗读下列词语，体会口腔动程的幅度。口腔开口度大，语音圆润、饱满、响亮。

双声：玲珑　扭捏　逍遥　辗转　潺湲
叠韵：徘徊　朦胧　婆娑　徘徊　荡漾

又如，2008年北京奥运会吉祥物分别是贝贝、晶晶、欢欢、迎迎、妮妮，这些吉祥物的名字都是叠词，如果改成小贝、小晶、小欢、小迎、小妮，读起来就缺少了对吉祥物的可爱之感。

口语美感还表现在声音音色是否有足够的磁性。我们如何来形容一个人的声音？是清脆、甜美、洪亮、雄浑吗？都不是，是富有磁性。磁性，让我们对他(她)的声音着迷，想多听听他(她)的说话。磁性是听者的感受，并不是形容声音本身的，正因为如此，让我们大多数人为美化自己的声音提供了可能。

如果非要具象地说说什么是磁性的声音，我们可以列举很多：小时候，妈妈喊自己回家吃饭的声音；上学后，听见老师叫自己名字的声音；长大后，第一次听演唱会的声音，等等。这些声音都让我们感受到磁性是无比地美妙。

那么，声音的磁性源自什么呢？

源自你的音色本身以及你的嗓音对他人的特殊性。人的音色本身没有好坏之分，但是有共同的审美标准，即人的听觉中枢神经的敏感度。有的声音与听觉的频率一致，那就共振和谐，成为音色美的标准。这样说来，那些天生音色单薄、干瘪、浑浊的人是否就不可能成为口语表达的高手呢？其实，音色是可以后天改造的，可以通过科学、正确的音色缺陷修正可以得到改善。有些音色经过处理，还可以化不利为有利，成为你的个性化声音，给听众留下深刻的印象。仅仅有一副天生的好嗓子，也不一定充满磁性。还需要注意语言表达的技巧，如说话节奏、语气语调，抑扬顿挫。最后还要保护好嗓子，养成良好的用嗓习惯。

(五)有个性风格

即兴口语表达中充满了表现主观意味的色彩，有可能是出其不意的表达，有可能是别出心裁的偶成，这些语言魅力常常让我们久久窃喜，念念不忘。那么，这些语言精彩真的是“信手拈来”的吗？不是的，它恰恰是我们平时向语料库不断“存款”的结果。一些人语言贫乏的原因，就是输入与输出不对等，输入的质量与输出的等级不匹配造成的。只有做语言的有心人，追求“语不惊人死不休”的境界，才是学习语言的根本。

比如，初学演讲的人，往往找一些演讲家来模仿，甚至按照他们的一言一行来学习，作为初学是可以的，但是到了一定的熟悉阶段，就可以追求一点自己的演讲风格。因为，在口语表达中，每个人都有不尽相同的个性特点。有的人说话高亢激越；有的人说话机智幽默；有的人说话委婉含蓄；有的人说话平实质朴，这些个性决定了他的演讲语言风格。如果让一个平实质朴的人改变自己的个性，追求激情满怀的演说风格，那反而适得其反，不伦不类。① 因为，个性是一个人所有特质的总和，包括自然特质和社会特质，它是一个人在人生舞台多扮演的角色的行为模式中所表现出来的内心活动。个性在一个人的口语表达中有着巨大的影响，不仅影响一个人说什么，怎么说，还影响一个人的说话能力和效果。因此，我们要善于发现、善于寻找、善于总结自己的个性特点，这也是自己最熟悉，最能够达到的言语风格。当然，如果还有余力，我们还可以进行个性拓展，既可以平实质朴，也可以满腔激情，甚至幽默风趣，那就是语言表达的高手了。

三、提高教师口语素养的途径

(一)理论提升

著名语言学家王力先生说：“科学研究并不神秘，第一是要有时间，第二是要有科学头脑。有时间才能充分占有材料，有科学头脑才能对所占有的材料进行科学的分析。”“有时间”就是要投入精力，就好比一个玩家，眼界宽广，又见异思迁，结果触类旁通，最终融会贯通。赵元任先生是由哲学家、物理学家、数学家、文学家、音乐家做成的学术底子，最后才成为世界闻名的语言学家。语言，特别是汉语，和音乐的关系是很密切的。赵元任先生作词作曲200多首，他将音乐音阶的理论迁移到汉语音高调值的描述中，使得汉语四声有了具象的描写方法。所以，我们常常说一个人有学问，总说他的底子好。底子就

① 孙海燕、刘伯奎编著：《口才训练十五讲》，北京大学出版社2004年版，第65页。

是一个人拥有的学科知识架构。学科间的跨度越大，说明这个人的学术张力足够支撑自身的知识体系。与“学富五车”相近的成语有很多，如博大精深、博学多才、见多识广、满腹经纶、才高八斗、殚见洽闻，这些都是称赞一个人的学科知识的宽度与深度的。

我们常常发现，一些文科出身的人不懂数理化，理科出身的人说话干巴，枯燥无味，这只能算是一点点跛脚学问，最终也做不好学问。语言学家吕叔湘先生回忆自己的治学之道说：“我在大学里是这样学习的，什么都知道一点，变成一个杂家。后来在搞语言文字的同行面前，讲到数理化，讲到生物、心理、地学，我就比他们多知道一点。杂家有杂家的利弊。有可能什么都知道一点，什么都不深入，‘门门精通，门门稀松’。但是有点杂家底子，在专门研究某一门的时候，眼界就比较开阔，思想就比较活跃，不为无益。比如搞翻译，尽管译的是文学作品，里边也难免会冒出有关物理、化学、心理、生物等等的事情。要是你有这些方面的常识，问题就比较容易解决。”可见，底子厚实，从做一个杂家起家，是治学的基本态度和途径之一。作为教师要有三寸之舌的本领，就需要广泛涉猎多科学知识。以与语言相关的学科为例，要了解语言学、应用语言学、语用学、修辞学、社会语言学等学科知识，还要关注哲学、心理学、教育学、美学等相关学科的动态。吕叔湘先生说：“无论是教书还是做研究，咱们应当专一门，这是没有问题的。可是不能画地为牢，一步都不肯迈出去。比如说，研究语法，就完全不管语音，不管语义；研究现代汉语，就完全不管古代汉语；研究汉语，就完全不管别的语言，能行吗？显然是不行的。可是现在确有这种倾向。我常常嘱咐青年同志，不要把自己孤立起来，一定要照顾前后左右。”吕先生的观点在今天依然具有现实意义。语言表达看起来是技能问题，其实语言和思想是连接在一起的，而思想又依存于知识体系的深广。

（二）胆大心细

胆大总与人的性格相关，性格自然又与人的行为关联，而语言行为大胆的人会有什么样的表现呢？如果以民国大师们的课堂表现为风范，套用一句时髦的话，一定会亮瞎你的双眼。他们第一节课的开场白就各领风骚，不拘一格。林语堂在开学第一天，带来一个皮包，皮包里满满一包带壳的花生。他将花生分送给学生享用，课堂变成了茶馆。先生开始讲课，操一口简洁流畅的英语，大讲其吃花生之道。启功先生上课的第一句话常常是：“本人是满族，过去叫胡人，因此在下所讲，全是胡言。”引起笑声一片。文史大师刘文典上课的第一句话是：“《庄子》，嘿，我是不懂的喽，也没有人懂。”大师最后一句话也是比较自负的，但是大师们的率性风格与才华是等量齐观的，这才有语惊四座的开场白。

当然，普通教师与大师们的课堂表现自有很大的距离，但我们也可以大胆追求自我的个性风格。当我们的语言还不足以达到精彩有趣，当我们不愿意重复那些陈词滥调时，以前讲过的，不想再讲了，这就开始酝酿了大胆的情绪，或阳春白雪，或下里巴人，慷慨激昂，一泻千里。大胆说或者放胆说除了知识底蕴做后盾以外，还需要反常规思维作为大胆的依据，口语表达中的反常规不能让别人听不懂，这是口语一维性的特点决定的。即必须反常合道，出人意料又合乎常理。合乎常理并不难，汉民族浓郁的生活气息、多样化的生活方式以及深厚的文化底蕴，使得口语在表达时素材无限，可以海阔天空也游刃有余，为我们口语的丰富性、趣味性、表现力提供了取之不尽的土壤。例如，汉语中形容人的脸型比较美的口语词有三个：瓜子脸、椭圆脸、国字脸。近些年口语中流行“猪腰子脸”、“鞋拔子脸”。一个是猪身上的器官，一个是比较稀罕的提鞋用品，与“脸”风马牛不相及，却通过口语的变异把人的内部情感经过口语表达转化为可感性、具象性较强的外部感觉，这种大胆创造符合口语流行的需要，更迎合人们求新的需要。鞋拔子本不是新鲜的词，但用在人的脸上则符合了陌生化原则，焕发了新的生机，只有“汉语通”才能会心一笑，实为中国特色的表现方法。从简单的词，到象形词，到比喻词，再到具有偏离效果的异形词，在汉语的口语中千变万化，这需要超常的、创造性的口头语言的组织与运用能力。

国学大师王国维上课“拙于言词，尤其不善于讲书”。有一回，讲《尚书》，当堂告诉学生：“这个地方我不懂。”可当讲到他研究有素的问题时，他则说：“我的研究成果是无可争议的。”有一说一，是大师们严谨治学的风格。他们看似课堂上“大放厥词”，其实并非胡言乱语。启功先生自称“全是胡言”只是一种口语幽默。学贯中西的国学大师们最遵守严谨的治学之道。不懂的不胡说，真懂的才“海说”，学生在课堂上听大师海阔天空，才能在知识的海洋中遨游。教师只有一桶水怎能告诉学生什么是遨游呢？

(三)努力追求

口语素养的提高不是一蹴而就的，它是十年磨一剑的结果。对于教师而言，是永远的追求，追求语言精美，追求出口成章，追求语言精彩有趣，追求语惊四座，也就是说，把追求精彩的语言作为生命精彩的一部分，“语不惊人死不休”。下课了，自己对课堂上的表现满意吗？如果有的地方还过不了自己的关，这时的不满意会让你浑身不舒服，这就是努力追求者的常态。天天、时时检测自己。形容姑娘的美貌像一朵花的人是天才，而总说姑娘像一朵花的人就成了蠢材。一样的道理，教师在课堂上的语言总没有变化，了无生趣，波澜不惊，这样的课堂怎么能使学生洗耳恭听呢？教师需要时时反思，讲过的话就不多讲了，要变换着讲了，要有一点新鲜感，更要有一点个性。语言不是蜜，但能够黏住学生。民国大师陈寅恪每次讲课，开宗明义就说：“前人讲过的，我不讲；近人讲过的，我不讲；外国人讲过的，我不讲；我自己讲过的，我不讲。现在只讲未曾有人讲过的。”如果这句话是出自别人之口，那是吹牛，谁也不会相信。出自陈寅恪之口，却从来没有人怀疑他的话的真实性。他能读懂14种文字，能说四五国语言，能听懂七八种语言，而且这些本事基本上是他在36岁以前取得的，真可谓学富五车，当然可以东西南北中。常言道，教师要具备一桶水才能给予学生一碗水；我们设想，如果教师是一个水库，那么我们相信，只要给学生一碗水，就可以让他自由畅行。一桶水里的一碗水与出自水库里的一碗水自然是没法比的。因此，这就需要教师不断地追求，终身学习，精益求精，永无止境。“鸟宿池边树，僧敲月下门”，是历来广为传诵的名句，贾岛骑驴上“推”“敲”不决，恰遇同道之人韩愈，马上驻足，“推敲”良久，“僧敲月下门”才成为语言的典范。

杜甫是古典诗词语言艺术的大师。他不仅善于对前代书面语的继承、吸收，他的语言艺术还有源泉之处，就是从民间口语中搜罗素材。元稹诗云：“杜甫天材颇绝伦，每寻诗卷似情亲。怜渠直道当时语，不著心源傍古人。”所谓“当时语”就是民间口头的语言。诗歌的语言与日常生活中的语言毕竟是有区别的，前者是对后者提炼的结果，因此，当诗人想要从民间口语中获取营养以丰富自己的诗歌语言时，最佳途径就是学习民歌，因为民歌既是活化的民间口语，又是优美精练的诗歌语言。杜甫的乐府诗与《诗经》、汉魏六朝乐府民歌一脉相承。努力追求就需要花费心思，需要咀嚼再三，需要“众里寻他千百度”的不懈追求，才有可能升华到“蓦然回首，那人却在灯火阑珊处”的佳境。

第三节 演　讲

一、演讲与即兴演讲

(一)演讲概说

演讲，顾名思义“演而讲之”，“讲”是指把自己的观点与看法表达出来，“演”是指配合一些辅助的表达手段，“之”是指要讲述的内容。《辞海》(1979年版)对“演讲”的解释非常清楚：在听众面前就某一问题表达自己的意见或阐述某一事理。这一解说包括两层含义：一要有听众；二要说明事理。

演讲是演讲者在公众场合运用口语，借助姿势、表情等语言和非语言的表现形式，完整准确地阐明自己对某一问题的意见，或阐述某一事理，并互相交流信息，以期说服听众的一种社会活动过程。要对演讲的含义有深入地认识，就需要将它与口语、口语表达、口才等语言表现形式进行比较，才能更清楚地掌握演讲的要义。演讲活动的参与要素包括：演讲者、听众、场合、演讲的事理与信息。

演讲与口语交际、表演艺术及其他社会交际活动相比，有四个明显的特征：群众性、务实性、鼓动性、综合性。务实性是演讲的重要特征。演讲虽然是一门艺术，但它与其他门类艺术的最大区别就是其真实性与实践性。例如，朗诵艺术，同样是口语艺术，朗诵表达的是情，它可以虚拟、想象场景，可以不顾听众夸张个人的情绪；而演讲的场景必须是真实的，演讲表达的是事理，必须说服听众接受这个事理，因此，演讲者始终以真实、本色的面目出现在听众面前，以真实的姿态、激情的投入来说服听众。由于演讲是双向交流活动，演讲者和听众的身份、地位、年龄、性别等不同，其目的也不尽相同，从而使演讲取得不同的影响效果。

按照不同的标准划分，演讲可以划分为不同的类型。从演讲的内容来划分，可以是：生活演讲、政治演讲、法庭演讲、学术演讲、宗教演讲。从演讲的表达形式来划分，可以是：命题演讲、即兴演讲、辩论演讲。

(二)即兴演讲的特点与方式

即兴演讲是相对于命题演讲而言的，是指演讲者在某种特定的情境下，在事先没有准备或没有充分准备的情况下有感而发而作的临时性的演讲。

因为即兴而发，所以即兴演讲的针对性强。演讲的时间不长，话题内容的选择角度较小，说明、议论求准、求精、求新。

因为即兴而发，临场发挥，因而即兴演讲的形式比较自然，演讲者往往当场打腹稿，即席讲话；说情况、讲道理、表看法、提意见，很少绕弯子，切忌观点模棱两可，晦涩艰深，令人不知所云。

即兴演讲是兴之所至，所以演讲者往往在很短时间内就情感迸发，活泼精练，亲切感人。对即兴演讲方法的要求主要有三点：构思要敏捷、语言要简洁、要缩短与听众之间的心理距离。

现今某些职场、行业考评采用“命题式”即兴演讲，包括两种形式：给材料即兴演讲；给题目即兴演讲。前者即兴演讲前给一段相关材料作为演讲的依据，后者给定题目进行即兴演讲。

（三）即兴演讲与职业评聘

随着职场上竞争日趋激烈，面试已经成为一门学问，而教师职业基本功首先要测评的是口语表达水平。测评的形式是口试，有些采用的是给“材料”的口语表达；有些是抽题式即兴演讲，这些考评都要求被试在很短的时间内进行有主题、有观点、有条理的口语表达或演讲。

无论是口语表达还是演讲，都属于即兴口语的形式范畴，它是指被试在特定的场合，运用有声语言为主和体态语言（如动作、表情、手势）为辅的手段，向评委或面试官阐述自己的观点和主张的一种语言交流活动。这里强调的是，被试根据考官提供的材料或题目，也即是根据一定的演说导向，结合自身的情况和观点，运用语言、动作、表情等面对考官即兴进行3分钟（或较长时间）的演讲，表达自己观点、做法，以让考官认为其合乎职业标准。

目前全国各省进行的教师职业基本功大赛或教师职业资格考试中的面试，演讲法是经常出现的题型。2012—2014年，第一、第二、第三届江苏省师范生教学基本功大赛的内容之一就是3分钟即兴演讲，演讲题目二选一。如小学组赛题：《没有爱就没有教育》、《我心目中最美的教师形象》、《心有多大，舞台就有多大》、《关注教育的细节》、《把快乐还给孩子》、《腹有诗书气自华》等。从即兴演讲的题目来看，参赛者必须以教师职业为主题，具备教育学、心理学专业知识，同时还需要采用一定的逻辑思维方法才能破题、立论，最后形成符合教师职业标准的演讲。

2015年，《第四届江苏省师范生教学基本功大赛实施方案》中将比赛项目中的3分钟“即兴演讲”改为“根据所给材料表达自己观点和看法”的“口语表达”，时间也是3分钟。为此，我们有必要对给材料的“口语表达”与给题目的“即兴演讲”进行对比分析，虽然两者都必须“表达自己的观点和看法”，都属于即兴口语演讲的范畴，而且本质上都是参赛者试图通过演讲使对方认同或接受自己的观点和主张。但两者还是有些许区别，对比如下：

第一，规则不同。

命题式即兴演讲，只要符合题意，可以信马由缰，比较主观，材料自我选择，讲究观点的新颖，自我情感表演性更多。因为“演讲”，有个“演”字。

给材料式口语表达，首先必须将材料放在教育学、心理学的知识点中进行判别，如何分析、处理材料，提出自己的观点和看法，找出解决问题的办法。不能脱离材料，不能信马由缰；更不能对材料判断错误，或者按照非教师职业人的判断提出观点和解决办法。减少“演”的程度，讲究自然。

第二，语言风格略有不同。

两者语言都需要“口语化”。但口语表达与即兴演讲相比，因减少了“演”的成分，降低了语言修饰的成分，故而语言精美度要求略微降低。

“口语表达”的体裁形式强调“叙事性”与“说理性”，夹叙夹议。对材料的“复述”精准、生动要求更高，甚至还需要进行材料的截取与转述，这是对口语能力的极高要求。

二、即兴演讲的两种方式

(一)给材料式即兴演讲的特点与框架

1. 对材料的类型分析、判断

给材料式口语表达首先需要对所给材料进行分析、判断，以此作为自己观点和看法的依据。一般情况，所给材料有三种类型。

一是所给材料是非清楚，不需要进行正确与否的判别，这就省略了评判的环节，只需要强调如何解决问题，解决问题的科学性、教育性或者解决问题的艺术性，再陈述如果不这样解决会出现的问题，即正反论证。如“某学生是学生干部，由于学习压力大，逃课上网，被班主任从网吧里带回学校后……”

二是辩论式材料，这类材料掩藏的观点互相支撑，互相依赖，互相依存，缺一不可。这就需要强调以什么为主，以什么为辅；不能因噎废食，也不能以偏概全。针对这类材料需要提出自己的观点和看法。如“近些年来，早恋风靡校园，中学生‘拍拖’已成为一种时尚。有的学生情侣从偷偷摸摸的地下活动发展到公然在街上手牵手；因早恋而使成绩有所下降者比比皆是，如果你是一位教师，如何看待和处理青春期学生的早恋?”

三是所给的材料可以从不同的角度进行分析，这就需要选择角度，选择自己熟悉的角度，选择一个新颖的角度，这类口语表达类似命题演讲。如《教师是太阳底下最光辉的事业》，既可以从“太阳”着眼立论；也可以从“最光辉”着眼立论。再如，《响鼓需要重锤敲》，可以强调“重敲”是鼓响的条件，也可以“响鼓不须重锤敲”，说明只要是真正的“响鼓”，是不需要人为重敲的。这需要提出自己的观点和看法。

2. 给材料式即兴演讲的特点与结构框架

当我们对“材料”的类型进行分析、判断后，就需要进行立论了，即提出自己的观点和看法。给材料式口语表达与给题目式即兴演讲不同，给题目，我们可以从题眼中找到立论的角度，也有的题目本身就是观点；而给材料我们首先对材料进行分析判断，这是立论是否正确或者观点是否新颖的前提，需要自我立论进行演讲。给“材料”的优劣在于，考官把命题的权利交给了参赛者，你可以按照命题演讲的形式去讲解；劣势在于，给材料就给定了立论的范围，只能做“有米之炊”的文章。关键是，立论，要找自己熟悉的，有话可说的；不要依赖惯性思维表达，否则落入俗套，无法显现个性的见解，甚至还没说几句话就山穷水尽了。如《谈谈我们的教育中最缺少什么》，看上去这个题目有主题，但在演讲前还是需要自拟一个中心论点的，缺少什么？自由？个性？创新？必须对这三个切入的角度中进行选择，选择的关键就是你对这个论点的熟悉程度，这是能否进行充实评论的前提。

观点或看法一旦确立，这就需要进行演说框架的设计，我们可以设计五步曲：

第一步，对所给材料进行“复述”，约占演讲时长的1/4。复述必须准确、精当，追求描述性、生动性，不可走样。

第二步，立论，根据材料类型，提出自己的观点或看法。立论必须真实、合情合理，站得住脚，不可牵强附会。如果观点还具有思辨性，新颖度，当然更高一筹。

第三步，依托教育学、心理学原理进行支撑性分析、论证。证明自己观点的正确性。可叙事与议论，可正反论证。

第四步，怎么解决问题，即怎么做？联系自己的职业追求谈自己的思路。

第五步，结尾。再次强化自己的观点和看法，根据需要，也可以用名人名句或修辞手法进行抒情的结尾。

口语表达和即兴演讲都需要“言之有理，自圆其说”；行文风格都是“语似看山不喜平”。因此，口语表达如果不仅立论新颖，逻辑性强，语言流畅，还具有演讲一般的激情，当然是高分；如果参赛者的普通话非常标准，音质美，自然会让考官有主观情绪分，再加上语调、语气的演绎能力强，自然会增加评委的认可度。

3. 给材料式即兴演讲的训练

前面我们将“马格丽特”材料进行复述训练，下面我们仍然以该材料为案例进行口语表达的整体训练。

> 20世纪30年代，在英国一个名不见经传的小镇里，有一个叫玛格丽特的小姑娘，从小受到严格的家庭教育。父亲经常向她灌输这样的观点：无论做什么事情都要力争一流，永远走在别人前头，而不能落后于人。“即使坐公共汽车，你也要永远坐在前排。”父亲从来不允许她说“我不能”或“太难了”之类的话。
>
> “永远要坐在前排”是一种积极向上的人生态度，是一种一往无前的勇气和争创一流的精神。在这个世界上，想坐在前排的人不少，真正能够坐在前排的却总是不多。许多人所以不能坐到前排，就是因为他们把“坐在前排”仅仅当成人生的理想，而没有采取具体的行动。一位哲人说过：无论做什么事情，你的态度决定你的高度。撒切尔夫人的父亲对孩子的教育让我们明白这样一个道理：教育我们的孩子永远都要坐在前排是当父母的责任。

快速阅读材料后，直观获得“争做第一”观点性关键信息。如何才能争做第一？再次阅读材料，寻找支撑观点性信息的原材料：

第一，意识(态度)；

第二，行为(行动)；

第三，意志(坚持)。

最终选择“行动”作为立论的切入点，由此阐述看法和观点。

从“行动”这个立论点上，提出自己的看法和观点：

“材料”中父亲给孩子灌输“争做第一”的意识和做法要一分为二地看待。积极的一面，好胜、好强确实是一种优秀的品质，也是走向成功的重要条件，人生需要积极的态度；消极的一面，人生旅途中没有常胜将军，所以也要告诉孩子要能输得起，为什么输。此外，从心理学的角度看，总是告诉孩子争做第一，对孩子的心理压力大，还会使孩子产生很强的心理。这是不利于孩子的成长的。

于是，从“态度”到“行动”来立论：

①“争做第一”的态度固然积极，但教育者总是没有厘清，为什么有积极的态度。积极的态度一定是建立在自己“热爱”的基础上，而非空谈树立人生远大理想。

②“树立”是需要行动的，树立还需要行动的目标。目标不是虚幻的，目标必须是具象的、可测量、可修正的，因为目标行动中需要策略。这样才可能争做第一，争做自己标杆的第一。

③我们常说“态度”决定“行动”，而积极的人生态度需要教师来引导，不是指出学生的短板，而是赞美、挖掘长板，这是积极态度、行动目标的根源。

④最后提出自己的教育观点，既要培养栋梁之才，也要培养铺路石；既要培养奥运冠军，也要培养忠实的观众。

关键是，如何在态度、意志的前提下，怎样有个目标性的行动？教育学生有清晰的目标、可行性目标，达到目标的方式与策略，这才是我们教育者的责任。

(二)给题目式即兴演讲的特点与类型

既然给题目式即兴演讲不给材料，那么，在演讲之前，我们首先应该做的基础工作是材料储备。因为即兴演讲的基础环节是“即兴调取”，所需的一切材料只能从大脑内存中寻找，即有个丰富的语料库，才能出口成章。

即兴演讲忌讳满篇空话。我们平时对积攒的材料要进行有意识的选择与分类存储，这是提高即兴口语表达水平的有效途径。将积累的材料分门别类地放进自己的语料库，随用随调，成文迅速。那么我们如何将散乱的材料进行分类存储呢？

1. 语料库的分类存储

(1)亲历语料

自己亲身经历的语料虽然散乱，但它独特、真实，这是比较有创造性的语料。我们平时应该有意识地积累这些材料，并进行意义的加工、分类，如人生感悟、经验积累等，这类材料有利于即兴演讲时即时调用。

(2)间接语料

间接语料是指演讲者通过间接途径获得的材料，如看电视、聊天、读报以及上网时所获得的有价值资料。我们要有意识地对这些资料进行筛选，拓宽选取途径，优选优质资料，这类材料相比亲历材料或许更具权威性、艺术性，如一些美文、名人名言等。

有了这两种途径获得的语料，为什么有些人的演讲还是听起来不知所云呢？一个重要的原因是收集语料和选择语料不是一回事。具体可以有四个选择语料的方法。

第一，个人语料替代他人语料，创造独特。

当有人说：“这是我亲身经历的事情。”其语言的效果自然不容他人小觑。所以，当个人语料和他人语料并存时，亲历语料会带来更好的效果。

第二，新语料代替旧语料，创造新颖。

老生常谈的语料自然没有吸引力，更不用说感染听众了。只有新颖、别致的语料才能满足听众的好奇心。不断删除旧语料，增加新语料也是提高即兴演讲水平的方法之一。

第三，实语料替代虚语料，描绘细节。

在即兴演讲中，善于用语言描绘细节是感染听众的有效手段。乏善可陈的叙述永远不会给人以兴趣。好故事胜过千言万语，说的就是故事细节渲染。

第四，去粗取精，裁剪得当。

进行演讲前要对语料进行前期的处理，把一段语料以简短又大信息量方式去粗取精，选择适合的材料进行组接，以期达到最好的表达效果。这时可谓“材料以备，只欠东风”。这个“东风”就是根据题目寻找题眼；根据题眼进行立论；根据立论选取材料；根据材料进行论证，环环相连，环环相扣。

2. 给题目式即兴演讲的思维框架与路径

(1)三定、四思、五借，即兴演讲速成法

无准备状态下登台演讲，跟有准备的命题演讲相比确实是有难度的，因此，在短暂的准备时间里，有的人恨不能把想要说的每句话都写下来，至少也要有个详尽的提纲有备无患。其实，这些“无用”的准备反而让演讲者心心念念那个草稿，结果自然是大脑一片空白。如果是自然调用大脑内存语料，反而会给人以自然流畅之感。很多人有过这种经验，在有准备的演讲中插入一段自我发挥的即兴表达，常常会让你有滔滔不绝的成就感。那么，不再写草稿，即兴演讲前的“有用”准备是什么呢？快速有用的准备是：三定、四思、五借。

三“定”：定话题，定观点，定框架。

定话题——首先要找准自己要表达的话题。选择你想说的、能说清楚的，观众想听的，社会生活需要的话题。话题，和个人的知识积累有关系，需要平时认真积累。多实践，多交流，多积累，眼界宽阔，话题自然就多了。

定观点——话题找到后，在话题中快速地找一个你要讲的论点。论点是演讲的核心，观点鲜明、新颖才能打动别人；如果观点陈旧，观众会毫无兴趣听讲。当然，同一话题可选择不同角度，观点又有所改变。所谓“横看成岭侧成峰”，要学习用不同的角度来阐述观点效果更好。观点要明确集中，每个话题只讲一个观点比较好。

定框架——确定演讲的结构。框架模式比较多，比如横式框架、纵式框架、现象分析框架等。

以即兴演讲《没有爱就没有教育》为例进行“三定”结构训练：

话题切入，简短叙述一个爱的故事(可以是正面的，也可以是反面的)。

定观点，爱的教育是影响与被影响的关系。

定框架，做如下四个环节准备。

第一步：破题，什么是爱？什么是爱的教育？

爱的概念(人与人之间感情交流的和谐状态)，强烈地需要与被需要，达成一致，教育者教给被教育者知识和技能，影响被教育者的人生观、价值观。

第二步：爱与教育的关系。

爱是教育的条件，教育是主体，影响与被影响的关系。爱的教育能够和谐地表达，被教育者就能接受爱。

第三步：正反例论证。如果是从爱出发(举例)；如果不是从爱出发，或者是扭曲的爱，那么被教育者就会产生逆反心理或者消极抵制心理。

第四步：爱的教育应该是什么样的教育。爱的教育应该避免的问题。如果作为一个教师，应该怎样对学生进行爱的教育，首先、其次、第三。

四“思”：逆向思维、纵深思维、发散思维、综合思维，这些思维方式可以是单一的，也可以是综合的。如果即兴演讲的时间限定较短，还是可以采用单一思维进行立论。

五“借”：借题发挥、借人发挥、借物发挥、借事发挥、借景发挥。“五借”是泛指，“借”的东西很多，它要求演讲者要善于观察现场，获取信息。比如，我们可以借天气、借环境、借某个名字等来做文章引发下去，谈天说地，借题发挥。

(2)把握全局，设计结构

所谓把握全局，首先要审题。审题的方法是分析这个演讲题目，是话题还是观点？例如，下面6个演讲题目，哪些是话题，哪些是观点。

《由〈孔融让梨〉想起》；

《生活的意义与价值》；

《人啊，认识你自己》；

《论男子汉》；

《事实并非胜于雄辩》；

《三思而行并非行》。

很显然，前4个题目都是话题，后2个题目是观点。

如果演讲题目是话题，那就必须从这个话题切入，再立论，表达观点和看法。具体步骤是：破题，分解语素、逐个解释(粗解)；合题，合成串联，将前面逐个解释的元素统一串联，合拢在一起，定观点；聚题，设计自己的观点；理题，根据自己的立论，重新梳理对题目的解释。

如果演讲题目本身就是一个观点，那就必须论证这个观点的正确性。

审题完成后，就可以为演讲设计一个结构框架。如图5-3所示。

- 定框架
  - 纵　式(开头、主体、结尾，时间顺序，适用讲述经历或故事)
  - 横　式(各种思维点片状连缀，将事物或观点聚合排列)
  - 总分式(总—分—总)
  - 递进式(A—B—C)
  - 并列式(A—A—A)
- 布局与设计
  - 话题切入
  - 如何过渡
  - 如何结尾
  - 主体材料放在何处
  - 需要讲几个部分
  - 主次要材料放在哪里
  - 按时间顺序还是空间顺序

图5-3

(3)整体构造，语料串接

前文谈过“三定”之“定框架”，其实，无论是横式结构还是纵式结构，都是围绕一个主题意向按照一定的规律组合、展开，这样就可以形成一段完整的即兴演讲稿。

我们用一个简略的表格解读整体结构，如表5-1所示：

表5-1

模块名称	模块内容	模块举例
起句	开场白	今天我演讲的题目是……
概括	对现象做集中概括	这个事情是……
判断	对现象作分析判断	我的观点是……
分析	列举所持观点的理由	原因有四个方面，分别是……
反证	如果不这样就会如何	假如不是这样……
思路	应该从哪几个方面去做	可以这样……
例证	用事例对观点做实证	某某就是这样……
驳论	反驳与之相反的见解	有人也许这样，但是这是错误的
归纳	全面总结，回应论题	因此只有……才能……
展望	展现这个观点的前景	所以我们也期待……

大多数人对文章的纵式结构比较熟悉，因为顺应常规思维模式，但这一结构的缺点是传统、老套；而横式结构一般人相对比较难以掌握，因为是思维点的片状连缀。难就难在这些思维点不是散乱的，而是围绕一定的话题意向“组合”起来的。常规组合方式有两种。

一是判断组合。一般针对话题现象做判断时，可以分以下步骤。

是什么：呈现要表达的事物现象。

做判断：对现象进行判断概括。

正面说：正面提出自己观点。

反面说：从反面进行论述。

为什么：列举理由。

怎么办：提出解决办法。

做归纳：整体话题总结。

二是论证组合。有三种组合方式：

A. 提出问题、分析问题、解决问题

B. 叙述事实、说出感受、升华主题

C. 当前现状、几种看法、阐述论点

三、演讲中的肢体语言

(一)眼神表情

“眼睛是心灵的窗户”，因此，演讲者的面部表情中，眼睛输出的信息最多，也最复杂、是最为关键的辅助语言。在大型演讲比赛中，一些演讲者只重视设计肢体语言，却不关注眼睛的交流方式，尤其是演讲者如果在背稿，眼神呆板或眨动过多，完全忘记了眼神表意的功能。其实，能够用眼睛表意的，就不需要再用肢体语言，除非是眼睛还不够用，还需要增加语言的力度，这时才需要设计一个关键的动作完成一个精彩的亮相。

眼神的作用：沟通感情、传达信息、统领全场，这里所说的"统领"就是用眼睛来控制演讲的进程。因为演讲的过程中，除了进程的推进外，还有很多不可控的因素，这就需要用"无声"的眼神来与观众沟通。运用眼神的方法有以下几种。

注视(正视)：面对听众的主要眼神。如果场面过大，要转动头部甚至上身来达到正视的目的，表达对听众的尊重。

虚视：眼睛不聚焦，看不清台下观众(台下观众感受不到)，增加一种交流感。

环视、点视：弥补部分非正面观众受冷落的缺憾。

演讲进程中，眼睛不能像电风扇一样，不停地环视，而应该寻找一个落脚点，即聚焦一个观众，这个观众对你的演讲又是感兴趣的，你的眼睛就可以看着他(她)讲；接着再换一位观众聚焦，眼睛一直寻找忠实听众。

(二)设计手势语

"说之，故言之；言之不足，故长言之；长言之不足，故嗟叹之；嗟叹之不足，故不知手之舞之，足之蹈之。"《礼记·乐记》中这段话说明人的仪态、表情、手势、动作等对语言表达的辅助作用。人的行为表现应该都是有意义的，它们有补充、强调、渲染等辅助作用，尤其是对一个演讲者来说，肢体语言有加强信息的作用。

口语表达，尤其是正式场合的演讲，手势语是表意的，它不仅辅助语言增加解说性，而且为演讲者的情绪推波助澜。因此，要增强口语表达的感染力，必须学习手势语。

第一，要弄清楚手势的分类。按表达功能分类：

①情意性手势。这种手势主要用于带有强烈感情色彩的内容，表达演讲者的喜、怒、哀、乐。情深意切，感染力强。

②指示性手势。这种手势主要用于指示具体人物、事物或数量，给听众一种真实感。动作简单，表达专一，一般不带感情色彩。指示性手势有"实指"和"虚指"之分。实指涉及的对象是在场听众视线所能看到的；虚指涉及的对象是远离现场的人和事，是听众无法直接看到的。

③象形性手势。这种手势主要用于模拟演讲中的人或物的形状、高度、体积、动作等，给听众以生动、明确、形象的印象。这种手势重在"意会"，不能机械地模仿，不能过分地夸张或有过多的表演痕迹。

④象征性手势。这种手势的含义比较抽象，如果能配合口语，运用准确、恰当，则启发听众的思考，引起听众的联想，给听众留下鲜明具体的印象。

第二，按活动的区域分类：

①肩部以上，称为上区手势。一般表示理想、希望、喜悦、祝贺等；手势向内、向上，手心也向上，其动作幅度较大，大多用来表示积极肯定的、激昂慷慨的内容和感情。

②肩部至腰部，称为中区手势。多表示叙述事物、说明事理和较为平静的情绪，一般不带有浓厚的感情色彩。其动作要领是单手或双手自然地向前或两侧平伸，手心可以向

上、向下，也可以和地面垂直，动作幅度适中。

③腰部以下，称为下区手势。一般表示憎恶、鄙视、反对、批判、失望等。其基本动作是手心向下，手势向前或向两侧往下压，动作幅度就演讲情况而定。

第三，按使用单、双手分类：

分为单手手势和双手手势。双手手势的分量更重一些。它们能在不同程度上辅助口语的表情达意。

运用手势语时要注意以下三点。

①感情的强弱。讲到批评或表扬、肯定或否定、赞同或反对时，则可用双手手势。在一般情况下，用单手手势较为合适。

②听众的多少。会场较大，听众较多的场面，为了强化手势的辅助作用，激发听众的情感，可以用双手手势。反之，用单手手势较为合适。

③内容的需要。形式是为内容服务的，如果离开了内容的需要，即使会场再大，听众再多，也不宜用双手手势。同样，应该用双手手势时，如果使用单手手势，则显得单薄无力，不能充分地传情达意。

第六讲　书写技能

第一节　教师书写的内涵及现实意义

长期以来，写好“三笔字”是教师的看家门面，是教师从业能力的最基本技能。“三笔字”即粉笔字、钢笔字和毛笔字。由于“传道、授业、解惑”的职业特征，与大众书写只是要求交流信息相比，教师书写又多了一份传承祖国传统文化的责任感和使命感。当今互联网时代，教师应该是日常书写最多的一种职业了，但教师的专业素养中，诸如教师口语、说课、教案设计、教学组织，没有哪一种技能，如教师书写般受到科技迅猛发展带来的冲击和挑战。我们不得不承认，新形势下，教师书写在塑造自身形象、提升职业素养、传承民族文化方面仍然有着其行业的内涵特征和无比重要的现实意义。

一、合法性和规范性

规范是教师书写的第一要义，包括规范使用、规范书写。当前，社会上出现了对汉字缺乏尊重、爱惜和保护的态度，汉字被肆意错改、错用。广告宣传、报刊、微信微博、商家招牌等社会用字混乱，已经影响到汉语汉字的国际地位和民族尊严。2000 年 10 月，全国人大通过的《中华人民共和国国家通用语言文字法》(简称《国家通用语言文字法》)，是第一部关于汉语言文字的专门法律，从而在立法高度上确定了规范汉字的法定地位。《国家通用语言文字法》规定：“本法所称国家通用语言文字是普通话和规范汉字。”2013 年 6 月 5 日，国务院发出关于公布《通用规范汉字表》的通知，明确了规范汉字的标准，共收录汉字 8105 个，其中常用汉字 3500 个。

国家以法律手段对规范汉字给予保护，无疑是捍卫民族文字、拯救民族文化的需要。教师担负着培养下一代以及引领社会规范用字的重任，始终站在规范汉字教育实践的最前沿，应认真学“法”、守“法”、普“法”、护“法”。在备课、教案、板书、作业批改及编制试卷等环节都要书写规范字，不写错别字，不写繁体字，并做到书写姿势规范、笔顺正确、匀称美观、端正整洁。

教师不仅在汉字规范化方面率先垂范，还应该身体力行地教育引导学生书写规范字。郭沫若曾说：“培养中小学生写好字，不一定人人都成为书法家，总得把字写得合乎规范，比较端正，干净，容易认，这样养成习惯有好处，能够使人细心、容易集中意志，善于体贴人。草草了事，粗枝大叶，独断专横，最容易误事。练习写字可以免除这些毛病。”郭老这番话言简意赅，不仅诠释了教师培养学生规范书写的意义，更点明了当前学校写字教学的方向。

随着教师队伍的不断年轻化，一大批在互联网、电子信息时代长大的年轻教师成为中小学教育的生力军。不可否认的是，他们受到时代的冲击较大，喜欢模仿港台乱写繁体字，夹杂外语的字母字以及运用不规范的网络语。他们规范书写的意识、自身的书写能力都不容乐观，又怎么能够承担起传承民族文化的重任？教师队伍的培养，关系到国家教育发展战略，2011 年教育部针对广大师范院校及师范生，相应出台了《教育部关于大力推进教师教育课程改革的意见》(教师〔2011〕6 号)，其中提出了对高等师范院校的学生加强教师教育职业基本技能训练，加强规范汉字的书写技能训练和书面表达技能训练。

可见，教师把汉字写得工整、美观、规范、合法，不是写字上的小问题，而是关乎纯洁祖国语言文字以及传承民族文化的大事。

二、实用性和艺术性

很多教师写不好字，总以“我又不是书法家”的理由来开脱。有的想练好字，却又滋生畏难情绪，感觉书法是玄而又玄的东西。为此，我们有必要了解汉字书写与汉字书法的性质和关系。

汉字书写和汉字书法有着本质的区别，但又密不可分。首先，二者所表现的载体都是汉字。汉字的形成是在实用的基础上发展起来的，首要功能便是建立在实用意义上的记录、书写以传递信息。传世书法名帖如王羲之的《兰亭序》和颜真卿的《祭侄文稿》，最初也不是作为书法作品来创作的，一片真性情跃然纸上，即使很多涂改也不失作品的艺术性。汉字形体在字形结构方面的演变，实用和简化贯穿全过程，这是由汉字的工具性决定的。从图画符号到甲骨文、金文，从篆书到隶书，从隶书到草书、楷书，汉字逐渐走向简化、线条化，书写越来越迅速便捷。

虽然二者都是以汉字为表现形式，但从文字学角度讲，甲骨文、大篆、小篆等在文字演变过程中形成的古文字，在实用意义上已经宣告死亡，但在书法艺术领域却有着顽强的生命力。另外，在笔画、笔顺以及间架结构、部件组合的处理上，两者有着明显的不同。规范汉字书写必须严格按照汉字的笔画、笔顺和间架结构书写，而书法作品，为了追摹古代书法家的古风古韵或者追求结构的变化夸张，可以书写繁体字和异体字。比如明天的“明”字，把“日”字偏旁变成“目”字偏旁，流水的“流”字，省略右上角那一点。懈怠的“懈”字，最右边写成“羊”字，山峰的“峰”字，变左右结构为上下结构等。

其次，书法是书写的高级阶段，是书写的升华。汉字是世界上最优美的文字，鲁迅先生曾说，中国文字“具有三美：意美以感心，一也；音美以感耳，二也；形美以感目，三也”。三美中，特别是形美使中国汉字具有天然的艺术素质。汉字点画线条随结体需要姿态各异，书写出来的汉字产生无穷无尽的变化，极具造型美。而中国书写工具的伟大发明——毛笔，使墨落于纸上，有浓淡枯湿的墨色和粗细、曲直、疾涩的线条变化，让书写汉字有了比较大的表现空间。历代文人、知识阶层逐渐在书写的时候，不仅仅把汉字的书写当作一种交流传播的工具，而是强调汉字的情感性，有意识地把文字书写视为艺术化传情达意的载体。于是，汉字的书写，从实用的层面，走向了艺术表现的层面，通过汉字的线条、形体、章法等艺术化表现形式去寄寓书写者的情感和心性，从而赋予汉字永不枯竭的艺术生命。

教师书写兼顾实用性与艺术性，以实用性为基础，艺术性为目标。教师书写有三个层次的划分。首先，写“对”，书写规范正确合法。叶圣陶说：“在多数情况下，字是写给别人看的，所以练习写字，一要写得正确，二要写得清楚。字写错了，别人就看不懂；字写得糊里糊涂，别人看起来就费劲；都使别人不方便。咱们要从小养成事事认真的好习惯，养成处处为别人着想的好习惯。”二是写“好”，书写工整美观匀称，字形的结构讲究平正又注意变化、追求严整又不失灵动，笔画简单的字自然和谐，笔画繁杂的字结构紧凑。三是写“美”，写优美艺术的汉字，让书写升华为书法。教师应该怀着对传统文化的敬畏之心，一笔一画，认真写好字、教好书、育好人，利用职业优势将民族文化薪火相传。

三、向师性和示范性

《义务教育语文课程标准(2011 版)》在“课程总目标”中对写字提出的明确要求是“能正确工整地书写汉字，并有一定的速度”，切实提高学生的书写能力，还得需要教师的示范和指导。打铁还需自身硬，教师在日常教学工作中，应自觉加大三笔字书写训练力度，提高书写能力。

身教重于言传，教师美观整洁的板书、流利娴熟、批语认真的作业批改，学生耳濡目染，在钦佩之余常会不自觉地模仿，这是由学生的“向师性”特点，即模仿、接近、趋向于教师的自然倾向所决定的。例如大多数人平生所学的第一个行草字多半是模仿初中数学老师那潇洒的“解”。平时授课过程中，教师规范的书写动作，运笔的轻重缓急、结构的合理安排，都会对学生产生影响。学生一步步模仿，心灵深处那中国人对于汉字及汉字书写特有的审美情趣、审美精神被教师唤起。多年之后，学生未必会记得某节课知识的传授，倒是没有忘怀教师那优美的板书以及透过书写所显露出来的沉稳、细心、儒雅的气质。

所以一线教师往往有这样的体会：“书写优秀的老师带出的学生，字也写得不差。”很多当代著名书法家每每提及自己的学书之路，总是庆幸学生时代遇到了一位或几位书写优秀的老师。诚然，教师优秀的书写示范，展现了教师的个人魅力，不仅调动了学生书写的积极性、主动性，而且激发了学生对教师所授学科的兴趣。这种潜移默化的熏陶对学生个性的发展、综合素质的引领不可小视。

四、学科性和兼容性

教育部 2011 年下发了《关于中小学开展书法教育的意见》，要求在中小学语文、美术、艺术等课程中设置书法课程，2013 年 1 月又下发了《中小学书法教育指导纲要》，其旨在加强中小学生的写字教育。从全国现实情况来看，推动中小学写字教育政策的实施现状并不尽如人意，最大难题是师资严重匮乏。有的教师认为，自己不是语文教师，学生的书写训练与自己无关。其实，中小学阶段的写字课并不是技法繁杂、张扬个性的书法艺术，而是培养其养成良好的书写习惯，写一手规范工整的汉字。书写教育和书写实践不单单是语文教师的专利，很多三笔字写得好的教师应该不断提高书写技能，丰富教学经验，主动担当起书法教师的角色，为自身事业提供更广阔的发展空间。

教师备课、改作业离不开钢笔字，课堂授课离不开粉笔字，班级活动，比如办板报、写表扬信、写贺信、布置教室等需要写毛笔字。教师书写的重实用性表现在教学上更多的是钢笔字、粉笔字的呈现，但三笔字的源头是毛笔书法，在笔法、结构、章法等方面积累了相当多的经验和知识，对硬笔字的书写训练具有很大的指导意义。同时，教师书写在书体的选择上有一个明显的特点：楷书和行楷这两种易辨、易认的书体为教师的主要教学书体。执教小学，以楷书为主，执教初高中，以略有牵丝、连带的规范行楷为主。

另外，根据学科特点，文科类科目与数学、物理、化学、生物等理工类科目相比在课程内容上存在较大的差异，教师书写的侧重点又略有不同。文科教师更多地注重规范汉字的使用、书写和中国汉字中丰富的文化内涵和审美意蕴。而其他学科则应主动根据学科特点，归纳总结带有明显学科特点的字、词、句，集中时间专攻，以期各个击破。例如，外语专业使用字母和英文比较频繁，英文的书写规范美观也不容忽视，同时诸如“完形填空”、“阅读理解”、“英译汉”等教学常用汉字也需规范美观。化学专业中注意化学专有名词(元素符号、元素名称、仪器名称、物理量符号等)的正确规范书写。

五、时代性和传承性

现今，触屏键盘的点点敲敲代替了一笔一画的汉字书写，传承了几千年的方块字，似乎变成了最熟悉的陌生人，汉字书写的准确度和美观度似乎离人们渐行渐远，汉字书写能力退化已经成为普遍性社会问题。电脑时代书写问题的尴尬并非我国独有，美国学者杰西卡·贝内就曾把电脑称为“手写体的诅咒”，德国《团结报》曾推出过完全手写的头版，意在警告人们不要因为使用电脑书写而荒废了手写技能。

汉字书写的“时代病”不可避免地侵袭到中小学校园，学生字迹丑陋、写错用错汉字、使用不规范汉字、网络用词泛滥的情况比比皆是。长此以往，民族文化的传承被割裂决不是危言耸听。拿什么来拯救学生的汉字书写，是当前学校书写教育面临的严峻课题。

首先，与时俱进，教育引导并重。科技的发展与传统文化的延续不应成为矛盾，书写教育与时代的进步彼此也不会互相矛盾。盛玉麒教授认为，汉字作为书写符号伴随工具的进化经历了“刀笔、软笔、硬笔”再到现在的“机笔”阶段，这种“换笔”是科技进步的自然结果。教师是传统文化的传承者，钟情汉字书写，推崇汉文化，但不是反复提及“茴”字四种写法的迂腐形象。要用发展的眼光看待时代对书写带来的冲击，对于学生书写中的错字、别字、网络流行语，不能只是简单地抵制或禁止，应该进行合理的引导，让学生领略汉字以及汉字书写的美。

一方面，追本溯源，探寻汉字之美。汉字是中华民族五千年悠久历史的文化标识，是中国文化得以传承最重要的载体，字字皆是画，个个皆有情，每一个方块字后面都有源远流长的历史。如果把汉字仅仅当成交流的符号，那么汉字的审美意趣就会大大降低。教师应该做好对汉字本体所携带的文化的阐释，培养学生对汉字字理的基本认知以及感情。汉字独特的象形、会意、指事、形声等造字法及字体的演变、繁简的转化、汉字背后的名人逸事、典故传说，这些都是中国文化的精髓。课堂讲授应注重对汉字的“追本溯源”，充分挖掘汉字背后的文化意蕴，以生动可感的历史文化增强汉字教育的趣味性与文化传承性。例如，“既”和“即”字，学生出错的频率极高。教学中，教师不仅引导学生从字的读音中区别两个字，更主要的是从字理上分析。“既”字是会意字，甲骨文字形，左边是高脚食器，右边是一人食罢而掉头跪坐的人。既字的本义：食罢。“即”字也是会意字，甲骨文字形，像人面朝食器。即字的本义：走近就食。两个字的字理，一个表示“已经、完全”，一个表示“接近、靠近”。通过追本溯源分析字形讲解字义，学生对既定、既然、既来之则安之、既得利益、即将、立即、成功在即、一触即发、若即若离等词便清楚明了。即字从“接近”又引申为目前、当下、面对，如即日、即景生情等；假借作连词，表示即使的意思。对这两个字进行了深入讲解，学生出现错误的频率减低，可谓教一个得一组。

另一方面，一笔一画，崇尚书写之美。民族文化的传承以汉字为载体，汉字的传承以书写为依托，正如《通用规范汉字表》研制组组长、北京师范大学教授王宁所说：“汉字有这么个特点，你光看着它，它没有亲和力。你只有自己动手写它才有亲和力。你一写字，它就到你身边来了。”台湾美学家蒋勋说汉字书法之美，不仅在指腕之间，而且“是呼吸，是养生，是身体的运动，是性情的表达，是做人处事的学习，是安定保佑的力量”，最终成为与自己相处“最真实的一种仪式”。汉字的意蕴与魅力正是在一笔一画间的书写中得到彰显，教师应该在书写教学中有意识地指导学生感受书写的音乐美、线条的舞蹈美、结构的建筑美以及汉字作为表意文字的文化意蕴美。

这样，中小学生对于汉字的认知才不会平板和枯燥，他们对于汉字的兴趣可以惠及文科学习和中国传统文化的热爱。学校教育中，借助书写汉字进行美育渗透，比其他形式更为直观，教师不能仅限于为提高专业技能而写字，而必须站在传承祖国民族文化的高度重新审视书写问题，提高自身书写能力，重视学生书写教育，以字树人、以字启智、以字修身、以字立德，才是时代赋予教师书写更深层次的现实意义。

第二节　教师书写的方法

教师书写的最主要工具是钢笔、粉笔，属于硬笔范畴，在书写过程中吸取了毛笔书法的营养，在源流与基本理论上二者是共有和相通的。限于篇幅，本节主要讲解硬笔书写的一般规律与方法。

一、笔法——书写的灵魂

(一) 书写以用笔为先

元代书法家赵孟頫说：“书法以用笔为上，而结字亦须工。盖结字因时相传，用笔千古不易。”可见用笔是书法艺术的根本。这个用笔，就是毛笔的笔锋在纸面上书写笔画时，起行收驻提按的运动规律和方法，也称笔法。反映在硬笔书写上，用笔仍然重要，因为字是由笔画构成的，而笔画的好坏优劣，全在于运笔的技巧上，这是书写的基本功，是书写训练最重要的技法。而笔法的运用需要多种因素的有机配合，它包括书写的姿势、执笔的方法和笔锋的使用等。

(二) 书写的姿势——身法

正确的书写姿势是四正：头正、身正、手正、纸正。上身坐正，两肩齐平；头正，稍向前倾；背直，胸挺起，胸口离桌沿一拳左右；两脚平放与肩同宽；左右两臂平放在桌面上，左手按纸，右手执笔。眼睛与纸面的距离应保持在一尺左右，笔尖着纸部位同视线基本保持垂直。特别强调纸正，有的人纸张斜放才能写正字，这是非常不好的书写姿势。

(三) 执笔的方法——指法

1. 纠姿势

也许有的人会问，执笔方法属于老生常谈了，它对于书写的优劣有必然的联系吗？回答是肯定的。比较常见的错误姿势有三种：第一种是扭转型，笔尖朝自己身体方向，笔头朝外，整个手腕扭转朝向自己，书写动作酷似用勺子喂食；第一种是错位型，大拇指、食指、中指过于亲密，甚至大拇指骑上食指；第三种是近尖型，手指离笔尖太近。细节决定成败，这些错误的小细节使运笔难以流畅自然，更何谈写好字了。对于钢笔，正确的执笔方式是：右手执笔，大拇指、食指在上部夹压住笔(注意互不搭接)，中指在内侧抵住笔杆以能控制得住笔，无名指和小指依次自然地放在中指的下方并向手心弯曲。执笔部位离笔尖3cm左右的笔杆下端。笔杆上端斜靠在食指的最高骨处，笔杆和纸成50°左右。

2. 忌拘谨

有的人一旦练字，手就莫名紧张，全力以赴，既累且失去了练字的兴趣。其实，写字讲究的是“指实掌虚”，手指握笔要实，掌心要空。手腕发力，通过手腕的运动带动手指的运动，并直达笔端。手掌心要虚而空，笔尖才可以在纸上前后左右运动自如。同时，小指与手掌外侧尽量不要过紧按纸面，手与纸的接触面越小越好，这样运笔才会挥洒自如，写出的笔画才会飘逸灵动。

执笔时用力要协调，松紧适宜。太紧，写出的笔画往往死板、拘谨；太松，则笔画会显得轻浮、无力。

(四) 笔尖上的舞蹈——锋法

无论钢笔字、粉笔字都是按照毛笔字的运笔规律和技巧书写，写出笔锋。在笔锋上有两个极端，一是没有经过训练，写出的笔画是平拖硬拉画出来的呆板僵硬线条；一种是有笔锋意识，生搬硬套毛笔书法的提按顿收，但太过做作，不自然。横像平躺着的S，捺画的捺脚是直接加一段突兀的线段，如：

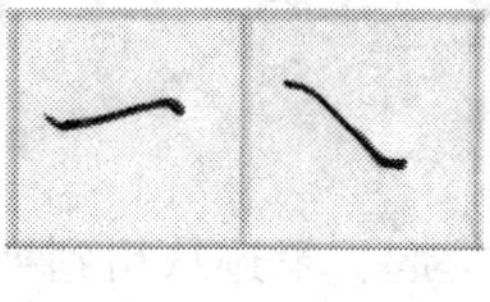

这就是没有掌握正确的运笔方法造成的。硬笔书法是笔尖上的舞蹈，怎样写出有实有虚、有轻有重、粗细相间、虚实得当，既厚重又灵动的线条，需要掌握硬笔书写的锋法。

1. 书写的空间概念

笔画是构字的最小单位，是指汉字书写时不间断地一次连续写成的一个线条，可分为点、捺、横、竖、撇、提、折、钩这八类，具体细分可达 40 种。其中点、捺、横、竖、撇、提、六种为单纯笔画。折和钩，则是由两个或者两个以上的单纯笔画组合或附着而成的，且行笔方向总有很大的变化，但仍然一笔写就。比如“及”字中的“横折折撇”，称之为复合笔画。

笔画写得好坏，直接影响字的质量。有的人写字，没有掌握运笔技巧，完全没有笔法，就是火柴棍的叠加。运笔的技巧主要体现在笔锋的正确运用上。任何笔画的书写都有“起、行、收 ”三个连贯的动作。试以横画为例。

起笔用了侧锋，带有一定的速度切入纸面，先将笔头由左上向右下切落，顿笔后轻提，转变方向再向右行笔。注意，在这里，书写的空间概念便引入了，横画往右行笔过程中，并非在纸张的平面上平拖平涂，而是循序渐进，逐渐提笔，由重到轻行笔，行笔到横画的中段，是最轻之处，然后再由轻到重运笔，直至收笔时候略顿。简单的一个横画的书写过程，就是在平面和立体空间提按运行而显示的轨迹。没有提按轻重之分，单一地从左至右，机械地平涂，写出来的字毫无美感可言。

总结硬笔书写的用笔方法如下。

侧锋起笔：比如横、竖、撇、提的起笔。如：

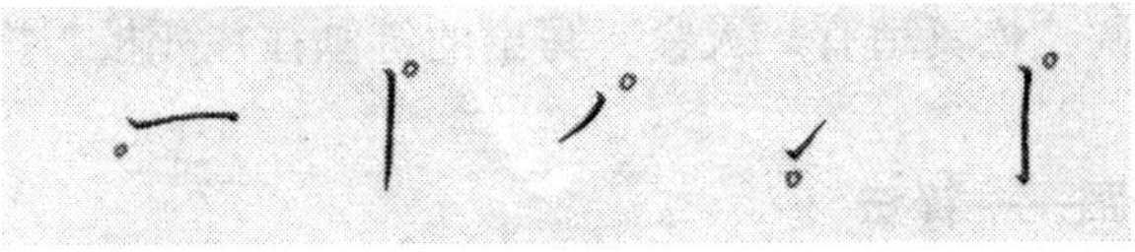

顺锋起笔：起笔时带有一定的速度切入纸面，逐渐由轻到重。一般左轻横、上尖竖、点、捺的起笔，如：

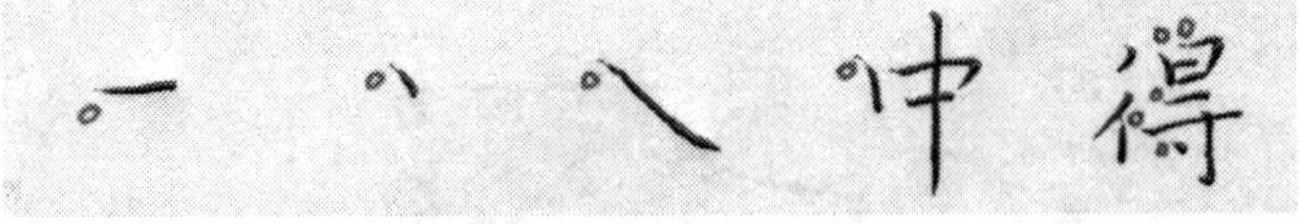

提笔行进：将笔从纸面上逐渐提起，笔迹从粗到细。

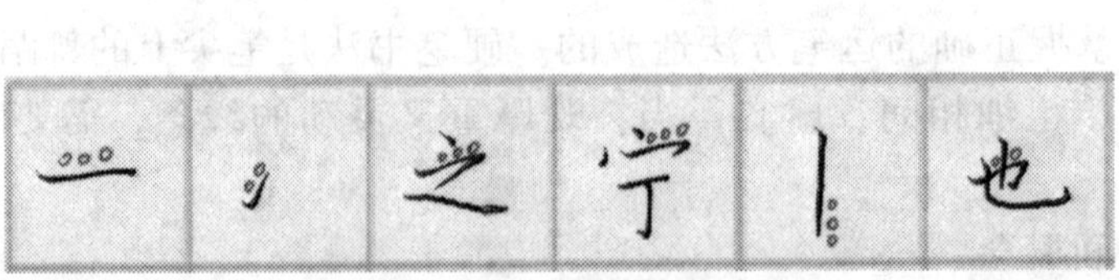

按笔行进：笔在纸面逐渐按下，从而使笔迹由细变粗。一般提和按往往是在同一笔画中完成，如斜撇的写法就是先按后提，以达到右上粗、左下细的笔画效果，如：

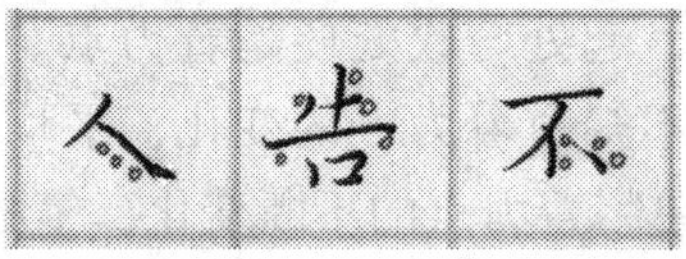

转笔行进：就是在书写时逐渐改变方向，形成一定的弧线，力度、速度较均匀。比如弯钩：

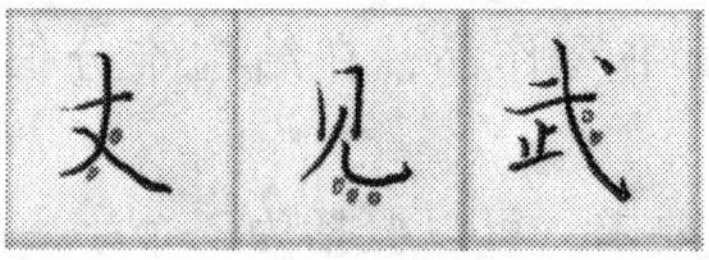

折笔行进：在转折处突然转变方向，形成棱角，折处略驻稍顿，以使转折处有骨有肉。如：

出锋收笔：就是行笔至笔画的末端，沿着行进方向逐渐提笔离开。如：

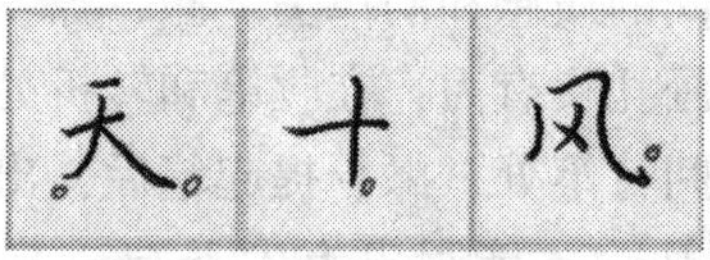

回锋收笔：就是行笔至笔画的末端按笔，然后向反方向退回提笔，不露痕迹，注意只是有动作即可。如：

单字书写，是多种用笔方法的综合。切忌做作，讲究书写性，要学会空中运笔。比如左轻横，顺锋切笔入纸，如果直接将笔放在纸上或黑板板面上，写出来的字就没有力度气势。在未接触书写平面的时候，笔就已经在空中滑行开始进行书写动作了，像飞机滑翔着陆似地进入跑道。这样书写出来的左轻横干脆有力。

有的教材认为硬笔书写可不必在笔画上花费太多精力，应把注意力放在掌握结构上，只要笔画的位置安排得当，字就会好看。此论有一定的道理，但在实际书写学习中会有些不知所从。通过对用笔方法的分析，我们看到一个笔画，一根线条的书写有轻有重，这涉及“着力点”的问题，比如横画，起处与收处便是着力点。笔者发现之所以大多数人练字没有起色，一个重要原因便是不知道着力点的变化，平均着力，没有跟上原帖书者的节奏，久而久之便失去了信心。单字着力点的不断变化，笔画就有了跳跃性，书写就有了节奏美。

硬笔书写美有三要素：线条美、结构美、篇章美。练字功夫的深与浅，写出的字是机械呆板还是富有生命力，首先表现在笔画的书写质量上。笔画线条，既是书写者书写的起点，又是欣赏者评判的终点。人们看一篇字，首先看通篇美观与否，而后欣赏单字，最后注意到线条。两篇书写作品，在结构难分伯仲的情况下，笔画质量优者胜出。

根据硬笔楷书笔画书写的要求，可以概括为三个字——“写、挺、准”。写，就是每一个笔画的起笔和收笔交代明白，是写字，而不是画字；挺，就是写得挺拔、有力。带有“弧”或“弯”的笔画应该圆转自如，做到弯如弓，富有张力；准，找准着力点，善于控制用力的大小，干净利落。八个笔画的长与短、曲与直、弯与弧变化多端，不仅构建字的形体，造就了硬笔字线条丰富性的美感，是书写视觉形象美的基础。

2. 书写的时间概念

汉字书写顺序有一定的规律，是人们长期的书写实践中逐渐形成的规范，称为笔顺规则。由于书写过程的不可逆性，哪一笔先写哪一笔后写，决定了笔画书写是有时间概念的。

同时，运笔速度的快慢亦会影响书写的效果。不能匀速用力，而应该有快有慢，有急有缓，写出的线条才能产生不同的质感和韵律美。撇、捺、悬针竖等笔画的书写，如能在出锋处运笔慢而沉稳，能使点画扎实有力；在收笔和转折处，运笔速度要相对慢些，否则一滑而过，了无生气；一般中间行笔处，撇、提起笔后，出钩处要快，写出灵动飞逸的笔画。点画的起处、运笔速度要快，才能写出上尖下圆，上细下粗的形态。书写“十”字，横快竖慢，书写“人”字，撇快捺慢。总之，日常书写中，多加体会，通过运笔快慢体现书写性。

故而，笔锋的运用在于平面内的移动、空间中的提按和速度上的快慢相互交织的综合运动。

二、结体——书写的谋略

笔画线条的书写属于技术范畴，在掌握了楷体字基本笔画的形态和运笔方法以后，就应该研究怎样把这些笔画组合成汉字了。结体，也就是我们日常所说的间架结构。古人说：结构者，谋略也，把汉字的间架结构提高到谋略的高度，一些古代书法家的论著流传至今，比如唐代欧阳询的《结字三十六法》、清代黄自元的《楷书结构 92 法》等。归根结底，汉字结构原则不外乎以下方面。

（一）整齐匀称，重心平稳

整齐匀称，重心平稳的关键是平正，指字体端正，不偏不倚，是汉字结体最重要的一个法则。人们将物理学术语“重心”来表述汉字的笔画形质，即整个字分量的中心点。汉字的重心往往处于字的无形中竖线上，书写时要左右均衡地安排笔画，使字产生平衡感。而这种平衡从力学角度，分为两种情况。一种是“天平”原理，当左右笔画重量相等时，左右部分必须均匀分布在对称轴两边，如：

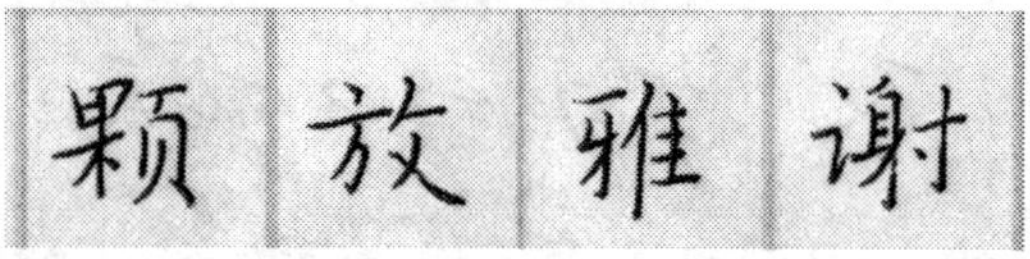

一种是“秤杆”原理，当左右部分重量不等时，轻的部分远离中轴线，以保持平衡，如：

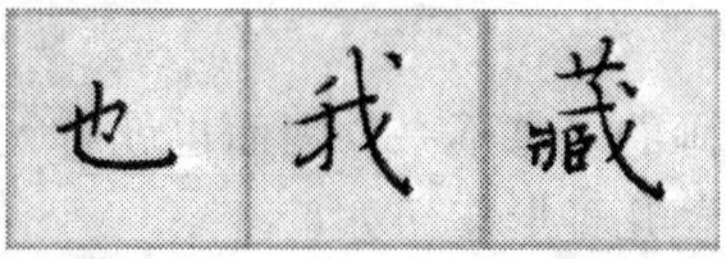

同时，也要处理好上下的比重问题。由于视错觉的原因，人们的视觉中心与实际中心是稍有偏差的。若一个字书写于米字格中，字的重心绝不是在米字格的中心点上，而是略为偏上一点。启功先生提出了汉字结构的“黄金分割律”，字的重心在传统米字格的中心偏上 5∶8 处。故上下结构的字，必须上紧下松。上中下结构的字，三部分要上下重心同轴，保持在同一中轴线上，如：

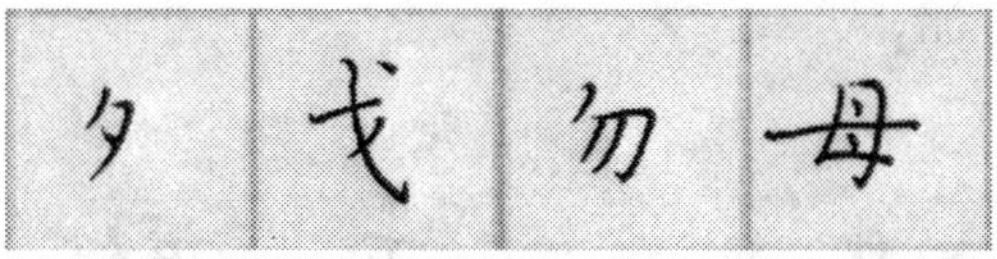

如果字的上下左右既不互相对称，又本身偏斜，那就需斜中求正，把握重心，如：

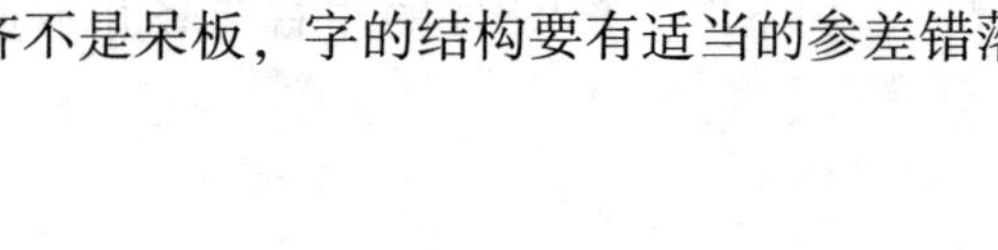

“夕”、“戈”字的撇和点，撇和戈钩的交点应该在中竖线偏上。再如，“勿”、“母”的横折竖钩朝左下折笔后，钩部必须位于中竖线上，方能保证字的平衡。

需要注意的是，整齐不是呆板，字的结构要有适当的参差错落和大小变化，如：

如“何、根、欲、降、既”等字，右部可适当放低。“取、物、如”等字左右大小变化。

(二)自然协调，因字立形

汉字由于结构不同以及笔画的多寡不一，因而也就有大小、高矮、宽窄的差异，主要有大、小、长、短、方、斜、菱几种形态，如：

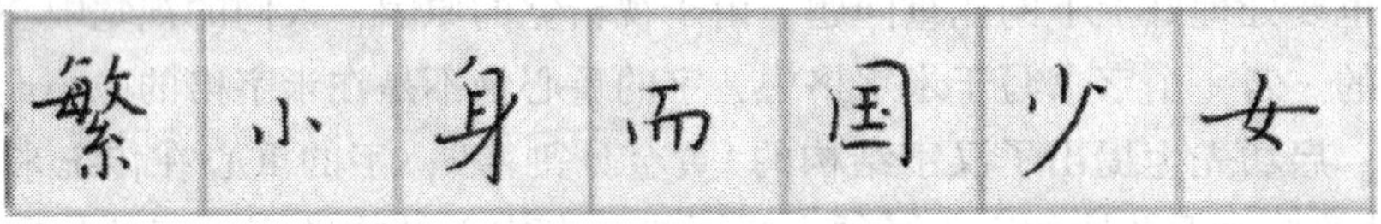

书写时应遵循自然的原则，大字注意比例，务求紧密，小字不可将字写得过大，否则太松散。长字力求修长挺拔，短字一定紧凑有力。方形字不宜写长或写扁。斜形字斜中去求正，菱形字扁而左右舒展。做到因字立形，尽态极妍。若每字写一般大，岂不成了机械的美术字。

(三)意聚中宫，既密又疏

汉字有个特点，从形态看，每个汉字的笔画在组合中，有一股向心的态势。也就是说，汉字的中心有一股强大的磁场，将其他笔画呼应向心。而这个中心，称为中宫，在米字格中心点偏上位置。汉字的书写，必须注意中心区域的紧缩和其他笔画的舒展。明显的有米、永、爽、聚等字，如：

不太明显的，如“思”字，如下图上部“田”的左右两竖并不垂直，朝中心聚拢。下面

“心”字左右两点，左低右高，从两个方向向字心合力，中间点在中竖线上，钩尖对着中心部位，一个卧钩呈上抱之势，整个字各个笔画俱拱中心，相互呼应，构成一个整体之势。

以上例子不难看出，中宫部位笔画密聚，四周疏朗。汉字结体的美贵在空间上的疏密得当，如：

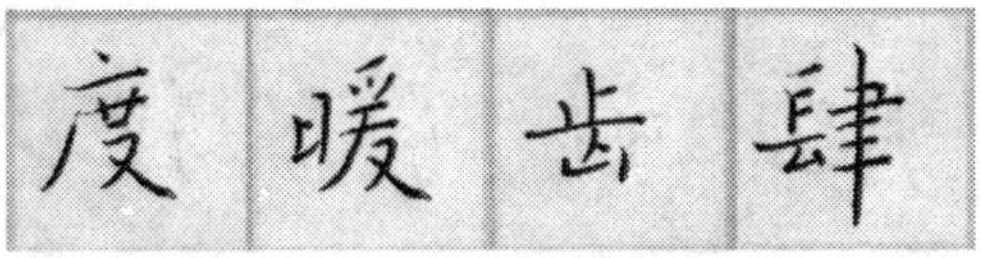

“度”字，上密下疏。带“又”的字，上面部分必须密，“又”字才舒展，“暖”字亦然。“齿”字，上疏下密。“肆”字，横画多且重叠并列，要写得匀称均衡，左边几横稍密，右边几横略疏。

（四）点画呼应，迎让有礼

楷书中每字笔画虽笔笔独立，但笔画与笔画之间又有内在的呼应关系，使笔画笔断意连、左顾右盼、流畅自然。

①笔画质量书写过关，若不过关，笔画难以接贯。

②不违笔顺，顺则上带下连，前呼后应。如果总出现倒插笔，不仅行笔速度受影响，而且割裂了笔画与笔画之间的内在联系，字就缺乏生气。笔顺正确是教师书写规范的一个重要方面，笔顺问题不是小问题，比如“万”字，多数人是先写一横，然后是一撇，最后写横折钩。但是，这种写法是不规范的。按照我国早已确定的笔顺规则，应该是先写一横，然后是横折钩，最后写一撇。为了这个“万”字，当年的语委召开了教师座谈会、学生座谈会、印刷出版界座谈会、书法界座谈会……书法界代表当时提出，“万”字第二笔，应该先写横折钩，因为这样可以让“万”字重心平稳、结构端正。按照正确的笔顺去写，笔画之间形成一个流畅的统一整体，可以正确理解汉字的结构，让每一个汉字都有偏旁部首、间架结构的归属。

③笔画与笔画之间有呼有应。单字笔画上一笔和下一笔是呼笔和应笔的关系，前一个笔画结束后，动作不能停，只不过已经不在书写平面上留下笔迹，而是空中运笔，自然过渡到下一笔，如：

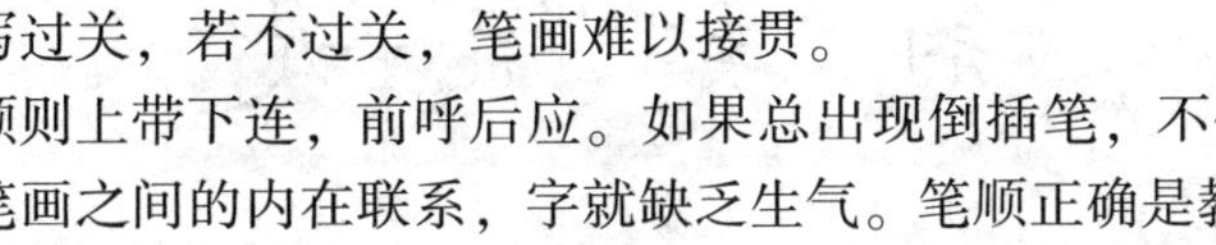

④结构单位间的呼应连贯。汉字要写得美，不仅笔画之间呼应连贯，结构单位之间也要注意左右之间的向背，上下之间的俯仰。左右结构的字，有的左右相向，拥抱在一块。如“好，知、约、妙”等字，如：

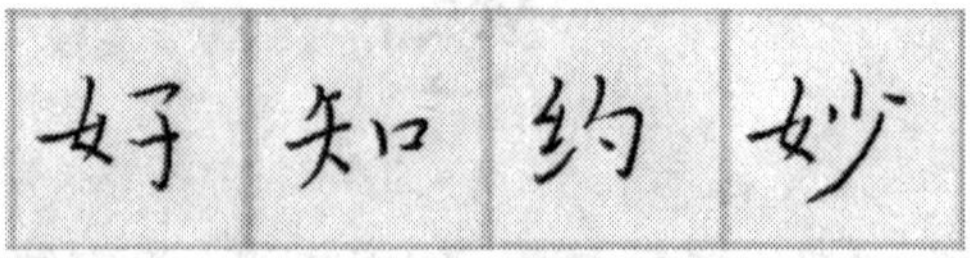

有的左右相背，背靠背。如“肥、引、张、犯”等字：

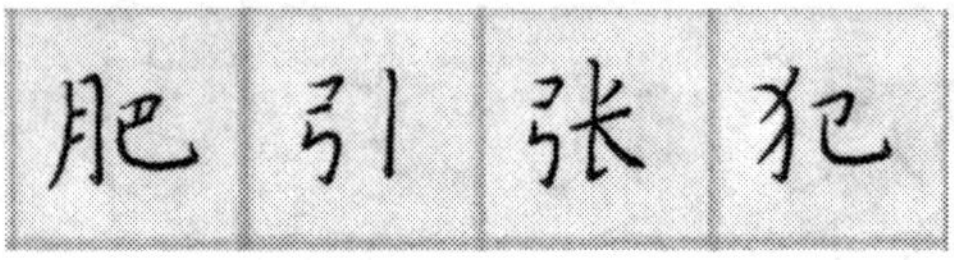

无论相向、相背的字，左部最后一笔是呼笔，右部第一笔是应笔，空中运笔，笔断意连。相向结构的字，因是拥抱，故偏旁部首要相互容让，彬彬有礼。相背结构的字，朝向相反，要注意两部分距离适中。上下结构汉字还有一个特点，上仰下俯，顾盼有情。如“冠、美、流、是”等字：

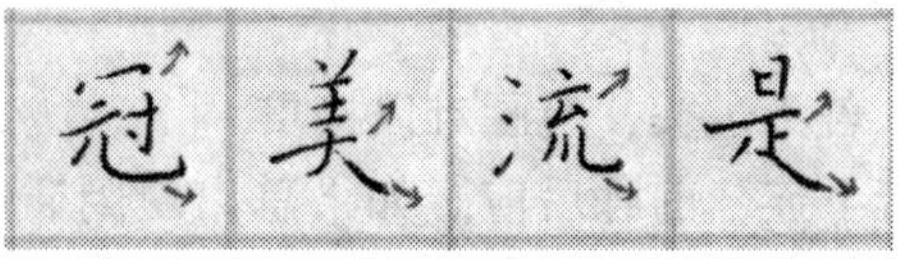

⑤呼应中注意笔画、偏旁避让。要使汉字书写紧凑，不松散。必须注意笔画间的穿插礼让。如“女”字旁、“木”旁那一横短，留下空间写右部笔画，属于礼让。“静”字，左边让，便于右边穿插。“皆”字，上面部位略分开，礼让下部的一撇穿插，如：

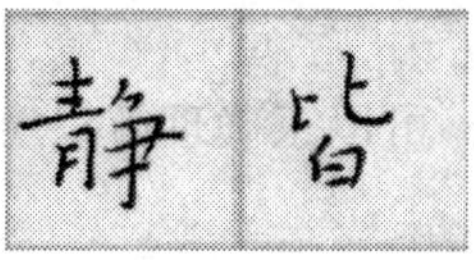

（五）突出主笔，收放自如

一字中必有一笔是主笔，最为长大突出，对于结构起着决定作用。此主笔主要为稳定重心的考虑，如“我”字戈钩，“道”字平捺，“孝”字长撇，如：

既有主笔，其他笔画皆众星拱月，起陪衬作用。将主笔的伸展称为放，其他副笔就是收。书写要做到收放自如，字的单位结构也是如此。故“我”字左部、“道”字所包之“首”、“孝”字下边“子”宜小。主笔差，全字皆败，主笔变，全字形态必变。所以古人云：“善书者必争一笔”。

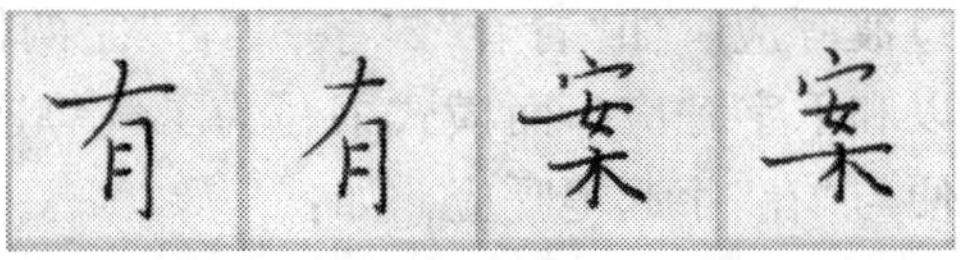

“有”字横做主笔与撇做主笔，“案”字上横做主笔与下横做主笔，字的形态发生了改变。

三、和谐——书写的整体布局

我们不仅要把笔画写到位，单字写美观，通篇的整体布局也是极其重要的。欣赏者往往先着眼于通篇布局，然后才品味单字的结构和运笔。美在和谐，美的篇章布局令人赏心悦目，即使点画、结体欠佳，也不失为好的书写。教师对此深有体会，一篇工整、清秀的卷面书写从一大堆“脏、乱、差”中跃入眼帘，情不自禁都会多给分值。教师自己平时写评语、教案、填表格、板书，均涉及积字成篇的整体布局，有必要梳理字与字之间、行与行之间按一定的审美情趣进行排列的规律和方法。

（一）字距行距得当

教师书写运用较多的还是从左至右的现代横式书写，排列要规整，字迹大小、行距宽窄要统一，符合书写成文的规范。书写纸张一般有方格稿纸、画线稿纸、白纸等。

如果在格子里书写，字字居于其中，个个中心相对，横有行，竖有列。字不要写得顶天立地，把格子塞得满满的，没有透气的地方。画线稿纸写出来往往是横有行，竖无列，一般写字以格子的下线作为字的底线，字的高度约占格子的 2/3 就行了，上部留出 1/3 的空白作为行距，相邻两字别太拥挤，也别太疏。常见错误是两个极端。字迹过大或者过小，没有行距、字距的章法。有的人字大，拥挤不堪。有的人小得不能再小，全篇密密麻麻。在白纸上书写，难度略大，要注意留出天头、地角和左右两边的空间，在一张竖放的 A4 纸上书写，天头大于地角，地角大于两边，两边大于行距，行距大于字距。在横放的 A4 纸上书写，一般天地稍窄左右两边宽些。也就是说，不同大小的纸张要根据需要适当留出空间。同时，行与行要保持同等的距离，至少间隔半字宽，上行与下行首字与末字对正对齐。教师指导学生做填空题，也要告知留出左右空白，若地方大可将字距拉开；写得疏些，地方少适当紧密些，字写得小一点，不要撑得太满，也不要提笔就写，安排不下，让字出格。

（二）书写讲究一致

书写一致有两方面的意思。一方面，墨色的统一，不能前半部分用钢笔，后半部分用圆珠笔；前半部分蓝色字迹，后半部分黑色字迹。另一方面，我们需要经常书写一定篇幅的字，做到字形不变。也就是说整篇书写的字体要一致，不能开始写的是正楷，后面就成行楷，最后就成行书或者草书了。这种现象反映出书写者急躁，想赶快写完了事的心态，应极力避免。

（三）书写讲究行气

我们讲究横向贯气，这与传统竖写相对应的。单字合格，重心符合“黄金律”，一行中，字的重心在一条直线上。每个字收笔尽量保持向右上方蓄势，前一字的末笔和右边的起笔相呼应，有种无形的过渡呼应。如“青春”二字，“青”字两横连带，笔势朝左下，这是毛笔纵式书写的方法，以和下字呼应，而横式书写为了气势连贯，“青”字第二横就别带牵丝了，正常落笔，方便与“春”字起笔呼应，如：

前面提到单字书写的呼应、收放、避让的传统技法，也要运用到字群的整体布局中。收放得宜，有利于行气的贯通，如：

“阿”、“波”、“罗”三字的各部件与字与字之间的放与收，书写效果不同。

有的人自认为竖画、撇画写得好，满篇皆潇洒的长竖长撇，实则很不美观，如：

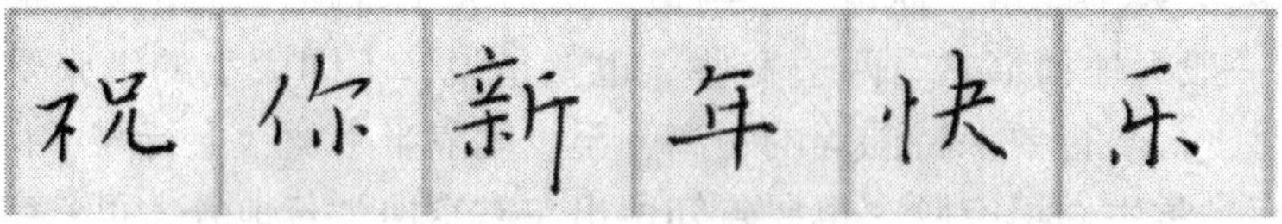

“祝你新年快乐”几个字，竖笔画很多，要有收有放。“客舍”两字的捺、“青青”两字

的横画，要做到一放一收。

(四)规范标点符号

横式书写，标点符号的正确使用和书写格式的规范，对于书写整体美的营造也极为重要。

①占两格的标点符号。省略号，同破折号一样，要占两个字的位置。

②行首不能写的标点符号。行首不能写的标点符号有逗号、句号、顿号、冒号、分号、问号、感叹号、后引号、后括号、后书名号。

③行末不能写的标点符号。行末不能写的标点符号有前引号、前括号、前书名号。

注意：方格本如遇到正好写到行末需加标点符号时，可将标点符号写在末格的后边相应位置。

四、临摹——书写的不二法门

(一)关于选帖

当代中国硬笔书坛大家辈出，但市面上的字帖质量良莠不齐、鱼龙混杂。初学者缺乏鉴别能力，很可能反受其害。练习楷书最好是临摹古人的小楷，变软笔的粗壮点画为纤细的点画，去其肉筋存其骨质。如二王的《乐毅论》、《黄庭经》和《洛神赋十三行》等，唐钟绍京《灵飞经》，虞世南的《破邪论》，欧阳询《心经》，赵孟頫的《汲黯传》、《道德经》以及文徵明的《落花诗十首》、《赤壁赋》等。

教师书写，必须从基础、规矩入手，在字的间架结构上当先求匀称、端庄、美观、大方为宜。现当代的邓散木、卢中南、吴玉生、田英章的硬笔字帖可做临摹范本，等有了一定基础再深入到古人小楷的学习中。

(二)用心临摹

要想写好字，必须学习经典，去花大力气临摹古帖、临摹大家。信笔胡写的态度不可取。有一句话说得好："在经典面前，我们的自创几乎都是杂耍。"要改变错误的书写顽疾，必须用心临摹，进入"忘我"境界，忘掉自己的习惯写法。

①经常读帖。在临摹之前，一定要认真读帖。读帖很方便，抓住片刻闲暇，顺手就能做到，闲暇时候不妨用手指比划比划，古人称为"书空"。杜甫诗句："数州消息断，愁坐正书空。"(《对雪》)"书空"就是凭想象作书写动作。

读帖更广义的概念在于平常的观察、模仿、内化。街上店面的招牌、古寺名刹的匾额、书籍刊物的题字、百姓门上的对联，这些都有书写所能借鉴的东西。还有老师、同学的优秀书写，也能激起我们刹那间的灵感。只要我们有心，生活中处处有书法。

②工具的使用。纸张一定要选用不洇水的纸，才能写出笔画的粗细轻重。纸张洇水，会失去书写的信心。还要准备一个纸垫来增加笔尖的弹性，鼠标垫就是一个很好的选择。书写用笔最好是钢笔，因笔尖富有弹性，能提高笔画线条的表现力。初学者可用 HB 以上软度的铅笔练习，比较容易写出笔画的轻重效果。

③了解一下摹、临的含义。摹就是用透明纸蒙在原作上面写。临就是照着原作写。临摹作为书法学习的方法，各有优劣。古人说："临书易失古人位置，而多得古人笔意；摹书易得古人位置，而多失古人笔意。"意思是说，临容易学到笔画，可不容易学到间架结

构；摹容易学到间架结构，可是不容易学到笔画。从难易程度上看，摹易临难，但是，不管是摹也好，临也罢，都是练字的必经步骤。

在摹、临时，先观字的外观，是方是圆是长是扁，再看笔画的长短俯仰、曲直角度，三看呼应关系、结构比例等，下笔书写时做到眼到、心到、手到，力求形似，正所谓孙过庭《书谱》中说：察之者尚精，拟之者贵似，一定要心摹手追，做到完全和字帖一模一样，不放过任何一个细节。所以临摹是做加法，细节发现越多越好。有的同学一练字，拿起笔来洋洋洒洒几大篇，可是个个都不像，这不是临摹，是抄字帖，是临摹的大忌。著名书法家白蕉早年临摹欧阳询的《九成宫醴泉铭》和虞世南的《汝南公主墓志》，对着阳光可与拓本重合，可见临摹用功之深。

④循序渐进。最初临摹时不能贪多，每天选择五到十字，这些字务必要有代表性，涵盖八个基本笔画和不同的偏旁部首。锻炼自己的眼力，既临笔画，又临结构。这一时期是初学者最难也是最急躁的时候，好多人走到这一步，感觉临不像就放弃了。把字帖上的字，照搬到书写纸上，考察的是迁移能力。迁移能力的训练必须一段时日才能见效。自己临的字同帖上的字进行观察比较，看哪一笔写得好，哪一笔写得不好。字形结构到底像不像；要找出差距看出缺点，从而加以改进，最好练到能背临的水平。

⑤集字临摹。一篇字帖，总能找到能组词的两字。尽量找，先找两字词语，再找三字词语，四字成语……缺字按照原帖用笔和结字特征试着补写。这一方法可以巩固临帖成果，提高学书兴趣。

⑥通篇临写。在单字掌握以后，应当加强通篇的摹写与临写。通临时，应当注意观察范字的大小、形状、上下左右的照应关系、字距行距等。通篇临习难度较大，但能培养整体感，对于书写的整体布局大有裨益。临摹过程中，要化整后零，即是先通篇临摹，再将其中经常写不好的字逐个找出来，仔细对比，反复临习，直到写像为止。

(三)学以致用

在平常的书写中要尽力运用，具体说来就是书写者在临摹的时候逐步掌握单字以及字群的书写要领，并且将要领烂熟于心，然后在日常书写时候刻意地使用，不断加深印象，将所学到的写法逐步转化为自己的书写习惯。有的人练字归练字，日常书写还是打回原形。临摹没有用心、功夫不过关是主要原因。

(四)持之以恒

“看似寻常最奇崛，成如容易却艰辛。”任何事情都有一个从量变到质变的发展过程。练字也一样，必须老老实实认真临帖，没有捷径可走。从临摹入手，慢慢提升书写能力，达到书写上的改观，再运用于自然书写常态，这种飞跃需要相当长的一段时间，一方面考验书写者的灵气，另一方面考验了书写者的耐心。练字即练心，临摹时心无杂念，把字帖从纸上练到心上，再练到手上，最后才能融汇到日常书写中。总之，滴水穿石，方能有成。

第三节　板　　书

17 世纪捷克教育家夸美纽斯的班级教育理论，让世界上的教学逐步由“个别教育”进入到“集体教育”，便产生了应“班级教学体制”的课堂教学。板书，是课堂教学的重要组成部分，是仅次于“口语表达”的教学手段，是教师在教学过程中在黑板上提纲挈领所呈现的文字、表格和图画。设计规范性、思想性和艺术性统一的黑板板书，是一名合格教师必备的专业素质之一。

或许有人会说，随着科学技术的发展，许多现代化的教学手段已经走入课堂，哪里还需要传统老套的黑板板书。执这一论调的人很多，近些年教育界关于黑板板书和多媒体课件的“黑白之争”从来没有停止。毋庸置疑，多媒体教学的正确运用有着黑板板书无可比拟的优点，它信息量大、色彩丰富、可视性直观性强，可以扩充教学的深度和广度、渲染情境。随着多媒体教学实践的不断深化，黑板板书的一些得天独厚的优势促使教师重新审视传统的“黑”，在经历了“重视板书—多媒体代替板书—重新重视黑板板书”这一认知过程之后，越来越多的教师投入到传统板书的实践和探索中。

一、黑白分明，润物细无声

(一)黑板板书真正实现课堂教学的动态生成

从教学艺术角度来看，现代多媒体美在预设，而板书美在生成。“生成”是新课程倡导的一个重要教学理念。课堂教学本身是师生的双边活动，完美的板书体现出教师、学生与文本之间的交流、参与过程。在课堂上，教材是静态不变的，而学生的学情，则处于动态多变之中。教师事先设计好的板书，无法预测学生主动的、正面的、高价值的“生成”。而传统的板书却表现出了足够的灵活性，根据学生学情及时增删板书内容以调整教学思路，这样才能让教学活动顺利开展。

从这个角度上说，现代多媒体是有欠缺的。预设过多，课堂上有彩排、演戏的嫌疑，显得程式化、套路化，有一种被多媒体牵着鼻子走的感觉。教师成了多媒体的放映者，学生成为观众，教学过程变成“满堂机灌”，有些过长的电子教案还给学生一本教材再到另外一本教材的错觉。教学中师生思维火花的碰撞、灵感的突现都会被多媒体的过度预设打了折扣。而板书弥补了这一新技术条件下教师们的困惑，为教师捕捉课堂稍纵即逝的生成性资源、打造动态生成的开放式课堂提供了可能。故而，板书的价值美在生成，是一种动态之美、参与之美，也是一种思维之美。

(二)黑板板书有教师灵感的闪现

前面说了，课堂教学没有一成不变的模式，教学虽然有预设成分，但更多的是即兴生成。一方面，课堂内容永远是丰富多彩的，课堂上的突发情况，学生在受教过程中迸发思维的闪光点，是教师始料不及的，超出预设的情况，教师必须立即提炼、筛选，进行鼓励、培养。若还要生搬硬套原先设计的内容，就会使整个课堂变得生硬。另一方面，教师根据学生的表现突然而至的灵感，通过黑板板书及时呈现出来，并影响后面的教学内容。“无心插柳柳成荫”，一堂优秀的课堂教学便在师生互动中浑然天成。

(三)黑板板书有示范和审美作用

课堂教学的艺术包含具体生动、富有表达力的语言艺术，基于扎实的专业知识又经过不断锤炼出来的教学组织艺术，归纳提炼艺术以及直观、形象的优秀板书艺术。

从教师书写这个层面来讲，教师规范乃至美观的书写对学生产生潜移默化的影响，学生势必对教师更加推重，也因此对课堂更有热情。天长日久，学生在教师书写的引领下，书写习惯会得到进一步的改良，书写能力得到进一步的提高，艺术素养也在不断提升。因此，教师应充分发挥板书的教育审美功能，用个人魅力留住课堂上的学生。

2014年，坚持25年板书的南京师范大学文学院吴新江教授那一笔略带颤笔却不失刚劲的“胡小石体”，风靡网络。苏州科技大学外国语学院史惠风老师英文板书飞扬，线条流畅、字迹清晰优美，可谓影响了几代学子，曾有毕业生这样回忆史老师：“一行行美丽的英文书法令人赞叹。一句句点拨之语开拓思维。即使隔很久，翻开书，老师的启发之语，似依旧环绕耳边，带领着我们感受文字间的山水灵动和谐之美。”

这些优秀教师的板书，在社会上引起人们对传统教学的怀恋，那黑与白分明的粉笔板书，留下多少青春的回忆。

(四)黑板板书有加深学生记忆的功能

比如几何老师徒手画出的圆，数学教师潇洒的“解”字行草，地理老师一分钟内勾勒全国版图以及铁路路线图，所有这些高超的板书技艺都给学生留下了深刻的印象。

另外，教师在教学过中表现出高超的归纳提炼能力，将繁杂的教学信息浓缩演化成简明的线条符号，所提炼的知识点记忆方法让学生终身难忘。

例如，地理教师在讲授太阳系的八大行星时，为了便于记忆，随手勾勒板书如下：

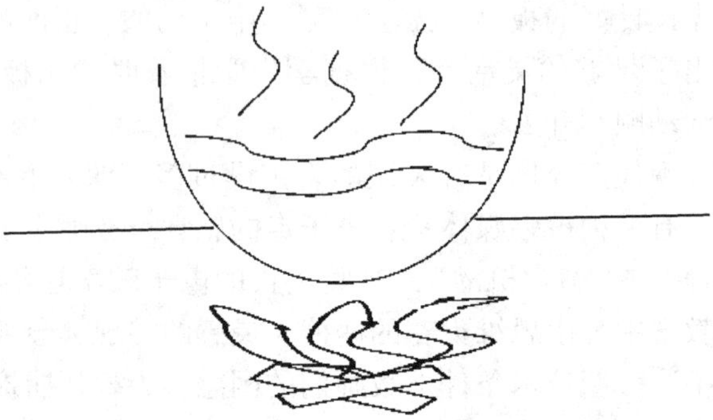

按照离太阳的距离从近到远，八大行星依次为水星、金星、地球、火星、木星、土星、天王星、海王星。怎样快速记忆？如图所示，到野外野炊，挖一个土炕，上面架铁锅烧水。铁锅下用木材生火。由上到下顺序便一目了然。水星(锅中水)、金星(铁锅材质)、地球(大地)、火星(燃烧火苗)、木星(木材)、土星(土坑底部)。剩下天王星、海王星就好记了。

二、写什么，板书的核心

于漪老师曾说过：“语言不是蜜，但是可以粘东西，教师的语言要锤炼，要准确生动、流畅优美，像磁石吸引学生的注意力。”也有人形容板书是“提纯的金，琢成的玉”。吸引住学生的眼球，吸引住学生的心。

斯霞老师曾说过：“好的板书对于提纲挈领地了解课文内容，对于把握住课文的关键问题，起着很大的作用。教师必须慎重考虑，精心设计。板书的原则是简单扼要，眉目清楚，切忌随心所欲，杂乱无章。备课时，我常常为设计少而精的板书费一番心血。”这是特级教师的教学心得，肺腑之言。

诚然，板书的核心是写什么。写能引导学生思路发展的知识点，如必要的标题、问题的衔接和核心点，通过解读教材高度提炼的升华点等。比如历史老师讲解人教版《辛亥革命》，教科书对这一课的安排共包括三个子目，即“武昌起义”、“中华民国成立”和“中国民主进程的丰碑”，简要介绍辛亥革命爆发前革命党人的活动，武昌首义，南京临时政府的短暂建设及袁世凯篡夺革命果实和辛亥革命的伟大意义等内容。教师将教材内容归纳为三个板块：“辛亥革命爆发背景和过程”、“袁世凯篡夺革命果实”和“百年辛亥，变与不变”。在讲到“袁世凯篡夺革命果实”这一栏目时，教师不仅将“篡夺”二字用彩色粉笔加以着重，并对生成的板书内容进行升华，在适当位置书写“历史造就了袁，也抛弃了袁”短句来说明袁世凯坐上临时大总统宝座的复杂历史原因。

板书的首要原则即思想性原则，根据学科特点，深挖教材，突出教材重点，揭示教学内容的难点和关键。同时，板书来源于课文，又高于课文，要力求向更深层次挖掘，使学生的认识达到更高的层次。通过教师提炼知识与技能、重点、难点关键词，加深对教材的理解，教师板书的语言要确切、精当、言简意明、一目了然，给人以凝练之感，能起到画龙点睛、指点引路的作用。

板书的思想性还反映在整体性方面。一堂课的板书，应是该堂课讲述内容的浓缩，内容应完整系统，这不仅体现教师整体和谐的教学思路，也便于学生通过板书再现知识、加深理解、强化记忆。换言之，即使不是跟随教师听课的学生，而是突然推门进课堂的听课人，一看板书，也应该知道本节课的授课重难点。

板书体现了教师提炼归纳的能力，是教师个人教研水平的表现，是教师把握教材的思想性和审美情趣的集中体现。试想，没有思想性的统领，再精美的书写，再精美的板书设计都是失败的。

三、何时写，板书的时机

板书是教学的辅助手段，讲写结合才能较好地传递教学信息。大多数板书在有限的课堂教学时间内完成，把握板书的时机尤为重要。一般来讲，从课堂时间分配上，板书大致分为课前板书——提出问题，指引思路，课中板书——展示重点、提炼中心，课后板书——强化整体，归纳升华。从讲写结合上，可分为先讲后书、先书后讲、边讲边书。无论哪种类型的板书，板书的呈现必须紧跟教学内容的讲解以及学生接受知识的能力水平。呈现太早，会觉得突兀；呈现太晚，又觉得多余。只有在最需要的时间写，才能起到画龙点睛、穿针引线的效果。比如一位教师在上《过秦论》这篇课文的时候，课前先写一个秦字，表明是讲春秋战国秦朝的历史，在讲到这篇文章的体例的时候，适时在秦字后面写了一个“论”字，课文分析完，并从论字开始从右到左，一个鲜明的红色箭头，在“秦”字前面适时书写“过”字。“过秦论”即“论秦过”，表明文章主旨。呈现时间恰到好处，给学生水到渠成的感觉。

课堂板书的高度浓缩，它与教师的讲解是纲与目的关系。因此板书的内容不可能很多，好的板书往往不超过一黑板。这就要求教师在进行内容设计时，应与讲述内容通盘考虑，对写哪些内容，什么时机写，写在什么位置都应作周密合理地安排，使板书与讲解互相协调，相得益彰。

四、怎么写，板书的美学取向

“怎么写”的重心在于板书设计。板书设计主要是根据教学内容，按一定的逻辑关系和逻辑结构方式提炼归纳知识点组成一个系统性的知识结构，通过美观大方的粉笔书写、直观形象的板书造型与生动优美的语言表述相互配合，呈现到黑板上，有效地传递教学信息。

(一)板位安排

有经验的教师将黑板分为几个功能性的区域，可以是分成中间和周边区域，即中心版(以黑板中心为主，主版两侧留出板面以供辅助版书用)。也可以分左右两边，即两分板(将版面一分为二，左侧为主版，右侧为辅版)。无论哪种布局，都包含两个基本组成部分，一个是主题板书，一个是辅助板书。主题板书是对本节课的主要内容，换言之就是本节课的教学内容和目标作以正确、清楚地呈现。主题板书可以是讲授要点、分析层次、总结论点、罗列论据、概括总结。一般呈现在黑板的左半部或者中部，是教师在备课的时候精心设计而成的。辅助板书是指教学过程中教师为了处理教学即兴问题，纠正学生读音书写、引起学生注意的知识点、补充的零星知识、学生的疑问等，教师顺手写在黑板的右边。辅助板书是对学生听课过程的有益记录和补充。

辅助板书没有必要保留很长时间，随用随写、随写随擦，只是起到补充的作用，而主题板书呈现的是本节教学的核心内容，应该完整地保留下来。一般说来，一节课结束，黑板上应该有一个完整的板书设计。这个板书设计也是教师授课的一个重要部分和环节(特别是竞赛课或者是公开课，板书也在其中占有一定分数，是衡量课上得优劣的一个重要内容)。

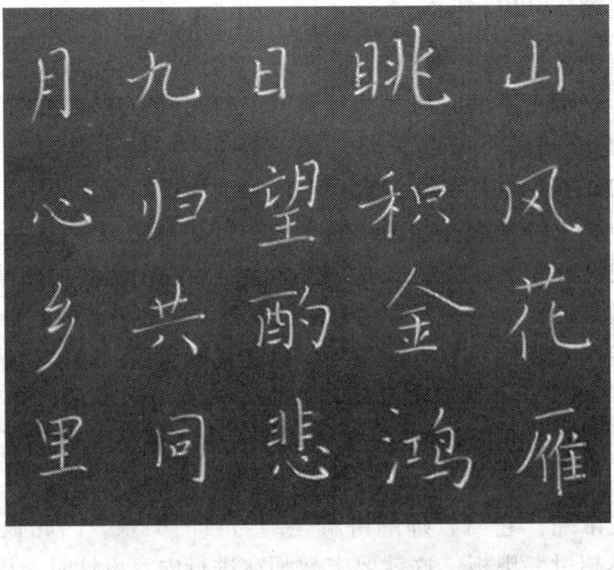

(二)粉笔书写

1. 粉笔书写特有的书写姿势

由于黑板是竖立固定在墙上的，因此，粉笔书写采用“站立悬臂”的姿势。书写时注意做到左手自然下垂，右手执笔，右手臂呈环形状，举到眼的高度最便于书写。随着书写位置的左右变动而移动步伐，随着书写高度的变化可以踮脚或屈膝，但前提均是眼睛与字尽量保持平行。当然，作为教师要有更高的要求。无论在黑板任何位置，都能将字写好。为了让学生看得更清楚，要求身不挡字，所以常常侧身，甚至面对着学生边讲边写。这就更需要强化基本功训练，达到炉火纯青的地步。

2. 粉笔书写特殊的指法

粉笔形短质松，容易折断。故执笔一般采用三指执笔法，即拇指、食指、中指并用执笔，拇指和食指形成对称之势捏住粉笔，中指靠后顶住粉笔，三指合力控制住笔。粉笔笔身握于手心，虎口呈椭圆形，屈伸灵活。执笔位置离笔头过近过远均不合适。太近，手指会触碰黑板。太远，无力控制行笔，写出的笔画太轻，而且粉笔极易折断。最好的距离是笔头露出一厘米左右。笔身与板面成30°夹角为宜。夹角太大，粉笔接近垂直于黑板，写出来的线条太细。夹角太小，粉笔与黑板接触面增多，笔画的质感不好把握，容易写出很粗的笔画。

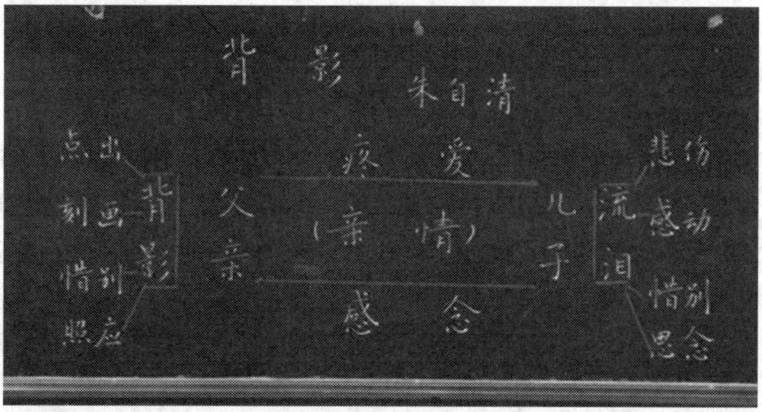

3. 粉笔字特有的运笔技巧

粉笔和铅笔是硬笔书写工具中较为特殊的一类，它主要靠不断的磨损来书写。所以，粉笔书写除了硬笔书写的一般用笔原则外，还有其自身的运笔特点。

(1)随时转动粉笔调整笔锋

粉笔在书写时候，粉末被摩擦掉，越磨平面越大，笔画越写越粗。因此，书写时要不断转动粉笔，减小摩擦面。经验丰富的教师常常把粉笔前端磨出类似于圆锥体的形状，找到最佳接触面，根据书写笔画的需要，轻处用磨出的棱角或小平面，重处用大平面，加上提按顿收等笔法，就会写出粗细轻重变化的线条。

(2)角度调整

粉笔靠摩擦掉粉末留下印迹这一特点，决定它调节粗细主要靠它与黑板接触面大小来完成。除了被动地转笔，还有主动地调节它与黑板的接触面的角度大小来完成。如写悬针竖时，起笔侧锋切笔，然后转换方向向下行进，要表现竖尖由粗变细，行进过程中不断加大粉笔与黑板的角度，触面渐小，笔画渐细，直至提笔出锋。当粉笔离开黑板时，角度几乎达到90°，近乎于垂直，这样写出的竖尖干脆利落。再如写捺画时，笔画由轻到重、由左上向右下行笔，边行边按至捺脚处，要表现出捺尖，就要把粉笔渐渐向上竖，徐徐翘起触面的下边，力点上移，触面变小，笔画渐细至出锋提笔。切记，调整角度，不是突然，而是循序渐进地调整。

(3)手腕翻转

粉笔字较大，腕部运动较钢笔在动作的力度和幅度更大，不仅体现在起行收等处，而且在有些笔画的书写中，直接帮助提高笔画质量。比如竖钩，行笔至接近出钩处，边顿边顺时针翻转手腕，出钩果断迅捷，若腕不转动，钩便僵硬板直。

4. 粉笔书写应该注意的问题

(1)书写规范

板书书写要规范。由于板书具有时间上的持久性以及强烈的示范性、教师个性化等特征，要求教师的书写规范正确。字迹潦草、连笔迹都难以辨认、书写不规范汉字(简化字、繁体字等)，这种板书即使设计再科学合理，也不能称得上是精美板书。

(2)忌上爬下滑

粉笔板书很容易行列不直。如何才能行列写直？一是开头第一个字定好调，在适当位置写好第一个字，后面的字以第一个字的大小为基准，做到写右顾左，恰当调节，大小一致。把第一行字写直了，第二行以第一行为基准，边写边看。二是视觉尽力与所写的字保持同一水平线。三是不断移步，正确使用最佳书写区。书写时，每写4个字就要适当换步一次，在最佳书写区内书写。四是寻找参照物。有经验的教师在板书时，很注意寻找参照物，使自己始终写得很直，这个参照物即可以是相邻的字，也可以是黑板边沿。以黑板边沿做参照，每字均与黑板边沿距离等同。

(3)大小适度

字的大小也要引起重视。黑板版面有限，字太大，总是写写擦擦，不仅浪费教学时间，而且影响版面的整体性。粉笔字的美是由黑板的“黑”所衬托的，字太大，留的“黑”少，显得很不透气，给人压抑的感觉。其字大小，应以后排学生能看清字迹为标准，一般6cm见方即可。在写标题或者需要特别着重的地方，可以适当写大一些。

(4)颜色区分

教师在进行板书设计的时候，也可以考虑运用色彩区别不同层级、不同内容、不同要求的知识，用颜色冲击学生的视神经，强化学生记忆。但需注意的是，彩色粉笔不能过多使用，通常是用来标记重点、难点以及箭头、符号等。更不要用彩色粉笔写大段的主题内容。尽量用红、黄、粉等与黑色对比度大的颜色书写，对比度不强的颜色，比如蓝、绿等色表现在黑板上，视觉呈现很不好。

(三)板书的基本类型及展示

根据教学内容、教学目标以及教师的个性特点不同，所设计的板书也不一样。从外在表现形式上，大体可以分成以下几种。

1. 提纲式板书

提纲式板书就是按照教学内容和教师设计的教学程序，条理分明、提纲挈领地编排书写的板书形式。具体地说是通过教师的分析和综合，归纳出若干要点，按先后顺序将各个要点呈现在黑板上。便于学生把握重点知识、理解关键内容。这类板书应用最为广泛，它结合于多媒体教学手段，一个简略，一个详尽；一个展示框架，一个增添"血肉"，能使学生的认知结构完整、系统。

例 1：语文课程《从百草园到三味书屋》。如下图：

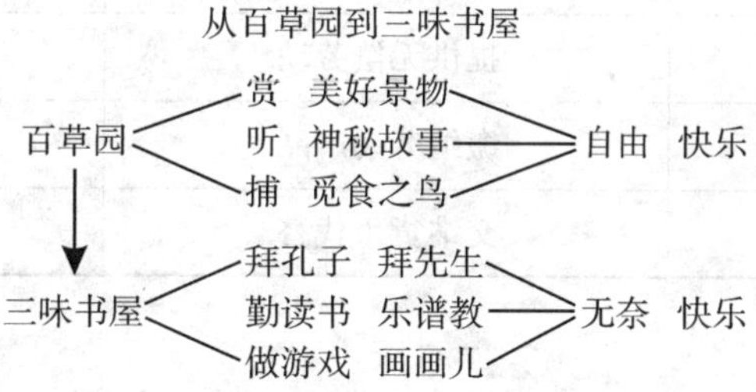

例 2：政治课程《生产力和生产关系》。如下图：

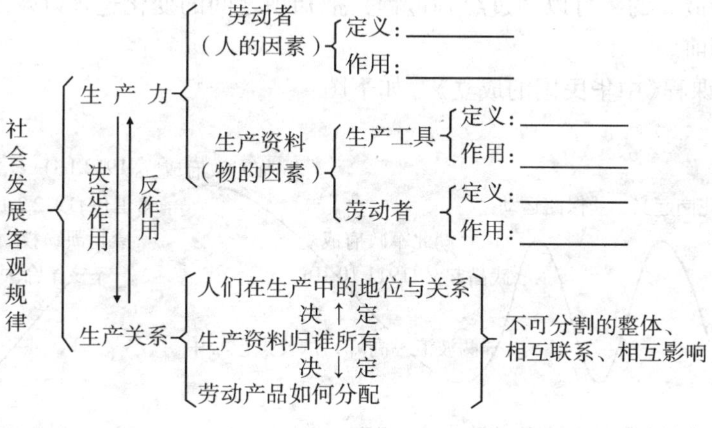

2. 表格式板书

根据教学内容可以进行明显分类、进行比较等特点，通过横向对比和纵向归纳的方式，找出教学内容的要点，建立知识体系的过程。这种板书适用于知识之间或是并列关系，或是对比关系的情况，便于学生比较、记忆。

例 1：历史课程《百家争鸣》，如表 6-1。

表 6-1

学　派	代　表	主　张	著　作
墨家	墨子(翟)	兼爱、非攻、尚贤、节葬	《墨子》
儒家	孟子(轲)	民为贵、君为轻、仁政	《孟子》
	荀子(况)	人定胜天	《荀子》
道家	庄子(周)	鄙视富贵利禄	《庄子》
法家	韩非子	中央集权、法治	《韩非子》

例 2：思想道德课程《封建地租的三种形式》，如表 6-2。

表 6-2

地租形式	剥削方式	主要时期
劳役	提供无偿劳动	封建社会初期
实物	缴纳劳动产品	整个封建社会
货币	交纳货币代替	封建社会末期

3. 图解式板书

图解式板书，顾名思义是用图画、文字、线条等方法表现教学内容的板书形式。使教学中的重难点通过图解形象化，从而化抽象为形象、化难为易。这类板书的形象性、趣味性是所有板书中最高的，可以通过绘画过程，把知识之间的变化过程以及之间的关系直观地呈现在观者面前。

例 1：历史课程《中华民国的成立》。如下图：

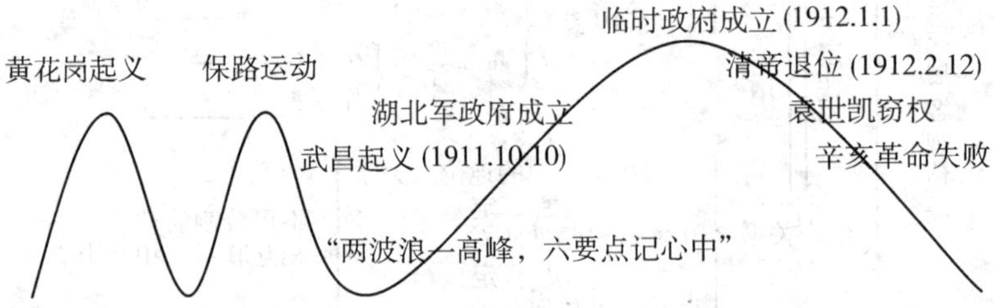

例 2：语文课程《我的叔叔于勒》。如下图：

当前，出现了板书形式过于花哨、哗众取宠的乱象。固然，板书的美是我们所追求的，应用多种形式、技巧让板书锦上添花不是坏事，但切记板书的目的是突出重点难点，启迪学生思维，在此基础上求新求美才是板书设计的真谛，一味地求新求变，为了板书而板书，成了狗尾续貂。

钻在钱眼里的人

(四)传统板书和多媒体的结合

1. 厘清概念

随着时代的进步，我们不能把教学中多媒体与黑板板书作为两个不同的系统进行区分研究。广义的板书既包含传统的黑板板书，又包含多媒体板书，不再局限于传统的黑板板书。板书的表现方式既可以是手写的文字、图形、表格，亦可以是多媒体表达的音视频资料、动画演示等。从某种意义上说，多媒体是“黑板”的迁移和延伸，二者是板书在不同时期发展的表现形式。

2. 用多媒体丰富视野，用传统板书精练内容

多媒体信息载量大，能在有限的课堂教学时间内扩大学生视野。在传统板书中穿插多媒体，可以适时把学生的注意力从枯燥乏味中拉出来，让学生的注意力得到集中。然后再重新回到文本中，帮助学生揣摩文字的优美，理解人物形象，把握作品的主题。

历史教师讲授《隋朝大运河》一课，可以播放《话说运河》片段，片中提到：“有人说大运河是隋炀帝开通的，这种说法是片面的。”教师引导学生深层思考，为什么这样说？接着播放大运河申遗宣传片，让学生了解大运河的前世今生，拓宽知识面，充分感受祖国历史文化的魅力。

3. 用多媒体创设情境，用传统板书深化主旨

多媒体形式多样，生动有趣。因此，可以用多媒体把抽象、呆板的教学信息变成直观、生动的听视觉信息，使课堂教学生动形象、感染力强，学生更快地融入教学情境之中。而板书教学可以调控教学进程，呈现教学思路，动态地启迪学生思维，灵活方便地实现教师和学生的互动，把教学中的闪光点及时归纳出来。

例如：在教学《孔乙己》的过程中，先播放电影《孔乙己》的片段，吸引学生的注意力。进而引导学生阅读课文，要求学生归纳课文中孔乙己外貌、动作、语言、神态描写以及六个生活片断，进而分析孔乙己的性格特点以及造成孔乙己悲剧的社会和历史原因。

再如，政治教师在讲授《统一的多民族国家》之《实现祖国和平统一》，首先放映 1997 年香港回归的实况纪录片，引导学生理解一国两制的含义、意义及其历史，激发学生的爱国热情。然后再根据教材内容适时板书。

板书与多媒体课件最大的相同之处是：抓眼球。优秀的板书与多媒体课件应着重抓住几个亮点，就像完美的摄影作品一样，主景突出，其他部分虚化。反映在板书上，黑板板

书是引领学生深入课文的优秀导游，有必要的留白，为学生提供一个思想缓冲的空间。一些教师在上课的时候总是求多求全，写几大黑板的板书。这样做，一方面增加了教师的负担，占用了过多的课堂时间；另一方面，这种写完就擦的板书亮点过多，反而让学生无所适从，不利于学生记忆和学习。另外一个极端，有的教师在整个课堂教学中过分依赖多媒体，黑板上一字没写。不著一字，未必能尽得风流。

二者的合理使用，既能够高度浓缩教学内容，又能加大信息量，可使学生见微知著，帮助教师实现教学目的；既能够删繁就简，又能够有益补充，让学生串珠成线，抓主剔次，便于学生巩固记忆；既能够引导思考，又能够多方面展示，有助于学生理解领会，提高效率。在这里，我们不能过于纠结多媒体课件和黑板板书的优劣。其实，无论是哪种教学手段，起关键作用的还是人。我们追捧的不仅是老师，还有教师认真勤勉的教学态度。因而，“多媒体与板书”不应是“鱼与熊掌”的关系，不存在谁可以完全替代谁的问题，它们只是促进教学相长的手段，无优劣之分，是“鱼与水”的关系。

第七讲 写作技能

本讲所谓的“写作技能”，主要指的是教学论文的写作。写作教学论文的过程，实际上就是整理自己的思想，使之条理化、现实化的过程。也就是说，写作教学论文能够使自己的教学活动更加有条理，更加有效率。能写教学论文，是成为一个成熟的中小学教师的必要条件。

第一节 “绿色科研”与教学论文

写教学论文，第一要义当然是选题。然而，这个选题却很有讲究，因为这里有一个问题，就是写这篇文章的主要目的是为了什么。我们不能回避写作教学论文是为了职称评定的需要，但更为重要的是为了解决教学中的实际问题，也就是说，中小学教师写论文，必须从实际出发，以期解决教学中的实际问题。

一、“绿色科研”的特点

我们主张“绿色科研”，“绿色科研”就是在确知的理论指导下，研究者主动地通过实践来研究未知部分(实际上就是与实践紧密结合的那个部分)，以进一步丰富理论的科研活动。我们中小学教师的科研活动，必须是紧扣教学实际的科研活动，也就是在哲学、教育学、心理学以及学科课程论与教学论的指导下，深入教学一线实际，解决教学中实际问题的科研活动，这就是“绿色科研”。

我们知道，促进师范生向教师角色转换是师范教育的基本任务，也就是说，师范教育应该以培养学生具备中小学各科教学的实际操作能力为主要目标。虽然说各校的具体情况不同，但“绿色科研”应具有以下几个基本特征：

其一，务实性。“绿色科研”为教学实际服务，对教学方法等作研究，以期达到高效。它应是实事求是的，一切从教学实际出发，并以实际的教学为终结点，其成果能迅速化为“生产力”，也就是说能明显地提高教学的效率，绝非以名词术语吓唬人的“纸上谈兵”。

其二，适应性。我们的一些“理论家”喜欢故弄玄虚，以别人不懂为“至境”，他们进行的是理论与实际脱节的研究，是缺乏对实际有效指导的研究，所以它无法适应教学的实际。而“绿色科研”走的是从实践中来，到实践中去的路子。也就是说，理论之树扎根在实践的沃土之上，完全能够适应语文教学的实际。

其三，便捷性。我们都知道《小马过河》的故事，试想，那匹过河的小马如当初不去问青蛙或大象河水的深浅，而是自己直接试一试，问题不就很快地解决了吗？同样，为了验证某个教学理论、教学方法的可行性，如果我们一开始就带着诸多疑问到实践中亲身体验，说不定早就柳暗花明了。所以说，“绿色科研”是一条便捷之路。

二、教学论文的选题

教学论文研究的对象必须是实实在在的，如有关课程、教材、教师、教法、教学评价、教学对象的研究。

我们见到的一些教学论文，似乎也是在研究教学问题，但选题大多空洞无物，故对教学论文的选题作一些研究探讨，很有必要。

其一，选题要新，切忌人云亦云，也就是韩愈所谓的“惟陈言之务去”。千万不要挤在“人堆里”瞎起哄。一般的中小学教师往往有这样一个习惯，确定了题目后，马上上网搜索，希望能找到相关的资料。我们认为，被人家关注的，能找到大量资料的题目一般价值不大；越是难以找到有关资料的题目，往往价值就越大。

其二，切口要小，不能好高骛远。如“论教育改革”、“论提高学生的学习效率”等就不适合一般中小学教师写作。应该就教学中的某一体会，较为深入地谈自己的看法。

其三，选题要经得起推敲。有一个现象不得不防，那就是有些中小学教师选题过分求新，超出了一般的认知范围，甚至自己也无法自圆其说。

第二节　教学论文的写作程序和基本结构

虽然说不同的人有不同的写作习惯，有人喜欢归纳，有人喜欢演绎，有人喜欢类比。但是，写作教学论文一些基本的东西还是必须掌握的。

一、教学论文的写作程序

写作教学论文，一般应依次做好以下几方面的工作。

第一步，确定目标，搜集资料。

中小学教师应根据教学需要和实际可能，结合本人特点，确定研究目标。然后有针对性地搜集相关资料，了解所研究的问题已经达到的水平及发展趋向，以此保证研究课题的价值。如今较为快捷的方法，就是输入关键词网上搜索，需要注意的是，所检索的文献要有一定的档次。

除了要掌握别人的研究成果外，更应该整理自己的教学实践和经验，如教学后记、调查数据、典型课例、读书札记、听课卡片等。

第二步，处理材料，联系理论。

在通过分析、综合、比较、归纳等一系列思维活动后，从众多的材料里去伪存真，去粗取精，得出具有普遍性的经验或规律。我们知道，理论从实践中来，却高于实践，能对实践起指导作用。师范生和一般教师必须掌握的教育学、心理学、哲学等理论对教学论文的写作作用非常大，可以这么说，那种“观点+材料”式没有理论分析的“教学论文”根本就无所谓“论文”。

第三步，动手撰写，修改定稿。

先拟定结构提纲，再落笔成文。写成初稿后，可请人点拨，然后字斟句酌、反复修改，这样才能保证文章有较高的质量。较为科学的办法是，一篇文章写好后搁置几天，再拿出来看，这时就能找到一些当时看不出的漏洞。关于教学论文的基本结构，下文将做专门阐述。

第四步，摸清定位，相机投稿。

投稿难，这是公认的事实。但也不至于“难于上青天”，平时做个有心人，勤看杂志多加比较，找准定位，即寻找适合自己文章内容、篇幅、观点甚至语言风格的杂志或有关栏目，也有成功的可能。当然，也可就某杂志的某一自己感兴趣的论争发表自己的看法，主动参与论争，写“命题作文”。

二、教学论文的基本“部件”

“文无定法”是至境。但是，对一个初涉教学论文写作的中小学教师而言，更需要引之入胜的“导游”，从“有法”趋向“无法”。一般的教学论文，有着为一些“专家”不屑，并为一般撰文者忽略的基本格式。

(一)标题先声夺人

标题有揭示论文主题、指明涉及范围、体现主要内容等作用。可以这么说，好的标题就是成功的一半。

教学论文的标题必须符合鲜明、新颖、简洁等特殊要求。“鲜明”，就是使读者一看标题就明白文章的中心论点和主要内容。“新颖”，即别出心裁，给人以耳目一新之感。“简洁”，指的是标题的字数不应太多，一般不要超过20个字。

有时候，为了吸引读者，可以引用一句名人名言、一句古诗文，或者一句发人深省的话作为标题，但这种“务虚”的标题应该有一个“务实”的副标题来辅助。如“笼天地于形内，挫万物于笔端——谈作文中的联想与想象”。有时候，也可用副标题提示文章的切入口，如“人文关照下语文课堂教学的误区及对策探讨——从两堂公开课说开去”。

标题的下面，另起一行写上作者的单位、姓名(或笔名)，以及邮政编码。

正文中的各级小标题也不要超过20个字，应尽量考虑同一层次内的对称。

(二)内容提要与关键词领衔

论文必须将内容提要和关键词置于文首。

内容提要应能客观准确地表达文章的主要观点。一般来说，内容提要的字数大约为正文的1/25。我们常见到的一些教学论文的内容提要，实际上就是文章的导言，根本未曾提出要点。内容提要必须摈弃一切套话，诸如“在教学改革的大好形势下……显得越来越重要，所以，本文将研究……”设置内容提要，最简单的方法是将各部分的内容压缩到1/25，然后，用过渡语将它们连成一篇小文章。内容提要中，不要出现“笔者”、“本文”、“认为”等字眼。

一般情况下，关键词置于内容提要的下面。关键词就是内容提要的“提要”，一般给阅读者起搜索作用。应选取最能表达论文中心内容、具有实质性意义和检索价值的名词或名词短语，3~5个为宜。

(三)正文不少于三大块

教学论文的正文一般不应少于3000字。正文部分，无论是纵式结构或横式结构，都应该包含“是什么”、“为什么”和“怎么办”三个维度的内容。

教学论文的正文不应少于三大板块，每个板块要有标题，一般用“一、”“二、”“三、”标注，这三大板块的篇幅大致均衡。每一个板块下面还可以分成几个小点，也要设标题，用“(一)”“(二)”“(三)”标注(括号后不再用顿号)；如果必要，小点的下面还可再分为若干小点，也要设标题，用“1.”“2.”“3.”标注(阿拉伯数字后不用顿号用圆点)。就一篇三五千字的教学论文而言，标题的层次不宜过多，三级已是极限。一般情况下，标题以两个层次为宜；如果必须要第三层次，也可用“首先”、“其次”、“再次”表述。

正文的开头，应该有一段导言，引出下文。

大小标题之间也应有一段一两百字的导言或过渡语。

正文的最后，要有一段全文总结，起概括全文的作用，以约200个字为宜。

教学论文的正文一般用宋体，以显示庄重。写作过程中，有时牵涉整段的引文，则一般用楷体呈现。

需提醒的是，教学论文“是什么”、“为什么”和“怎么办”三个维度的内容并不一定与文章的三大板块一一对应。

(四)不可或缺的小“附件”

教学论文中，有一些看似不起眼的东西也很重要。

其一为注释。在论文写作过程中，如需要交代相关内容的出处，或需要进一步说明和阐述，则应在文中注释。(在需要注释的地方以出现的先后次序编号，如“①”“②”“③”)一般采用尾注的形式。注释常见规范如下：

(1)专著：①刘小龙．电视艺术美学[M]．北京：中国广播电视出版社，1999：22.

(2)学位论文：①邓友．论电视艺术的美学性[D]．北京：北京广播学院，2004：21-22.

(3)析出文献：①[英]穆尔．电影理论的结构[A]．瞿涛．电影学文集[C]．北京：人民出版社，1993：34.

(4)期刊文章：①李海．音乐传播的文化思考[J]．当代传播，2004(10)；②王家伦，胡洁．阅读教学：为何不可以“深文浅教”？——由《幽径悲剧》想起的[J]．中学语文教学，2012(11)

(5)报纸文章：①周济．情系教育 办好教育[N]．中国教育报，2004-1-29(1)

其二为参考文献。“参考文献”栏一般放在文后“注释”之后和“作者简介”之前。从理论上说，注释所涉及的文献就是“参考文献”，所以，“参考文献”的数量应大于“注释”所涉及文献的数量，大致为1.5倍。

学位论文注释和参考文献理应俱全。而一般杂志只列注释。也有一些杂志，只设“参考文献”栏目，实际上，这个“参考文献”就是我们所说的“注释”。

其三为作者简介。应包含作者的单位、真实姓名、学历学位、研究方向以及详细联系方式(邮编、各种电话号码、电子邮箱、QQ号等)。

（五）其他

写教学论文还有两点要注意：其一，自己尽量不要“跳”到文中去。也就是说，教学论文中不能出现“我”，如必须“进去”，就用“笔者”或者“我们”替代。当然，一些名家的文章另当别论。其二，涉及课程标准，要用全称。

第三节　教学论文案例简析

对初学写作者而言，通过具体的案例了解教学论文的基本结构也是必要的举措。教学论文的基本结构，一般有整体纵式与整体横式两种。

一、整体纵式、局部横式结构案例分析

所谓的纵式，大致就是文章的整体分为“现象(提出问题)”、“本质(分析问题)”、“对策(解决问题)”三大板块，每个板块再分为并列的几个部分，实际上是整体纵式、局部横式。

（一）案例

读出一片新天地(之一)——小学语文朗读教学刍议

××省××市××××小学　×××(215000)

【内容提要】在小学语文朗读教学中仍存在如朗读时间不够、朗读基础薄弱、朗读指导不够等不少亟待解决的问题。朗读教学中存在问题的原因往往是对朗读意义认识不足，没有正确的朗读习惯，缺少适宜的朗读氛围……因此，明确朗读教学的目的，培养良好的朗读习惯，创设适宜的朗读氛围，在朗读中升华语文教学则显得尤为重要。

【关键词】朗读教学；问题；原因；优化策略

目前，在我们的小学语文阅读教学中，普遍存在着“重讲轻读”的现象，朗读训练成了最容易被忽略的环节。语文课的第一任务是让学生学习语言，而读是学习语言的重要途径之一。通过熟读、背诵，使书面语言内化为学生自己的语言，才能有效地提高学生理解、运用语言的能力。因而教学必须重视朗读的训练，加强对朗读的指导与训练。

一、朗读教学中存在的问题

《义务教育语文课程标准》(2011 版)指出：“各个学段的阅读教学都要重视朗读和默读。”[①]所谓朗读，就是声音清楚、响亮地读，就是把无声的书面语言转化为有声语言的再创作活动，通过朗读可以声情并茂地把书面语言融于情融于声，从而变为富有感染力的口头语言。这对小学语文阅读教学和学生的思想品德教育，以及提高小学生的综合能力都具有非常重要的意义。然而，在实际的教学中，学生的朗读却总有不尽如人意之处，主要存在以下几个问题。

(一)朗读时间不够

充斥于语文课堂的“讲问教学”挤掉了学生读书的时间，40 分钟的课程教学，学

生的朗读时间往往不足10分钟，而如此匆忙的朗读练习达不到预期的效果。如某教师在教学课文《司马迁发愤写史记》中，为了让学生了解司马迁受了酷刑后在狱中是如何发愤写《史记》的，他声情并茂地讲述着司马迁的悲惨遭遇，还补充了其受宫刑前的相关故事，教学设计一环扣一环，看似滴水不漏。但临了，她却问道："同学们，如果司马迁此时就站在你的面前，你想对他说些什么?"大部分学生只会空洞地回答诸如司马迁你真伟大，你真了不起！面对学生的回答，教师或许会埋怨学生腹中空空，脑中空空，孺子不可教也！但试问这位老师，感悟文本的基础是什么？情感的生成仅仅靠几句引语，一两个小故事就可以的吗？

(二)朗读基础薄弱

教师不管是检查性的朗读，还是讲析上的朗读训练，往往着重几个优生。在他们看来，一堂课(特别是公开教学)想要顺利完成教学设计。让几个优生朗读是最好选择，也是最保险不过的事。于是乎，个别朗读叫优生，师生接读叫优生，分角色朗读也叫优生。几个优生读来读去，大部分学生当听众，基本得不到朗读训练的机会，朗读教学质量落不到语文实际教学中。这样的文本朗读基础，不免让人对下面的文本理解环节感到担忧。

(三)单调、机械、生疏的朗读教学方法

"新课标"在"具体建议"中指出："各学段关于朗读的目标中都要求'有感情地朗读'，这是指，要让学生在朗读中通过品味语言，体会作者及作品中的情感态度，学习用恰当的语气语调朗读，表现自己对作者及其作品情感态度的理解。朗读要提倡自然，要摒弃矫情做作的腔调。"②

单调、机械、生疏的朗读教学方法，导致学生朗读不能融理解、感悟于一体。课堂上，常见教师在分析、理解之余来一句"请同学们有感情地读读这部分"，或"把×××语气读出来"，学生习以为常无动于衷。有的教师即使有指导却不得要领，只重声音形式，不重内心体验。常听教师直截了当地告诉学生，把某一个字(词)读得重(或轻)些，把某几个句子读得快些(慢些)，而忽略了朗读表情达意的要义。所以许多学生一遇到感情比较强烈的句子，就认为该读重音，而不知道有时重音轻读，表达的效果更强烈。如课文《明天，我们毕业》中有这样一句话："老师啊老师，您以自己的言行，为我们树立了榜样。在我的心目中，您是天使，您是大树，您是海洋。"学生往往读得快而高昂，像在喊口号。其实，作为即将离开学校的小学毕业生，对母校对老师心中都充满感激和依恋。应该一字一句读得缓慢而富有深情，正所谓"字字有声，声声有情"，更富感染力。

二、朗读教学中存在问题的原因

朗读对小学语文教学，以及提高小学生的综合能力都具有非常重要的意义。然而，在实际教学中，学生的朗读情况却总有不尽如人意之处。经过多年的工作实践，笔者认为在朗读教学中之所以存在诸多问题，主要有以下几方面的原因。

(一)朗读的意义认识不足

小学语文教学的目的是：指导学生正确理解和认识、运用祖国的语言文字，使学生具有初步的听说读写的能力。在听说读写的训练中，发展学生的智力，进行思想品德的教育，培养良好的学习习惯。语文教学的头号任务是让学生学习语言，而朗读是学习语言的重要的、最直接的途径之一，所以学生朗读能力高低与否，直接影响到语文教学的整体效果。而这点正是被许多老师所忽视的。

作为小学生，他总渴望课堂上能有层出不穷的新花样，朗读也不例外。心理学家研究证明，在教学内容相同的情况下，教学方法生动程度不同，对学生学习的吸引力就不同。因此，课堂上，教师冗长的讲解，形式单一的朗读训练，已经很难引起学生的想象，与课文中的主人公同喜同悲，唤起他们情感上的共鸣，激发他们的欲望。

(二)朗读的态度不够正确

目前的朗读教学存在的最根本的问题就是学生“欠读”、“缺辅”。鲁迅描述的那种“人声鼎沸”的读书场面很难看到。不少教师能让学生在课刚开始时把课文读一遍，或者在课中读一两个片断，这就算不错的了。更有甚者，只是让学生在预习时泛泛地读一下课文，一上课就开始讲解、分析，整堂课没有学生自己读书的活动。过去的“满堂灌”尚未绝迹，而新兴的“讨论式”、“练习式”等又几乎占据了整个语文课堂。以致有的学生一课学完了还不知道生字、新词在什么地方，甚至对课文的内容不甚了解，更不要说对文章语言的感知和对文章情味的体悟了。这种“隔靴搔痒”式的朗读教学，绝非个别现象。朗读教学必须改变这种状况，要特别重视指导学生如何读书，多留时间给学生读书。如上文所说的那种只顾优生的朗读方法，更是一种极差的习惯。

(三)朗读的氛围未曾建立

教学情境即教学氛围，是作用于学生主体发展的重要因素。让学生置身于特定的情景中，不仅有益于他们认知心理的发展，而且能有效地调动学生的情感参与。要想提高学生的朗读水平。就必须有师生情感的共同投入，让学生在美好情感的氛围中，体味作者的感情，把握作者的脉搏，读出文章的文意、文情、文境。而情感的建立，需要酝酿、需要一种情境，这样，情境在朗读教学中至关重要。只有把学生带到你创设的情境中来，他们的感情才会得到共鸣，才会收到很好的效果。而对于氛围的渲染，却是许多语文教师认为无关紧要的环节，根本不屑于在上面花功夫。如今的语文课堂，缺少的就是这种氛围。

三、朗读教学的优化

人云：“松声、涧声、琴声、鹤声……皆声之至清者，而读书声为最。”阅读教学要重视朗读，要让学生充分地读，在读中整体感知，在读中培养语感，在读中受到情感的熏陶。那么语文教师应该如何加强学生的朗读训练，使之为语文教学服务呢？笔者认为可以从以下几个角度入手。

(一)制定明确的朗读目的

在课堂教学活动展开时，我们每个“读”的环节都应该有明确的“行为指向”。在语文阅读教学的不同阶段中，朗读训练的目的、要求也不同。如：初读课文时，主要目的是让学生通过朗读了解主要内容，朗读的基本要求是正确、流利；分段学习课文时，朗读的目的是帮助学生理解课文内容，体会思想感情，积累语言，培养语感，学习作者是如何遣词造句的，这时的朗读不仅要求正确、流利，还应能传达出每部分课文表达的思想感情；在学习全篇课文之后，朗读的主要目的是使学生对课文能有一个更高层次的整体与部分相结合的把握，要求学生能通过朗读表现出作者思想感情的变化过程。只有这样我们才能达到朗读的效果，才符合新课标的要求。

(二)培养良好的朗读习惯

在朗读过程中，教师要给学生讲清朗读技巧，指导学生朗读，培养良好的朗读习惯。学生只有掌握了朗读技巧，养成好的习惯，才能准确地表情达意，增强语感，达到朗读的目的。

首先要注意朗读的语气。一般来说，写人叙事的文章包括两种语气：一种是作品中人物的语气，另一种是叙述人的语气。要读出人物的语气，就要分析把握人物的思想性格，体会他们在不同情境之中的情感，读出叙述人的语气，就要揣摩把握作者的思想感情。这两种语气巧妙地结合在一起，给人一种身临其境的感觉，让人回味无穷。

其次要保证朗读的质量。一节课，应保证一定时间和范围用于指导学生朗诵，而不是进行琐碎的分析，当然盲无目的的朗读也不是可取的。什么样的课文内容，什么样的阅读要求，什么样的学生，采用什么样的朗读形式，教师都要安排得恰到好处。如放声朗读一般适用于课前预习，这样学生更便于掌握新词的读音，以及对于长句子的停顿也能做到心中有数；而齐声朗读则适用于诗歌的朗诵，这种和声的美妙，能将诗歌的抑扬顿挫演绎得淋漓尽致；较短的课文和长课文中的某些重点部分，优美的片段，精妙的片段和气势恢弘，语言激昂的文章也适用于齐声朗诵或小组朗读。至于朗读的量就取决于学生对于课文本身的理解能力了，只要保证朗读的“质”和“量”双管齐下，相信朗读一定会成为语文教学的有效途径。

(三)创设适宜的朗读氛围

教学情景的创设是引导学生轻松进入朗读角色，激发学生阅读兴趣最直接的方法。我们可以从以下几个方面去把握。

首先，背景音乐激发学生的热情。笔者在教学苏教版六年级上册20课《安塞腰鼓》一文时，首先要学生仔细倾听安塞腰鼓的声音及感受擂鼓时惊心动魄的场面，并让他们边听边在脑海中想象擂鼓的场景。听完之后，鼓励他们大胆地说说自己听到了什么样的声音，用语言描述出来。就这样，通过震撼人心的鼓声，调动了学生的视听感官，发挥了学生的想象力，同时也极大地激发了学生对安塞腰鼓的兴趣：自己听到的安塞腰鼓声和其他地方的腰鼓声到底有什么不一样？就这样，学生带着迫不及待的心情开始了《安塞腰鼓》一课的朗读。

其次，教师示范调动学生的感受。如，在教学《陶校长的演讲》时，如果只是分四个部分来阐述陶校长演讲的内容，学生对文章的结构虽说有了把握，但对于陶校长说这番话的意义，是用什么口吻说的，他们根本就不能体会。因此，在教学时，首先不对课文内容作讲解分析，而是笔者自己用动情的语调示范朗读课文。朗读时，语音的轻重，语调的抑扬，节奏的快慢，情感的褒贬，让学生去体验、去感受。同时又要求学生自己反复朗读品味本文词语的精妙，语言的警策，句法的变化，以引起共鸣。这样，学生就能从《陶校长的演讲》中感受到陶校长从身体健康、学问进修、工作效能、道德品格这四方面对自己的激励和鞭策，从而陶校长这个教导有方、关爱学生的长者形象也就深深地印在了孩子的心里。

再次，角色朗读引导学生的投入。小学生都有很强的自我表现欲，在课堂上，教师应及时抓住时机，诱导他们进入角色。这样，不仅可以使他们进入角色，表现一下课文中的内容，加深对课文的理解，还能启迪他们的思维，发展他们的表演能力和口头表达能力。

"好的朗读方法对深入理解文章内容和体会文章思想感情，都有着举足轻重的作用。当然，要想读得好，主要取决于对所读的内容是否深刻领会，方法仅仅是表现的技巧。但朗读的方法技巧，反过来也能促进对读物内容的领会。"④当然，不同的年级段也有不同的朗读标准。比如低年级的学生生性好奇，活泼积极，乐于模仿，善于表现，具有很强的求知欲，上进心，可塑性强。根据他们年龄特征编撰的小学低年级课文也是语言文字优美，浅显易懂。所以，在朗读教学过程中可让学生整体感知，自由式朗读，充分发挥自己的个性。而高年级的学生，具有一定的理解和思辨能力，朗读教学时则更应该侧重加强学生思维能力的训练，加深对课文的理解和记忆，培养学生的语感能力，激发学生情感，提高学生的鉴赏能力和写作水平。总之，朗读是一种有声的语言艺术，它在小学语文教学中有着不容忽视的作用。只有通过教师们的精心指导，学生们的刻苦练习，才能真正在小学语文教学中展现它的艺术魅力。

【注释】

①中华人民共和国教育部．义务教育语文课程标准(2011版)[S]．北京师范大学出版社，2011.

②袁昌仁．朗读的语气、语调和语速[J]．语文教学通讯，2014(3C)

③ 戎栋环．如何把朗诵艺术真正引入语文课堂[J]．魅力中国，2010(25)

④支玉恒．例谈对朗读语调、语速和节奏的指导[J]．小学教学设计(语文)，2013(10)

【参考文献】

①中华人民共和国教育部．义务教育语文课程标准(2011版)[S]．北京师范大学出版社，2011.

②袁昌仁．朗读的语气、语调和语速[J]．语文教学通讯，2014(3C)

③戎栋环．如何把朗诵艺术真正引入语文课堂[J]．魅力中国，2010：25.

④ 郑金洲．案例教学指南[M]．华东师范大学出版社，2000.

⑤ 李吉林．李吉林小学语文情境教学—情境教育[M]．山东教育出版社，2000.

⑥支玉恒．例谈对朗读语调、语速和节奏的指导[J]．小学教学设计(语文)，2013(10)

【作者简介】

姓名　出生年月　单位　学历学位　职务职称　从事专业　各种通信联络方式

(二)分析

这篇教学论文的标题有正、副两个，正标题"读出一片新天地"虽能"抓人眼球"，但却未能揭示文章的主要内容；所以，再设置了一个副标题"小学语文朗读教学刍议"。而各级小标题也能基本做到同层次内的对称。

这篇教学论文的内容提要，就由正文各部分的内容压缩后组成，明眼人不难看出，实际上就是各部分大小标题的连缀。

就这篇教学论文的正文部分而言，其宏观上是纵式结构，分为“朗读教学中存在的问题”、“朗读教学中存在问题的原因”以及“朗读教学的优化”三个层层递进的板块，实际上，就是“提出问题(是什么)”、“分析问题(为什么)”、“解决问题(怎么办)”三大部分。这三大板块的内部，又各自分成并列的三个部分；所以说，这篇教学论文的结构是整体纵式、局部横式。

就三大板块的内部而言，第一板块的第一点“朗读时间不够”与第二板块的第一点“对朗读的意义认识不足”以及第三板块的第一点“明确朗读的目的”又相互联系，构成了“提出问题(是什么)”、“分析问题(为什么)”、“解决问题(怎么办)”的递进层次。也就是说，如果把三个板块的第一点抽出来，基本可以组成一篇小文章。实际上，各板块的第二点、第三点也分别构成了上述的关系。

例文告诉我们，安排教学论文的结构时，应该考虑到文章内在的照应联系。

二、整体横式、局部纵式结构案例分析

所谓的横式，就是文章分为并列的几个部分，分别论证一个分论点，而每个部分的内部再分为“现象(提出问题)”、“本质(分析问题)”、“对策(解决问题)”三个小部分，实际上是整体横式、局部纵式。

(一)案例

读出一片新天地(之二)——小学语文朗读教学刍议

××省××市××××小学　×××(215000)

【内容提要】小学语文朗读教学问题颇多。首先是朗读时间不够，其原因是对朗读的意义认识不足；所以，必须使师生双方明确朗读的目的。其次是朗读基础薄弱，其原因是没有正确的态度；所以必须培养良好的朗读习惯。另有朗读指导不力，其原因是没有正确的朗读习惯；所以说必须创设适宜的朗读氛围，在朗读中升华语文教学。

【关键词】小学语文；朗读教学；目的；习惯；氛围

目前，在我们的小学语文阅读教学中，普遍存在着“重讲轻读”的现象，朗读训练成了最容易被忽略的环节。语文课的第一任务是让学生学习语言，而读是学习语言的重要途径之一。通过熟读、背诵，使书面语言内化为学生自己的语言，才能有效地提高学生理解、运用语言的能力。因而教学必须重视朗读的训练，加强对朗读的指导与训练。然而，我们的朗读教学却存在着种种问题。

一、朗读时间明显不够

《义务教育语文课程标准》(2011版)指出：“各个学段的阅读教学都要重视朗读和默读”。[①]所谓朗读，就是声音清楚、响亮地读，就是把无声的书面语言转化为有声

语言的再创作活动，通过朗读可以声情并茂地把书面语言融于情融于声，从而变为富有感染力的口头语言。这对小学语文阅读教学和学生的思想品德教育，以及提高小学生的综合能力都具有非常重要的意义。然而，在实际的教学中，学生的朗读时间常常得不到保证。

(一)夹缝中的朗读

充斥于语文课堂的“讲问教学”挤掉了学生读书的时间，40分钟的课程教学，学生的朗读时间往往不足10分钟，而如此匆忙的朗读练习达不到预期的效果。如某教师在教学课文《司马迁发愤写史记》一文时，为了让学生了解司马迁在受了酷刑后在狱中是如何发愤写《史记》的，他声情并茂地讲述着司马迁的悲惨遭遇，还补充了其受宫刑前的相关故事，教学设计一环扣一环，看似滴水不漏。但临了，她却问道：“同学们，如果司马迁此时就站在你的面前，你想对他说些什么?”大部分学生只会空洞地回答诸如“司马迁你真伟大，你真了不起!”面对学生的回答，教师或许会埋怨学生腹中空空，脑中空空，孺子不可教也！但试问这位老师，感悟文本的基础是什么?情感的生成仅仅靠几句引语，一两个小故事就可以吗?

(二)原因分析：对朗读的意义认识不足

小学语文教学的目的是：指导学生正确理解和认识、运用祖国的语言文字，使学生具有初步的听说读写的能力。在听说读写的训练中，发展学生的智力，进行思想品德的教育，培养良好的学习习惯。语文教学的头号任务是让学生学习语言，而朗读是学习语言的重要的、最直接的途径之一，所以学生朗读能力高低与否，直接影响到语文教学的整体效果。而这点正是被许多老师所忽视的。

作为小学生，他总渴望课堂上能有层出不穷的新花样，朗读也不例外。心理学家研究证明，在教学内容相同的情况下，教学方法生动程度不同，对学生学习的吸引力就不同。因此，课堂上，教师冗长的讲解，形式单一的朗读训练，已经很难引起学生的想象，与课文中的主人公同喜同悲，唤起他们情感上的共鸣，激发他们的欲望。

(三)对策：师生双方必须明确朗读的目的

在课堂教学活动展开时，我们每个“读”的环节都应该有明确的“行为指向”。在语文阅读教学的不同阶段中，朗读训练的目的、要求也不同。如：初读课文时，主要目的是让学生通过朗读了解主要内容，朗读的基本要求是正确、流利；分段学习课文时，朗读的目的是帮助学生理解课文内容，体会思想感情，积累语言，培养语感，学习作者是如何遣词造句的，这时的朗读不仅要求正确、流利，还应能传达出每部分课文表达的思想感情；在学习全篇课文之后，朗读的主要目的是使学生对课文能有一个更高层次的整体与部分相结合的把握，要求学生能通过朗读表现出作者思想感情的变化过程。只有这样我们才能达到朗读的效果，才符合新课标的要求。

二、朗读基础薄弱

我们语文课上的朗读，常常流于形式，得不到学生的积极响应，从而得不到理想的效果。所以说，无论是课堂教学的现状，还是其深层次的原因，都值得探讨。

(一)可怜的朗读基础

教师不管是检查性的朗读，还是讲析上的朗读训练，往往着重几个优生。在他们看来，一堂课(特别是公开教学)想要顺利完成教学设计。让几个优生朗读是最好选择，也是最保险不过的事。于是乎，个别朗读叫优生，师生接读叫优生，分角色朗读也叫优生。几个优生读来读去，大部分学生当听众，基本得不到朗读训练的机会，朗读教学质量落不到语文实际教学中。这样的文本朗读基础，不免让人对下面的文本理解环节感到担忧。

(二)原因分析：没有正确的态度

目前的朗读教学存在的最根本的问题就是学生“欠读”、“缺辅”。鲁迅描述的那种“人声鼎沸”的读书场面很难看到。不少教师能让学生在课刚开始时把课文读一遍，或者在课中读一两个片断，这就算不错的了。更有甚者，只是让学生在预习时泛泛地读一下课文，一上课就开始讲解、分析，整堂课没有学生自己读书的活动。过去的“满堂灌”尚未绝迹，而新兴的“讨论式”、“练习式”等又几乎占据了整个语文课堂。以致有的学生一课学完了还不知道生字、新词在什么地方，甚至对课文的内容不甚了解，更不要说对文章语言的感知和对文章情味的体悟了。这种“隔靴搔痒”式的朗读教学，绝非个别现象。朗读教学必须改变这种状况，要特别重视指导学生如何读书，多留时间给学生读书。如上文所说的那种只顾优生的朗读方法，更是一种极差的习惯。

(三)对策：培养良好的朗读习惯

在朗读过程中，教师要给学生讲清朗读技巧，指导学生朗读，培养良好的朗读习惯。学生只有掌握了朗读技巧，养成好的习惯，才能准确地表情达意，增强语感，达到朗读的目的。

首先要注意朗读的语气。一般来说，写人叙事的文章包括两种语气：一种是作品中人物的语气，另一种是叙述人的语气。要读出人物的语气，就要分析把握人物的思想性格，体会他们在不同情境之中的情感，读出叙述人的语气，就要揣摩把握作者的思想感情。这两种语气巧妙地结合在一起，给人一种身临其境的感觉，让人回味无穷。

其次要保证朗读的质量。一节课，应保证一定时间和范围用于指导学生朗诵，而不是进行琐碎的分析，当然盲无目的的朗读也不是可取的。什么样的课文内容，什么样的阅读要求，什么样的学生，采用什么样的朗读形式，教师都要安排得恰到好处。如放声朗读一般适用于课前预习，这样学生更便于掌握新词的读音，以及对于长句子的停顿也能做到心中有数；而齐声朗读则适用于诗歌的朗诵，这种和声的美妙，能将诗歌的抑扬顿挫演绎得淋漓尽致；较短的课文和长课文中的某些重点部分，优美的片段，精妙的片段和气势恢弘、语言激昂的文章也适用于齐声朗诵或小组朗读。至于朗读的量就取决于学生对于课文本身的理解能力了，只要保证朗读的“质”和“量”双管齐下，相信朗读一定会成为语文教学的有效途径。

三、朗读指导不力

人云：“松声、涧声、琴声、鹤声……皆声之至清者，而读书声为最。”[②]阅读教学要重视朗读，要让学生充分地读，在读中整体感知，在读中培养语感，在读中受到情感的熏陶。然而学生的朗读，需要教师的指导，我们教师指导朗读的情形又是怎样呢？

（一）单调、机械、生疏的朗读教学方法

“新课标”在“具体建议”中指出：“各学段关于朗读的目标中都要求‘有感情地朗读’，这是指，要让学生在朗读中通过品味语言，体会作者及作品中的情感态度，学习用恰当的语气语调朗读，表现自己对作者及其作品情感态度的理解。朗读要提倡自然，要摒弃矫情做作的腔调。”③

课堂上，常见教师在分析、理解之余来一句“请同学们有感情地读读这部分”，或“把×××语气读出来”，学生习以为常无动于衷。有的教师即使有指导却不得要领，只重声音形式，不重内心体验。常听教师直截了当地告诉学生，把某一个字（词）读得重（或轻）些，把某几个句子读得快些（慢些），而忽略了朗读表情达意的要义。所以许多学生一遇到感情比较强烈的句子，就认为该读重音，而不知道有时重音轻读，表达的效果更强烈。如课文《明天，我们毕业》中有这样一句话：“老师啊老师，您以自己的言行，为我们树立了榜样。在我的心目中，您是天使，您是大树，您是海洋。”学生往往读得快而高昂，像在喊口号。其实，作为即将离开学校的小学毕业生，对母校对老师心中都充满感激和依恋。应该一字一句读得缓慢而富有深情，正所谓“字字有声，声声有情”，更富感染力。

（二）原因：缺少朗读氛围

教学情境即教学氛围，是作用于学生主体发展的重要因素。让学生置身于特定的情景中，不仅有益于他们认知心理的发展，而且能有效地调动学生的情感参与。要想提高学生的朗读水平。就必须有师生情感的共同投入，让学生在美好情感的氛围中，体味作者的感情，把握作者的脉搏，读出文章的文意、文情、文境。而情感的建立，需要酝酿，需要一种情境，这样，情境在朗读教学中至关重要。只有把学生带到你创设的情境中来，他们的感情才会得到共鸣，才会收到很好的效果。而对于氛围的渲染，却是许多语文教师认为无关紧要的环节，根本不屑于在上面花工夫。如今的语文课堂，缺少的就是这种氛围。

（三）创设适宜的朗读氛围

教学情景的创设是引导学生轻松进入朗读角色，激发学生阅读兴趣最直接的方法。我们可以从以下几个方面去把握。

首先，背景音乐激发学生的热情。笔者在教学苏教版六年级上册20课《安塞腰鼓》一文时，首先要学生仔细倾听安塞腰鼓的声音以及感受擂鼓时惊心动魄的场面，并让他们边听边在脑海中想象擂鼓的场景。听完之后，鼓励他们大胆地说说自己听到了什么样的声音，用语言描述出来。就这样，通过震撼人心的鼓声，调动了学生的视听感官，发挥了学生的想象力，同时也极大地激发了学生对安塞腰鼓的兴趣：自己听到的安塞腰鼓声和其他地方的腰鼓声到底有什么不一样？就这样，学生带着迫不及待的心情开始了《安塞腰鼓》一课的朗读。

其次，教师示范调动学生的感受。如，在教学《陶校长的演讲》时，如果只是分四个部分来阐述陶校长演讲的内容，学生对文章的结构虽说有了把握，但对于陶校长说这番话的意义，是用什么口吻说的，他们根本就不能体会。因此，在教学时，首先不对课文内容作讲解分析，而是笔者自己用动情的语调示范朗读课文。朗读时，语音的轻重，语调的抑扬，节奏的快慢，情感的褒贬，让学生去体验、去感受。同时又要求学生自己反复朗读品味本文词语的精妙，语言的警策，句法的变化，以引起共鸣。这样，学生就能从《陶校长的演讲》中感受到陶校长从身体健康、学问进修、工作效能、道德品格这四方面对自己的激励和鞭策，从而陶校长这个教导有方、关爱学生的长者形象也就深深地印在了孩子的心里。

再次，角色朗读引导学生的投入。小学生都有很强的自我表现欲，在课堂上，教师应及时抓住时机，诱导他们进入角色。这样，不仅可以使他们进入角色，表现一下课文中的内容，加深对课文的理解，还能启迪他们的思维，发展他们的表演能力和口头表达能力。

总之，朗读是一种有声的语言艺术，它在小学语文教学中有着不容忽视的作用。只有通过教师们的精心指导，学生们的刻苦练习，才能真正在小学语文教学中展现它的艺术魅力。当然，我们更要注意朗读的方法指导，“好的朗读方法对深入理解文章内容和体会文章思想感情，都有着举足轻重的作用。当然，要想读得好，主要取决于对所读的内容是否深刻领会，方法仅仅是表现的技巧。但朗读的方法技巧，反过来也能促进对读物内容的领会。”④当然，不同的年级段也有不同的朗读标准。比如低年级的学生生性好奇，活泼积极，乐于模仿，善于表现，具有很强的求知欲，上进心，可塑性强。根据他们年龄特征编撰的小学低年级课文也是语言文字优美，浅显易懂。所以，在朗读教学过程中可让学生整体感知，自由式朗读，充分发挥自己的个性。而高年级的学生，具有一定的理解和思辨能力，朗读教学时则更应该侧重加强学生思维能力的训练，加深对课文的理解和记忆，培养学生的语感能力，激发学生情感，提高学生的鉴赏能力和写作水平。总之，朗读是一种有声的语言艺术，它在小学语文教学中有着不容忽视的作用。只有通过教师们的精心指导，学生们的刻苦练习，才能真正在小学语文教学中展现它的艺术魅力。

【注释】

① 中华人民共和国教育部．义务教育语文课程标准(2011 版)[S]．北京师范大学出版社，2011.

② 戎栋环．如何把朗诵艺术真正引入语文课堂[J]．魅力中国，2010(25)

③ 袁昌仁．朗读的语气、语调和语速[J]．语文教学通讯，2014(3C)

④ 支玉恒．例谈对朗读语调、语速和节奏的指导[J]．小学教学设计(语文)，2013(10)

【参考文献】

① 中华人民共和国教育部．义务教育语文课程标准(2011 版)[S]．北京师范大学出版社，2011.

② 袁昌仁．朗读的语气、语调和语速[J]．语文教学通讯，2014(3C)

③ 戎栋环．如何把朗诵艺术真正引入语文课堂[J]．魅力中国，2010：25.

④ 郑金洲．案例教学指南[M]．华东师范大学出版社，2000.

⑤ 李吉林．李吉林小学语文情境教学—情境教育[M]．山东教育出版社，2000.

⑥ 支玉恒．例谈对朗读语调、语速和节奏的指导[J]．小学教学设计(语文)．2013(10)

【作者简介】

姓名 出生年月 单位 学历学位 职务职称 从事专业 各种通信联络方式

(二)分析

这篇教学论文宏观上是横式结构，分为三个并列的分论点，分别论证“朗读时间明显不够”、“朗读基础薄弱”以及“朗读指导不力”，也就是说，全文整体上由三个并列的板块构成。这三大板块的内部，又各自分成递进的三个部分，实际上就是“提出问题(是什么)”、“分析问题(为什么)”、“解决问题(怎么办)”三个依次递进的部分。就如第一板块的三个小点依次为“夹缝中的朗读”“原因分析：对朗读的意义认识不足”以及“对策：师生双方必须明确朗读的目的”。所以说，这篇教学论文的结构是整体横式、局部纵式。

如果略微仔细一点，就能发现，这篇教学论文的三大板块，实际上就是三篇小文章。例文告诉我们，撰写教学论文时，应该考虑到大文章实际上就是由若干小文章组合而成。如果按照同样的方法写一篇关于识字写字教学优化的文章、一篇关于作文教学优化的文章、一篇关于口语交际教学的文章，再将这四篇文章通过适当的导语和过渡语组合起来，就成了一篇“论小学语文教学的优化”的较大的文章了。当然，选题是否有意义另当别论。

至此，我们一定明白了教学论文也并不是高不可攀的东西。任何一个中小学语文教师都可以进行科研，都可以写成自己的教学论文，都可以通过科研写文章，提高自己的教学水平。当然，开始时不能性急，不能一下子就去“论中国的语文教学改革”。从自己的眼前做起，从点滴入手，找一个小小的切口入手；就文章的构成而言，先参照本章提供的两个案例的结构，将之巩固，然后，跳出这个“框架”。成功指日可待。当然，学习教学论文的写作，别指望一蹴而就。首先，自身的积累是必要条件；其次，只有反复看反复练，才可能取得成功。

第八讲　信息处理技能

第一节　教师信息素养

21世纪是一个信息化的网络社会，以计算机、网络通信技术为代表的信息技术革命已经迅速渗透到社会的各个角落。为适应社会的发展、应对信息化的挑战，教育部已确定在中小学全面实施教育信息化战略。而这一战略最终能否取得成功，教师的信息素养是一个关键的影响因素。为此，教师将面临着新的知识、能力与专业发展的要求。

信息素养这一概念是美国信息产业协会主席保罗·泽考斯基在1974年提出的。信息素养的本质是全球信息化需要人们具备的一种基本能力。其简单的定义来自1989年美国图书馆学会，包括：人们能够判断什么时候需要信息，并且懂得如何去获取信息，如何去评价和有效利用所需的信息。

信息素养主要表现为八个方面的能力(如图8-1所示)：

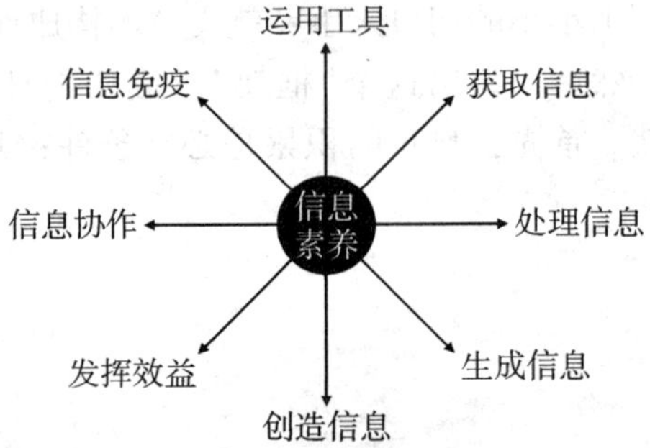

图8-1　信息素养包含能力图

①运用工具：能熟练使用各种信息工具，特别是网络传播工具。

②获取信息：能根据自己的学习目标有效地收集各种学习资料与信息，能熟练地运用阅读、访问、讨论、参观、实验、检索等获取信息的方法。

③处理信息：能对收集的信息进行归纳、分类、存储记忆、鉴别、遴选、分析综合、抽象概括和表达等。

④生成信息：在信息收集的基础上，能准确地概述、综合、履行和表达所需要的信息，使之简洁明了，通俗流畅并且富有个性特色。

⑤创造信息：在多种收集信息的交互作用的基础上，迸发创新思维的火花，产生新信

息的生长点，从而创造新信息，达到收集信息的终极目的。

⑥发挥效益：善于运用接受的信息解决问题，让信息发挥最大的社会和经济效益。

⑦信息协作：使信息和信息工具作为跨越时空的、“零距离”的交往和合作中介，使之成为延伸自己的高效手段，同外界建立多种和谐的合作关系。

⑧信息免疫：浩瀚的信息资源往往良莠不齐，需要有正确的人生观、价值观、甄别能力以及自控自律和自我调节能力，能自觉抵御和消除垃圾信息及有害信息的干扰和侵蚀，并且完善合乎时代的信息伦理素养。

中小学教师的信息素养既是一种能力素养，更是一种基础素质，主要包括信息意识、信息知识、信息能力、信息道德等方面的素养。

第一，信息意识。

信息意识是指中小学教师对信息的敏感程度，包括对信息的识别与获取能力，对信息的分析、判断以及对信息的利用和评价素养。

中小学教师信息意识主要包括：对待信息的态度、较强的敏感和预测能力、敏锐的判断能力和强烈的社会责任感以及强烈的信息参与意识。

第二，信息知识。

中小学教师信息知识主要包括信息基础知识以及计算机基本技能、多媒体或计算机辅助教学知识及基本技能、运用网络环境进行教学的知识及运用技能以及信息技术与学科课程整合的知识及技能。

第三，信息能力。

信息能力是利用信息解决问题的能力，能够了解信息的本质以及其多样化的形式，熟悉获取信息的方法，并具备评价、解释、组织及综合信息的能力，具备操作信息检索、处理传播工具与系统的能力，包括计算机、媒体系统和网络的基本能力等。

中小学教师的信息能力主要包括信息获取的能力、利用信息进行教学设计的能力、有效获取信息资源的能力、有效使用信息的能力、开发信息的能力和信息传播的能力。

第四，信息道德。

信息道德，是指中小学教师在信息活动中应遵循的道德规范。如保护知识产权、版权，对个人隐私的尊重和不良信息的自觉抵制等。

信息道德主要包括信息道德意识、信息免疫能力、信息安全意识和信息规范行为。

信息素质作为一种高级的认知技能，同批判性思维、问题解决的能力一起构成了中小学教师进行知识创新和学会如何学习的基础，信息社会要求中小学教师必须是一个知道如何检索、评价和应用所需信息的学习者。

第二节　教育信息资源概述

一、教育信息资源的概念

(一) 信息

从客观上看，信息是指一切事物存在方式和运动规律的表征。它是事物的一种普遍属性，只要事物存在，就会有表征其属性的信息。

(二)教育信息

教育信息是指在教学活动中传递、加工和处理的信息。20世纪80年代以来，因计算机多媒体和网络技术越来越广泛地应用于教育活动之中，教育信息传递活动具有了新的特点。

(三)教育信息资源

教育信息资源是指经过数字化处理，可以在多媒体计算机上或网络环境下运行的多媒体信息材料，它能够激发学生通过自主、协作的方式来寻找和处理信息，从而使数字化学习成为可能。

二、教育信息资源的类型

教育教学信息资源是极其丰富的，根据这些信息资源构成的特点和呈现形式、教育功能特性及施教方式来分有多种类型。

(一)按信息资源构成的特点和呈现形式分类①

1. 常规教育教学信息资源

常规教育教学信息资源通常是以文本、图片、图表、档案材料等呈现的常规教育教学内容，包括知识性教学信息和课程性教学信息以及教育性信息三大类。

网上各种科学技术知识和各种技能知识都属于知识性信息；经过教师加工处理，由教师通过网上传授给学生的各学科(诸如数学、物理、文学等)的基础知识性信息称为课程性教学信息；教育性信息则是教师通过网上对受教育者进行道德品质教育、心灵陶冶、思想修养、学习目的性的教育内容。

教育性信息与知识性信息的主要区别在于它们的作用，教育性信息往往包括一定的知识性信息。

2. 多媒体课件类教育教学信息资源

多媒体课件类教育教学信息是由教师和专业人员制作的用于教学的完整软件，它针对特定教学对象，依据学习理论和认知心理学，对教学过程进行教学设计，通过计算机为教师与学生提供多种媒体信息，利用交互机制对教与学的过程进行控制。它集文字、图片、声音、视频、动画等于一体，构成了互联网上多维的或虚拟真实的学习空间环境。

(二)按教育教学信息资源的功能特性分类②

1. 教育教学动态类信息资源

教育教学动态类信息资源主要是反映各地开展有关教育、教学和教改活动的消息、时事、通信以及各类时效性的教育教学动态、教育教学产品宣传等内容。此类信息具有很强的时效性，其教育功能在于唤起教育工作者的参与意识，帮助学校领导及师生员工了解各地教育的宏观动向及最新发展状况。

---

① 李勇帆：《校园网教育教学信息资源的开发与建设研究》，《中国电化教育》2001年第6期。

② 李勇帆：《校园网教育教学信息资源的开发与建设研究》，《中国电化教育》2001年第6期。

2. 教育教学理论类信息资源

教育教学理论类信息资源是广大教育工作者对教育教学实践中的新的心得体会与收获、教育科研的新成果加以理论概括，然后在网上发表的信息资源。这些信息往往是教育工作者在教育实践和教育科研中理性思维的结晶，既有探索性的创见，又有规律性的总结，闪烁着群体智慧的光芒。因此，这类信息既具有启迪智慧，又有更新观念等教育功能。

3. 教育教学经验类信息资源

凡在互联网上发表，是教育、教学第一线的教育工作者在获得成功的体验之后，对各种有效实验或有效做法的具体总结，均称之为教育教学经验信息。这类信息对教育工作者具有直接的借鉴价值。这类信息资源的特点是它的实践性或可操作性。与理论性信息相比，经验性信息更加贴近实际，许多做法不仅新意迭出，而且循序可学，不少是可以推广的精彩创举。

4. 教学辅助素材类信息资源

互联网上的教学辅助素材是教师或专业人员将适合的各种声音、图像、文字、动画等素材以数据记录的方式存放于数据库中，这些素材可以为教师备课、上课提供教学资料，为学生小组协商学习提供学习资料，也可为教师制作多媒体课件提供素材。

(三)按资源主要使用对象分类①

1. 学习资源

学习资源指供学习者使用的各学科的电子讲稿、网上教程、课程资料、学习论坛、讨论组、试题库、教学软件、招生就业信息等信息资源。

2. 备课资源

备课资源指供教师备课使用的各种课程资料、教学软件、教案、指导刊物、学术会议资料、交流心得等。

3. 科研资源

科研资源指供教育管理部门、教育科研人员以及学习者使用的各学科的专业文献资料、各种政策法规、各种教育新闻、教育统计信息等。

4. 管理资源

管理资源指供管理人员对各类教育信息资源以及各类教学活动进行统一管理的数据库管理系统。

(四)按资源的组织形态分类

根据《教育资源建设技术规范》(征求意见稿)，目前常见的信息化教学资源主要包括9类，分别是：媒体素材(包括文本、图形/图像、音频、视频和动画)、试题库、试卷、课件与网络课件、案例、文献资料、常见问题解答、资源目录索引和网络课程。另外，还可根据实际需求，增加其他类型的资源，如电子图书、工具软件和影片等。

1. 媒体素材

媒体素材是传播教学信息的基本材料单元，可分为五大类：文本类素材、图形/图像

① 周嗣：《数字化教育信息资源配置研究》，华中师范大学硕士学位论文，2007年。

类素材、音频类素材、视频类素材、动画类素材。

2. 试题库

试题库是按照一定的教育测量理论，在计算机系统中实现的某个学科题目的集合，是在数学模型基础上建立起来的教育测量工具。

3. 试卷

试卷是用于进行多种类型测试的典型成套试题。

4. 课件与网络课件

课件与网络课件是对一个或几个知识点实施相对完整教学，用于教育教学的软件，根据运行平台划分，可分为网络版的课件和单机运行的课件，网络版的课件需要能在标准浏览器中运行，并且能通过网络教学环境被大家共享。单机运行的课件可通过网络下载后在本地计算机上运行。

5. 案例

案例是指由各种媒体元素组合表现的、有现实指导意义和教学意义的代表性事件或现象。

6. 文献资料

文献资料是指有关教育方面的政策、法规、条例、规章制度，对重大事件的记录以及重要文章、书籍等。

7. 常见问题解答

常见问题解答是针对某一具体领域最常出现的问题给出全面的解答。

8. 资源目录索引

资源目录索引是指列出某一领域中相关的网络资源地址链接和非网络资源的索引。

9. 网络课程

网络课程是通过网络表现的某门学科的教学内容及实施的教学活动的总和，它包括两个组成部分：按一定的教学目标、教学策略组织起来的教学内容和网络教学支撑环境。不同类型的资源具有不同的教学功能。

三、教育信息资源的特点

(一) 信息形式的多样性

网络上的教育信息资源以超媒体形式组织，其多媒体界面不仅可以通过网络的超链接直接得到与主题相关的其他资源，还包括精美的画面、优美的音乐、逼真的动画和视频图像。

(二) 信息获取的便捷性

网络上的教育信息资源检索简单、快捷、方便，可通过网络终端随时随地获取，这就避免了其他媒体信息在查找时所必需的时间、空间等因素的限制。

(三) 信息资源的共享性

互联网上的教育信息资源除了具备一般意义上的信息资源的共享性外，还表现为一个网页可供所有的上网用户随时访问。

(四)信息传播的时效性

网络信息的时效性远远超过其他任何一种信息，网络媒体的信息传播速度及影响范围使得信息的时效性增强。

(五)信息传递的互动性

交互性是网络的主要特点之一。网络教育信息资源一改以往书籍等印刷信息以及广播电视等电子信息的单向传递方式，具备同步与异步双向传递功能。

(六)信息内容的广泛性

网络教育信息资源内容丰富，可为各个学科领域的学者提供参考。

(七)信息资源的创造性

数字化教育信息资源具有切合实际、及时可信的特点，可用于多层次的探究，可以通过计算机网络工具对其直接进行操纵处理，富有创造性。

第三节　信息处理能力

一、信息处理能力概述

信息处理能力是指主动收集和运用信息的能力，即通过课堂教学及各种教育、实践活动等途径，提高学生的信息意识，形成对信息“择取”、“储存”、“运用”的初步能力。

伴随着20世纪下半期信息处理手段产生质的飞跃，一场教育革命不可避免地发生了，我们习以为常的、几代人共用的处理信息的方法面临着被淘汰的结局。教育实践已经表明，传统的一套教材、一本教案吃一辈子的情况，再也不能继续下去了。现代教育发展日新月异，天天有新的资料，有新的教学思想，有新的教学方法，如果我们不能迅速掌握这些新的东西，就不能很好地教授学生，培养出来的学生也不能适应将来的社会需要。正因为这样，提高教师的能力就显得尤为重要。而要真正提高教师的能力，首要的工作是能够及时了解国内外最新的信息，也就是要具备处理信息的能力。

信息处理能力包括信息的收集、存储、解码、提取、应用和精制。

信息收集，人们常常与最先进的手段——电脑挂钩，实际上信息收集范围远不止是电脑，传统的书本、实地采集等，都可以视为收集信息的有效方法。

传统的存储手段是利用书籍记载，长此下去，日积月累，材料之多，汗牛充栋，一个人倾终身之力，未必能尽读，更何谈进行细致研究。如果我们采用现代技术手段进行存储，体积将大大减少，调取也将大为方便。

传统的信息解码是用人工的方法，相当复杂，不仅费时，也很费力，读者查阅起来也感不便。在使用以计算机、网络为标志的处理办法以后，效率大大提高。

二、传统信息处理

(一)信息处理常用的方法

1. 熟练运用工具书

工具书是专供查找知识信息的文献。它系统汇集了某方面的资料，按特定方法加以编排，以供需要时查阅用的文献。

根据基本性质和使用功能，可以把工具书划分为检索性工具书和参考性工具书。检索工具书基本上是对文献的特征做简要的记载，属于二次文献的范畴；而参考工具书则主要是对知识进行精要的说明，属于三次文献的范畴；两者多是以纸张为载体的出版物，检索工具书多为期刊形式，出版周期短，及时性较强，参考工具书则主要是图书形式或是年鉴一类连续出版型的，出版周期长，稳定性较强；两者都是以供人查寻为出版目的，但检索工具书提供的情报一般只是有关文献的线索，必须根据这些线索再查原文，而参考工具书提供的情报是具体的事实和数据，检索的结果可以直接利用。

常用参考工具书包括字词典、百科全书、年鉴、手册、名录、表谱、图录等类型，通常用于数据信息检索和事实信息检索。

(1)字、词典

字典、词典在英语中通称为 dictionary，是人们经常使用的工具书。汉语里，字和词是不同的概念，因此有字典和词典之分。字典是汇集单字，注明其字形、读音、意义和用法；词典主要解释词语的概念、意义和用法。字、词典按所收内容分为语文性和知识性两大类。

其中语文性字、词典主要供学习语言文字之用，又可分为综合性字、词典和专门性字、词典。

综合性字、词典是对字的音、形、义和词汇的意义、用法全面加以解释。如《新华字典》、《汉语大字典》、《王码字典》、《现代汉语词典》、*Oxford of English Language* 等。

专门性字词典只收某一类的字、词，或只解释字或词形、音、义的某个方面。如《成语词典》、《汉语虚词词典》、《简明同义词典》、《中国民间方言词典》。

知识性词典包括百科词典、专科词典。

其中百科词典汇集各学科重要的术语和概念来加以解释，提供最基本的知识。如《辞海》、《中国百科大辞典》等。

(2)专科词典

专科词典收录一个学科或专门领域的术语、概念、专名加以解释，系统地反映专业知识的概要。专科词典所提供的知识往往比百科词典更为详尽。如《哲学大辞典》、《中国艺术家辞典》、《中国古今地名大辞典》等。

此外，还可按语种划分为单语词典和多语词典。如上述各种字(词)典都属于单语词典。多语词典是两种或两种以上语种间的对译词典。如《英汉大词典》、《汉英科技大辞典》等。

(3)百科全书

百科全书被称为参考性工具书之王。它是概述人类一切门类或某一门类知识的完备工具书，是知识的总汇。它是对人类已有知识进行汇集、浓缩并使其条理化的产物。百科全书一般按条目(词条)字顺编排，另附有相应的索引，可供迅速查检。百科全书既可用于查寻事实性信息，如学科理论、流派、分支、术语、人物、事件、机构、地名等，也可用来查寻某些数据，还可用来查找各领域基本的文献书目。

常用的百科全书有《中国大百科全书》、《简明中华百科全书》、《简明不列颠百科全书》、《中国农业百科全书》、《世界经济百科全书》、《中国军事百科全书》、《中国电力百科全书》、《中国商业百科全书》、《中国青年百科全书》、《中国证券百科全书》、《城市问题百科全书》、《中国保险百科全书》、《中国教育百科全书》等。

2. 文献检索

文献检索的概念有狭义和广义之分。

狭义的检索是指依据一定的方法，从已经组织好的大量有关文献集合中，查找并获取特定的相关文献的过程。这里的文献集合，不是通常所指的文献本身，而是关于文献的信息或文献的线索。

广义的检索包括信息的存储和检索两个过程。信息存储是将大量无序的信息集中起来，根据信息源的外表特征和内容特征，经过整理、分类、浓缩、标引等处理，使其系统化、有序化，并按一定的技术要求建成一个具有检索功能的数据库或检索系统，供人们检索和利用。而检索是指运用编制好的检索工具或检索系统，查找出满足用户要求的特定信息。

依据检索对象的不同，文献检索可分为以下三种类型。

以查找文献线索为对象的文献检索；

以查找数值与非数值混合情报为对象的事实检索；

以查找数据、公式或图表为对象的数据检索。

一般来说，文献检索可分为以下步骤：

①明确查找目的与要求；

②选择检索工具；

③确定检索途径和方法；

④根据文献线索，查阅原始文献。

（二）文献检索途径

1. 著者途径

许多检索系统备有著者索引、机构（机构著者或著者所在机构）索引，专利文献检索系统有专利权人索引，利用这些索引从著者、编者、译者、专利权人的姓名或机关团体名称字顺进行检索的途径统称为著者途径。一些检索系统中提供按题名字顺检索的途径，如书名目录和刊名目录。

2. 分类途径

分类途径是按学科分类体系来检索文献。这一途径是以知识体系为中心分类排检的，因此，比较能体现学科系统性，反映学科与事物的隶属、派生与平行的关系，便于我们从学科所属范围来查找文献资料，并且可以起到“触类旁通”的作用。从分类途经检索文献资料，主要是利用分类目录和分类索引。

3. 主题途径

主题途径是通过反映文献资料内容的主题词来检索文献。由于主题法能集中反映一个主题的各方面文献资料，因而便于读者对某一问题、某一事物和对象作全面系统的专题性研究。我们通过主题目录或索引，即可查到同一主题的各方面文献资料。

4. 引文途径

文献所附参考文献或引用文献，是文献的外表特征之一。利用这种引文而编制的索引系统，称为引文索引系统，它提供从被引论文去检索引用论文的一种途径，称为引文途径。

5. 序号途径

有些文献有特定的序号，如专利号、报告号、合同号、标准号、国际标准书号和刊号等。文献序号对于识别一定的文献，具有明确、简短、唯一性特点。依此编成的各种序号索引可以提供按序号自身顺序检索文献信息的途径。

6. 代码途径

利用事物的某种代码编成的索引，如分子式索引、环系索引等，可以从特定代码顺序进行检索。

7. 专门项目途径

从文献信息所包含的或有关的名词术语、地名、人名、机构名、商品名、生物属名、年代等的特定顺序进行检索，可以解决某些特别的问题。

(三)文献检索方法

1. 直接法

直接法又称常用法，是指直接利用检索系统(工具)检索文献信息的方法。它又分为顺查法、倒查法和抽查法。

顺查法是指按照时间顺序，由远及近地利用检索系统进行文献信息检索的方法。这种方法能收集到某一课题的系统文献，它适用于较大课题的文献检索。

倒查法是由近及远、从新到旧、逆着时间的顺序利用检索工具进行文献检索的方法。此法的重点是放在近期文献上。使用这种方法可以最快地获得最新文献信息。

抽查法是指针对项目的特点，选择有关该项目的文献信息最可能出现或最多出现的时间段，利用检索工具进行重点检索的方法。

2. 追溯法

追溯法是指不利用一般的检索系统，而是利用文献后面所列的参考文献，逐一追查原文(被引用文献)，然后再从这些原文后所列的参考文献目录逐一扩大文献信息范围，一环扣一环地追查下去的方法。它可以像滚雪球一样，依据文献间的引用关系，获得更好的检索结果。

3. 循环法

循环法又称分段法或综合法。它分期分段交替使用直接法和追溯法，以期取长补短，相互配合，获得更好的检索结果。

三、网络教育资源的检索与利用

(一)网络教育信息资源的类型

1. 电子书籍

现在网上电子书籍的类型主要是那些名家的经典著作，如莎士比亚的著作。中文电子书也不在少数，如北极星书库(hltp：//www. help99. com)收集有数千种中文书籍。目前，使用网上的电子书籍通常是免费的。然而，随着读者越来越多地利用网上资源以及相应的有关版权法修改的问题，预计将来有可能实行收费制度。事实上，国外正在形成网上电子书出版业。

2. 电子期刊

电子期刊主要有三种类型，分别是电子报纸、电子杂志和期刊、电子新闻和信息服务。电子期刊现在已经成为主要的网上信息资源。随着最大的期刊在网上发行，电子期刊的获得越来越容易。而且其内容基本与印刷期刊的内容相同。但是由于制作和发行成本比较低，而且读者人数会越来越多，不久有望出现相当大数量的专业化电子期刊。

3. 数据库

数据库是指大量信息对象的集合，它允许用户根据某些属性进行检索。网上有各种各样的数据库，例如专题数据库、图书目录和地址簿等，其中有许多可以为教育教学目的服务。如中国知网，万方数据资源系统等。

4. 虚拟图书馆

虚拟图书馆是一个比较广泛的概念，可以泛指各种有组织的网上信息库。我们这里主要指由比较严肃的学术和科研机构建立的网上信息库，这些库往往集中于一个或几个专题，广泛收集网上的学术作品和相关网站地址，按一定规则进行分类编目，有的用超文本建立索引，有的用关键词检索。

5. 电子百科

电子百科全书(包括电子辞书)是近几年才开始发展起来的。不过，最著名的百科全书——不列颠百科全书(Encyclopedia Britannic Online，http：//search. eb. com)在1996年6月就已经有了在线服务。

到目前为止，相比于印刷的百科全书，电子百科全书在某些方面还存在一定的局限性，尤其是在照片和其他的多媒体元素方面。不过这一状况在不久的将来肯定会发生彻底的改观，电子百科全书将能够提供更广泛、更及时的信息(包括三维动画、声音和视频等)。电子百科全书的另一个优点是它的基于超文本的设计，易于浏览查询。对用户而言，友好的搜索界面是最重要的，因为它保证了用户查找信息的迅速与准确。

6. 教育网站

教育网站是一个广泛的概念，目前尚无统一的分类方法。主要有以下几种类型：

教学类。这类网站提供比较完整的课程教学或辅导，从一门、数门到上百门不等。国内目前有许多此类网站采取商业化运作方式，通常称之为网校。

教育类。这类网站把目标瞄准课外、校外教育，如社区教育、教育游戏、家庭教育、亲子教育等。

研究类。这类网站通常由教育研究者和学科教师创建，提供与课程教学研究相关的资源，包括课程大纲、教学法、教案、学生作品、参考资料等。

资源类。这类网站分门别类地提供各种教育资源，如课程标准、教材、案例、素材等，有的可纳入网上数据库范围。

综合类。在一定程度上综合了以上几类网站的功能特点，中国中小学教育教学网(http：//www. k12. com. cn)基本上属于此类。

7. 电子论坛

我们将由 Usenet、BBS 之类的技术支持的网上讨论系统称为电子论坛。电子论坛中的信息不如电子百科那样权威和规范，不如电子期刊那样严肃和专业，但形式活泼，内容新鲜，也不乏真知灼见。

在教育的环境中可以利用新闻组完成两类基本任务：首先，它们可以帮助查找信息（如阅读张贴在新闻组中的关于某一课题的文章或者通过张贴文章来寻求帮助）。其次，新闻组支持不同文化间的交流（如外语课程）和跨地区的学生/学校之间的合作（如比较大的项目和作业课题）。

当你对于某一专业问题不大了解、有疑问时，建议你根据信息的种类进入新闻组或 BBS 上的相关专题，态度谦虚地向专题的负责人或者是其他讨论者请教。在这里，你面对的可能不只是对相关领域感兴趣的人士，还可能会是你景仰已久的专家。贴出你的问题来，很可能会有人回应。对于从事学术研究的人员，利用新闻组与全世界的同业人士进行相关的讨论会非常有用。

8. 网络视频公开课

互联网的发展与普及使人们跨国使用教学资源成为一种可能。2010 年春季，哈佛大学首开世界网络公开课，推出“幸福”、“公平与正义”、“死亡”等专业课程，此后耶鲁大学、牛津大学、普林斯顿大学、麻省理工学院等 50 余所世界一流大学也开始推行网络公开课，并且在学校官网上提供免费下载的公共开放课程。

除了国外大学的网络公开课外，国内一些著名高校也开设了许多网络公开课，目前网络公开课的主要平台有 Coursera，Udacity，EdX，还有国内的爱慕课、MOOC 学院、中国大学 MOOC、网易公开课等。

课余时间上网学习名校的公开课已经成为当前世界各国大学生一种新的学习方式。

（二）网络教育资源的检索

互联网是人们交流信息和获取知识的强有力工具，网络教育资源的开发与利用正日益受到重视。如何在互联网上快速、有效地获取有用的教与学资源，并能科学组织、合理利用已成为广大教师必须掌握的基本技能。

1. 信息检索工具

网络检索工具，按照其工作原理的不同，大概可以分为三种类型。

（1）目录检索工具

目录检索工具是由信息管理专业人员在广泛搜集网络资源，并在进行加工整理的基础上，按照某种主题分类体系编制的一种可供检索的等级结构式目录。分类方法以学科分类为主，也有采用图书分类方法的。在每个目录类下提供相应的网络资源站点地址，使用户能通过该目录体系的引导，查找到有关的信息。此类检索工具的主要优点是检索质量较高，缺点是检索到的信息数量有限，且新颖性不够。

有代表性的目录检索工具如 Yahoo、Lycos、网易等。现在，搜索引擎和目录检索工具逐渐整合在一起，以增强检索能力。

（2）搜索引擎

搜索引擎是使用自动索引软件来发现、收集并标引网页、建立数据库，以网页形式提供给用户一个检索界面，供用户输入检索关键词、词组或短语等检索项的一种信息检索工具。代替用户在数据库中查找出与其提问匹配的记录并返回结果，且按其相关度排序输出。使用搜索引擎检索时，无需判断类目、归属，使用方便。但搜索引擎也存在一些缺陷，例如，由于人工干预少，使其准确性较差，检索结果中可能会有很多冗余信息。著名的搜索引擎如 Google、百度、天网等。

(3)多元搜索引擎

多元搜索引擎是将搜索引擎集成在一起，并提供一个统一的检索界面，且将一个检索提问同时发给多个搜索引擎，同时检索多个数据库，再经过聚合、去重之后输出检索结果。其优点是省时，缺点是由于不同搜索引擎的检索机制、所支持的检索算法、对提问式的解读等均不相同，导致检索结果的准确差。常用的多元搜索引擎有 Dogpile、Vivisimo、Mamma 等。

2. 信息检索策略

互联网中蕴含着的信息资源每时每刻都在变化和更新，为了加快获取信息的速度，避免或减少在信息检索过程中所走的弯路，应该掌握一些基本的网上信息检索的策略和技巧。

(1)选用准确的关键词，构造恰当的检索表达式

把所要检索内容中最重要的概念定为检索的关键词，同时还应当注意检索关键词的同义词、单复数、拼写变异、大小写、单词结尾的不同情况等。此外，还注意运用编写检索表达式的方法在指定信息中进行检索。例如，布尔检索式。布尔检索符号包括 AND(检索结果必须含有所有用 AND 连接起来的关键字)、OR(检索结果必须至少含有一个用 OR 连接起来的关键字)、NOT(检索结果不能含有紧接在 NOT 后面的关键字)和表示要求检索结果含有所有输入的关键字。这些符号必须大写，而且前后要有一个空格。

(2)选用适当的检索方法

第一，图书信息检索。不论过去还是将来，图书馆都以它丰富的藏书向人们提供多种信息，是人们获取资源的重要途径。现在，图书馆一般备有书目检索终端，供检索、查询图书。书目检索系统提供了书名、作者、索引号、ISBN 号、关键字等多种检索途径，读者可以根据自己的需要和所掌握的相关信息选择检索途径；还可以将掌握的几条信息组配起来，检索同时满足几个条件的记录。例如，国家图书馆提供了网上藏书目录查询功能，可以快捷地查找到所需的图书。国家图书馆的网址是 http：//www. nlc. gov. cn/，进入网页，单击“馆藏目录检索”按钮后就可进入目录检索页面。

第二，期刊信息检索。中国期刊网全文数据库是 CNKI 知识创新网中最具有特色的一个文献数据库，由清华同方股份有限公司期刊(光盘版)电子杂志社、清华大学国家光盘工程研究中心出版的。它是目前世界上最大的连续动态更新的中国期刊全文数据库，收录了 1994 年至今约 7000 多种学术类核心或专业特色期刊全文。内容共分 9 个专辑，分别是数理科学(理工 A)、化学化工能源与材料(理工 B)、工业技术(理工 C)、农业、医药卫生、文史哲、经济政治与法律、教育与社会科学、电子技术与信息科学，共 126 个专题文献数据库。

中国期刊信息的检索主要分初级检索和高级检索两种。其中初级检索系统方便快速，

执行效率较高，但查询结果有很大的冗余，会检索出一大批检索者所不期望的结果。如果能在检索结果中进行二次检索则检索命中率会大大提高。对于一些简单查询或是不熟悉多条件组合查询的用户，建议使用该检索系统。

高级检索可以通过输入内容检索条件和输入检索控制条件来完成。其中内容检索条件可以选择主题、篇名、关键词、摘要、全文、参考文献和中图分类号，检索控制条件则包括发表时间、文献来源、支持基金等。

此外知网还提供专业检索、作者发文检索、科研基金检索、句子检索和文献来源检索等方法。知网提供的检索途径共有11种(篇名、作者、关键词、机构、中文摘要、引文、基金、全文、中文刊名、ISSN、年、期、主题词)，根据检索要求选择一种途径。这里，选择检索途径为“篇名/关键词/摘要”方式。“输入检索词”意思是指在检索词输入框中输入与检索途径相对应的检索关键词。“选择检索时间”是指由于中国期刊网收录了1994年至今的期刊，用户可根据需要进行选择。“选择检索结果输出方式”指可选择按“相关度”或“更新日期”排序输出，默认为“无”排序输出。“无序”为数据无序排列；“相关度”指以检索词在检索字段内容里出现的命中次数排序，次数越多越靠前；“更新日期”指以更新数据日期最新排列，数据更新的日期越新越靠前。“选择检索专辑范围”指可根据需要选择一个、几个专辑或子专辑，当不确定检索范围时也可“全选”。

第三，目录搜索。如果要查找某一大类中的内容，可以使用Web目录和索引。目录通常按照主题分类，一般还包括返回顶级目录的超链接。Yahoo、Sohu等网站就是使用目录搜索的典型中文网站。

目录检索工具的使用方法：

①选择目录大类中的项目，然后一步一步地缩小范围。

②用一个含义较广的关键词(如：教育，数学，应用)查询，然后继续选择点击更详细的标题。

③如果一个目录不能为你提供合适的结果，用另一个试试。通常目录间会有很大的差别。

第四，利用专业网站或专题网站进行检索。通过搜索教育教学专业网站，可以最高效地找到教学资源和素材。常用的教育教学专业网站有：中国中小学教育教学网(http：//www.k12.com.cn)、国家基础教育资源网(http：//www.cbern.com.cn)、中国教育信息网(http：//www.chinaedu. edu.cn)、中国教育和科研计算机网(http：//www.edu.cn)、中国园丁网(http：//www.teacher.edu.cn)等都是国内大型的教育网站。

第五，使用搜索引擎。搜索引擎是一个提供信息“检索”服务的网站，它使用某些程序把互联网上的所有信息归类，以帮助人们在茫茫网海中搜索到所需要的信息。如果希望得到特定的信息，并且知道相应的标题词组或专用术语，就可以使用搜索引擎。

百度是当前最常见的中文搜索引擎。在百度中，可以按布尔逻辑、词组、截词、字段、限制等一般方法检索，也可按自然语言、多语种、区分大小写等特殊方法检索，还可以使用它们提供强大的高级检索功能，在首页点击“高级搜索”链接，进入高级搜索页面，在这个页面中通过设置更多的搜索条件，便可搜索出更为符合要求的信息来。另外，这两种搜索引擎目前都提供了专门的图片类素材、动画素材、音频类素材甚至视频类素材的专门检索页面。例如，在百度网站上检索用作网页的背景音乐(WAV、MID等类型)，只要在百度主页上点击mp3，再在选择的类型中选择“其他”这个选项，然后在检索框中输入音乐的名称，最后搜索即可。

(三)常用的检索技巧

①用搜索引擎检索到所需文档并链接到相关网页后，有时会发现所要的文件并没有出现在当前屏幕中，这时简单的方法就是在该网页中使用查找功能。具体方法是，按“Ctrl + F”键，在“查找”对话框中输入待查的关键词，以便在当前网页中查找相应的内容。

②一些常用网站的网址(URL)通常是可以猜测出来的，当然首先需要了解URL的基本组成，在需要时就可以“构造”出这样一个网站的URL来。例如，假设不知道中央电视台(CCTV)的URL，但根据常识可以猜测网址是http://www.cctv.com或者http://www.cctv.com.cn，事实上，经链接证明这两个URL均是正确的。

③当检索返回的网页太多，而需要的网页又不在最前面的几页时，可通过改变关键词、改变搜索范围、使用逻辑符and及引号等方法进一步缩小检索范围。

④当检索不成功时，应该检查关键词是否有拼写错误、检索表达式是否正确、各个关键词之间是否自相矛盾。若仍不能成功地搜索，可换一种搜索引擎，因为每个搜索工具拥有资源的侧重点可能有所不同。

一般情况下，选用一个好的搜索工具，采取一个科学的搜索策略和技巧，能正确应用布尔逻辑符，并熟悉所搜索的领域知识，就能够获得一个比较满意的检索结果。

(四)网络信息筛选的基本方法

筛选信息的方法通常有查重法、时序法、类比法等。

1. 查重法

查重法是筛选信息资料最简便的方法，目的是剔除重复资料，选出有用的信息资料。

2. 时序法

时序法即逐一分析按时间顺序排列的信息资料，在同一时期内，较新的选取，较旧的舍弃，这样可能使信息资料在时效上更有价值。

3. 类比法

类比法是将信息资料按空间、地区、产品层次分类对比接近实质的保留，否则舍弃。这种方法需要信息资料收集人员有比较扎实的专业知识，即对自己所熟悉的业务范围，仅凭市场信息资料的题录就可以决定取舍。

四、多媒体信息的处理

(一)多媒体信息的基本形态

1. 文本

文本是以文字和各种专用符号表达的信息形式，它是现实生活中使用得最多的一种信息存储和传递方式。用文本表达信息给人以充分的想象空间，它主要用于对知识的描述性表示，如阐述概念、定义、原理和问题以及显示标题、菜单等内容。

2. 图像

图像是多媒体软件中最重要的信息表现形式之一，它是决定一个多媒体软件视觉效果的关键因素。

3. 动画

动画是利用人的视觉暂留特性，快速播放一系列连续运动变化的图形图像，也包括画面的缩放、旋转、变换、淡入淡出等特殊效果。通过动画可以把抽象的内容形象化，使许多难以理解的教学内容变得生动有趣，合理使用动画可以达到事半功倍的效果。

4. 声音

声音是人们用来传递信息、交流感情最方便、最熟悉的方式之一。在数字化教育教学资源中，按其表达形式，可将声音分为讲解(或旁白)、音乐、效果三类。

5. 视频影像

视频影像具有时序性与丰富的信息内涵，常用于交代事物的发展过程。视频非常类似于我们熟知的电影和电视，有声有色，在数字化教育教学资源中充当着重要的角色。

(二)多媒体信息的采集

1. 文本信息

(1)文本信息的类型

文字材料是最容易获取和采用的一类媒体资源。文字资源的下载速度和网络浏览速度都很快，多数教学平台和课件写作工具都对文字资源提供了良好的支持。文字资源同时还可以展示出丰富的教学内容和与教学相关的辅助内容。此外，教师还可以对文字材料进行适当的修改，以便适应自己的教学需求，更好地辅助学生进行学习。比较常见的文字资源格式有 TXT、DOC、RTF 等几种。

(2)文本素材的获取

第一，键盘直接输入。通过计算机的文本编辑软件，可以很方便地利用键盘直接输入文本。当前常用的文字编辑软件有 Word、WPS、记事本。

第二，扫描识别输入。当需要大最获取印刷品上已有的文字资料时，人们一般会利用扫描仪将印刷文稿转化为图像，利用光学字符识别(OCR)技术，将图像识别成为可任意编辑处理的文本文件。

第三，联机手写输入。联机手写输入系统是用一支书写笔在与计算机相连的一块书写板上写字，用压敏或电磁感应等方式将笔在运动中的坐标输入计算机，计算机中的识别软件根据采集到的笔迹之间的位置关系和时间关系信息来识别所写的字，并把结果显示在屏幕上。

第四，语音识别输入。语音识别是通过语音输入设备(如麦克风等)将语音信号通过声卡输入到计算机中，并由相应的软件转换成文本文件保存起来。

第五，从网络上下载。网络上存在着大量的教学资源，可以很方便找到所需文本素材，下载到本地计算机中，也可以直接将所需文字复制到文本编辑软件中进行处理。

第六，从资源光盘中获取。市场上有大量包括海量文本的光盘，如百科全书、教育资源库等。从光盘上可以找到大量的文本素材。

2. 图像图形信息

(1)图形图像的类型

图形是指由外部轮廓线条构成的矢量图，即由计算机绘制的直线、圆、矩形、曲线、图表等。图像是由数码相机、扫描仪、摄像机等输入设备捕捉实际的画面产生的数字图像，是由像素点阵构成的位图。

计算机中的图像是数字化的，数字图像大致可以分为两种：位图图像和向量图像。

位图图像也称为像素化图像或点阵图像，这种图像使用颜色网格——像素，来表示图像。每个像素都有特定的位置和颜色数值。位图图像的大小和质量取决于图像中像素点的多少，通常每平方英寸面积上所含的像素点越多，图像就越清晰，但文件也越大。反之，图像就越模糊，文件也越小。如果在屏幕上放大位图图像，或以比当初创建时低的分辨率打印，会导致丢失细节，使图像呈现锯齿状。位图图像能够制作出颜色和色调变化丰富的图像，可以逼真地表现自然界的景象，也容易在不同的软件间交换文件。缺点是不能制作3D图像，而且图像缩放和旋转时会失真，文件也比较大。位图图像可以通过扫描仪、数码相机等获得，还可以通过图像处理软件生成，如Photoshop，PhotoImpact等。

向量图像，也称作矢量式图像，是以数学的矢量方式来记录图像内容，它所记录的是图像的几何形状、线条粗细和色彩等信息，因此，文件所占的容量较小。矢量图像可以进行放大、缩小或旋转，而且不失真，精确度较高并可以制作3D图像。缺点是不易制作色调丰富或色彩变化太多的图像，不易在不同的软件间交换文件。

矢量图像无法通过扫描或从Photo CD(相片光盘)中获得，而是通过设计软件生成，如CorelDRAW，AutoCAD，Illustrator等。

注意：矢量图像在屏幕上显示的时候，由于显示器的特点，它仍然是以像素方式来显示的。

(2)图形图像的基本参数

第一，像素。在位图图像中，点组成线，线组成面，所以可以将一幅位图看成是由无数个点组成的，组成图像的一个点就是一个像素，它是构成位图图像的最小单位，它的形态是一个小方点。

第二，分辨率。分辨率是指单位长度上的像素多少，单位长度上的像素越多，分辨率越高，图像也就越清晰。分辨率有很多种，如显示分辨率、输出分辨率、扫描仪分辨率以及图像的分辨率等。这里我们主要了解一下图像的分辨率和输出分辨率。

图像的分辨率可以理解为单位面积中包含的像素数量，通常用每英寸图像含有多少个像素点来表示。在数字化图像中，分辨率的大小直接影响图像的品质。一个分辨率相同的图像，尺寸越大所保存的文件越大。

输出分辨率是指绘图仪、激光打印机等输出设备在输出图像时每英寸所产生的油墨点数。如果使用与设备输出分辨率成正比的图像分辨率，就能产生好的输出效果。

(3)图形图像素材的格式

常用的图形图像的格式有BMP、GIF、JPG、TIF、PNG、WMF、PSD等。其中JPG也称为JPEG格式，采用有损压缩，可以很好地再现全彩色图像，色彩数最高可达到24位，较适合摄影图像的存储，常用于制作网页图像文件。较小，但仅能表达256色图像。GIF格式文件支持图像内的小型动画。

(4)图形图像的获取

第一，利用绘图软件制作。根据教学资源制作的需要，对于不能从其他渠道获得的图形图像素材，可以利用一些绘图软件来进行创作，如利用 AI(Adobe Illustrator)，CDR(CorelDRAW)或者 PS(Photoshop)等软件来进行。

第二，屏幕捕捉或屏幕硬拷贝。通过抓图获取图像。所谓抓图，就是将计算机屏幕上显示的画面捕捉下来，以文件的形式保存。这是一种常用的采集图像素材的手段。我们可以使用专用的抓图软件，常用的有 HyperSnap，SnagIt 等，也可以利用 Windows 操作系统提供的抓图功能来抓图。

第三，扫描仪扫描。可以用扫描仪将杂志、书籍、照片上的图像扫描到计算机中，存储为指定格式的文件。

第四，数码相机拍摄。用数码相机采集图像。数码相机是一种采用数字化格式录制运动或者静止图像的相机，是集光、电、机一体的新型电子产品。数码相机录制的图像可以通过串口电缆线、USB 电缆线或者存储媒介传送到计算机中。也可以通过打印机或数码冲印将图像输出。

第五，网络上下载。通过互联网搜索。大多搜索引擎都提供了图片搜索功能。在输入框中输入关键字，如“狗”，点击“百度搜索”就可以搜索到大量的与狗相关的图片，因为它是按图片题目搜索的，所以可能不大准确，可以从中挑选出自己需要的图片。另外，百度也提供了卡通游戏、体育明星、军事武器等一些专类搜索。也可以在网上的一些专门的素材库中获得。如：图库天下 http://www.tooqoo.com；素材精品屋 http://www.sucaiw.com；集图联盟 http://cscu.18600.com；中华素材库 http://www.sucaiku.com 等。

(5)图形图像格式的转换

不同软件支持的文件格式不同，有时需要借助于其他的软件来转换文件的格式。另外，要缩小文件的体积，也需要将文件转换成压缩的文件格式。

3. 声音信息

声音在信息化教学中的主要作用：一是通过语音信息直接、清晰地表达思想；二是通过适当地运用音乐声与效果声来烘托画面内容。当然，对于语言及音乐类的教学信息资源，音频则成为主要的媒体对象。

数字化音频主要包括语音、音乐和效果声三种类型。

(1)音频文件的类型

常见的音频文件的类型有 WMV、MID、CDA、MP3、RA 等。

(2)声音的采集

第一，引用或购买现成的音频素材。

利用现成的 WAV、MID 和 MP3 格式的声音库(主要是音乐和音效)是最直接、最方便的方法。而且这些音乐素材都是经过专业人员精心制作而成的，既具有较高的质量，又可以节省时间。

第二，自行制作、录音编辑、MIDI 合成等。通过话筒等音频输入设备利用音频编辑软件进行编辑合成。

第三，现有音频的格式转换。由于教学信息资源开发工具对音频格式的支持有差异，为了得到符合要求的格式，常利用一些转换工具进行转换，供相关的教学信息资源开发工具调用。例如，通过一些播放软件直接将CD盘中的声音采集存储为WAV格式文件。

(3)利用网络搜索需要的声音素材

可以通过互联网，利用搜索引擎找到自己需要的声音素材，一般的搜索引擎都提供了声音的搜索，例如百度。

选择“MP3”标签，在文本输入框中，输入要查找的声音的关键字，点击“百度搜索”即可查找到符合条件的查询结果。可以选择搜索“歌词”、“全部音乐”、“MP3”、”RM”等多种声音件。找到需要的声音文件后，在声音文件上单击鼠标右键，选择“目标另存为”菜单项，将声音文件保存到制作档案中的“素材准备/声音素材”文件夹中。

也可以到网上专门的声音素材库中寻找，参考网址如声音网 http：//www. shengyin. com；数码资源网 http：//www. smzy. com/yinpin。

4. 动画信息素材

动画用来模拟事物的变化过程、规律，说明科学原理，能够增强学习内容的直观性、生动性、趣味性。动画是利用人类视觉暂留的特性，通过把一连串微小变化的画面按照一定的时间间隔显示在屏幕上，从而产生画面中物体运动的效果，只要以每秒24帧(幅)以上的速度播放连续的静态画面，就使人感觉不到画面的切换而只是看到画面中物体的连续运动。动画也包括缩放、旋转、切换、淡出淡入等画面显示的特殊效果。

(1)动画的类型

动画从其制作的画面效果上分，主要有两大类：一类是二维(平面)动画，其主要特点是色彩鲜艳、清晰度高、容易掌握和使用；另一类是三维(立体)动画，其主要特点是立体感强、动画效果逼真。

(2)常见的动画格式

常见的动画格式主要有GIF、FLI/FLC、SWF等。

(3)准备动画信息素材的常用方法

首先，我们可以在互联网上搜索动画素材，参考网址如下：

站长素材网 http：//sc. chinaz. com/donghua/；

16素材网 http：//www. 16sucai. com/fla/；

FLASH资源在线 http：//www. flash263. com/。

其次，利用动画制作工具，自己创作。

优秀的多媒体作品中离不开适量的动画场面，因而动画的创作也是多媒体产品必不可少的一部分。

有些多媒体创作工具提供了一些简单的二维动画制作功能。如果要创造逼真的、专业级的动画，必须考虑选用专门的动画创作软件，如二维动画的制作软件有Animator Studio、Gif animator，三维动画制作软件有3D max，三维动画文字效果制作软件有Cool 3D，矢量动画制作软件有Macromedia Flash MX等。

5. 视频素材

视频素材也称影像素材，它能真实地再现物体原有的面貌和事物的变化过程，并且图、文、声并茂，因此，适宜地运用视频可以增强教学资源的表现力与感染力。

(1)视频和数字视频

视频一般是指用摄像机摄制的连续画面。在电视系统中，摄像机的功能是把从镜头前的图像转换为电子信号，而电视机则把电子信号转换为活动的图像。视频信号一般有两种：模拟视频和数字视频。普通摄像机摄制的视频信号为模拟视频，现行电视系统再现的视频信号也是模拟视频。数字摄像机摄制的视频为数字视频，高清晰度电视中的视频也为数字视频。

通常，我们需要将模拟摄像机、录像机、电视机等输出的模拟视频信号，采集到电脑中，并进行编辑，但计算机处理的都是数字信号，因此，必须把模拟视频信号通过专用的模拟/数字转换设备转换为二进制数字信息，这一视频信号数字化的过程称为视频采集，数字化后的视频称为数字视频。

(2)视频文件类型

常见的视频文件格式有 AVI、MPG、DAT、RMVB、MOV、DAT 等。

(3)视频信息的获取

可以利用摄像机拍摄，也可以利用光盘中已有的视频素材或是利用 VCD、DVD 中大量的视频素材。此外通过一些抓取软件来截取屏幕动画，如利用 HyperCam、Snagit、ScreenCam 等来记录屏幕动画。

第四节　信息化教学资源的设计、开发与应用

一、课件的设计与开发

(一)课件概述

课件是根据教学大纲的要求，经过教学目标确定，教学内容和教学任务分析，教学活动结果及界面设计等环节，而加以制作的课程软件。课件的特点是可以激发学生学习兴趣，提高教师的教学水平和节约时间。应用多媒体技术设计和编制的多媒体课件，具有综合处理图文声像的能力，改变传统中将知识信息仅以单一视觉或听觉表现的方法，使学生能通过多种感官获取知识信息，增强理解能力，提高教学效率。

多媒体课件的主要表现形式是：利用数字化的声音、文字、图片以及动态画面，形象地展现学科中的可视化内容，强化形象思维模式，使性质和概念更易于接受。

多媒体课件本身也具备互动性，提供了学生自学的机会。可以传授知识、提供范例、自我上机练习、自动识别概念和答案等手段展开教学，使受教育者在自学中掌握知识。

(二)课件的特点

1. 教学信息显示形象直观

教学信息显示方式包括文字、图像、图形、声音、视频图像、动画等多种形式。利用这种优势，向学生传授知识，比传统的教师在黑板上书写更直观、形象，更具有吸引力，可以为学习者创设多样化的情境，使学生获得生动形象的感性素材。给学生提供的外部刺激由原来单一的刺激，变为多种感官的综合刺激，这种刺激更能引起学生的学习兴趣且提高学生的学习积极性。

2. 教学过程的交互环境

在多媒体课件中，计算机可以利用人机交互的手段和快速的计算处理能力，根据现实情况模拟各种现象与场景，扮演与学生友好合作、平等竞争的场景。提供图文并茂、丰富多彩的人机交互式学习环境，使学生能够按自己的知识基础和习惯爱好选择学习内容，这样，将充分发挥学生的主动性，真正体现学生的认知主体的作用。

3. 教学资源的大容量

多媒体课件提供大量的多媒体信息和资料，创设了丰富有效的教学情境，学生可以通过这种丰富的学习资源，学会如何获取信息、探究信息，建构自己的知识结构，培养学生的学习能力。

4. 教学信息的超文本组织

超文本是按照人的联想思维方式非线性地组织管理信息的一种先进的技术。由于超文本结构信息组织的联想式和非线性，符合人类的认知规律，所以便于学生进行联想思维。另外，由于超文本信息结构的动态性，学生可以按照自己的目的和认知特点重新组织信息，按照不同的学习路径进行学习。

5. 教学信息传输的网络化

互联网的发展实现了全球的资源共享和信息通信。多媒体教学研究的发展，利用网络资源，采用多机交流的形式进行教学已是潮流。计算机网络化，为教师、学生和家长之间提供了可以相互交流、相互学习的平台。

6. 教学信息处理的智能化

虽然实现智能化还有一定的难度，但现在已经取得了一些突破，如具有学生模型的阅读软件、具有自动批改的作文教学软件的研究已取得很好的成果。这些现代教育技术的优势，将十分有利于因材施教，有利于个性的发展。

7. 教学模式的游戏化

电子游戏作为一种教育资源，潜质丰富，特别是融入课件具有深刻的现实意义。它拓宽了课件资源领域，拓宽了学习方式和教学方式，是一种可行的、操作性很强的课件开发新思路。

在多媒体课件中，学生可以很轻松地在游戏环境中愉快地完成学习任务，这种把教学渗透在游戏中，能产生一种生动与轻松的学习氛围，激发学习者兴趣的游戏化教学课件逐渐得到关注。

（三）课件的分类

1. 教学演示型

教学演示型的课件应用于课堂教学中，在多媒体电脑教室中，由教师向全体学生播放多媒体课件，演示教学过程，创设教学情境，进行示范教学。在创设教学情境或进行标准示范时，将抽象的教学内容用形象具体的动画等形式表现出来。

教学演示型主要是为了解决某一学科的教学重点或难点而开发的，注重对学生的启发和提示，反映问题解决的全过程，揭示教学的内在规律。

2. 自主交互型

自主交互型课件具有完整的知识结构，能反映一定的教学过程和教学策略，提供相应的练习供学生进行学习和评价，并设计许多友好的界面让学生进行人机交互活动。利用自主交互型多媒体课件，可以让学生在个别化的教学环境下自主地进行学习。

自主交互型课件的基本教学过程是：教学以单元为主，将知识分解成许多相关的知识点呈现，再通过提问问题，检查学生的掌握情况。

3. 操作练习型

操作练习型课件主要通过练习的形式来训练、强化学生某方面的知识或能力，在多媒体网络教室的环境下，利用专门的教学功能进行专业技能的展示。

操作练习型课件主要是通过问题的形式来训练和强化学生某方面的知识和能力，它包括题目的编排，学生回答信息的输入，判断回答以及反馈信息的组织，记录学生成绩等。

4. 教学模拟型

教学模拟型课件也称仿真型课件，用计算机模拟真实的自然现象或社会现象。课件主要提供学生与模型间某些参数的交互，从而模拟出事件的发展结果。如化学中的各种化学反应，飞机和汽车的驾驶操纵等。

5. 合作学习型

合作学习型指在计算机网络通信工具的支持下，学生们不受地域和时间上的限制，进行互教互学、小组讨论、小组联系和小组课题等合作性学习。与传统的自主交互学习截然不同，自主交互学习注重于人机交互活动对学习的影响，而合作学习强调计算机支持同伴之间的交互活动。

6. 娱乐学习型

娱乐学习型课件与一般游戏软件有很大的不同，它主要基于学科的知识内容，寓教于乐，通过游戏形式，教会学生掌握学科的知识和能力，并激发学生学习的兴趣。这种课件要求趣味性较强。

(四)课件的基本要求

课件设计要符合教育性、科学性、艺术性和技术性等要求。

1. 教育性要求

教育性是多媒体课件的最根本的属性，它要求多媒体课件按照教学大纲的规定，根据教学的目的和要求，用多媒体计算机技术实现有效的控制和播放来达到实施教学的目的。它要求多媒体课件要有明确的教学目的，特定的教学对象，生动活泼的教学形式，并有助于突出重点和难点，能充分体现教学规律。

2. 科学性要求

在多媒体课件中，科学性主要反映在系统严谨、实用新颖和规范正确上。

3. 艺术性要求

多媒体课件通过科学与艺术的结合，使教育更有成效。艺术是以情动人，以情感人，用形象体现本质，在表现教学内容时尽量运用完美的艺术形式表达。在坚持科学性的前提下，尽量运用完美的艺术形式表现教学内容，从而取得事半功倍的教育效果。

4. 技术性要求

技术性要求主要反映在运行环境的选择，人机操作界面的设计，图文声像素材的制作和编辑，软件的调试与播放等技术问题上。它直接影响多媒体课件设计与制作技术水平的高低，也直接影响教学效果。

(五)课件的教学系统设计

教学系统设计是开发过程中最重要的一环，它是形成多媒体课件设计总体思路的过程，决定了后续开发的方方面面。

课件开发中的设计工作可以分为教学设计和课件结构设计等环节。

1. 教学设计

教学设计是关键的环节，主要有学生特征的分析、教学目标的确定、多媒体信息的选择、教学内容知识结构的建立和形成性练习的设计等。

教学设计要注重教学目标及教学内容分析，注重情境创设，强调情境在学习中的重要作用，注重信息资源设计，强调利用各种信息资源来支持学习。最终形成一个优化的教学系统结构。

2. 课件结构设计

由于多媒体课件的信息量大且要求具有友好的交互性，因此，必须认真设计多媒体课件的系统结构，以保证多媒体课件能达到最佳的教学效果。多媒体课件的结构实质上就是多媒体教学信息的组织与表现方式，它定义了课件中各部分教学内容的相互关系及其发生联系的方式，反映了整个课件的框架结构和基本风格。

课件结构设计通常包括如下内容。

(1)软件封面的显示方式

软件封面是教学软件与学习者的第一个交互界面，用于说明多媒体课件所包含的主要内容。

(2)建立信息间的层次结构和浏览顺序

层次结构和浏览顺序是教学信息间的逻辑结构和相互间的联系。如某个知识点或教学内容应隶属于哪一层次结构，这一层次结构可用哪些媒体信息表示，这些媒体信息的排列顺序如何等。

(3)确定信息间的跳转关系

多媒体课件的导航设计即交叉跳转，它是指从某个具体的信息或主题跳转到与其相关的另一个信息或主题。

交叉跳转的确定会影响多媒体课件开发的难易程度以及教学软件的使用效果。

(六)课件制作的常用工具

1. PowerPoint(PPT)

微软公司出品的制作幻灯片的软件，也是目前中学教师最常用的手段。优点是做课件比较方便，但就其功能来说相对差了一些，图片、视频、文字资料的展示制作较为方便，易起到资料展示的作用。

2. Authorwrae

Authorwrae是Macromedia公司推出的多媒体开发工具，由于它们具有强大的创作能力、简便的用户界面及良好的可扩展性，广泛用于多媒体光盘制作等领域。

3. Flash

Flash是Macromedia公司出品的，用在互联网上动态的、可互动的shockwave。优点是体积小，可边下载边播放，可以生成动画，可以作为PPT的辅助工具，作为演示文稿的插入动画，增强教学的趣味性。

(七)课件设计与制作的步骤

1. 选择教学课题，确定教学目标

选择开发课件的课题是整个课件开发的第一步。一个好的选题是成功的必要条件，选题应该根据教学的必要性和可行性来进行。选题的同时，还要分析和确定课题实施所能达到的目标，应符合教学目标的要求。特别要注意发挥多媒体的特长。

2. 选择合适的制作平台

目前应用的比较多的多媒体制作工具有PowerPoint、Authorwrae、Flash等，这类软件为图形界面，易学易会，一般人均能在短时间内学会，不用编程，不需要记忆复杂的编程命令，只要有基本的计算机常识就能使用。

3. 脚本创作

脚本设计是制作课件的重要环节，需要对教学内容的选择、结构的布局、视听形象的表现、人机界面的形式、解说词的撰写、音响和配乐的手段等进行周密的安排。

4. 素材准备

课件的素材包括文字、图像、动画、声音等，在选择时有一个标准是吸引学生注意，激发学生学习兴趣，使学生能够记住并掌握知识。

5. 课件制作过程

多媒体课件最核心的部分是制作合成。其主要任务是根据脚本的要求和意图设计教学过程，将各种多媒体编辑起来，制成交互性强、操作灵活、视听效果好的课件。

6. 使用反馈及修改

调试、打包是课件制作的最后一环，也是非常重要的一环。课件制作完成后，应用于课堂教学，然后根据学生的反馈信息，再将课件加以修改，从而使其达到最优。

(八)演示型多媒体课件设计与开发

1. 演示型多媒体课件特征

目前，我国由于计算机普及程度有限，在计算机用于课堂教学的过程中，应用计算机进行课堂演示成为许多教师热心钻研的课题，逐渐形成了我国特有的多媒体课件类型，即演示型多媒体课件。

演示型多媒体课件一般是由教师自行编制的，应用PowerPoint一类的演示文稿制作软件，教学程序基本属于直线式顺序教学，用于辅助各科的课堂教学。

演示型多媒体课件具有图、文、声、像等多种媒体元素，能与Authorware等多媒体创作工具结合，具有强大的表现能力，在直线式程序的基础上有简单的跳转和链接功能，适于各学科演示内容提要、数据图表、动态现象、模拟示意。演示型多媒体课件可用来配合课堂的讲授、讨论、练习、示范等各种教学方法。

2. 演示型多媒体课件设计

应用多媒体课件，首先要设计制作相应的课件，演示型多媒体课件设计主要遵循以下原则。

(1)理论指导原则

现代教育技术应用的目标是以现代教育理论为指导，把先进的信息技术应用到教育教学过程中，以实现教育教学的优化。对多媒体课件设计影响较大的理论有：行为主义学习理论、认知主义学习理论和建构主义学习理论。

在计算机辅助教学发展的初期，是以行为主义学习理论为基础。在计算机辅助教学的发展阶段，是以认知主义学习理论为基础的。以建构主义为理论基础，标志着计算机辅助教学进入成熟阶段。

(2)开放设计原则

演示型多媒体课件在教学中的使用涉及任课教师与课件设计制作者之间教学思想的兼容问题，如果教师使用的课件不是教师自己开发设计或参与开发设计的作品，那么溶解在课件中的思想、行进的思路、表现形式、体系结构和技巧运用可能与任课教师相去甚远，若加上教学对象的差异，课件的针对性问题就暴露出来。这也是影响多媒体课件被广泛使用的重要因素之一。因此，教师使用不经再加工的课件的可能性不大。设计制作开放性的课件有其必要性。

(3)动态交互原则

动态交互可以更好地配合教学，更好地调动学生学习的主动性和积极性，在课件中加入一种引导性。教师在教学过程中能根据学生的具体情况灵活使用课件，调动学生积极参与教学的全过程。

3. PowerPoint 多媒体课件开发

(1)设计模板

在创建了空白演示文稿的基础上，会出现新建演示文稿的任务窗格，单击右边任务栏出现的图标，弹出幻灯片设计任务窗格。用户可选择一种自己喜爱的设计模板来进行文稿的编辑。应用设计的好处是制作者只需根据版面中的提示键入文字内容，背景、按钮、字体风格、大小等均由模板自动生成，可节省很多时间。

(2)插入文本

用户可以在普通视图的幻灯片或大纲视图中输入文本。在幻灯片视图中便于对单张幻灯片输入文本；而在大纲视图中便于对演示文稿体输入文本，如新建幻灯片、重排幻灯片和组织目录等操作。

(3)插入图像、声音、影片

在需要插入相关内容的地方单击菜单栏中插入相关素材的菜单项，用户根据图片所在的位置进行选择，选择要插入的内容后确定即可实现。

(4)插入动画效果

根据需要插入课件演示动画效果，可增强教学的趣味性。

演示型多媒体课件主要应用在课堂教学和教师展示课、公开教学课中。一般是把演示型多媒体课件作为教师教学的辅助工具，根据教师教学进程的需要，插播相关的多媒体教学片段。

4. 演示型多媒体课件应用

(1)呈现内容提要

用文本、图表演示教学内容的题目、要点、概括和总结，用示意图表现抽象的概念及其相互关系。

(2)演示事实材料

用图表、图像、动画和视频等演示统计数据、自然科学现象与过程、人文社会现象、操作过程、动作技能等。

(3)声画配合语言教学

演示型多媒体课件能够添加背景声和设置声画同步演示，可以在语文课上用来创设课文意境，例如播放配有古典音乐的诗词，也可以用做语文、英语等课程的示范朗读、跟读等。

(4)自动演播

演示型多媒体课件具有自动连续播放功能，可以用在导入新课阶段介绍教学内容，激发学生的兴趣，也可以用做创设问题情境，以及总结教学内容。

(5)显示推导分析过程

在理科教学过程中，演示型多媒体课件可以分步显示推导过程、解题步骤、程序语言或变量结果等。演示时要给学生留有充分的思考时间，用板书配合推导分析的尝试。需要注意的是，这种方法不适合复杂的和需要多种思路探索的过程。

(九)交互型多媒体课件设计与开发

1. 交互型多媒体课件特征

(1)创设接近真实情境的学习环境

多媒体课件通过文字、声音、图片、视频等为学习者创设一个接近真实情境的学习环境，模拟展现普通条件下无法观测的现象和过程，给学习者提供间接经验。通过计算机仿真技术再现一个真实情境，让学习者进行模拟实验和技能操作，有利于学习者理解和掌握知识内容。

(2)超大容量以及超链接性

多媒体课件能够模拟展示超大容量的知识和内容。学习者可以根据自己的学习能力选择学习内容，满足学习者自主学习的需求。同时，多媒体课件的非线性、超链接的特点也符合人类非线性思维方式和认知规律。

(3)提供交流沟通的交互平台

多媒体课件通过图形交互界面实现友好的人机交互，对学习者做出评价并反馈结果。学习者可以通过网络进行交流、协商，共同探究形成协作学习达到知识共享。

(4)共享丰富资源以及个性化学习

教师和学习者通过各种载体可以共享多媒体课件，通过交流互动进一步提高课件质量。教师和学习者可以根据需要进行个性化的选择，让每一个学习者都得到提高。

2. 交互型多媒体课件设计

在设计交互式多媒体课件时，要依照学生的认知特点和教育规律来科学地进行，主要注意以下几个方面。

(1)课件设计要定位于辅助教学和促进教学

在设计交互式多媒体课件时，课件内容和课件的组织形式要依据教学目标和课程标准的要求来制定，要选择教学所需要的图片、动画、视频和音频等素材；在设计教学方法和教学策略时，要充分考虑学生的实际水平和认知特点，既要有利于教师的教，又要有利于学生的学。

(2)创设良好的教学情境

优秀的多媒体课件应当能激发学习者的学习兴趣，产生求知欲望。因此，在设计交互式多媒体课件时，应当科学地创设教学情境，使抽象的内容形象化，来调动学生的积极性。

一般在课件设计时可以通过故事导入、意境导入、音乐导入和游戏导入等交互来创设教学情境，在教学过程中还可以通过提问、观察演示、组织讨论、联系实际和实物刺激等方法来创设教学情境。

(3)科学地整合学习资源

整合学习资源可以更好地支持学习者学习，因此在设计交互式多媒体课件时，除了提供基本的学习资源外，还要提供一些用于拓宽加深知识的学习资源，提供与学习资源相融合的辅助工具等。但是要注意提供的资源要与教学主题和教学目标紧密联系，难易度要合适。

(4)提供学习评价与反馈功能

为了让学习者了解自己的学习情况，在课件设计时要提供评价和反馈功能，使学习者及时了解自己的学习效果，以便调整学习进度和学习策略。例如：根据学习者在课件中做习题测试的得分和学习过程的记录来了解学习者学习情况，通过留言板中的提问内容来了解学习者没有理解掌握的知识点，以便教师在后续教学中及时调整教学策略。

(5)注重课件的交互性

课件的交互方式主要有两种：一个是学习者与课件之间的交互，即人机交互方式；另一个是教师与学习者、学习者与学习者之间的交流，即人人交互方式。因在互动式多媒体课件设计制作过程中，要采用相关技术来实现这两种交互方式。人机交互一般用 Flash 或 Authorware 等课件制作软件结合脚本编程来实现；人人交互一般以留言板或聊天室的形式呈现，要通过 Web 编程技术结合数据库技术来实现。

(6)提供适当的帮助信息

为了让教师和学习者能正确方便地使用课件，在制作课件时应当提供对课件的使用说明和遇到疑难问题时提供帮助的信息。课件使用说明可以通过在课件首页中设置帮助按钮或图标来实现，在学习过程中遇到的问题则应当根据学习者具体的情形和需求来提供相关帮助信息。

3. 交互型多媒体课件应用

交互型多媒体课件广泛应用于课堂教学和局域网、计算机教室、互联网的计算机终端。在课堂教学中的应用主要是辅助教师课堂教学，在计算机终端上使用主要是实现自主学习和网络远程教育。这类多媒体课件的应用不仅适合学校课程的学习，也适合课外学习辅导、培训、自主学习等。

二、微课设计与开发

微课是指按照新课程标准及教学实践要求，以视频为主要载体，记录教师在课堂内外教育教学过程中围绕某个知识点(重点、难点、疑点)或教学环节而开展的精彩教与学活动的全过程。"微课"的核心组成内容是课堂教学视频(课例片段)，同时还包含与该教学主题相关的教学设计、素材课件、教学反思、练习测试及学生反馈、教师点评等辅助性教学资源，它们以一定的组织关系和呈现方式共同"营造"了一个半结构化、主题式的资源单元应用"小环境"。"微课"既有别于传统单一资源类型的教学课例、教学课件、教学设计、教学反思等教学资源，又是在其基础上继承和发展起来的一种新型教学资源。微课不仅适合于移动学习时代知识的传播，也适合学习者个性化、深度学习的需求。

微课具有教学时间较短、教学内容较少、资源容量较小、资源组成/结构/构成"情景化"、主题突出、内容具体、草根研究、趣味创作、成果简化、多样传播以及反馈及时、针对性强等特点。

一般意义上微课只讲授一两个知识点，没有复杂的课程体系，也没有众多的教学目标与教学对象，看似没有系统性和全面性，许多人称之为"碎片化"。但是微课是针对特定的目标人群、传递特定的知识内容的，一个微课自身仍然需要系统性，一组微课所表达的知识仍然需要全面性。

(一)微课的分类

按照课堂教学方法来分类。根据李秉德教授对我国中小学教学活动中常用的教学方法的分类总结，同时也为便于一线教师对微课分类的理解和实践开发的可操作性，笔者初步将微课划分为11类，分别为讲授类、问答类、启发类、讨论类、演示类、练习类、实验类、表演类、自主学习类、合作学习类、探究学习类。

值得注意的是，一节微课作品一般只对应于某一种微课类型，但也可以同时属于两种或两种以上的微课类型的组合(如提问讲授类、合作探究类等)，其分类不是唯一的，应该保留一定的开放性。同时，由于现代教育教学理论的不断发展，教学方法和手段的不断创新，微课类型也不是一成不变的，需要教师在教学实践中不断发展和完善。

按课堂教学主要环节(进程)来分类。微课类型可分为课前复习类、新课导入类、知识理解类、练习巩固类、小结拓展类。其他与教育教学相关的微课类型有说课类、班会课类、实践课类、活动类等。

(二)微课的教学设计方法

良好的教学设计有助于更好地指导微课程教学资源的开发。微课程的设计关键是要从教学目标制定、学习者分析、内容需求分析、教学媒体选择等方面进行设计，这样才能产生符合"让教师在较短的时间内运用最恰当教学方法和策略讲清讲透一个知识点，让学生在最短的时间内按自己的学习完全掌握和理解一个有价值的知识点"的微课设计制作理念，确保微课程能够满足学习者的实用、易用和想用的直接需求。微课教学设计的主要环节包括以下几个方面。

1. 内容设计——知识点的微型化处理

第一，教学内容的选择。微课的设计，教学内容的选择是第一步，也是最关键的一步。它反映了微课是要集中表现或传递给学习对象什么样的内容(并不是什么内容都适合制成微课)。教学内容应该尽量选取那些有学生通过自学理解不了、具有较大教育教学价值且相对简短又完整的知识内容。必要时教师可对教学内容进行适当的加工、修改和重组，使其教学内容更精简完整、教学目标集中单一、教学形式策略多元、表现方式多样化，使其更适合微课的方式来表达。

第二，教学内容的微处理。在选定教学内容的基础上，继而要对其进行微处理。根据微课时长短、知识粒度小的特点，在内容分割上，把课程分割为不同的教学过程。分别是：揭题设问，激趣导入，切入主题，逐步推进，引发思考。

2. 媒体设计——合理运用视听媒体技术

媒体设计决定微课最终的表现形式，其优劣性直接决定了微课的质量高低。目前微课视频的媒体呈现形式多样，分别有摄制型微课，有录屏型微课，软件合成式微课以及混合式微课。笔者认为，该微课更倾向于视听演示，择优选用了软件合成式，即"屏幕录制软件+PPT"的制作组合。用屏幕录制软件可以完整地录制PPT课件的内容(包括教师的同步讲解、操作过程、背景音乐等)，在准备精心设计的PPT课件后，只需设置好音频和摄像头、屏幕像素、灯光设计、环境调适、熟悉讲稿、理清思路等准备工作后，教师只需要按一下"录制键"就可以完成微课视频的自动录制。对部分细节，如间隔太长，时间太短、字幕标题、声音处理、画面镜头变化等问题，可以在该软件中编辑修改，最后合成输出教学视频。

3. 可用性设计——加强艺术表现力和情境感染力

可用性设计源于设计学领域的研究成果，本指企业为客户提供Web及Web-based产品情绪情感体验设计的流程和方法。在国内，顾小清(2009)等人也提出了微型移动学习的可用性设计研究，他们认为："对于微型移动学习的设计，除了考虑内容、媒体的设计之外，还需要从用户的角度，对其可用性进行设计。"

微课作为在线教学视频，也需要满足在线学习者为达到学习目标、完成学习任务的积极情感体验。尤其是现今信息时代，数字化教育资源已颇为丰富，要提高微课的应用程度，必然要从学习者的角度出发，提高重视可用性设计的意识，巧妙设计情景性的教学活动，为学习者创设良好的学习情境。

(三)微课的制作要求

①微课保证画质清晰，视频中有作者本人头像或画面；文字内容正确无误，无科学性、政策性错误；声音清楚，语言通俗易懂、深入浅出、详略得当，讲解精练。(采用电脑录制，录制时调整电脑分辨率1024 * 768，颜色位数为16位。PPT尽量做到简洁、美观大方；文件大小不超过20M)。

②时间须严格控制在5~8分钟以内。(最长不宜超过10分钟。)

③微课片头显示标题、作者、单位、微课适用对象及微课所属学科、教材、单元、知识点等信息，微课标题以知识点命名。

④微课选题得当，具有针对性，适合于多媒体表达，避免"黑板搬家"现象。选题应围绕日常教学或学习中典型、有代表性或课堂教学过程中难以用传统方式解决的问题进行设计。

⑤微课基于教学设计思想，围绕选题设计，突出重点、难点；教学目的明确，教学思路清晰，教学组织符合学习者的认知规律；教学过程主线清晰、重点突出、逻辑性强、明

了易懂；具有针对性地解惑、启惑，能够有效解决教学过程中的重点、难点、疑点等问题，同时调动学习者学习的主动性。

(6)视频格式为 FLV、MP4、WMV，视频尺寸为 640＊480 或 320＊240。音频格式有 AAC(.aac，.m4a，and .f4a)、MP3 等。

(四)微课的制作方法

1. 摄像机拍摄(录像机+白板)

①工具与软件：便携式录像机、黑板、粉笔，其他教学演示工具。

②方法：对教学过程摄像。

③过程简述：第一步，针对微课主题，进行详细的教学设计，形成教案；第二步，利用黑板展开教学过程，利用便携式录像机将整个过程拍摄下来；第三步，对视频进行简单的后期制作，可以进行必要的修改。

2. 屏幕软件录制(屏幕录制软件+PPT)

①工具与软件：电脑、耳麦(附带话筒)、视频录像软件，如屏幕录像专家、Camtasia Studio 等，及 PPT 软件。

②方法：对 PPT 演示进行屏幕录制，辅以录音和字幕。

③过程简述：第一步，针对所选定的教学主题，搜集教学材料和媒体素材，制作 PPT 课件；第二步，在电脑屏幕上同时打开视频录像软件和教学 PPT，执教者带好耳麦，调整好话筒的位置和音量，并调整好 PPT 界面和录屏界面的位置后，单击“录制桌面”按钮，开始录制，执教者一边演示一边讲解，可以配合标记工具或其他多媒体软件或素材，尽量使教学过程生动有趣；第三步，对录制完成后的教学视频进行必要的处理和美化。

三、社会性支持软件教育应用

(一)社会性支持软件类型

社会性软件，是构建于信息技术与互联网之上的应用软件，在功能上能够反映和促进真实的社会关系的发展和交往活动的形成，使得人的活动与软件的功能融为一体。主要包括以下几种类型：

①显式的社会性软件。就是要简单地建立社会关联，尤其是强/弱链接。例如 Friendster。

②协作和通信工具。包括各种支持 COP(Community of Practice)的，例如 Groove 和 Instant Message(MSN、QQ 等即时通信软件)。

③个人出版和聚合。例如 Blog 和 Wiki。

④智能社会软件。如计算机协同工作软件。

(二)社会性支持软件教育应用

1. 博客/微博教育应用

博客在教育中的应用主要集中于以下几个方面：一是用以建立学生的学习档案袋；二是用来帮助教师进行职业培训；三是作为课堂教学的辅助工具；四是教师的反思性日志等。学生和教师都可以申请自己的博客空间。

微博和传统的博客相比，有着独特的优势，主要表现为：微博简单易用，门槛低，有着广泛的群众基础、微内容的传播具有即时性、信息的发布方式具有多样性和创新型的交互方式。因此其在教育中的应用更加灵活，可以作为师生反思、资源共享展示、师生课上课下互动的有力平台。

2. QQ 教育应用

QQ 在教育中的应用形式主要有：通过聊天的方式对学生实施个别化辅导；通过群聊功能进行集体讨论答疑；建立匿名心理咨询热线 QQ；解决学生的心理和情感问题；建立班级 QQ 群进行班级管理；利用 QQ 文件传输和群共享功能来实现教学资源的传输和共享。

3. 微信教育应用

微信是一款通过网络快速发送语音短信、视频、图片和文字，支持多人群聊的手机聊天软件。微信所提供的免费聊天环境和实时留言、消息推送等功能，适合学习者随时随地地向教师提问，以及教师对学生反馈的快速响应。教学双方在不断的留言交流中，可以实时地建立一对一沟通环境，而无需专门的预约和安排。微信平台提供朋友圈功能，是传统教学模式的良好辅助。任何一个在现实中实际存在的班级学习组织，都可以通过微信平台提供的圈子在网上建立实时交流和分享的平台。通过班主任和教师发送推送消息，可以实现学习内容的快速分享。而不同兴趣爱好者之间通过搜索功能，可以在微信上建立虚拟班级和虚拟课堂。微信平台可以通过其强大的分享能力，将网络上的所有教学资源整合起来。通过二维码、推送等功能，学习者可以通过微信链接到互联网上的几乎所有学习资源，进而实现学习资源的有效利用。

第九讲 思维能力

第一节 思　　维

一、什么是思维

思维是人的认识的理性阶段，是人脑对客观世界概括的而间接的能动反映。人的认识可以分为感性认识和理性认识。感性认识是认识的初级阶段，是对客观事物的现象、部分和外部联系的认识，其形态是感觉、知觉和表象。经过对感性材料由此及彼、由表及里、去粗取精、去伪存真的分析和综合而进行的加工整理，产生认识的飞跃，形成理性认识，这就是思维。例如小孩儿开始接触苹果，他首先感觉到的可能是苹果的颜色，又感觉到它的形状，又感觉到它的味道。这些感觉综合起来，便形成知觉。逐渐反复地感知这相同的东西，就进入理性阶段。他会发现这些东西都有共同的特征。都是圆形的，都是表面光滑的，都是酸甜而多汁的。于是他可能形成“苹果”的概念。同时可能形成“苹果是好吃的”这样一个命题。当他再接触苹果的时候，就可能产生一个推理：“苹果是好吃的，这个东西是苹果，所以这个东西是好吃的。”这就是思维。概念、命题、推理就是思维的形式。

思维具有间接性和概括性两个基本特征。思维的间接性，一方面在于理性认识来源于感性认识，必须借助于感性材料。另一方面，在于思维能够根据旧知识推导出新知识。正因为如此，人们才有可能理解那些不能亲自感知的东西。所谓“秀才不出门，便知天下事”，就是这个道理。正是靠着思维的间接性，人们的认识纵横数万里，上下几千年。

思维的概括性，在于思维能够从许多个别事物的各种各样的属性中，舍去那些表面的、非本质的东西，从而把握一类事物的内在的共同本质。例如，“商品”是指所有“用来交换的劳动产品”。无论是馒头、钢笔、帽子，还是马匹、汽车、游艇，只要用来交换，就是商品。再如“桌子”，是指一切“有支柱、有平面、能够在上面放置东西或进行操作的用具”，而不管它是木质的还是石质的，不管它是方形的还是圆形的，也不管它是课桌、讲桌、写字台，还是餐桌。正是靠思维的概括性，人的认识才能以简驭繁地把握纷繁复杂的世界。例如两个人在街上碰到，甲问乙干什么去，乙回答：“我去买菜。”这“买菜”就是概括的。也许他想买鱼，买鸡蛋，买青菜，但他一般不会一样一样地说。即使他说“我去买鱼，买鸡蛋，买青菜”，依然是概括的：买什么鱼，什么青菜啊？即使说“我买黄花鱼”，还是概括的：这黄花鱼是小的还是大的，活的还是死的，本地的还是进口的？这里的语言就是概括的。语言是思想的直接现实。语言的概括性正来自于思维的概括性，语言的概括性正是思维概括性的表现。

“思维”，在汉语中也经常表达为“思考”、“考虑”、“想”、“思想”。作为动词的“思想”相当于“思维”。作为名词的“思想”，是“思维的成果”。

二、思维的意义

思维是人区别于其他动物的根本标志。人类靠思维，把握自然的规律，发展科学，而成为万物的灵长。对于物质世界，人类的认识已经从分子、原子、中子，而深入到夸克的微观世界。人类靠了思维，形成社会契约，从而调整人与人之间的关系，构建和谐社会。

帕斯卡尔《人是能够思想的苇草》一文生动地说明了思维或者说思想形成人的伟大：“人只不过是一根苇草，是自然界最脆弱的东西；但他是一根能思想的苇草。用不着整个宇宙都拿起武器来才能毁灭；一口气、一滴水就足以致他死命了。然而。纵使宇宙毁灭了他，人却仍然要比致他于死命的东西更高贵得多；因为他知道自己要死亡，以及宇宙对他所具有的优势，而宇宙对此却是一无所知。因而，我们全部的尊严就在于思想。”恩格斯把思维比作“地球上最美丽的花朵”。人类的全部文明，其实都是思维的结果。精神文明无需赘言，而物质文明也是在思维指导下的实践成果。

人是思维的动物，思维能力是最重要的能力，是最具本质意义的能力。凡事只有想好了，想对了，才能做好；想错了，就做不成，或者把事情办糟。中国古代的寓言《执竿入城》典型地说明了这个道理。本来，竹竿至少有三种状态：或左右横向，或上下竖向，或前后纵向。对于城门而言，如果说左右横向和上下竖向是一条线的话，那么前后纵向却只是一个点，无论多长的竹竿也能顺利入城。而执竿者没有想到前后纵向这种状态，因此就进不去。一位外国科学家看到他的助手晚上还在实验室，就问：“你在做什么？”助手回答说：“我在工作。”科学家又问：“那你白天在做什么？”助手说：“也在工作。”于是科学家问：“那么请问你什么时候思考啊？”爱因斯坦曾经说：“思考，思考，再思考，我就是靠这个方法成为科学家的。”

随着时代的进步，思维的价值越来越大。知识经济时代已经初露端倪。知识经济时代最大的特征在于，知识整合与知识创新成为经济增长的主要方式。而知识整合与知识创新的关键正式思维特别是思维创新。培根时代“知识就是力量”的价值观念正在改变。著名语文教师于漪老师旗帜鲜明地提出：“思维就是力量。”

我们的时代是信息共享的互联网时代，知识的获得越来越便捷。因而思想越来越重要，思维越来越重要。我们的时代又是浅阅读时代，娱乐文化时代。各种各样的戏说和无厘头故事充斥荧屏和网络。文化碎片化现象日益严重。在这样的背景下，如果我们的教师不善于思维，不能有效地培养学生的理性精神，谁来思考人类的终极关怀？谁来助长社会的公平正义？我们的下一代还能不能清醒地生活？

三、思维与语言

思维与语言密切联系。思维是语言的内容，语言是思维的载体。思维活动的进行，思维成果的储存和传播，都离不开语言。马克思说：“语言是思想的直接现实。”一定的思维形式都有与之对应的语言形式。思维与语言又有区别，思维是精神现象，而语言是以语音为物质外壳的符号系统，是一种物质存在。两者各有自己的规律。

与概念相对应的语言形式是词和短语，例如“树”、“中国少年”。词和短语统称为语词。任何概念都必须用语词表达。与命题对应的语言形式是语句。例如“地球绕着太阳转”，“杜甫是诗圣，李白是诗仙”。任何命题都必须用语句表达。与推理相对应的语言形式是因果复句。例如“金属是导体，铁是金属，所以铁是导体”。

思维与语言的对应又不是机械的。就概念与语词的关系而言，一方面，同一个概念可以用不同的语词表达。例如，“水”与“water”、“红薯”与“地瓜”分别表达同一个概念。表达同一概念的语词互为等义词。另一方面，同一个语词可以表达不同的概念。例如，“书”这个语词可以表达“书本”、“信”、“写”等不同的概念，“先生”这个语词可以表达“教师”、“医生”、“尊者”、“丈夫”、“知识界人士”等不同概念。表达不同概念的语词就是多义词。

命题与语句同样如此。一方面，同一个命题可用不同的语句表达。例如“这是我的书”和“This is my book”，“孩子打碎了杯子”和“孩子把杯子打碎了”。另一方面，同一个语句可以表达不同的命题。例如“他的笑话说不完”，既可以表达命题“他会讲许多笑话”，也可以表达命题“他做事荒唐，关于他的笑话很多”。能够表达不同命题的语句就是多义句。多义句在具体的语境中往往是单义的，否则就成了歧义句，就会妨碍语言的正确理解。有时，文学作品故意使用多义句，以造成一语双关的修辞效果。例如“丞相非在梦中，君乃在梦中耳”！

思维与语言的关系给我们很多启示。一方面，语言的背后是思维。语言能力的差异其根源往往是思维能力的差异。发展思维是发展语言的必要条件。概念准确，命题恰当，推理有效，语言表达才能准确严密。另一方面，丰富语言有助于发展思维。爱因斯坦说：“一个人的智力发展和他形成概念的方法，很大程度上取决于语言。”例如，掌握了“草绿”、“果绿”、“墨绿”、“葱心绿”、“国防绿”，比只知道“绿”，思维显然丰富了。从只知道“颜色”，到掌握“色泽”、“色调”，思维无疑是发展了。语言的丰富可以为思想的表达创造选择最恰当的形式。例如，强调动作行为，“把”字句“把叛徒带上来”就比述宾谓语句“带上来叛徒”有力。强调宾语，就要用述宾谓语句。《红楼梦》里贾宝玉有句自愧的话：“绫锦纱罗只不过裹了我这枯株朽木。”强调的是“枯株朽木”。如果用“把”字句“绫锦纱罗只不过把我这枯株朽木裹了”，就是强调动词“裹了”，那就莫名其妙。

四、思维的种类

(一)形象思维和抽象思维

形象思维，是以表象为形式的思维过程和思维方法。其特点是具体形象性、完整性和跳跃性。美术家的绘画、雕塑，作家和诗人的文学创作，都要运用形象思维。普通人也有形象思维。例如回忆儿时的经历，想象约会的情景。演说家想象演说的场景，间谍想象接头的环境，都是形象思维。一般人读文学作品，往往要将作家的文字转换成生活形象。读柳永的词，为“执手相看泪眼，竟无语凝噎”而感动，听台湾校园歌曲，为“阳光，沙滩，海浪，仙人掌，还有一位老船长”的画面而神往，都有形象思维的作用。

抽象思维，是以概念、命题、推理为形式的思维过程和思维方法。形象思维感性具体直接地反映对象，但尚未触及事物的本质。只有经过抽象，舍弃事物的非本质属性，把握一类事物的共同特点，形成概念，才能把握事物的本质。例如，只有舍弃质料、形状、具体用途这些非本质属性，才能把握桌子“有支柱有平面能够在上面放置东西或进行操作”这一本质，形成“桌子”的概念。抽象思维从表面上看是远离客观事物，其实是更加接近客观事物的本质。列宁说：“物质的抽象，自然规律的抽象，价值的抽象等等，一句话，一切科学的抽象，都更深刻、更准确、更完全地反映着自然。”金岳霖先生用“以一范多”、“以虚范实”来解释抽象的特点。

形象思维和抽象思维有着鲜明的区别。朱光潜先生曾经这样举例说明：“松树”、“黄鹂”、“柳树”、“松鼠”，这四种事物，抽象思维是将“松树”和“柳树”看作一类，“黄鹂”和“松鼠”看作一类；而形象思维是将“柳树”和“黄鹂”组合起来形成一个画面，“松树”和“松鼠”组合起来构成一个形象。

形象思维与抽象思维又是相互补充的。即使是文学创作，尽管主要用形象思维，但也离不开抽象思维。那些经典的作品，往往是深刻的抽象思维产生了伟大的艺术力量。

(二)逻辑思维和辩证思维

逻辑思维是追求确定性的抽象思维。其根本特点在于“从事物的横断面上来把握事物”，因而对事物的认识是“非此即彼”，事物是什么就是什么，不是什么就不是什么，决不允许自相矛盾。例如，“梯形是一组对边平行的四边形”，“金属是导体”，“李白是唐朝人”。又如，将“人”划分为“男人”和“女人”，“中国人”和“外国人”。

辩证思维是从事物的多侧面、事物的相互联系、事物的发展来认识和把握事物的抽象思维。辩证思维追求的是事物确定性与不确定性的统一。其根本特点在于“亦此亦彼”。例如，“运动就是事物既在这一点上又不在这一点上”。再如，“雷锋是平凡的，又是伟大的”，“平凡”指的是工作岗位和社会身份，“伟大”指的是精神。臧克家的诗“有的人死了，他还活着”，“死”指的是“自然生命结束”，“活”指的是“精神永存”。

逻辑思维与辩证思维的根本区别在于对待矛盾的态度。逻辑思维要追求确定性，因而一定要排除矛盾，遵循“不矛盾律”是逻辑思维的基本要求。辩证思维追求的是确定性与不确定性的统一，因而不仅不排除矛盾，而且努力把握矛盾的统一。必须说明的是，逻辑思维所排除的矛盾与辩证思维所努力把握的矛盾是性质不同的两种矛盾。逻辑思维要排除的矛盾是逻辑矛盾，辩证思维所把握的矛盾是辩证矛盾。上述臧克家的诗“有的人死了，他还活着”，这是辩证矛盾，如果既说一个人的自然生命结束了，又说它的自然生命没有结束，这就是逻辑矛盾，是必须排除的。

第二节 逻辑思维

一、逻辑思维是思维的基本方式

人人都在思维，但思维品质不同，有正确与错误之分，有严密与粗疏之别，有开阔与狭隘之差，有敏捷与迟钝之异。而良好的思维品质离不开逻辑。

逻辑的价值究竟何在？这个问题涉及人类的知识信念问题：人们凭什么相信一句话或一个命题是真的？事实命题可以说眼见为实。那么价值命题呢？例如“人应当有善心”、“吃得太饱不好”这样的价值命题如何确定其真假呢？何况事实命题也不能全凭眼见为实，因为每个人的生活时空都是有限的，那些未能亲自耳闻目睹的事物，又如何相信一个事实命题是真的？这是人类文化发展到一定阶段必须要解决的问题。解决这个问题，人类文化的积淀，人类社会的文化交流才能是可能的。亚里士多德的贡献就在于用逻辑解决了这个问题，那就是用推理来进行论证。要使人相信一个命题是真的，就要提供理由，用真实的前提推导出真实的结论，用真实的论据来证明论题。

逻辑思维是思维的基本方式。逻辑的法则是人类全部思维实践最根本、最重要、最伟大的经验总结和理论成果。逻辑是科学和民主的共同基石。黑格尔说：“任何科学都是应用逻辑。”在西方语言中，诸如 psychology（心理学）、geomorphology（地貌学）、zoology（动物学）的词尾 logy 就来源于“逻辑”。逻辑是人类文化的一个根。民主既不是少数人说了算，也不是简单的多数人说了算，简单的多数人说了算会造成“多数人暴力”。真正的民主是公众在充分论证和辩论的基础上进行社会决策，而论证和辩论离不开逻辑推理。

辩证思维也不能背离逻辑。辩证思维是对事物各个侧面的统一认识，是对事物各个局部的综合认识，是对事物各个阶段的整体认识。但这种统一认识、综合认识、整体认识是建立在各个侧面、各个局部、各个阶段的逻辑分析的基础之上的。例如，“失败乃成功之母”是辩证思维，但失败之所以能转化为成功，离不开对失败原因和成功条件的逻辑分析。

形象思维，或曰艺术的想象也只有自觉地渗透逻辑的精神，才能摆脱朴素的肤浅而变得深刻和成熟，并产生伟大的艺术力量。雨果的《巴黎圣母院》堪称文学艺术的经典。它塑造了四种人：内心美外表美的，以吉卜赛女郎艾丝米拉达为代表；内心美外表丑的，以敲钟人卡西摩多为代表；内心丑外表美的，以卫队长为代表；内心丑外表丑的，以神父为代表。这四种人涵盖了世界上所有的人，每个人都概莫能外。而这其中正有逻辑的思想方法：当我们把“美”当作一个算子，确定“美”和“丑”这两个值，而以“内心”和“外表”作为两个变项时，其取值组合恰好是四种情况。钱锺书说得好：“理之在诗，如水中盐、蜜中花，体匿性存，无痕有味。”

逻辑思维是一个人与社会对话的基本条件。逻辑素养差的人，其生存质量和社会价值都会大打折扣，甚至人际交流都会成问题。“宁跟明白人吵一架，不跟糊涂人说句话”就是明证。

二、教师逻辑思维能力的意义

逻辑思维能力对于教师更为重要。其意义在于：

第一，教育目标的理解和把握。教育是人类文化的传承。教育目标归根结底是人类对下一代的文化期待，这种文化期待包含了社会的理想境界和人生的幸福真谛。教师必须深刻理解并准确把握这种文化期待，才能对教育目标有清醒的认识。

第二，教育规律的遵循。教育是提升人的生命质量的伟大工程。教育的艰难和教育规律的复杂超过卫星上天和地下探宝，几乎是无与伦比的。教师必须深刻理解教育科学，严格遵循教育规律，方能使教育行为卓有成效。

第三，知识的系统把握。教师要向学生传授知识，首先需自己掌握知识。要给学生一杯水，教师要有一桶水。为了教学的顺畅，教师需精通所教的知识。所谓精通，既要准确、精确，又要融会贯通，系统把握。任何一个学科，归根结底都是由一系列概念和命题组成的，良好的逻辑思维能力可以帮助自己以简驭繁，既从微观上准确把握概念，又从宏观上准确把握体系。

第四，知识的有效传授。教师向学生传授知识，需讲清知识的来龙去脉。教学须在有疑处释疑，无疑处设疑。还须教给学生发现真理的方法，引导学生主动学习知识，使学生仿佛经历过先哲们发现真理的过程。教师的思维越清晰，学生的学习越轻松。教师的思维越缜密，学生的理解越透彻。

所有这些，诸如此类，都需要教师有良好的逻辑思维能力。教育需动之以情，更需晓之以理。反之，如果教师逻辑失范，思维混乱，以其昏昏，如何使人昭昭？逻辑思维的基本要求是，概念明确，命题恰当，推理有效，自觉地遵守逻辑规律和规则。以明确概念为例。教学中的概念，应当在内涵和外延两个方面明确，以便学生准确把握。

语文课中的“形声字”教学，不仅要告诉学生什么是形声字，让学生把握其内涵，举例亦当有恰当的分布，让学生了解其外延。不仅要举“钢”和“刚”、“钟”和“忠”之类读半边的例子，还要举“江”、“河”、“茄”、“早”之类不读半边的例子，并且告诉学生由于古今语音的演变，大部分形声字已经不读半边。如果只举读半边的例子，学生就会误以为只有读半边的才是形声字，于是大部分形声字都会认为不是形声字；同时会误认为形声字都读半边，于是“刚愎(bì)自用”就会读成“刚 fù 自用”，“瞠(chēng)目结舌”就会读成“tāng 目结舌”。

数学课中的“平行四边形”，不仅要让学生知道什么是平行四边形，举例也要有较宽的分布，不仅要举上下边平左右边斜的例子，还要举左右边直上下边斜的例子。这样才能使学生深刻认识平行线“两组对边分别平行”的本质特点，遇到左右边直上下边斜的平行四边形才能清楚地认知。

知识的教学是这样，教学过程中的思维引导更是如此。有小学生写作文“一轮新月挂在天边”。老师告诉学生：“‘新月’指的是月初时像小镰刀似的弯弯的月亮。所以，不能说‘一轮新月’。”学生明白了说：“一弯新月挂在天边。”这就是逻辑思维的引导。学生不仅提高了表达能力，而且提高了思维能力。

三、逻辑失范教学例说

一位教育家曾经举过“一堂彻底失败的课”的例子：

理查德老师给学生讲“平行线”。他在黑板上画了两条平行线，告诉学生：“这就是平行线。它们是没有交点的。”学生约翰盯着黑板发愣。老师说：“约翰，你为什么发愣？”约翰说：“我在想，它们怎么就没有交点呢？”老师说：“喏，你看到了，它们就是没有交点啊！"约翰说："你再延长一些。"理查德老师将两条平行线延长了一些。说道："你看，它们还是没有交点。"约翰说："你要是延长到黑板外面，延长到教室外面呢？"（约翰对"直线"的理解很棒，直线是没有端点的，可以无限延长）理查德说："延长到外面它们也不会有交点。"它们为什么没有交点呢？"老师说："因为它们是平行线啊。"约翰说："平行线就一定没有交点吗？"老师说："平行线一定没有交点。这是古希腊数学家欧几里得说的。"约翰说："欧几里得说的就一定对吗？"（不迷信权威，这是很好的品格和思维方式）理查德老师生气地说："你以为欧几里得比你还愚蠢啊？"（这是不讲理、理屈词穷的表现）约翰还是盯着黑板发愣。老师说："你为什么还在发愣？"约翰说："我还在想它们为什么没有交点。"理查德实在忍不住了。他大声说道："要不你相信它们没有交点，要不你就出去！"于是约翰很无奈地走出了教室，因为他实在搞不懂那两条平行线为什么没有交点。理查德老师"胜利"了，因为他以教师的权威把学生赶出了教室。然而这一"胜利"是以熄灭了学生智慧的火花为代价的。从本质上说，这是一堂彻底失败的课。失败的原因在于，一开始没有明确"平行线"的内涵，后来更是发展到不讲理的程度。正确的教学过程应当是：首先明确"平行线"的定义："同一平面上两条没有交点的直线互为平行线。"如果学生有疑问，就可以这样解释："同一平面上两条直线的关系有两种，一种是有交点，一种是没有交点。我们把没有交点的两条平行线叫做平行线。"

一位小学语文教师教《两小儿辩日》，讲到最后的"孔子不能决"，老师说："你看孔子多谦虚啊！知之为知之，不知为不知。"这样的解释是不负责任的，也是不讲逻辑的。我们要问的是，孔子不能决什么？为什么不能决？正确的理解是，孔子不能确定两小儿辩日究竟谁输谁赢。要决定谁输谁赢，就要知道谁辩得更好，也就是谁的理由更能证明自己的观点，更能证伪对方的观点。孔子之所以不能决，是因为那个时代还没有准备好这样的逻辑知识。《两小儿辩日》是一篇寓言，说是两小儿辩日，其实是作者头脑中关于日月星辰运行的两种猜想在辩论。说是"孔子不能决"，其实是作者自己不能决。"不能决"反映了一个时代的困惑。

四、提高逻辑思维能力的途径

人类具有逻辑思维的遗传基因，或者说具有潜在的逻辑思维能力。思维实践可以使潜在的逻辑思维能力逐渐成为现实，因此一般人都具有不同程度的逻辑思维能力。然而，这种逻辑思维能力是自发的，薄弱的，经常会出问题，远不能适应教师工作的需要。教师应当主动地培养和提高自己的逻辑思维能力，将自发的逻辑思维能力提升为自觉的逻辑思维能力。

提高逻辑思维能力的最好方法和途径就是学习逻辑学。在校的大学生应当明白，对所有的专业而言，逻辑都是最重要的课程。以中文为例，逻辑学的学习与其他课程具有鲜明的区别，那就是，学会与没有学会有一个刚性的界线。基础知识没有理解，基本能力没有形成，走过场的学习几乎等于白学。逻辑课程有着高度的连贯性，前面的没有学或没学好，好面的就很难学。你缺了一堂逻辑课，就得付出十堂课的代价。文学的修养有很大的弹性。文学随时可以补课，图书馆和书店最容易看到的书就是文学作品。而逻辑如果没有学好，补课相对来说要难得多。

还有一个严重的问题是，我国相当多的高校不开逻辑课。因此许多教师从来没有系统地学习过逻辑学。这就形成了教师修养的硬伤和短板。解决问题的方法，一是呼吁高等教育课程设置的决策部门重视逻辑，像发达国家的教育那样在所有专业普遍开设逻辑课。这其实应当是高等教育改革的重要内容。二是呼吁教师培训的决策者，将逻辑学的补课作为在职教师培训的重要内容。凡是未学过逻辑学的教师都要进行逻辑学的补课。这样的教师培训才是有深度的，有长远意义的。然而这两项措施的落实尚需时日。

因此教师应当主动地自我补课。凡是未学过逻辑学的教师都应当自读一本逻辑学的教材，原原本本地学一遍逻辑学。所选教材不必艰深，一般的《普通逻辑》、《简明逻辑》均可。自学逻辑应注意两点：第一，不必学数理逻辑的内容，只需学习逻辑学基础知识，或者说掌握逻辑知识的主线条。第二，所学的基础知识必须扎实，理解必须清楚，有问题应当及时请教，及时解决，不能囫囵吞枣。应当具备的基本能力必须过关。

学过逻辑学的教师应当在日常的教学和研究中，主动地训练和提高自己的逻辑思维能力。读书看报应当养成质疑和反思的习惯。论文写作应当力求严谨。有一位教师写了谈新型师生关系的论文。问他文章中"知识经济"这一概念与"新型的师生关系"究竟有什么关系？他说："知识经济需要人们掌握更多的知识，你要让学生学习更多的知识，就要调整师生关系。"这一回答简直是风马牛不相及。其实，"知识"本身并非"知识经济"的要点，培根早就说"知识就是力量"。"知识经济"强调的是知识的整合和知识的创新，知识创新成为经济增长的主要方式。这说明该论文在逻辑上不严密，更说明当初看到"知识经济"这一概念时，就是望文生义的。

在看书学习中，对于第一次遇到的概念，如"后现代"、"科学主义"、"人文主义"等，一定要搞清其内涵和外延。从消极的方面说，这样才能更好地理解所读的文字，自己运用这样的概念才能避免出错。从积极的方面说，只有很好地把握文化概念的内涵和外延，一个人的思想、文章，才能有很好的文化张力。张力一词的英文形式是 tension，正是内涵 intension 和外延 extension 的共同词根。

第三节　学术研究逻辑思维例示

凭什么否定"议论文三要素"？

2012 年的《语文建设》开展了关于"议论文三要素"的讨论，这一讨论的意义在于重视议论文教学，其背后的预设是重视文体。这一讨论是从《试论"议论文三要素"之弊害》(以下简称《试论》)一文开始的。该文的主要观点是否定"议论文三要素"，即认为不应当把论点、论据、论证方式(作者的表述是"论点、论据、论证")作为议论文三要素。然而，《试论》提出的所有理由，都不能证明应当否定"议论文三要素"，即无法得出“不应当把论点、论据、论证方式作为‘议论文三要素’”这一结论。

一、历史久远的知识就应当否定吗？

《试论》否定“议论文三要素”的第一个理由是：“议论文三要素”是“老掉牙的知识”。

这一批评的不成立是显而易见的。“老掉牙”不是一个学术用语，其所指无非是“议论文三要素”这项知识历时久远。先不说“议论文三要素”的知识时间并不久远，正如作者所说，才大半个世纪。问题的根本在于，历时久远并不能成为一项知识应当被废弃的理由。诚然，从宏观上说，人类的知识总是不断发展的，错误的知识得到改正，肤浅的知识得到深化，粗陋的知识得到完善。但从微观上说，真理与谬误并不以新旧，不以时间长短为标准。“毕达哥拉斯定理”(或称“勾股定理”)、“三段论”历经数千年，已成为文化常识，人类并未弃之不用。而“永动机”，在刚刚提出的那一刻便注定了那是谬误。知识需要创新。但任何思想只有合乎规律才能成为真理。人类不是为创新而创新，而是为了把握真理而创新。如果有谁为了标新立异，硬要说“毕达哥拉斯定理错了”，那一定是谬论。

二、没有论点哪有较高逼真度的论点？

《试论》否定“议论文三要素”的第二个理由是：“议论文不是有论点就成，它需要的不是任意的论点，而是‘具有较高逼真度的论点’或‘新论点’。”

议论文应当有较高逼真度的论点，好的议论文必须论点真实，这是对的。然而，“议论文应当具备‘有较高逼真度的论点’”本身就预设了“论点是衡量议论文好坏的一个要点”，就等于承认论点是议论文的一个要素。如果有谁一面说鼻子挺直的人才好看，一面又说鼻子不是衡量相貌的一个要素，那不是自己跟自己打架吗？

文章还说：“‘三要素’俱全未必就是好的议论文，有的可能是很差的‘议论文’；‘三要素’不全未必不是好的议论文，有可能是很好的议论文。”诚然，三要素俱全未必就是好的议论文，有的可能是很差的议论文，但毕竟是议论文。而三要素不全却一定不是好的议论文。连议论文都不是，怎么能是好的议论文呢？文章混淆了“优质事物的要素”与“事物的要素”这两个不同的概念。有较高逼真度的论点或真实的论点可以作为好议论文的要素，而不能作为议论文的要素。论点才是议论文的要素。大家知道，正如人物形象是小说的要素，而鲜明的、丰满的人物形象只能是好小说的要素，不能作为小说的要素。

所谓要素，就是构成事物的必要因素。议论文三要素就是构成议论文的必要因素：没有论点，没有要表达的观点或主张，文章就失去了意义；没有论据，没有理由，便无以确定论题的真实性，无法使人相信作者的论点；没有论证方式，不形成论证结构，论点和论据就失去了有机联系，就是几个单摆浮搁的命题或句子。

三、没有论据的议论文只能是自说自话

《试论》否定“议论文三要素”的第三个理由是：论据只“是‘论证’方法中‘例证法’、‘引用法’之下的概念，所以，顶多只能称为‘论证’方法中‘例证法’、‘引证法’的要素，不是议论文要素。”

这是对“论据”这一概念的误解，把“论据”局限于例子和引言了。论据是用来确定论点真实性的理由。例如在“铁是导体，因为金属是导体，而铁是金属”这一论证中，“金属是导体”和“铁是金属”就是论据。然而它们既不是所谓“例证法”的例子，也不是所谓“引证法”的引言，因此既不是“例证法”的要素，也不是“引证法”的要素。把论据作为议论文的一个要素，就是强调论据在议论文中的不可或缺。没有论据的议论文，不提供理由的议论文只能是自说自话。缺少与读者对话的诚意，也就无法让读者接受你的观点或主张。

顺便指出，“例证法”和“引证法”的名称不好。所谓“例证法”其实就是归纳法中的不完全归纳或简单枚举。所谓“引证法”，其实就是引用的修辞方法在议论文中的运用。

四、“论证方式”不应省略为“论证”

《试论》否定“议论文三要素”的第四个理由是：“‘论证’是动词”，而论点、论据是名词。

这同样是一种误解。“议论文三要素”指的是“论点、论据、论证方式”。即使从词性上说，“论点”、“论据”、“论证方式”都是名词。有人把“论证方式”省略为“论证”，这样的省略不好，容易引起误解。“论证”指的是一种思维过程和言语行为。论点、论据、论证方式是论证的三要素。语文课程引入作为议论文三要素，因为一篇议论文，就是一个较为复杂的论证过程。

五、何以见得“议论文三要素”是向论证方式倾斜的？

《试论》否定“议论文三要素”的第五个理由是：“‘三要素’的重心是向‘论证’倾斜的。”

上文说到，这里的“论证”是“论证方式”的不恰当省略。问题在于，“议论文三要素”只是规定论点、论据、论证方式是议论文的三个要素，何以见得是向论证方式倾斜的呢？议论文作为一个复杂的论证过程，其逻辑重心恰恰在于论点的真实性。《试论》认为论证的中心向论证方式倾斜，是因为混淆了论证与推理两个不同的思维过程。文章说：“‘议论文三要素’，是误将‘推理形式’当作‘认知方法’。”显然，作者将论证形式误认为推理形式。谁说推理形式是议论文的要素啦？诚然，推理的逻辑重心在于推理形式的有效性和合理性。因为推理是思维工具，重视推理形式的有效性，是为了坚持推理的保真性，即从真实的前提得出真实的结论。论证是推理的应用，但论证却不是思维工具。作为一种思维过程和言语方式，论证的作用在于宣传真理或捍卫真理。因此，论证的逻辑重心历来在于论点的真实性。

六、“议论文三要素”并不否定材料的价值

《试论》否定“议论文三要素”的第六点批评是：“材料意识缺乏。”

“议论文三要素”只是说论点、论据、论证方式是议论文的三个要素，何以见得缺乏材料意识？正如说桌子面和桌子腿是桌子的要素，何曾否定桌子材料的价值？

文章说：“‘三要素’思维是‘论点’先行的，是以‘论点’为原点的思维，而议论体式写作的原点不是‘论点’，应是‘材料’。”“议论文三要素”只是说论点、论据是议论文的三个要素，何以见得论点先于材料？即使是论点先行？也是指论点先于论据，而并非论点先于材料。这里同样混淆了推理认知与论证表达两个不同的思维过程。

就推理认知而言，当然是材料在先，在材料中提取前提，推出结论。而就论证表达而言，就应当先确立论点，然后为论点提供论据。这两个思维过程是相互连接和辩证运动的。思维主体从材料中推出结论，获得认知，才能将结论转化为论点，论点确定了，再来提供论据。这里的论据可能是原有材料中的，也可能是其他材料中的。

七、论点与论据应当是矛盾的吗？

《试论》对“议论文三要素”的第七点批评是：“议论文三要素的着眼点是论点与论据的统一，而不是矛盾。”

这样的说法令人莫名其妙。难道论点与论据不应当统一，反而应当是矛盾的吗？论点与论据相矛盾，岂不是自己跟自己打架？我宁可相信这不是作者的本意，而是表达有误。因为下面作者说得对：“任何事物都包含着矛盾，都是对立统一体，多元统一体。”作者的本意在于提醒人们，事物是矛盾的，因而不能提出片面的、绝对化的论点。即使如此，这能证明论点、论据、论证方式的“议论文三要素”错了吗？这里，仍然有混淆论证表达与推理认知两个不同思维过程的问题。注意事物的矛盾性，避免得出片面的结论，这是推理认知阶段的事情。逻辑学从来都提醒人们，在归纳的时候应当注意反例，一旦发现反例，就要推翻认知过程中错误的尝试性结论，将错误的结论调整为正确的结论。而到了写议论文的时候，到了论证表达阶段，就是要把支持论点的论据表达清楚，以便更好地说服读者。因此当然要强调论点与论据的统一。

八、“议论文三要素”何以见得遗忘了驳论？

《试论》对“议论文三要素”的第八点指责是：“证伪的缺席：驳论的遗忘。”

作者引用了波普尔的论述，说明证伪的重要和驳论的重要。这是正确的。但是，证伪的重要和驳论的重要，并不能得出论点、论据、论证方式的“议论文三要素错了。所谓驳论，就是对论证的反驳。驳论是指向立论的。驳论不仅可以反驳对方的论点，还可以反驳对方的论据或反驳对方的论证方式。“议论文三要素”的论点、论据、论证方式，既指明了立论的关键，同样指明了驳论的要点。怎么能说“议论文三要素”是只管立论不管驳论的呢？因此，《试论》指责“议论文三要素”证伪缺席，遗忘驳论，是不能成立的。

九、说理的根本就在于论证

《试论》否定“议论文三要素”的第九点批评是：“以偏概全。”其理由是：“‘论证’是‘说理方法’之一。”

这里的“说理方法”并非严格的学术概念，缺乏明确的内涵和外延。文章举出的“说理方法”有界定、阐释、阐述、分类、比较、论述、同中求异、异中求同。其实，这些方法有的就是论证方式的下位概念，并非论证以外的“说理方法”。例如同中求异和异中求同，这是五种探明因果联系的归纳方法中的两种，在论证中使用这些方法，就是归纳论证。有些方法可以为论证服务，也不是与论证并列的“说理方法”，例如“界定”，其实就是明确概念的逻辑方法“定义”(《现代汉语词典》和《哲学大辞典》等工具书均无“界定”这一词条，过去叫“界说”，现在叫“定义”)，在议论文中可以用来明确论点或论据，因为论点或论据作为命题是由概念构成的。有些方法既可以用于论证，也可以用于其他方面，例如分类和比较，就可以作为两种说明方法，既不是独立的“说理方法”，更不是与论证相并列的“说理方法”。而且，这些方法在一篇具体的议论文中并不是必需的，可以用，也可以不用。哪里有什么以偏概全？

说理的本质就在于论证，也就是以一定的论证方式，用论据来支持论点。离开了论证还能有什么独立的“说理方法”？对自己的观点不提供理由，不以论据来支持论点，那还叫说理吗？对思想进行论证，是人类文化了不起的进步。是论证成全了知识的确证，即人们凭什么相信一个命题或一个思想是真理的问题。有了论证，社会才能卓有成效地进行真正意义上的思想交流。如果没有论证，每个人都以为自己把握了真理，就只能是公说公有理，婆说婆有理，谁也说服不了谁。

十、不能以辩证思维否定逻辑思维

《试论》反对“议论文三要素”的第十个理由是：“‘三要素’属于‘形式逻辑’范畴……而议论文本写作的运思，与其认知方法相匹配的应是‘辩证逻辑’。”

以辩证思维来否定逻辑思维的价值，这是一个根本性的错误。这里的“辩证逻辑”，所指其实是辩证法。逻辑或形式逻辑是人类长期思维实践最重要的经验总结和理论成果，是思维的基本法则。辩证思维也不能违背逻辑的法则。例如“失败是成功之母”就有辩证思维，(否则失败就是失败，或失败是失败之母)但失败之所以能转化为成功，离不开对失败原因和成功条件的逻辑分析。甚至文学创作从根本上说也离不开逻辑思维。钱锺书说得好：“理之在诗，如水中盐、蜜中花，体匿性存，无痕有味。”议论文，作为典型的理性表达，当然更需要逻辑思维，这是毋庸置疑的。议论文需要辩证法，这是正确的，但怎么能够由此得出逻辑思维不重要的结论呢？我赞赏作者对理性的坚持与倡导。而逻辑正是人类不可或缺的最重要的理性工具。对逻辑法则的遵从和敬畏，更是价值理性的重要内容。

十一、静态的知识就应当否定吗？

《试论》否定“议论文三要素”的第十一个理由是：“文本要素是静态的。阅读(行为)要素是动态的。”

学生需要动态的知识、需要阅读和写作议论文的动态知识，但这不能成为否定静态知识，否定“议论文三要素”的理由。勾股定理是静态的，小说三要素也是静态的，人们并未因其静态而否定之。静态的知识可以作为动态知识的基础。就议论文阅读而言，把握了议论文三要素，就把握了文章最主要的东西，就可以以简驭繁；就议论文的写作而言，把握了议论文三要素，即把握了议论文的基本规范和努力方向。

十二、性质不能作为事物的要素

综上所述，《试论》一文并没有能够得出应当否定论点、论据、论证方式的“议论文三要素”的结论。即使论点、论据、论证方式的“议论文三要素真的错了，但《试论》却没有能够证明这一点。作者又在《语文建设》2012 年第 6 期发表了《“议论文三要素”的重构》一文。该文将“价值性、发现性、说服性”作为“议论文三要素”。我们要问的是“价值性、发现性、说服性”可以作为议论文的要素吗？回答应当是否定的，“价值性、发现性、说服性”不能作为议论文的要素。因为性质不能作为事物的要素。

上文说到，所谓要素，就是构成事物的必要因素。要素，必须是事物的因素或元素，应当是结构性的成分，是实体性的东西。水的要素是氢和氧，桌子的要素是桌子面和桌子腿，饺子的要素是饺子皮和饺子馅，语言的要素是语音、词汇和语法。按照北大陈波教授的说法，要素必须是“拆开来是里面的玩意儿。”性质不能作为事物的要素，这应当是哲学的常识。“价值性、发现性、说服性”这是一些功能性或评价性的概念，而要素应当是可以产生功能的东西，是作为评价对象的东西。比如美观性、坚固性可以作为对桌子的评价，却不是桌子的要素。音乐性、节奏性可以作为对语言的评价，却不是语言的要素。有谁会把美观性、坚固性作为桌子的要素呢？又有谁会把音乐性、节奏性作为语言的要素呢？

事物的要素之所以应当是实体性成分而不是性质，正是为了人们可以对要素赋予不同的性质、特征或功能，可以对具体事物的要素作出评价。例如，我们说饺子馅是饺子的要素，有人可以要求饺子馅鲜，有人可以要求饺子馅香，有人可以希望饺子馅腻，有人希望饺子馅清淡。人们也可以评价这个饺子馅太稀，那个饺子馅太干。如果把“腻”作为饺子的要素，人们就无法将清淡的性质特征附着在这一要素上。总不能说“我喜欢清淡的腻”吧？如果把“香”作为饺子的要素，人们也无法评价这一要素，总不能说“这个饺子的香太干”吧？

事物的要素之所以应当是成分而不是性质，还因为要素应当揭示事物的结构。语言的三要素是语音、词汇、语法，这三者明确地揭示了语言的结构。具体事物结构要素的多少也是由事物本身的特质所确定的。语音、词汇、语法这三个要素对于语言来说，既不能少，也不能多。议论文同样如此。论点、论据、论证方式的议论文三要素明确地揭示了议论文作为论证的基本结构，三个要素既不能少，也不能多。而将“价值性、发现性、说服性”作为议论文的要素，无法解释议论文的结构特征。也正因为这样的要求不是由议论文的结构特征决定的，因此提出多少要求，提出什么样的要求，也就因人而异。你提出三个，他提出四个；你是这样的三个，他是那样的三个，难以达成共识。

十三、《试论》和《重构》的合理因素

尽管《试论》和《重构》的基本观点是错误的，但文章当中有一些合理因素，甚至很有价值的思想。

首先是对议论文教学的重视：“议论文教学是语文教育中最重要的部分，承载着世界观与方法论教育的重任。”当年茅盾的小学老师出的作文题，议论文是很多的。如“论文不爱才武不惜死”、“武侯治蜀论”、“宋太祖杯酒释兵权论”等。国外的作文有“谁该对二战负责?”之类的题目。在过分地强调情感、过分强调文学或者追求热闹的当下，存在着议论文教学被淡化的倾向。议论文教学既不能用音乐，又不能用绘画；既没有故事情节，也没有环境描写，不少教师觉得没有讲头。甚至有些偏爱文学的教师本身就不喜欢议论文。作者的观点不仅正确，而且有针对性。

重视议论文的预设是重视文体。淡化文体也是当下语文教学的一个弊端。多数语文教材丢弃几十年来文体组元的成功经验和优良传统，改为违反语文教育规律的主题组元。以初中语文实验教材为例，只有语文版教材，以自己的学术信念坚持了文体组元。不少考试作文不限文体。许多学生对记叙文、说明文、议论文的基本规范缺乏起码的认识。

作者对驳论的重视也是正确的。驳论往往比立论有更鲜明的针对性，更能促进思想的恰当性和深度，对于培养质疑和反思的批判性思维和追求真理的人格有更重要的价值。与此相关，作者主张在立论时应当“对论点作自我反驳与证伪”，更是真知灼见。

无论是企图否定本来的议论文三要素，还是企图重构议论文三要素，也都预设了对议论文基础、对建设语文课程内容体系的重视。这比那些认为议论文三要素无足轻重、对语文课程内容的基本建设不屑一顾的糊涂观念好得多。

作者对议论文教学某些现状的批评也是中肯的。例如许多学生习惯于堆砌事实论据，缺乏理论分析；命题陈旧，老生常谈等。作者关于论点应当有较高逼真度、有发现性的思想也是很好的价值追求。

十四、基础教育的评价原则应当是底线评价

问题在于，选题的价值性、立论的发现性，与议论文写作的基本规范哪个更重要？哪个更具有先决的意义？《试论》说：“是否有论点不重要，重要的是有什么样的论点。”如果连论点都没有，无论什么样的论点都没有，又哪里会有好的论点、有较高逼真度的论点、发现性的论点？离开了议论文写作的基本规范，不强调议论文写作必须提炼明确的论点，有较高逼真度的论点、发现性的论点只能是空中楼阁或海市蜃楼。

在讨论有关基础教育的问题时，我们不能忘了基础教育的底线评价原则。诚如杨启亮教授所言，顶线评价正在造成我国基础教育健康发展的瓶颈。“顶线评价实际上是在基础教育中演绎高等教育特征，所以异化了基础教育的基础性。”杨启亮指出，按照底线评价的原则，基础教育教学创新的品格应当是“普适与朴素”。基础教育的基本任务是为学生的发展打好基础。语文教学的基本任务就是要引导学生学习语文的基础知识，培养语文的基本能力，建构语文的基本素养。议论文教学的基本任务就是要教学生议论文阅读和写作的基本规范。梁启超说：“教人作文当以结构为主。”论点、论据、论证方式的“议论文三要素”正是议论文的基本结构，正是议论文阅读写作规范的基点。在这一基点上，便是论证的规则：论点应当明确、论点应当保持同一、论据应当真实、论据的真实不依赖于论点的真实、论据应当能够推出论点。在这样的基础上，才能倡导选题的价值性和立论的发现性。

就语文课程的基本内容而言，我们需要强调的恰恰是作者所反对的“形式”。因为语文的规律更多地表现在形式中，表现在语言形式和文章形式中。比如记叙文六要素，就是记叙文的基本规范。因为任何事情都必须发生在一定的时间和空间内，都一定有其原因和结果。这样的基本规范，不仅有方法论的意义，而且有世界观的意义。

《语文课程标准》关于议论文阅读的目标是“区分观点和材料，发现观点与材料之间的联系”。写作的目标是“做到观点明确，有理有据”。这样的表述虽然有失简单，但毕竟把握了最主要的东西。

——原载《语文教学通讯·a 刊》2015 年第 4 期，作者吴格明评析：

这是一篇驳论文的典范，具有很强的逻辑力量。

其一，对原文所有的理由进行缜密的梳理，逐一反驳，从而证明：即使“议论文三要素”应当被推翻，但原文得不出这样的结论。

其二，娴熟地运用反驳的各种逻辑方法。例如：文章第一部分是驳斥原文所隐含的大前提。对方的第一个理由是：“‘议论文三要素’是老掉牙的知识(即历史久远的知识)。”文章驳斥了这一理由背后的隐含前提，即“历史久远的知识应当推翻”这一论据。文章第二部分是利用“预设”指出对方的自相矛盾。对方的观点是“‘论点’不应当作为议论文的要素”，但其“议论文应当具备‘有较高逼真度的论点’”的观点，预设了“论点是衡量议论文好坏的一个要素”，自相矛盾。文章第三部分是明确概念。对方认为：论据只“是‘论证’方法中‘例证法’‘引用法’之下的概念”。文章指出：这是对“论据”这一概念的误解，把“论据”局限于例子和引言了。

其三，在反驳原文基本观点的同时，肯定其重视议论文和重视文体的预设。使评价更加客观公允。

其四，在更高的层面上说明基础教育“底线评价”的原则，以便使语文教育的学术研究有恰当的价值坐标。

下篇：学科知识与教学能力

第十讲　语文基础知识与教学能力

第一节　语文学科知识

一、语言学基础知识

（一）现代汉语素养

现代汉语是指现代汉民族的语言，既包括普通话也包括各种方言，既包括口语也包括书面语。作为一名教师，应该具备语音、文字、词汇、句子、修辞格、标点等方面的现代汉语素养。

1. 语音

现代汉语在语音方面的突出特点是音节的构成。汉语的音节可以分为声母、韵母、声调三部分。开头的辅音是声母，声母后面的部分是韵母，声调是有区别意义作用的整个音节的音高。

音节是听觉能感受到的最自然的语音单位，有一个或几个音素按一定规律组合而成。汉语中一个汉字就是一个音节，每个音节由声母、韵母和声调三个部分组成。

声母是出现在韵母之前的辅音，汉语拼音中有21个声母。

韵母是音节中声母之后的部分，韵腹为主要元音，韵腹前可有辅音作为介音，韵腹后可有辅音作为韵尾，汉语拼音中有35个韵母。

声调是音节中具有区别作用的音高变化，普通话有四个基本声调，阴平（55）、阳平（35）、上声（214）、去声（51）。

普通话的音节在连续发出时，其中有一些音节的调值会受到后面音节声调的影响，从而发生改变。这种现象，就叫变调。最常见的变调包括上声连读变调和“一”、“不”二字的变调。

轻声：普通话有些音节在词或句子中运用时，会失去原来的声调，调子变得轻而短，我们叫做轻声。轻声是语流中的音变现象，不是正式的调类。

2. 文字

了解汉字的结构首先要知道笔画、偏旁、独体字、合体字、六书等基本概念。

笔画是构成汉字的各种形状的点和线，是汉字的最小构成单位。传统上把汉字的基本笔画分为八种，即横、竖、撇、点、捺、提、钩、折。

偏旁是构成合体字的表义或表音的单位。构成会意字的两个或三个偏旁利用相互间的位置关系或意义关系来表示字义。构成形声字的两个偏旁被分别称为形旁和声旁，形旁用来表示所记录的字的意义或类别，声旁用来表示词的读音。

独体字是以笔画为直接单位构成的汉字，它是一个囫囵的整体，切分不开。独体的象形字和指事字是构成合体字的基础。合体字就是由两个或两个以上的独体组合成的汉字。

我国古代对造字法有“六书”的提法，汉字的造字方法有象形、指事、会意、形声，除了上述四种外，还包括转注和假借，这两种应属于用字法。①象形：就是造字时，用描摹客观实体的外形来表达词义的一种造字方法。用“象形法”造字，一般都是有形有象的指物名词。②指事：《说文解字》“六书”之一。用象征性的符号或在图形上加些指示性符号来表示意义的造字方法。③会意：是用两个或两个以上的独体字根据意义之间的关系合成一个字，综合表示这些构字成分合成的意义，这种造字法叫会意。④形声：也叫“谐声”，六书之一。指字由“形”和“声”两部分合成，形旁有关意义，声旁有关读音。形声字占汉字总数的80%以上。⑤转注：是指偏旁相同的两个字互相能够解释，意义相通，比如“考”和“老”。这个问题目前争议比较大。⑥假借：是指口语存在而没有创造出文字的词，用同音字来代替记录的用字方法。

古今字：记录原来的多义词或同形词的字就是古字，记录分化后形成的新词的字就是今字。新造的字与原来兼表原来意义的字合称为“古今字”。新造的字是“今字”，原来兼表意义的字是“古字”。

异体字：是字音、字义相同而字形不同的一组字。异体字又可分为“完全异体字”和“部分异体字”。

3. 词汇

语素是最小的语音语义结合体，是构成词语的最小语法单位。语素按音节多少，分为单音节语素、多音节语素；按构词功能，分为自由语素和不自由语素；按构词位置，分为定位语素和不定位语素。

词是由语素构成的，能独立运用的最小的造句单位。是否能够“独立运用”和是否“最小的造句单位”这两个语法特点，“是否独立运用”划清了词和语素的界限，“最小的造句单位”划清了词和短语的界限，它们是判断词与非词的主要根据。

单纯词由一个语素构成，包括联绵词、音译词、拟声词、叠音词等。其中联绵词的两个音节之间往往有双声叠韵的关系。

合成词是由两个或两个以上的语素构成的词。在构词中体现基本意义的语素(自由的或不自由的不定位语素)叫词根，粘附在词根的前后表示附加意义的语素(不自由的定位语素)叫词缀。由词根与词根组合而成的叫做复合词分，由词根与词缀组合成的叫做派生词。

词类是指按词在造句中的不同作用而分出来的类。现在一般将汉语的词类分为名词、动词、形容词、数词、量词、代词、副词、介词、连词、助词、叹词、拟声词、区别词、语气词十四类。

词义的变化：一是就整个词来说，有旧义的消亡，有新义的产生，在词典里表现为义项的增加或减少；二是就词的某一个义项来说，其理性意义的变化有扩大、缩小、转移三种情况，其感性意义的变化有扬升和贬降两种情况。

多义词的若干个义项之间有一个是本义，其他是转义，包括引申义、比喻义和借代义。所谓本义指的是词的本来的意义，即有文字形体可考、有文献资料可证的最古的意义。引申义指的是没有通过比喻、借代等途径，由联想作用而产生的词义。比喻义是词或短语的比喻用法逐渐固定下来所形成的词义。比喻义产生的根据是相似性联想。借代义是词或短语的借代用法逐渐固定下来所形成的意义。借代义产生的根据是相关性联想。

要注意多义词和同音词的区别。同音词按照词形分为同音异形词和同音同形词两类。同音异形词由于书写形式不同，所以很容易与多义词分开。同音词中的同音同形词和多义词的区别在于词所代表的意义现时是否有联系。现时意义有联系的是一词多义，是多义词。现时意义毫无联系的，虽然词形相同，但不是一个词，它们是同形同音词。

词汇由基本词汇和一般词汇构成。基本词汇是语言中词汇的构成基础，具有稳定性、普遍性、能产性等特征。一般词汇包括新造词、古语词、方言词、外来词、专业词和熟语。

熟语包括成语、惯用语、歇后语、谚语等。成语是长期可用的、意义上整体化、结构上定型化的固定短语。成语的习用性表现为世代相传、流传久远。

词汇的规范化包括四方面的内容：新造词语的规范；古语词的规范；方言词的规范；外来词的规范。

4. 句子

句类是根据句子的用途语气划分出来的类别。汉语有陈述句、疑问句、祈使句、感叹句四种。

句型：从结构上分，句子可以分为单句和复句。单句可以分为主谓句和非主谓句。复句是由两个或两个以上在意义上和结构上有密切关系的分句构成的，按照其中分句的层数可以分为单重复句和多重复句。

常见的复句类型有并列关系、承接关系、递进关系、选择关系、总分关系、转折关系、条件关系、因果关系。除了总分复句，其他类型的复句都各有常用的关联词语，熟悉这些关联词语的用法有利于我们判断分句之间的关系。

句子成分分析法：从句法结构的关系意义出发，对句子作成分功能或作用分析的方法，即用各种方法标出基本成分(如主语、谓语、宾语)和次要成分(如定语、状语、补语)。

常见的病句种类：存在歧义；搭配不当；语序不当；成分残缺和赘余；句式杂糅；逻辑错误。

5. 修辞格

修辞格是带有规律性的特殊的修辞格式，经常考到的修辞格有：比喻、比拟、拈连、反复、夸张、衬托、对比、对偶、排比、双关、借代、反语、婉曲、顶针、反问、设问、通感等。

从修辞格的表达作用来看，大致可以分为加强语势、增强形象、凝聚语义、增添情趣四大类。加强语势类主要包括排比、层递、顶真等修辞格。这一类辞格主要通过加强语势，造成一泻千里、波澜壮阔，或连绵不断、回环往复的语势来增强表达效果。增强形象类主要包括比喻、比拟、借代、夸张、摹绘等修辞格。这一类辞格主要通过增强对人和事物的描写作用，把人和事描述得更加生动形象具体，突出语意，来增强表达效果。凝聚语义类主要包括对偶、反复、衬托等修辞格。这一类辞格主要通过能使语义凝聚到某一方面，使之突出，得到强调，来增强表达效果。增添情趣类主要包括拈连、仿词、析词、双关、反语、婉曲等修辞格。这一类辞格主要通过把话说得不同凡响，使人耳目一新，来增添话语的情趣，增强表达效果。我们在分析修辞手法时，可以通过这四个方面去细致体会。另外还要注意两个问题：一是要注意修辞方法的综合运用，不管是连用、兼用，还是糅合在一起用，都要一一指明辞格；二是要学会结合具体的文意做具体、深入的分析，切忌说空话。

6. 标点

标点符号是辅助文字记录语言的符号，是书面语的有机组成部分，用来表示停顿、语气或词语的性质作用。标点符号分为标号和点号，共16种。点号主要表示语句中的各种停顿，句末点号兼表语气。点号有7种，包括句号、问号、叹号(句末点号)、逗号、顿号、分号、冒号(句内点号)。标号表明词语和句子的性质和作用，包括破折号、括号、省略号、书名号、引号、连接号、间隔号、着重号、专名号。

(二)古代汉语素养

1. 古书中的用字

假借字：凡文献中的用字，如果它所记录的词不是该字的本义或引申义，这个字就是假借字。

古今字：同一个词在不同的时代用不同的字来表示，就形成古今字，在前的叫古字，在后的叫今字。如“莫→暮”。

古今字与假借字的关系：二者有交叉现象。古今字立足于时代的不同和用法的分工，假借字则立足于文献中文字所表示的意义跟它的本义是否有关。

异体字：狭义的异体字指读音相同，意义相同，而形体不同的文字；广义的异体字除包括狭义异体字外，还包括文献中通用的假借字和古今字。这里讨论的是前者。

繁简字：简化字与被简化的繁体字合称为繁简字。简化字：特指1956年国务院公布的《汉字简化方案》所颁布的简化字，不一定笔画少就是简体字。繁体字：特指与简化字相应的繁写楷书字体。

2. 古代汉语词类活用

词类的活用：有些词可以按照一定的表达习惯而灵活运用，在句子中临时改变它的词性和基本功能，这种现象就叫做词类活用。如“从左右，皆肘之”。句中的“肘”是名词，在此临时用作动词，意为“用肘撞”。

动词的活用：主要是使动用法，该用法是指谓语动词具有“使宾语怎么样”的意思。不及物动词的使动用法：不及物动词如果带上宾语时，一般是用做使动，如“庄公寤生，惊姜氏”。“惊”意为“使……惊”。及物动词的使动用法：这种情况较为少见。及物动词本来就可带宾语，在形式上和用做使动没有区别，区别只在意义上。

形容词的活用：①形容词用做一般动词，如果形容词在叙述句里充当谓语，就是活用为动词。如“益烈山泽而焚之”。“烈”形容大火，这里是“放大火烧”。②形容词用做名词，如果一个形容词不做谓语或定语，而充当主语或宾语，可能是活用为名词，如“侍中侍郎郭攸之、费祎、董允等，此皆良实，志虑忠纯，是以先帝简拔以遗陛下”。“良实”从形容人善良诚实转为指善良诚实的人。③形容词的使动用法：是指使它所带的宾语具有该形容词所表示的性质或状态。如“其达士，洁其居，美其服，饱其食”。“洁”、“美”、“饱”原是形容词，在句中都是使动用法，分别译为“使……清洁”、“使……华美”、“使……饱”。④形容词的意动用法：是指谓语具有“认为宾语怎么样”或“把宾语看作什么”的意思。如：“甘其食，美其服，安其居，乐其俗”。句中的“甘”、“美”、“安”、“乐”译为“认为……香甜”、“认为……华美”、“认为……安逸”、“认为……快乐”。

名词的活用：①名词用做一般动词，如“范增数目项王”中“目”是“用目光示意”的意思。②名词的使动用法，如“然得而腊之以为饵，可以已大风、挛踠、瘘、疠”。“腊”原义为“干肉”，动词。在此句中用做使动用法“使(之)成为干肉”。③名词的意动用法，如“友风而子雨”意为“把风当作朋友，把雨当作儿子”。

3. 古今词义的异同

词义异同的情况：①有些词古今都用，词义不变。如山、水、雪、母、弟、心、耳等。②古用今废词。古代曾经使用而现代不用的旧词。如“觥”等。③古今义绝对不同。古代和现代用的是相同的字，而古义与今义却迥然不同。如“斋”本来是动词，指古代祭祀或典礼前的清心洁身，以示虔诚。魏晋时期有了居室、房舍的意义。④大多数词古今义有联系、有区别。

造成旧词消亡的原因：①它们随着所表示的历史事物的消亡而消亡。如“卣”指古代一种中型的青铜酒樽，后来这种酒樽不再使用了，“卣”这个词也就不用了。②随着社会观念的改变而消逝。如“祲”。③被别的词语所替代，也就是说旧词所反映的事物、观念等仍是后代社会生活中存在的，但后代改变了说法。如“倡优”现在用“艺人、演员”来代替，旧词“倡优”也就死亡了。

古今词义的差别：①意义的多少不同。一个词有本义，有引申义，一个词的古今意义的多少，往往会产生变化，有的旧义消亡了，有的新义产生了。如“池”在古代意义是护城河和池塘；现代意义是池塘和旁边高中间洼下的地方。古今相比，“池”的意义一增一减。②词义的侧重点不同。如“售”，古义侧重行为的结果，指把商品卖掉，今义侧重行为的本身，是卖。③词义的轻重和感情色彩不同。如“恨”的古义轻，是遗憾、不满，今义重，是仇恨、忿恨。如“谣言”古义是中性的，今义是贬义。④词义所指的名物制度不同。如“布”古指麻布、葛布，今指棉布。“坐”古指两膝着席或床榻，臀部压在脚后跟上，今指臀着席位上。

词义变化的类型：从古今词义的范围着眼，可以把词义的变化分为词义的缩小、词义的扩大、词义的转移三类。①词义的缩小：其特点是古义的范围大于今义，今义一般包括在古义之中。如“坟”古义是用土堆积而成的高地，今义是埋尸体的土堆。②词义的扩大：古义的范围小于今义。如“焚”古义是放火烧山进行围猎，今义泛指一切焚烧。③词义的转移：词义由指甲事物变为指乙事物，词义中心转移，而甲乙事物之间又有一定的联系。如“封”古义指积土成堆，今义指封闭。

4. 常见文言代词、副词和虚词

古汉语中的代词、副词、介词、连词、助词包含的词数量虽不多，但与现代汉语差异明显，掌握古汉语必须熟悉这五类词中的常用词。

(1)代词

疑问代词：根据疑问代词指代的询问对象，古汉语疑问代词可分三类。第一指人的，有“谁、孰”。第二，指物的，有“何、胡、奚、曷”等。第三，指处所，有“安、恶、焉”。

指示代词：“之、兹、其”，表泛指和特指。“此、是、斯”近指，表示“这”义。“彼、夫”远指，表“那”义。“尔、若、然”，是谓词性的，表“如此”、“像这(那)样”义。特殊的指示代词“焉、诸”。“焉”相当“于此(之)”，常作补语。“诸”是代词“之”和介词“于”或语气词“乎”的合音形式。

人称代词：①第一人称代词，有“我、吾、余、予、朕”等。②第二人称，有“女(汝)、尔、若、而、乃”等。③第三人称，没有专门的第三人称代词，只有指示代词兼任的“彼”、“之”、“其”。④第一、二人称代词后，可加“侪、辈、属、曹”表复数。

无定代词：这是古代汉语特有的一类代词。它们只能作主语。①“或”表肯定，意为“有的人”、“某人”、“有的(东西)”。②“莫”表广泛的否定。

辅助性代词：这类代词有“所、者”，它们有一定的指代作用，但不能单独充当句子成分。

(2)副词

副词是一种只能充当状语的虚词，它虽然有一定的词汇意义，但不能表示具体事物、动作行为或性质状态，而只能表示动作行为、性质状态的时间、程度、范围、肯定否定或情态、证据。它一般是修饰动词性词语或形容词性词语，在判断句中修饰名词性词语。

时间副词。表动作行为发生在过去的时间，有“向、乡、既、业、尝、曾”等。表示动作行为正在进行或正在实现的时间，有“方、正、适、会”等。表示动作行为将要进行的时间，有“行、将、且、垂”等。表示动作行为的久暂，有“俄、暂、姑、常、雅、素”等。

范围副词。表示总括，包括无遗或很少例外，有“皆、尽、毕、悉、举、咸、具、凡、都、共、率”等。表示范围小或有限制或有例外的有“但、特、只、直、止、第、独、徒、仅、唯”等。

程度副词。表示程度高的。“最、至、极、绝”表示最高度，意思是“最”、“大”意思是“十分”，“太”指程度上超过一定的限度，“殊、特、尤、良、甚”的意思是特别、非常。表示程度不深、轻微的副词，有“少、稍、微、略、颇”等。表示程度在原有基础上的加深加重，有“加、更、愈、益、弥、兹(滋)”等。

情态副词。表示动作行为进行的方式，“俱、并”表示几个施动者一起做某件事，“闲、微、窃”表示秘密地、暗中地做某件事，“固”表示坚决地做某件事。表示动作行为发生或进行的速度。“暂”两属：强调时间的短暂时(一会儿、短时间)，是时间副词；强调动作的突然性时，属情态副词。“遽”表示匆忙急迫，“卒(猝)”表示时间急促突然，“立、即、旋”表示事或行为紧接着发生，“稍、渐、益”表示动作的逐渐性。表示动作行为进行的频率。“数、亟、累、屡、仍”表示动作多次出现；“辄”表示同一动作行为的多次重复相当于往往、总是；“每”表示反复出现的情况或动作中的任何一次；“复”表示重复进行同一动作。

语气副词。表示确认的语气。“乃、即”相当于“就是”，“必、定”相当于“一定”，“诚、信”相当于“实在、的确”，“果”相当于“果真”。表示委婉的测度、商榷或论议语气。“其、盖、殆”相当于“大概(是)、恐怕(是)”，“盖”大多用在句首。表示出自意外的惊异语气，常用的有“曾”多与否定副词“不”连用，相当于“竟然”。如“老臣病足，曾不能疾走”。表示祈使语气。“其”用在祈使句中，有希望、请求、劝勉的意思，可译为“希望、还是”等。表示反诘的语气，常用的有“岂、其、庸、巨(讵)宁”等，意思相当于“难道、哪里、怎么”，有时不能译出。

否定副词。“不”和“弗”都表示一般的否定，“毋”和“勿”通常用在祈使句中，表示禁止或劝阻，意思是“不要”。“勿”有时也用做一般性的否定。“毋”也写作“无”。“未”是表示情况还没有出现或动作还没有进行，相当于“没有”。“非”一般用于名词性谓语前，表示否定判断；有时含有假设性的否定，相当于“若不是”。有时也可用于叙述句和描写句，表示对行为和性质的否认。“微”可用在单句中表示否定，与“非”相当；又可表示假设性的否定，相当于“若不是”；还可同副词“独”结合，表示“不但(如此)”。“否”不作谓语的修饰成分，而与谓语并用，构成肯定否定迭用的句子，表示否定的一面，或单用，构成独词句。

指代性的副词“相”和“见”。它们用在及物动词前面作状语，指代动词后面的宾语。“相”，表互指，意为“相互”。表偏指，即指代动作受事者的一方。“见”原是助动词，用在动词前表示主语是动作的受事者；魏晋南北朝时期又演变为副词，用在及物动词前，表示对他人所发动作行为的接受，有指代宾语的作用。可译作“自己”或“我”。

谦敬副词。表敬副词“请、敬、谨、幸、惠、辱、猥、垂、蒙”等。表谦副词“敢、窃、忝、猥、伏”等。

(3)介词

介词是由动词虚化而来的词类，它在句中的作用仍带有动词性质的痕迹。它能带宾语，但不能单独进入句子结构，更不能充当谓语。大约有“于(於、乎)、以、因、由、为、自、从、与、及”等十几个。介词的语法特点：介词带宾语，有时宾语前置。古代汉语中介词的宾语大多可以省略(“于”字的宾语不能)；在语法功能上，古代汉语由“因、为、与、从”等组成的介词结构一般作状语，但“于”字介宾结构表时间处所意义的还可作补语。“以”字结构表工具方式的既可作状语，又可作补语。

(4)连词

连词是连接词、词组或句子以帮助表示两项或几项之间的语法关系或逻辑关系的虚词。古代汉语常用的连词有“与、及、以、并、且、而、则、况、矧、但、第、抑、虽、然、至即、使、如、若、苟、倘、令、藉、设、故”等。

(5)语气词

按照语气词在句中的位置和作用，可将它们作如下划分：句首语气词，有“夫、盖、维、惟、唯”；句中语气词，有“盖、也、与”；句尾语气词，有“也、矣、乎、哉、已、耳、焉、与、邪、夫、兮”等。按照语气作用，可语气词分为：陈述语气词，有“也、矣、已、耳、焉”；疑问语气词，有“乎、与、邪”；感叹语气词有“哉、夫、兮”。

5. 古汉语常见句式问题

(1)判断句

所谓判断句一般是用名词或名词性词组作谓语的句子，对事物的属性作出判断，即某事物是什么，或不是什么。古代文言文中判断句和现代汉语不同，一般不用系词“是”。古代汉语判断句的几种形式：“主+谓+也”，如“此王业也”。“主+者+谓+也”，如“陈胜者，阳城人也”。“主+者+谓”，如“兵者，凶器”。“主+谓”，如“兵，凶器”。“主+副+谓+(也)”，如“此诚危急存亡之秋也”。“主+为+宾”，如“余为伯儵”。

(2)被动句

句中主语是谓语动词所表达动作行为的接受者的句子称做被动句。除了语义上表被动的句子(如“文王拘而演周易”)之外，有句法标志的被动句主要有以下几种。

“于”(“乎”)字句，如：“楚怀王内惑于郑袖，外欺于张仪。”“为”字句，如：“(吾子)今为赤帝子斩之。”“见”字句，如：“人皆以见侮为辱。”“为……所”句，如：“先即制人，后则为人所制。”“被字句”，如：“臣被尚书召问。”

(3)古代汉语句子成分的位置

①宾语前置，谓宾倒装。古代汉语的宾语在某些特定的语法条件下要置于动词之前，这种现象我们称之为宾语前置。宾语前置的种类：疑问句中疑问代词作宾语前置。如：“吾谁欺，欺天乎?”否定句中，指示代词或人称代词作宾语前置。如：“日月逝矣，岁不我与。”以“之”和“是”为标记的。如：“岂不谷是为？先君之好是继。”

②谓语前置，主谓倒装。古代汉语的一些句子，谓语在主语之前，称之为谓语前置。有两种句子里谓语前置的现象比较多见。表示疑问的句子。如：“何哉，尔所谓达者?”表示感叹的句子。如：“贤哉，回也!”

③数量短语后置。古汉语的量词可以在名词的后面，如：“谷百斛。”

④介宾短语后置。古汉语介宾短语可以在谓语中心语后面，如：“郑伯克段于鄢。”现代汉语介宾短语均在谓语中心语之前。

6. 古汉语常见的成分省略

①主语的省略。承上省略：在复句中第一分句出现了主语，如果后几个分句的主语与第一分句相同，那么后几个分句的主语就可以省略。蒙下省略：前几个分句的主语蒙最后一分句的主语而省。

②宾语的省略。这在古代汉语里是常见的，所省略的常常可以用“之”填补。宾语表达的事物在前文已经谈到，宾语就可以省略。介词的宾语也可以省略。

③介词的省略。古汉语中的“于”、“以”等介词，在谓语中心语后面作补语时，有时被省略掉。

二、中国文学知识

(一)古代文学知识

中国文学的起点是神话传说。中国古代有四大著名神话：女娲造人、后羿射日、共工触山及嫦娥奔月。中国古代文学大致可以分为三个阶段：一是上古文学(先秦两汉)；二是中古文学(魏晋至明中叶)；三是近古文学(明中叶至“五四”运动)。

1. 上古文学(3 世纪以前)

这个阶段的主要文学成就有《诗经》、散文、楚辞、汉赋及乐府诗歌等。

《诗经》是我国最早的诗歌总集，收集了上自西周初年下迄春秋中叶约五百年间的诗歌三百零五篇，又称《诗》或《诗三百》。《诗经》由风、雅、颂三部分组成，其中“风”是各地的民间曲调，“雅”是周王畿所在地的曲调，“颂”是用于宗庙祭祀配合舞蹈的曲调。《诗经》表现手法是赋、比、兴。赋、比、兴与风、雅、颂合称为“六义”。

楚辞指兴起于战国时期，以屈原为代表所创作的诗歌样式，是继《诗经》以后出现的一种新诗体。屈原的《离骚》、《九歌》、《九章》、《天问》是代表作品。《离骚》是屈原的代表作，这是一部带有自叙传性质的长篇抒情诗，也是我国古代最长的政治抒情诗，被鲁迅誉为“逸响伟辞，卓绝一世”。

辞赋是我国古代文学中有着鲜明民族特色的文体，是汉代文学的主要形式，其创作十分繁荣。代表作家作品有：贾谊《吊屈原赋》、《鵩鸟赋》，枚乘《七发》，司马相如《子虚赋》、《上林赋》、《长门赋》，扬雄《甘泉》、《河东》、《羽猎》、《长杨》诸赋，班固《两都赋》等。

乐府原是西汉一个官署的名称，“后人乃以乐府所采之诗名之曰乐府”。乐府诗歌题材广泛，生活气息浓厚，是我国古典诗歌的珍品。其中名篇有《木兰诗》、《孔雀东南飞》、《陌上桑》、《古诗十九首》等。

先秦散文分为历史散文和诸子散文两类。《尚书》和《春秋》代表了先秦历史散文的雏形，《左传》、《国语》、《战国策》等的出现，则标志着记事散文的成熟，开启了我国叙事文学的优良传统。《左传》是我国第一部记事详细而完整的编年史，《国语》是我国古代第一部国别史，也是一部记言的史书。春秋战国是个大动荡、大变化的时代，也是中国文化思想史上最为辉煌的时代，出现了诸子散文创作热潮，涌现出《论语》、《墨子》、《孟子》、《庄子》、《韩非子》等散文作品。《论语》与《孟子》、《大学》、《中庸》合称“四书”。

司马迁的《史记》是我国古代散文的典范，它的出现标志着传记文学这种文学体裁的成熟。《史记》是我国第一部纪传体通史，它开创了我国纪传体正史的先河，具有极高的历史价值和文学价值，被鲁迅誉为“史家之绝唱，无韵之《离骚》”。

2. 中古文学(3 世纪至 16 世纪)

①魏晋南北朝文学上承先秦两汉，下启隋唐，不仅作家作品空前增多，而且已进入到一个文学自觉时代，涌现许多创作现象和优秀作家。

建安时期，政治、思想和文学诸方面发生急剧变化，特别是诗歌，打破了两汉辞赋独盛局面，“三曹”、“七子”、蔡琰等人创作相继涌现，形成我国古代文学史上第一个文人诗创作高潮。代表诗作有曹操《蒿里行》和《短歌行》、曹植《白马篇》、王粲《七哀诗》、陈琳《饮马长城窟》及蔡琰《悲愤诗》等。这些诗作真实地反映了董卓之乱给社会和人民带来的灾难，表达了诗人建功立业的要求和统一天下的宏伟抱负。意境宏大，笔调开朗，风格悲凉慷慨、刚健有力。以上思想和艺术两方面结合起来，就是后人所说的“建安风骨”。

正始文学指从齐王曹芳正始年间(240—249 年)至司马代魏(265 年)这段时期内最具代表性的文学。由于司马氏专权造成的恐怖环境，当时出现了竹林七贤隐士集团。以阮籍、嵇康为代表的诗歌创作，内容多以抒发忧生惧祸、高蹈遗世之情，风格多曲折幽深、清峻超拔特色，与建安的慷慨悲凉不同。阮籍的代表诗作是《咏怀诗》八十二首，嵇康的代表诗作是《赠秀才入军》十八首和《幽愤诗》。

陶渊明(365—427年)是东晋山水田园诗的开创者。字元亮，号五柳先生，世称陶靖节或陶彭泽。他的主要文学成就是诗歌和散文。诗歌最重要的是田园诗和咏史诗，代表作分别是《归园田居》、《饮酒》与《咏荆轲》等。散文代表作是《桃花源记》，作者在现实基础上运用想像力勾勒出一幅理想社会的图景。

南北朝是中国诗歌史上一个重要的发展阶段，特别是南朝文人诗歌，成为唐诗全面繁荣的必要准备和过渡阶段。代表诗人有“元嘉三大家”，即谢灵运、颜延之和鲍照。谢灵运代表作是《登池上楼》，鲍照代表作是《拟行路难》和《代出自蓟北门行》。永明新体诗指的是南朝齐代永明年间由谢朓、沈约等诗人所创造的一种讲究对偶、声律的诗体。宫体诗主要指梁陈时期以描绘女性体态与生活为重要内容、风格绮丽轻柔的宫廷诗，代表作家是梁简文帝萧纲、梁元帝萧绎及庾信父子等。

②唐宋是中国古代文学高度繁荣的历史时期，唐诗、宋词、古文及唐传奇等均取得重大成就。

唐代文学的繁荣是以诗歌的高度成就作为标志的。初唐诗坛的风云人物当推“初唐四杰”——王勃、杨炯、卢照邻和骆宾王。盛唐诗坛除了出现了诗仙李白、诗圣杜甫，还涌现以王维、孟浩然等为代表的山水田园诗人和以岑参、高适为代表的边塞诗人。中唐诗坛代表诗人是白居易和“大历十才子”等。晚唐诗坛代表诗人是“小李杜”，即杜牧和李商隐。李白(701—762年)，字太白，号青莲居士。他是盛唐代表诗人，也是屈原之后我国最为杰出的浪漫主义诗人。重要诗篇有《行路难》、《将进酒》、《蜀道难》、《梦游天姥吟留别》、《独坐敬亭山》等，诗风豪放飘逸，对后世产生深远影响。杜甫(712—770年)，字子美，自称杜陵野老、杜陵布衣。著名诗篇有《兵车行》、《丽人行》、《前出塞》、《后出塞》、《登高》、《茅屋为秋风所破歌》及“三吏”、“三别”等。这些诗作再现了那个特定历史时期的社会面貌，因此被称为“诗史”。白居易(772—846年)，字乐天，号香山居士。他是唐代诗人继杜甫之后的写实艺术大师。他的写实讽喻诗如《卖炭翁》、《秦中吟》等，便是对现实生活的真实描写。另外，白居易还有感伤诗《长恨歌》、《琵琶行》及闲适诗《赋得古原草送别》、《暮江吟》等重要名篇。

宋词是宋代文学的重要代表，与唐诗、元曲并称。词是一种配合音乐用以歌唱的新兴抒情诗体。它产生于隋唐，至宋代发展臻于鼎盛，涌现一批著名词人如苏轼、辛弃疾、李清照、柳永、秦观等。苏轼(1037—1101年)，字子瞻，号东坡居士。北宋著名词人，与父苏洵、弟苏辙合称“三苏”。他的词境界开阔、风格豪迈，成为豪放词派的开创者。代表词作有《念奴娇·赤壁怀古》、《江城子》(十年生死两茫茫)、《水调歌头》(明月几时有)等。辛弃疾(1140—1207年)，字幼安，号稼轩居士，南宋豪放派代表词人。他的词抒发了渴望恢复中原、统一祖国的爱国思想和战斗精神及其报国无门、壮志未酬的深沉忧愤。代表作品有《破阵子·为陈同甫赋壮词以寄之》、《永遇乐·京口北固亭怀古》、《摸鱼儿》(更能消几番风雨)等。李清照(1084—1155年)，号易安居士，宋词婉约派大家。她的词婉约清秀，富有真情实感，语言清新自然，音调优美，号为“易安体”。代表词作有《如梦令》(昨夜雨疏风骤)、《醉花阴》(薄雾浓云愁永昼)、《声声慢》(寻寻觅觅)等。

古文指散体文，是与骈体文相对应的概念。六朝以后，讲究声律、偶对的骈文盛行，久而形成格套，对思想表达造成一定拘囿。唐贞元中至元和年，在韩愈和柳宗元的支持下，掀起了一次意在恢复先秦两汉散文的“古文运动”。由此产生了著名的唐宋“八大家”：韩愈、柳宗元、欧阳修、苏洵、苏轼、苏辙、王安石及曾巩。韩愈(768—824年)是唐代最大的散文家，古文运动的倡导者。代表作有《原道》、《师说》、《祭十二郎文》、《送孟东野序》等。柳宗元(773—819年)与韩愈一起倡导古文运动，合称“韩柳”。代表作品有《永州八记》、《捕蛇者说》、《黔之驴》等。欧阳修(1007—1072年)，字永叔，号醉翁，晚年号六一居士。他是宋代古文运动的领袖人物，也是宋代散文的第一位大师。代表作有《朋党论》、《五代史伶官传序》、《醉翁亭记》、《秋声赋》等。

唐传奇指唐代出现的具有成熟形态的文言短篇小说。它源于汉魏六朝志怪小说，是古代小说发展的新阶段。“叙述宛转，文辞华艳”是其文学特征。初盛唐是唐传奇形成期，代表作有王度《古镜记》、无名氏《补江总白猿传》及张鷟《游仙窟》等。中唐是唐传奇的成熟期，代表作有沈既济《枕中记》、白行简《李娃传》、元稹《莺莺传》、陈鸿《长恨歌传》等。晚唐传奇发生演变，出现一定程度上向六朝志怪为代表的古小说的回归。作为一种成熟的小说形态，唐传奇无论在人物艺术、叙事艺术和语言艺术等方面都取得了很高成就。

③由元初至明中叶是中国文学史上一个转折、发展时期。在此之前，传统的文学体裁是抒情性的诗歌散文，自此以后，新的有情节、有人物形象并以叙事为主的戏剧和小说越来越成为文学正宗。这个时期的主要文学成就有：元曲、南戏、明代章回小说、戏剧及前后七子诗文等。

被誉为“一代之绝作”的元曲既是一种新兴艺术品种，也是元代社会的一面镜子，代表了元代文学的最高成就。它包括散曲和杂剧。散曲是元代盛行的一种新诗体，可以抒情，也可以叙事，但一般为叙述体。形式自由活泼，内容丰富多彩。著名作家作品有关汉卿《南吕一枝花·不伏老》、马致远《天净沙·秋思》、张养浩《山坡羊·潼关怀古》等。杂剧则是元代成长起来的新型歌剧，是一种代言体。元杂剧的基本结构是四折一楔子，角色分旦、末、净、杂四大行。代表作家作品有关汉卿《窦娥冤》、王实甫《西厢记》、马致远《汉宫秋》、白朴《梧桐雨》及纪君祥《赵氏孤儿》等。

南戏，早期称为戏文、南曲戏文，原本是温州一带的地方剧种，故又称温州杂剧或永嘉杂剧。《张协状元》是现存最早的南戏剧本。元末明初是南戏进入繁荣时期，特别是“四大传奇”《荆钗记》、《白兔记》、《拜月亭》、《杀狗记》及《琵琶记》的出现，标志着南戏的最后定型。

章回小说是我国古代长篇主要的，甚至是唯一的体裁。特点是分回标目、首尾完整、故事连贯、段落齐整。它是在宋元长篇讲史评话基础上发展起来的。明代初中期，出现《三国演义》、《水浒传》、《三遂平妖传》、《隋唐两朝志传》等章回小说，显示了明初文学的短暂繁荣。《三国演义》是长篇历史小说的开山之作，也是我国历史演义小说的高峰。《水浒传》是我国第一部成熟的白话长篇小说，也是一部表现农民起义的悲剧史诗。《水浒传》的出现是一座里程碑，标志着我国白话长篇章回小说进入成熟的大发展时期。

戏剧创作在明代有了进一步的发展。明代戏剧分为两大系统：一是从元杂剧发展而来的明杂剧，二是从宋元南戏发展而来的明传奇。明杂剧代表作品有康海《中山狼》、徐渭

《四声猿》(即《狂鼓史渔阳三弄》、《玉禅师翠乡一梦》、《雌木兰替父从军》、《女状元辞凰得凤》)等。明中期传奇发生演变，标志是李开先《宝剑记》、佚名《鸣凤记》及梁辰鱼《浣纱记》。传奇创作最为繁荣的时期是明代后期，涌现出了汤显祖、沈璟、高濂、周朝俊等大批剧作家，以及强调格律的吴江派、重视内容辞彩的临川派和讲求辞藻用事的骈俪派等戏剧创作流派。汤显祖(1550—1616年)是明代成就最高、影响最大的戏剧作家。著有“临川四梦”或“玉茗堂四梦”(即《紫钗记》、《牡丹亭》、《南柯记》、《邯郸记》)，其中成就最高的是《牡丹亭》。

诗文创作在明初成就不如唐宋，虽然数量巨大，但缺乏大家。比较有成就的诗人是宋濂、刘基、高启。明中期的诗文创作成就还不如明初，主要有前后七子和唐宋派。前七子指李梦阳、何景明、王九思、王廷相、康海、边贡、徐祯卿。后七子指李攀龙、王世贞、谢榛、徐中行、梁有誉、吴国伦、宗臣。他们倡言文必秦汉，诗必盛唐。唐宋派是在理论上与前后七子相对抗的一个创作流派，以王慎中、归有光、唐顺之等为代表，主张诗宗初唐，文宗北宋。明后期文坛，出现了在王学左派思想影响下，以反复古主义为号召，实质鼓吹人的个性、情欲和文学的主体性，反对程朱理学对文学的桎梏的文学革新运动。如王学创始人王守仁提倡“致良知”，反对偶像崇拜；泰州学派后期代表李贽主张“童心说”，崇尚自然、反对矫饰；公安派和竟陵派主张抒写性灵，大胆创新等，从而导致晚明小品文兴起，形成一个诗文创作高潮。张岱的《湖心亭看雪》、《西湖七月半》及袁宏道的《虎丘记》、《晚游六桥待月记》等即是代表。

3. 近古文学(16世纪至20世纪初)

明中叶至清代是中国古代文学发展的高峰时期，不仅小说发展进入一个兴盛时期，戏曲、传奇和诗文也都获得较大发展，呈现出全面繁荣活跃的局面，涌现了许多优秀作家作品。

小说创作方面，不仅“明代四大奇书”(《三国演义》、《水浒传》、《西游记》、《金瓶梅》)全部出齐，还涌现中国古典小说的巅峰之作——《红楼梦》，以及白话短篇小说冯梦龙的“三言”和凌濛初的“二拍”、文言短篇小说蒲松龄的《聊斋志异》及吴敬梓的《儒林外史》等。另外，晚清小说又出现了繁荣景象，涌现李宝嘉《官场现形记》、吴沃尧《二十年目睹之怪现状》、刘鹗《老残游记》、曾朴《孽海花》等重要作家作品。吴承恩(约1500—1582年)的《西游记》是一部神话小说或神魔小说。曹雪芹(约1715—1764年)的《红楼梦》是中国文学史上最优秀的长篇章回小说，它把我国古代传统的写实艺术发展到了登峰造极的程度，对后世小说创作影响深远。吴敬梓(1701—1754)的《儒林外史》是我国第一部成功的讽刺小说。

清代戏剧承晚明戏剧繁荣余波，戏剧创作的高潮进一步向纵深发展，涌现了吴伟业、王夫之、尤侗及以李玉为代表的苏州派等剧作家。李玉代表作是《清忠谱》。李渔是清初对戏剧理论和戏剧创作都作出过独特贡献的重要人物，著有《闲情偶寄》(戏剧理论)和《李笠翁十种曲》(戏剧创作)。但最能代表清代戏剧成就的应是洪昇的《长生殿》和孔尚任的《桃花扇》。洪昇(1645—1704年)是清代诗人和戏曲家。虽以诗名世，但主要成就在戏曲，一生创作戏剧四十余种。代表作《长恨歌》以安史之乱前后的社会政治为背景，描写了唐明皇李隆基和宠妃杨玉环的悲剧爱情故事。孔尚任(1648—1718年)是清代戏曲家。

代表作《桃花扇》以复社文人侯方域和秦淮名妓李香君悲欢离合的爱情故事，再现了南明弘光朝一代覆亡的悲剧历史。

清代诗文创作的总体成就不如小说和戏曲。清初诗坛宗唐派、宗宋派相继出现，开创了清诗的新局面。到清中叶，先后有翁方纲及桐城派诗人姚鼐等，他们兼取宋唐，更提倡黄庭坚诗。清后期宗宋诗派成为诗坛主流，从道光、咸丰的宋诗运动发展到同治以后的同光体。龚自珍则是第一个冲破清中叶以来沉闷气氛、首开风气的著名诗人。但真正对传统诗坛发起冲击的，是夏曾佑、谭嗣同及梁启超等人倡导的“诗界革命”，它为五四文学革命的到来做了准备。清代文坛的重要散文创作流派是桐城派，代表作家是方苞、刘大櫆及姚鼐。桐城派散文理论核心是“义法”，要求文章做到形式服从内容、内容和形式统一，即文统和道统相结合。

(二)现代文学知识

1917 年 1 月，胡适《文学改良刍议》在《新青年》上发表，揭开了中国文学革命序幕，中国文学自此步入现代化进程。20 世纪以来中国文学发展大致可分为：现代文学阶段与当代文学阶段。

1. 现代文学阶段

(1)现代文学思潮

中国现代文学阶段从 1917 年 1 月胡适《文学改良刍议》发表始至 1949 年 7 月中华全国文学艺术工作者代表大会(简称为“第一次文代会”)召开止，发生了五四文学革命、革命文学倡导及延安文艺座谈会召开等重要事件，这些给中国现代文学发展和转变带来了深远影响。

作为中国文学全面步入现代化进程标志的五四文学革命，内容是“反对文言，提倡白话，反对旧文学，提倡新文学”。文学革命过程中，涌现了文学研究会、创造社及湖畔诗社等许多文学社团，产生了现实主义、浪漫主义和现代主义等多种创作流派。

1928 年 1 月，太阳社与创造社共同倡导革命文学，强调“一切的文学，都是宣传”。无产阶级文学作为“阶级的武器”，就是“反映阶级的实践和意欲”；应该“为完成它主体阶级的历史的使命”而斗争。1930 年 3 月 2 日，中国左翼作家联盟在上海成立，这是中国共产党领导下的革命作家统一组织，对 20 世纪 30 年代中国文学发展产生重大影响。

1942 年 5 月，毛泽东亲自主持延安文艺座谈会，作了《在延安文艺座谈会上的讲话》，内容涉及文艺与政治、文艺与生活、作家与群众、作家的世界观与创作方法及文艺批评标准等方面，核心问题是文艺为群众服务及如何为群众服务。总之，《讲话》是当时延安文艺整风运动的指导性文献，它作为中国共产党的文艺方针，对解放区和新中国文学，都具有深远影响。

(2)现代作家创作概要

1918 年 5 月，鲁迅(1881—1936 年)发表了《狂人日记》，这是中国现代文学史上第一篇现代白话小说，揭开了中国小说史新的一页。鲁迅的小说集有《呐喊》、《彷徨》、《故事新编》，主要作品有《狂人日记》、《阿 Q 正传》等。随后，中国现代小说步入繁荣、活跃的创作发展期，涌现出许多优秀作品，如郁达夫《沉沦》、茅盾《子夜》、巴金《家》、沈从文《边城》、老舍《骆驼祥子》、钱锺书《围城》等。茅盾(1896—1981 年)，原名沈德鸿，字雁冰，浙江桐乡人。他一生出版70多部书，是我国现代长篇小说的开拓者和奠基人。代表作《子夜》通过民族资本家吴荪甫失败的悲剧故事，反映了1930年左右广阔的社会生活面貌。巴金(1904—2005年)，原名李尧棠，字芾甘，四川成都人。他是一位多产作家，著有《激流三部曲》(《家》、《春》、《秋》)、《寒夜》等。代表作《家》通过觉慧与鸣凤、觉新与钱梅芬、李瑞珏等几个爱情悲剧的书写，控诉和批判了封建礼教和家族制度的罪恶，表达了年青一代的反抗激情。老舍(1899—1966年)，原名舒庆春，字舍予，满族正红旗人。创作了《骆驼祥子》、《茶馆》、《四世同堂》等优秀作品。代表作《骆驼祥子》通过祥子买车三起三落的悲剧命运，批判了黑暗和不合理的社会制度。

"五四"文学革命是以新诗创作为突破口的。胡适的《尝试集》是新文化运动中第一部白话新诗集。中国新诗发展经历了词曲化的新诗、自由诗、小诗、格律诗、象征诗、现代派诗等几个阶段。郭沫若(1892—1978年)是新诗发展史上的重要诗人，代表诗篇有《凤凰涅槃》、《天上的街市》等。1921年《女神》出版，确立了郭沫若在中国现代文学史上的重要地位，开辟了中国新诗发展的新纪元。1923年，冰心《繁星》、《春水》及宗白华《流云小诗》出版，引起人们对"小诗体"的关注与兴趣。随后，闻一多、徐志摩等新月诗人倡导新诗格律化，使新诗具有相对规范的形式，巩固了新诗地位。闻一多《死水》和徐志摩《再别康桥》都是新诗发展史上的重要诗作。1925年，李金发发表诗集《微雨》，开启中国的象征诗派，李金发成为我国第一个象征主义诗人。1928年，戴望舒发表《雨巷》，被誉为"雨巷诗人"，诗歌显示了向现代派诗的过渡。现代诗派的艺术手法和风格为20世纪40年代中国新诗派诗人继承和发展。

鲁迅曾说：五四时期，"散文小品的成功，几乎在小说戏曲和诗歌之上"。1918年4月，《新青年》开辟"随感录"专栏，刊发时论杂文。鲁迅是杂文大家，他的散文创作也极富成就，《野草》和《朝花夕拾》是这方面代表作。冰心的"冰心体"散文《寄小读者》在青年读者中产生过巨大影响力。朱自清的《荷塘月色》和《背影》构思缜密，布局精巧，不论写景、叙事，都极具个人情调，满贮诗意。郁达夫的《还乡记》、《还乡后记》等名篇也是才情动人，神韵酣畅，烙印上了作者的创作个性。

中国现代戏剧是在外国戏剧影响下发展起来的，它发端于留日学生组织的春柳社。该社演出了《茶花女》第三幕及《黑奴吁天录》，这是中国第一次比较完整的近代话剧演出。五四时期，先驱者们要求把戏剧当作改善人生工具，提倡写实主义戏剧。代表作家有田汉、夏衍、曹禺等。田汉(1898—1968年)是20世纪20年代现代戏剧创作中成绩最丰富的剧作家，重要剧作有《获虎之夜》和《名优之死》等。夏衍(1900—1995年)是20世纪30年代重要的左翼戏剧家，为中国现代电影事业发展作出了重大贡献。代表作《上海屋檐下》实现了创作的根本转变，把当时的时代特征反映到剧中人物身上。曹禺(1910—1997年)是20世纪30年代最有成就的戏剧家，为中国现代戏剧发展作出了杰出贡献。代表作《雷雨》、《日出》的出现，标志着中国现代话剧文学的成熟。

2. 当代文学思潮及作家创作概要

(1)当代文学思潮

中国当代文学阶段从1949年7月第一次"中华全国文学艺术工作者代表大会"召开开始，一直发展至今，期间发生了系列文艺批判运动、"双百"方针颁布、"文革"及第四次

“中华全国文学艺术工作者代表大会”召开等重要事件，这些给中国当代文学的发展和转型带来深远影响。

1949年7月2—19日，第一次“中华全国文学艺术工作者代表大会”在北平召开。会议总结了“五四”以来文艺工作的成绩与经验，确定《在延安文艺座谈会上的讲话》为新中国文艺事业的总方针，把延安文学所代表的方向指定为当代文学的方向。这是一次文艺队伍的大会师，也是中国当代文学的起点。

会后，为了确保新中国文艺规范的确立和实施，开展了一系列的文艺批判运动。其中，影响较大的文艺批判运动有三次：一是1950—1951年，对电影《武训传》的批判；二是1954—1955年，对俞平伯《红楼梦研究》和胡适的批判；三是1955年，对胡风集团的批判。这些文艺批判运动给中国当代文学创作带来了极大的影响。

为了纠正文化规范与经济建设的不相适应性，也为了缓和政府与知识分子的紧张状态，1956年5月2日，毛泽东在最高国务会议上提出“百花齐放，百家争鸣”方针，这给当时的文艺界带来了一个短暂的活跃和繁荣局面。但到1957年下半年，全党开展整风运动与反右斗争，在政治和意识形态领域发生愈来愈严重的“左”的偏差，也波及文艺界，最终导致“文革”的爆发。

1966年5月的中共中央政治局扩大会议和同年8月的八届十一中全会，是“文革”全面发动的标志。但其“导火索”却是姚文元1965年11月10日发表的《评新编历史剧〈海瑞罢官〉》。“文革”期间推行的《部队文艺工作座谈会》，是在文化领域实行专制主义的一个纲领，它给文艺界和文学创作带来了灾难性影响。

1979年10月，在北京召开了第四次“中华全国文学艺术工作者代表大会”，邓小平做了《祝辞》，重申“双百”方针精神，这次会议标志着文艺界全面“解冻”，对当代文学走向繁荣起了积极推动作用。随后，新时期文学创作便蓬勃发展起来，经历了伤痕文学、反思文学、改革文学、寻根文学、先锋文学及新写实文学等文学思潮的发展演变。

(2)当代作家创作概要

中国当代小说创作发展经历了半个多世纪历程，广泛地记录了当代社会发展、历史记忆和人们生活、思想与情感的变化，取得了重要成就。较早显示出社会主义文学性质的小说作品是农村题材小说和革命历史小说，如柳青《创业史》、周立波《山乡巨变》、吴强《红日》及杨沫《青春之歌》等“红色经典”。1977年11月发表的刘心武《班主任》及1978年8月发表的卢新华《伤痕》，揭批“文革”给人们造成的身心创痛，呈现出新时期文学新质。自此，新时期文学创作呈现出繁荣活跃状况，涌现反思文学如张贤亮《绿化树》、古华《芙蓉镇》等；寻根文学如韩少功《爸爸爸》、阿城《棋王》等；先锋小说如余华《现实一种》、莫言《红高粱》等；新写实小说如池莉《烦恼人生》、方方《风景》等。20世纪90年代以来至新世纪初，当代小说创作更是迎来了一个丰盛时期，涌现陈忠实《白鹿原》、张承志《心灵史》、余华《活着》、张炜《九月寓言》、韩少功《马桥词典》、王安忆《长恨歌》、贾平凹《秦腔》及莫言《生死疲劳》等优秀长篇小说作品。

中国当代诗歌是以颂歌式的政治抒情诗歌开启创作发端，诗人以人民代言人身份表达对于当代重要政治事件、社会思潮的评说和情感反应，如贺敬之《放声歌唱》、郭小川《白雪的赞歌》、闻捷《葡萄成熟了》等。新时期初的朦胧诗歌则是从自我心灵出发，以象征、隐喻、通感等现代诗歌艺术技巧，创作一批具有新的美学特征的诗歌，如舒婷《致橡树》、顾城《一代人》及北岛《回答》等。而20世纪80年代后期至90年代以来的“后新诗潮”诗歌，又以一种建立在普通人平淡无奇的日常生活和世俗人生中的个体感性生命体验反叛朦胧诗歌的美学原则，体现出鲜明的个人立场，如韩东《有关大雁塔》、于坚《尚义街6号》等。

中国当代散文创作也呈现一片欣欣向荣局面。新中国成立初期散文创作大多是借对自然景色的赞美、描写，来歌颂祖国、人民，歌颂社会主义建设和社会主义新生活。如刘白羽《长江三日》、杨朔《茶花赋》、秦牧《土地》。新时期以来，散文创作异彩纷呈。巴金《随想录》是一部重要的经典之作，真实地记录了文革给作者及家人、朋友带来的身心创痛。贾平凹的“商州”系列散文喜欢从平凡小事物上寻找真、善、美，情、趣、味融于一体，意蕴深长，如《丑石》、《秦腔》等。20世纪90年代至新世纪初，散文创作进入一个辉煌灿烂的鼎盛期，流派纷呈、佳作迭现，如余秋雨《文化苦旅》、张炜《融入野地》、张承志《清洁的精神》、张洁《世界上最疼我的那个人去了》等。

中国当代戏剧文学创作也取得巨大成就。新中国成立初期，较早涌现的是历史题材戏剧创作，如郭沫若《武则天》、田汉《文成公主》及老舍《茶馆》等。这些剧作“古为今用”，富有人民性，具有较强的教育作用。“文革”期间盛行“革命样板戏”，这是当时官方提倡最力、影响最大的文艺作品，但在文学观念、题材选择和表现方式等方面体现了“文革”极“左”文艺政策和理论。新时期以来，宗福先《于无声处》像一声惊雷，揭开了戏剧文学创作新的一页，涌现了一个社会问题剧的创作热潮，如崔德志《报春花》、赵国庆《救救她》、沙叶新《假如我是真的》等，广泛地反映了当时社会上存在的各种问题，起到“干预生活”作用。同时，新时期初还出现一个对戏剧表现艺术探索的热潮，即先锋话剧实验。马中骏、贾鸿源、瞿新华编剧的《屋外有热流》和高行健的《绝对信号》(刘会远合著)和《车站》，便是影响较大的先锋话剧。

三、外国文学知识

(一)古代文学

1. 古希腊罗马文学

欧洲古代文学包括古希腊文学和古罗马文学，其中，古希腊文学是欧洲文学的源头。

古希腊文学的主要成就是神话和荷马史诗。荷马史诗代表了古希腊早期文学的最高成就，相传是盲诗人荷马创作的长篇史诗《伊利亚特》和《奥德赛》的统称。古希腊三大悲剧是索福克勒斯的《俄狄浦斯王》、埃斯库罗斯的《被缚的普罗米修斯》及欧里庇得斯的《美狄亚》。

古罗马文学是在古希腊文学基础上发展起来的。代表作家是普劳图斯，以希腊题材反映罗马人的生活，如《吹牛的军人》等。古罗马诗歌代表作家是维吉尔、贺拉斯和奥维德。

2. 中世纪文学

中世纪文学指欧洲封建社会初期和中期的文学，爱国主义和英雄主义是其基本主题；教会文学、骑士文学、英雄史诗及市民(城市)文学是其主要类别。代表作品有法国英雄史诗《罗兰之歌》、法国市民文学《列那狐传奇》等。

但丁是中世纪最重要的作家，他是“中世纪的最后一位诗人，又是新时代的最初一位诗人”，代表作《神曲》表现了这种新旧交替的时代特征。《神曲》分为《地狱》、《炼狱》、《天堂》三部，采用中世纪流行的梦幻文学形式，描写了一个幻游地狱、炼狱、天堂三界的故事。形象丰富多彩，结构精巧严整，历来为文学史家所称道。

3. 文艺复兴时期文学

文艺复兴是 14 世纪至 17 世纪初发生的一场新兴资产阶级大规模的反封建、反教会的思想文化解放运动。人文主义是文艺复兴的核心思想，它肯定人的崇高地位，主张一切以“人”为本，反对“神权”统治。文艺复兴宣告了中世纪的结束和现代社会的诞生。

意大利是文艺复兴的发源地，弗朗齐斯科·彼特拉克和乔万尼·薄伽丘是意大利人文主义文学先驱。弗朗齐斯科·彼特拉克(1034—1374 年)代表作是《歌集》。乔万尼·薄伽丘(1313—1375 年)的代表作是短篇小说集《十日谈》。但丁、彼特拉克和薄伽丘被称为文艺复兴时期佛罗伦萨文坛“三杰”。

七星诗社和拉伯雷的创作代表了法国人文主义文学成就。七星诗社成员以龙萨(1524—1585 年)、杜贝莱(1522—1560 年)成就最高。弗朗索瓦·拉伯雷(1493—1553 年)是法国文艺复兴时期最重要的作家，代表作《巨人传》表达了反封建、反教会的严肃主题，歌颂了新兴资产阶级“巨人”般的力量，描绘了人文主义的乌托邦理想。

英国文学是文艺复兴时期欧洲文学的顶峰。杰弗利·乔叟(1340—1400 年)是英国人文主义文学最早的代表，代表作《坎特伯雷故事》以 24 个短篇故事反映了 14 世纪英国的社会现实。莎士比亚(1564—1616 年)是英国文艺复兴时期最伟大的剧作家和诗人，主要作品有《哈姆雷特》、《罗密欧与朱丽叶》、《麦克白》等。

西班牙文学在 16 世纪至 17 世纪之间进入“黄金时代”，产生了新型的小说——流浪汉小说，最早的一部流浪汉小说是无名氏的《小癞子》。文艺复兴时期西班牙小说的最高成就是米盖尔·德·塞万提斯·萨维德拉(1547—1616 年)的《堂吉诃德》，小说讽刺和鞭挞了西班牙没落的封建统治阶级，并对人民的苦难寄予深切的同情。

4. 17 世纪文学

17 世纪文学主要包括古典主义文学、巴洛克文学和清教徒文学。古典主义文学是 17 世纪欧洲的主要文学思潮，以规范、严整、简练、明晰、崇尚理性为特征。古典主义文学以法国成就最大，代表作有皮埃尔·高乃依的《熙德》、莫里哀的《伪君子》等。巴洛克文学以富丽繁复、精雕细刻为特征，它起源于意大利和西班牙，兴盛于法国。清教徒文学是由于 17 世纪英国新兴资产阶级主张纯洁教会，清除国教中天主教的影响。代表作有约翰·班扬的《天路历程》及约翰·弥尔顿的《失乐园》。

5. 18 世纪启蒙主义文学

启蒙运动是 18 世纪波及全欧洲的一场反封建、反教会的思想革命运动。“理性崇拜”是其思想核心。受这一运动影响形成的新型文学——启蒙文学是这一时期欧洲文学的主流。它主要包括英国、法国的启蒙文学和德国的民族文学。

18 世纪英国文学的主要成就是现实主义小说，代表作有丹尼尔·笛福(1660—1731 年)的《鲁滨逊漂流记》、亨利·菲尔丁(1707—1754 年)的《汤姆·琼斯》等。法国启蒙文学的成就卓著，代表作有查理·路易·德·瑟贡达·孟德斯鸠(1689—1755 年)的《波斯人信札》、伏尔泰(1694—1778年)的《老实人》、德尼·狄德罗(1713—1784年)的《拉摩的侄儿》及让·雅克·卢梭(1712—1778年)的《忏悔录》和《新爱洛伊丝》等。德国在18世纪70年代至80年代进入启蒙运动高潮，掀起了一场"狂飙突进"运动，强调发扬文学的民族风格，反对封建束缚，要求个性解放。代表作有约翰·克里斯托弗·弗利德里希·席勒(1759—1805年)的《阴谋与爱情》和约翰·沃尔夫冈·冯·歌德(1749—1832年)的《少年维特的烦恼》、《浮士德》等。《浮士德》成为了一个时代的总结。

(二)近代文学

1. 浪漫主义文学

浪漫主义是18世纪末19世纪初在欧洲文坛占主导地位的文学思潮。浪漫主义文学偏爱表现主观感情、主观理想和非凡事物，主张创作自由，注重抒发个人的感受和体验。主要作家有：拜伦、雪莱、雨果、普希金等。

乔治·戈登·拜伦(1788—1824年)代表作《唐璜》通过唐璜的冒险和奇遇，揭露和批判了封建专制的暴虐和伪善及英国上流社会的黑暗现实。波西·比希·雪莱(1792—1822年)著有《西风颂》、《致云雀》及《解放了的普罗米修斯》等作品。维克多·雨果(1802—1885年)著有《巴黎圣母院》、《悲惨世界》和《九三年》等重要作品。代表作《悲惨世界》通过工人冉阿让的悲惨生活史，揭示了资本主义社会里穷苦人注定要过悲惨生活及资产阶级法律的反穷苦人本质，歌颂了革命起义和起义者的英雄主义精神。亚历山大·塞尔盖耶维奇·普希金(1799—1837年)是俄国浪漫主义文学的主要代表和俄国现实主义文学的奠基人，代表作是《叶甫盖尼·奥涅金》。

2. 批判现实主义文学

批判现实主义是19世纪三四十年代欧洲文学主潮，主张真实地表现现实生活，典型地再现社会风貌，深入剖析和揭示种种社会矛盾，强烈地揭露和批判现存秩序。

法国批判现实主义代表作家有斯丹达尔、巴尔扎克、福楼拜等。斯丹达尔(1783—1842年)代表作《红与黑》，展示了波旁王朝复辟时期广阔的社会生活和错杂的阶级矛盾，揭露和批判了封建贵族、教会的黑暗和罪恶，嘲讽了资产阶级唯利是图的本质。巴尔扎克(1799—1850年)著有《人间喜剧》、《高老头》、《欧也妮·葛朗台》等，深刻地揭露了金钱的罪恶，批判了资本主义社会中人与人之间赤裸裸的金钱关系。福楼拜(1821—1880年)的代表作《包法利夫人》通过爱玛的悲剧，控诉了恶浊鄙俗的社会。

英国批判现实主义作家主要有狄更斯、萨克雷、勃朗特姐妹和哈代等。查理·狄更斯(1812—1870年)著有《双城记》、《艰难时世》、《雾都孤儿》等。萨克雷(1811—1863年)代表作是《名利场》。夏洛蒂·勃朗特(1816—1855年)著有《简·爱》。艾米莉·勃朗特(1818—1848年)著有《呼啸山庄》。托马斯·哈代(1840—1928年)代表作《德伯家的苔丝》，反映资本主义侵入英国农村后所引起的社会经济、政治、道德、风俗等方面的变化和破产农民的悲惨命运，揭示了在"维多利亚盛世"帷幕掩盖下英国社会的深刻危机。

俄国的批判现实主义文学在19世纪70年代至90年代达到高峰，代表作家有果戈理、屠格涅夫、契诃夫、陀思妥耶夫斯基、列夫·托尔斯泰等。果戈理(1809—1852年)的戏剧代表作《钦差大臣》揭露了俄国贵族官僚阶级的虚伪和腐败，小说代表作《死魂灵》揭示了农奴制度不可避免地崩溃的趋势。屠格涅夫(1818—1883年)著有《猎人笔记》、《罗亭》、《父与子》等作品，《父与子》标志其创作的最高成就，表达了“民主主义对贵族阶级的胜利”。契诃夫(1860—1904年)以写短篇小说著称，著有《小公务员之死》、《变色龙》、《套中人》等。陀思妥耶夫斯基(1821—1881年)著有《穷人》、《罪与罚》、《卡拉马佐夫兄弟》等，《罪与罚》为他赢得了世界声誉。列夫·托尔斯泰(1821—1910年)是俄国伟大的批判现实主义作家，代表作有《战争与和平》、《安娜·卡列尼娜》《复活》等。

美国批判现实主义文学在19世纪80年代开始出现，代表作家有马克·吐温、欧·亨利、斯托夫人等。马克·吐温(1835—1910年)是一位享誉世界的美国作家，主要作品有《竞选州长》、《汤姆·索亚历险记》、《王子与贫儿》等。斯托夫人(1811—1896年)代表作品有《汤姆叔叔的小屋》，反映美国蓄奴制度时期的社会生活。欧·亨利(1862—1910年)是美国著名短篇小说作家，著有《警察与赞美诗》、《麦琪的礼物》、《最后一片藤叶》等作品。

(三)现代文学

1. 西方现实主义文学

20世纪批判现实主义文学在思想上和艺术上不断发展变化，涌现了一批优秀作家作品。

德国著名作家雷马克(1898—1970年)的《西线无战事》取材于第一次世界大战，描写战场惨相，反战情绪强烈。法国罗曼·罗兰(1866—1944年)的《约翰·克利斯朵夫》反映了世纪之交一代知识分子的精神探索，表现出作家反对现存秩序的进步立场和坚持人类进步文化的艺术观点。英国戴维·赫伯特·劳伦斯(1885—1930年)的《儿子与情人》、《查泰莱夫人的情人》等作品揭示资本主义工业文明与人的对立和冲突，展现现代人悲剧性的生存状况，表达对充满自然精神的理想社会的追求。美国欧纳斯特·海明威(1899—1961年)作为“迷惘的一代”代表，他的作品反映了强烈的反战倾向和对未来的迷惘，著有《太阳照常升起》、《永别了，武器》、《老人与海》等。

2. 社会主义现实主义文学

社会主义现实主义文学是在继承传统现实主义基础上发展起来的新型文学。它坚持现实主义基本原则，强调文学的党性与社会主义精神。主要作家有俄国的高尔基、肖洛霍夫、法捷耶夫、马雅可夫斯基、阿·托尔斯泰等。

马克西姆·高尔基(1868—1936年)是伟大的俄国无产阶级作家，著有《母亲》及自传体三部曲《童年》、《在人间》《我的大学》等。肖洛霍夫(1905—1984年)的《静静的顿河》《一个人的命运》等，深刻地反映了革命年代尖锐复杂的阶级矛盾与阶级斗争。法捷耶夫(1901—1956年)的代表作《青年近卫军》取材于卫国战争时期，歌颂一代青年可歌可泣的爱国精神和革命英雄气概。符拉基米尔·符拉基米罗维奇·马雅可夫斯基(1893—1930年)著有《列宁》、《好》等长诗。阿·托尔斯泰(1883—1945年)著有《苦难的历程》等。

3. 现代主义文学

欧美现代主义文学是对思想上具有强烈的反传统倾向、艺术形式上追求实验创新的20世纪众多文学流派的总称，包括后期象征主义、表现主义、意识流、超现实主义、存在主义和魔幻主义等重要文学流派。

象征主义是欧美现代主义文学中最早出现的一个流派，产生于19世纪中叶的法国。

代表作有美国 T. S. 艾略特(1888—1965 年)的《荒原》、比利时梅特林克(1862—1949 年)的《青鸟》等。

表现主义是第一次世界大战前后流行于欧美各国的文学流派。代表作有美国奥尼尔(1888—1953 年)的《琼斯皇》、《毛猿》，奥地利卡夫卡(1883—1924 年)的《城堡》、《变形记》等。

意识流文学主要表现人的意识流动，尤其是潜意识的活动。代表作有法国普鲁斯特(1871—1922 年)的《追忆逝水年华》、爱尔兰乔伊斯(1882—1941 年)的《尤利西斯》、英国弗吉尼亚·伍尔夫(1882—1941 年)的《达洛卫夫人》、美国福克纳(1897—1962 年)的《喧嚣与骚动》等。

存在主义文学是 20 世纪 30 年代末期在存在主义哲学基础上产生的一个文学流派，"荒谬"和"痛苦"是其基本主题。代表作有法国萨特(1905—1980 年)的《恶心》、加缪(1913—1960 年)的《局外人》等。

魔幻现实主义是拉丁美洲小说界涌现的一个流派，作品大多以神奇、魔幻的手法表现拉美各国的现实生活。代表作有哥伦比亚马尔克斯(1928—2014 年)的《百年孤独》、墨西哥鲁尔福(1917—1986 年)的《佩德罗·帕拉莫》等。

4. 后现代主义文学

后现代主义文学出现于20 世纪五六十年代后，主张消解文本的深度思想意义，否定文本的确定主题或主旨，文本"结构"呈现开放性的、不确定性的状态。

荒诞派戏剧出现于20 世纪 50 年代初的法国，主要表现世界的不可理喻，人生的荒诞不经，形式晦涩怪异。代表作有法国尤奈斯库(1912—1994 年)的《秃头歌女》、爱尔兰塞缪尔·贝克特(1906—1989 年)的《等待戈多》等。

新小说派形成于20 世纪 50 年代的法国，60 年代影响跨出国界。它不以塑造人物性格为中心，人物是表现心理因素的符号和道具，情节具有不确定性。代表作有罗伯·格里耶(1922—2008 年)的《橡皮》等。

黑色幽默兴起于20 世纪 60 年代的美国，主要表现世界的荒谬、社会对人的异化、理性原则破灭后的惶惑及自我挣扎的徒劳等。代表作有约瑟夫·海勒(1923—1999 年)的《第二十二条军规》等。

5. 其他外国文学名著

丹麦安徒生的《安徒生童话》(1835—1972 年)。

挪威易卜生的戏剧《玩偶之家》(1879 年)。

日本紫式部的《源氏物语》(1008 年)。

日本川端康成的小说《雪国》(1935—1947 年)。

印度泰戈尔的诗集《飞鸟集》、《新月集》(1913 年)等。

第二节　语文教学设计

如果把语文教学比作摆宴席，那么掌握了扎实的基础知识，就如购齐了荤素各类主料和辅料。但如果把这些原料一锅煮，永远成不了宴席；因为这还需要烹调。这个"烹调"，首先是语文教学设计能力；所以，本节中，我们将择要讲述一些语文教学设计的要点。

一、教学目标与教学内容设计

教学活动必须要有目标，教学目标是教学活动的灵魂。而达成教学目标必须要有凭借，这个凭借就是教学内容。所以，在教学设计时首先考虑教学目标与教学内容，是授课成功与否的关键。

(一)教学目标设计

目前，搞不清课程目标与教学目标者比比皆是，认为“三维课程目标”就是“三个课堂教学目标”的也大有人在。所以，我们在讨论教学目标设计时，必须从“课程目标”与“教学目标”之间的关系开始。

1. 课程目标与教学目标

关于“课程目标”，华东师范大学方智范教授如是说：“课程目标是按照国家的教育方针，根据学生的身心发展规律，通过完成规定的教育任务和学科内容，使学生达到的培养目标。它受国家为基础教育规定的教育目的制约，是总的人才培养目标的具体体现；课程目标是课程编制、课程实施和课程评价的准则和指南，在课程标准中属于主体部分。语文课程目标，则是从语文学科的角度规定人才培养的具体规格和质量要求。”

关于“教学目标”，《教育词典》认为“即行为目标”，“行为目标，要求用学生通过教学后应该表现出的可见的行为来描述教学目标。目标必须明确、详细。目标的可见性和可测量性是系统研究方法的最重要的特点之一”。

由上面的阐述，我们可以分辨出课程目标和教学目标之间的区别。课程目标是由教育行政部门制订的学习该门课程需要达到的总体目标；教学目标是授课者自己制订的具体教学过程中可见的、可测量的目标。前者属于宏观层面，较为抽象；后者属于微观层面，较为具体。前者对后者有制约作用；前者通过后者得以实施，后者通过量的积累有可能质变为前者——仅仅是“有可能”而已，因为其中的情况比较复杂。

正因为两者有着本质的区别，所以，我们不能把“课程目标”等同于“教学目标”。也不能把三维课程目标误认作三个课堂教学目标。

2. “品味语言”无法作为阅读教学课堂教学目标

无论是《义务教育语文课程标准(2011版)》还是《普通高中语文课程标准(实验)》都作了相同的三个维度的课程目标定位：“知识和能力”为其一，“过程和方法”为其二；“情感态度和价值观”为其三。这三维课程目标中，第一和第二颇能体现学科特征；第一和第三可以细化为教学目标，而第二即“过程和方法”无法细化为课堂教学目标。

“知识和能力”的课程目标直接关系到学生读写听说能力的培养，关系到对“工具性”(“文”)的注重，最有“语文味”。这个目标最为“显性”，可以细化和量化。仅就阅读而言，可以分为文学作品阅读和非文学作品阅读的知识和能力；就文学作品而言，还可分为小说、诗歌、散文和剧本阅读的知识和能力，就小说阅读而言，可再分，如此等等，还可以继续细化下去。细化后，就可以作为课堂教学的目标了。当然，“知识和能力”课程目标的最终达成必须通过细微的课堂教学目标的设置，从微观层面作不断积累，其主要途径为语文课堂教学。事实上，一般情况下达成一些细小的“知识和能力”课堂教学目标并非难事；但达成这些目标绝对离不开“品味语言”，“品味语言”就是达标的过程。

“情感态度和价值观”的课程目标关系到学生健全人格的培养，关系到对“人文性”（“道”）的注重，经过努力，在语文课上也有达成的可能。这个目标在一定程度上较为“显性”，也有细化和量化的可能。如第一层次可分为爱国、爱美、爱校、爱家，第二层次可分为……以成为课堂教学的目标。当然，其最终达成也需要通过课堂教学目标的设置，作较为微观的具体的积累。就语文课而言，达成这些目标也离不开“品味语言”这个过程。当然，“情感态度和价值观”课程目标的达成是一个多角度、多层次整合的过程，在这个过程中，政治、思想品德课程是主角，语文课程和其他一些课程只是配角，绝不能喧宾夺主。

“过程和方法”这个维度的课程目标也颇能体现学科特征，就语文而言，颇能体现“语文味”。但它最为特殊，它无法细化为具体的课堂教学目标，因为它是隐性的、“动态”的、渐进的，其是否“达成”也就无法量化。就本文的主角“品味语言”而言，它虽然是“语文”的“专利”，直接关系到学生读写听说能力的培养，但“品味语言”是一个更为隐性的、渐进的过程，其是否“达成”更无法量化。所以我们认为，“品味语言”应该也必须属于“过程和方法”的范畴，不属于“知识和能力”的范畴。

上文中，我们已经分析了语文课堂教学中达成“知识和能力”与“情感态度和价值观”的课堂教学目标，最终积累成课程目标，必须借助于“品味语言”这个过程。“过程和方法”是达标的手段，不是目标。所以说，将语文课堂教学的目标定位为“品味语言”并贴上“知识和能力”的标签显然不妥。以“品味语言”为教学目标的课堂教学最终有两个结果：或是一味地“玩味”语言，致使实际教学目标落空，学生所得无几；或是另有“知识和能力”的实际目标，那么，又何必贴上“品味语言”的目标标签呢？

3. 对课堂教学目标的理性思考

制订语文课堂教学的目标，必须从语文课程的性质出发，既然“新课标”认为“工具性与人文性的统一，是语文课程的基本特点”，那么，制订目标就必须考虑到“知识和能力”与“情感态度和价值观”两个维度以及这两个维度的整合。语文课能够显性把握的是“知识和能力”的目标，而“情感态度和价值观”目标的达成，要凭借“随风潜入夜”式的渗透。这两个目标的达成，取决于作为“过程和方法”的“品味语言”。

首先，正确的目标定位。

其一，目标要实，要可见可测量。

就“知识和能力”这个维度而言，阶段目标相对总目标较为具体。但就课堂教学而言，课程标准中展示的阶段目标还是较为抽象，如《义务教育语文课程标准(2011 版)》第四学段“阅读”之“4”为：“在通读课文的基础上，理清思路……”但究竟该理清怎样的思路和哪些思路，语焉不详，也就是说，没有可见性和可测量性。所以，语文教师在具体执教时还得细化。就“文章思路”而言，既牵涉总体结构，又牵涉材料选择，还牵涉顺序安排、表达方式……所以，作为语文教师，必须根据单元的具体要求和文本的具体情况，设置具体的看得见、摸得着、达得到的细小的课堂教学目标，如“学习总分总的结构”、“学习选取典型材料表现中心意思的方法”、“学习倒叙手法”或“学习先分类别后举例子的说明方法”等。可以这么说，在“知识和能力”这个维度，教学目标是课程阶段目标的“孙子”、

“曾孙”、“重孙”甚至“玄孙”。绝不能把教学目标定位为“理清文章的思路”，因为这只能算作“准教学目标”，看不见、摸不着并无法量化。

其二，目标少而精也是语文课堂教学目标设置的重要原则。众所周知，一节课只有40分钟或45分钟，不可能达成多个目标，能达成“文”、“道”各一个目标，即“一课(一个课时)一得(文道各一得)”，就已是成功。有一位教师在省级评优课中教授蒲松龄的《狼》，教学对象为初一学生，授课时间为一课时。单从“文”而言，授课教师就出示了“掌握小说的情节”、“背诵课文”、“学习名词活用为动词”、“学习虚词‘其’的几种特殊用法”等教学目标。结果这些目标皆未达成。既然只有一个课时的授课时间，那只能丢卒保车。从单元目标出发，根据教师和学生的具体情况，找出最重要的一个关于“文”的目标，如“学习名词活用为动词”，将这个目标和“道”的目标“聪明必将战胜阴险”组合，就足够了。当然，将指导背诵(是理所当然的“品味语言”)作为过程与方法，也不失为上好的设计。“伤其十指不如断其一指”，就是这个道理。

其三，目标必须倾向文本的个性。众所周知，阅读教学、作文教学和口语交际教学属于不同的范畴，各有各的特性，设置目标时绝不能等同；就阅读教学而言，文学作品教学与非文学作品教学各不相同；就文学作品教学而言，小说教学、散文教学、诗歌教学与剧本教学也各不相同；即使就小说教学而言，不同的文本“个性”各不相同，如《变色龙》以对话描写见长，《项链》以出人意料的情节引人入胜，《故乡》的肖像描写堪称经典，《药》的两条线索向来受到重视……所以说，我们设置教学目标时，必须考虑到这些独特的具体文本的“个性”，也就是说，教学目标必须向文本的个性倾斜，绝不能千篇一律。从这个意义上退一万步，即使“品味语言”能作为教学目标，千文一面也不符合目标设置的要求。

其次，恰当的目标表述。

恰当的目标表述应该是一个完整句，包含五个要素。以“文”的目标表述为例：一为“主语”，由于主语统一为“学生”，故一般情况下可以省略；二为“途径”，即通过什么过程和方法达标，即上述完整句的方式状语，这就可以把“品味语言”安排进去，一般为“通过品味语言……”(也可为“通过对比研读……”、“通过讨论……”或其他)；三为达到的“程度”，即完整句的程度状语，如“大致”、“初步”、“进一步”、“深刻”等，具体视文本内容和学情而确定；四为“能力”展现，即完整句的谓语中心语，一般用“学习”、“理解”、“掌握”、“运用”、“鉴赏”等动词；五为“知识”层面，即完整句的宾语，如“文本双线并行的结构”等。如为契诃夫的《变色龙》设置课堂教学目标，学生对象为初一学生，可表述为“(学生)通过品味语言，初步理解文本中人物语言对表现性格的积极作用”；如学生对象为高一学生，可表述为“(学生)通过品味语言，深刻理解文本中人物语言对表现性格的积极作用”。

当然，即使不将“品味语言”在教学目标中直接表达出来，在进行教学活动的时候，也必须考虑到文本的语言因素，也必须在反复“品味语言”的前提下逐步“达标”，千万不要越过文本“语言”作架空分析。

(二)教学内容设计

语文教学内容的设计，必须以培养学生的读写听说能力为主，至于学生人文素养的培养，应该是“随风潜入夜，润物细无声”地伴随读写听说能力的培养而进行，千万不能将语文课上成政治课或思想品德课。就阅读教学的内容而言，重心应该是文本的“怎样写”，而不是“写了什么”。教学内容的设计，牵涉的实际上就是教学预设和教学生成。

1. 预设课堂：凡事预则立

课堂教学是一种有目的、有意识的教育活动，教学内容的预设是课堂教学的基本特性，是保证教学质量的基本要求。课前，教师对课堂教学作规划、设计、假设、安排，简单地说，就是教师进行备课，具体体现为教案。课中，课堂教学活动按照预设展开，循序渐进，完成预先的教学方案，学生获得预计性的发展。这就是“预设课堂”。

相比其他学科而言，语文暂还没有完善的科学的知识能力体系，字、词、句、篇、语、修、逻、文中，哪些该教，哪些不该教，一般的教师甚至那些“专家”们，至今还是见仁见智。正因为如此，语文教学的预设尤为重要。

然而，预设毕竟是预设，所谓的“计划不如变化”。不可否认，课堂上充满了不确定性，很多情况无法预测。所以，为了宏观计划的执行，我们在预设时必须留有充分的余地以作回旋；否则，很可能全盘皆输。

2. 课堂生成：不可回避的现实

上面说过，“计划不如变化”，实际的教学是个动态的、变化的过程，教师与学生的活动，也就是说课堂上的“生成”完全可能超出预设。所以我们必须认真思考当“预设”遇上“生成”的问题。

课堂中的意外生成，如果处理得好，也可以得到难以预约的精彩。

某教师执教白居易的《琵琶行》，预设的课堂教学目标是“通过反复朗读，深度掌握比喻修辞的各种形式”，显然，教学的主要内容是诗中的那些比喻句。课刚开始，就有学生针对“主人下马客在船”句提问：“主人和客人不是一起走的吗?”答曰：“这是‘互文修辞’。”然而提问者不依不饶，坚持说：“老师，你就讲讲什么是‘互文’吧。”看着大部分同学期待的眼光，执教者略一停顿，立即将自己记忆中的教材中的有关互文句一一写到黑板上，如“秦时明月汉时关”，“不以物喜，不以己悲”，“叫嚣乎东西，隳突乎南北”……接着和大家一起分析这些句子的特点，使他们深度理解了互文的特点。显然，教学内容改变了。

从表面上看，这个生成似乎与预设的课堂教学目标无关，但是，这种趁势培养学生对修辞手法理解能力的生成却与宏观的语文预设目标密切相关。如此既尊重了学生意愿，维护了学生学习的积极性，又发展了学生的想象能力和书面表达能力。何乐而不为?

3. 生成课堂：适者生存

当今语文教学界提出了“生成课堂”的口号，简单地说，就是教师在学生生成后再进行课堂教学，也就是所谓的“先学后教”。从“先教后学”到“先学后教”，确实迈出了重要的一步。一般认为，“先学后教”是江苏泰兴洋思中学独创的课堂教学模式，声称是对传统的“先教后学、课后作业”教学模式的颠覆性改革。这个“学”是自学的意思，“学”是学生带着教师布置的任务、有既定目标的自学，学生的自学成为一堂课的起点，是这种课堂教学模式的最大特色和亮点。实际上，称为“独创”有点过分，这种教学方法古已有之，如当年的宋濂，就是带着自学中发现的问题向老师请教。

既然“生成课堂”是“教师跟着学生走”，那么，我们现在的学生有“带领”教师走向正确方向的能力吗？

事实上，我们所观摩的一些“生成课堂”的教学活动，大多数学生提出的问题都比较浅薄，不少内容还和“语文”无关。当然，也有少数学生能提出有价值的问题，教师也能顺水推舟，“将生成进行到底”。但是，在同一课堂听课的大多数“平民”学生，对这种“高深”学问的教学活动究竟能接受多少呢？至今高考还是检验高中生水平的最为公平的标尺，如此教学，跟在后面的大多数学生能经得起高考的检验吗？

能适应“生成课堂”的学生毕竟是极少数。如果我们将“四星级”高中的规模缩小到1/10，或者在“四星级”高中学生中抽出1/10甚至更少的学生组成“快班”，那么，“生成课堂”的成功指日可待。

4. 课堂预设：期待弄潮高手

由上面“生成课堂”的内涵我们知道，学生经过自学、汇学，在课堂上将问题提给教师，教师马上筛选信息，找出适用的内容，进行“二次备课”。我们将这种当堂进行的“二次备课”的过程称之为“课堂预设”。能胜任这种“课堂预设”的教师，堪称“教坛高手”。

最为重要的是，“课堂预设”需要教师的瞬间判断能力。也就是说，教师需要以最快的速度在如麻的头绪中理出有用的信息，分析综合：就宏观而言，学生的学习要求是否合理；就“中观”而言，是否符合本单元的要求；从微观而言，是否符合本堂课的教学目标；从“微微观”而言，是否有必要增添这个教学环节。思考后，立即作出新的预设，作“二次备课”——这就是“课堂预设”。

从近几年的课程设置来看，当前汉语言文学师范专业的本科学生究竟能学到多少关于“语文”的“本门功夫”？政治、外语、计算机等课程占了多少比例？这对语文教师的“语文”知识结构与能力系统能没有影响吗？

语文教育界的仁人志士兀兀穷年，为语文教学的改革尽心竭力，教育创新层出不穷，改革成果累累呈现，同时，也成就了一批特级教师与教授级高级教师。但是，相比教学的需要，这些优秀语文教师所占的比例实在太小，要求如今的广大语文教师为了“生成课堂”而“课堂预设”，甚不实际。所以说，因为师资的缺乏，当今的“生成课堂”难以全面铺开。

二、教学方法与教学过程设计

教学方法和教学过程是相辅相成的，好的教学方法如果不通过好的教学过程来呈现，那这种“好”就是“白好”；同理，好的教学过程如果没有好的教学方法来实施，那么，这种“好”也是“白好”。

（一）教学方法设计

不可否认，语文教学方法的设计除了必须符合各学科的“共性”外，必须要有“语文”的特性。主要如下：

其一，多用朗读法。“读书百遍，其义自现”，朗读，包括名家录音、学生个别读、学生齐读、散读……教师尤其要指导学生朗读和背诵。

其二，言教不如身教，在读写听说诸方面，教师要能起到示范作用，如范读、粉笔字书写、下水作文等。

其三，从“语文本位”出发选择媒体。

首先，应考虑从文本的角度选择媒体。诗歌的教学可以选择现代化媒体朗诵或辅以充满诗情画意的画面激发学生学习兴趣；散文的教学也可借助现代化媒体，丰富学生的想象能力，拓展学生思维，教出散文独特的韵味；小说教学如《林黛玉进贾府》也可通过老版电视剧《红楼梦》中的部分人物影视片段来拉近学生与文本之间的距离；剧本教学如《雷雨》，也可以借助电影《雷雨》中的影视片段让学生感受戏剧的独有魅力。其实，何种文本选择怎样的媒体，没有严格的依据，一切围绕“语文”学习的实际情况运用即可。

其次，语文课就是语文课，不应通过现代化媒体技术将其复杂化、繁琐化、怪异化，而应通过现代化媒体更加灵活、高效、便捷地达到语文教育本身的目的。读写听说能力的培养应贯穿语文教学的始终，选择何种媒体教学也应紧紧扣住语文读写听说能力的提高。如学生需要读课文的时候，一定得放手让学生充分阅读，不能仅依靠播放名家朗诵替代；需要学生动手书写时，应让学生及时板演或练笔，切不可仅仅通过现代化媒体的展示来代替。

(二)教学过程设计

如果说课堂教学的目标是一座山，那么，教学过程就是登山的过程。

其一，新授课各教学环节与阶段目标。

就语文教学而言，为了“达标”，就必须一步一个脚印地前进。如果一个课时教学鲁迅的《药》，把教学目标定位为“(学生)通过反复研读，较为深入地理解本文双线并行的结构”以及“(学生)通过反复研读，较为深入地体会半殖民地半封建社会人民群众的愚昧和革命者的脱离群众”，那么，其所授新课的最恰当的教学过程应该如下：

第一环节，梳理明线华家的悲剧：购“药”—服“药”—议“药”—上坟，可见愚昧不堪。

第二环节，梳理暗线夏家的悲剧：被杀—被吃—被议—上坟，可见缺济世良药。

第三环节，理解两条线索并行前进，最后“上坟”时交汇。

第四环节，理解“华”家与“夏”家即华夏民族，“华”“夏”两家的悲剧就是华夏民族的悲剧。

以上这四个环节，都为终极目标而设置，实际上，这四个环节就是四个阶段目标；通过这四个阶段目标，达成本节课的终极目标。按照布鲁姆的教学目标分类法，在认知领域的教学目标可分成知道(知识)、领会(理解)、应用、分析、综合、评价六个层次，其设置应从简单逐渐发展到复杂。以上四个环节是层层递进的四个环节：第一个环节属于认知领域的理解层次，学生如果已掌握了文章线索的相关知识，就很容易辨析出本文中的明线；第二个环节从表面上看与第一个环节并列，但在没有理解第一环节的基础上，学生是很难辨析的，它属于认知领域的应用层次，必须在第一个环节达标的基础上才能展开，即只有在明确了本文的明线的基础上才能运用这些知识辨析出其中的暗线；第三个环节，属于认知领域的综合层次，以前两个环节为基础，并把前两个环节综合概括，明确本文中明暗双线并行的特点；第四环节是认知领域的评价层次，在前面的基础上，理性地深刻地对事物本质的价值做出有说服力的判断，从中概括出深层次的内涵，“华”家与“夏”家即华夏民族，“华”“夏”两家的悲剧就是华夏民族的悲剧。至于文本的中心意思，浸润在上述四个环节中，不必过于强调。在这四个教学环节中，教师逐步板书，达成最终的板书(见下文)，也就是说，教学过程与板书同步。

一节课主体部分的教学环节，不宜过少，过少了跳跃性太大，达成课堂教学目标有困难；但也不宜过多，过多了学生会有“审美疲劳”。一般来说，以五个左右的环节最为恰当。

至于“整体感知”，如果将之作为一个教学环节，就必须目标清晰。学生整体感知文本，对其要求究竟是什么，也就是说，教师希望学生从整体感知中得到些什么；这些“什么”与课堂教学目标究竟是什么关系，必须在布置“感知”前交代清楚。如果没有具体要求，那此环节形同虚设。

其二，拓展延伸与目标达成。

教学过程就如登泰山，沿途经过的主干道上的一些景点，就是一个个的教学环节。如果终级目标是在限定时间内到达山顶，那就不能留恋沿途经过的景点；当然，更不能远离主干道去参观其他的景点。

不可否认，即使就“一课一得”而言，教学目标也应该考虑“文”“道”双方，实际上就是“一课一对(‘文’‘道’各一)课堂教学目标”。但是，语文毕竟姓语，达成“文”的目标是语文的本分所在，而达成“道”的目标(实际上任何“道”的目标都不可能在一节课中达成)应该是“副产品”。所以说，在具体教学过程中的任一个环节，都应首先考虑到“文”。

“新课改”以来，“拓展延伸”成了香饽饽，几乎所有的贴上“新课改”标签的语文课都设置了“拓展延伸”这一环节。实际也是，有了拓展延伸这一环节，语文课往往就有了高潮；但是，大多数语文课的拓展延伸是“道”的拓展延伸，将语文之“文”抛到了九霄云外。某教师教学《祝福》，在拓展延伸时，依次引入了我国古代封建礼教对妇女摧残的几个故事，还根据一盘鱼翅的价格算起了祥林嫂的身价。虽然说这些故事激发起了学生声讨封建礼教的义愤；但如果这种指向的拓展延伸是语文学习的“要旨”所在，那么，培养学生的读写听说能力应该放到什么地位呢?

语文课的拓展延伸应是“语文”的拓展延伸，必须把培养学生的读写听说能力放在第一位。所以说，上述那节课拓展延伸这一环节与语文关系不大，是走上了登山主干道的支路，尽管该处风光秀丽，但终极目标是登顶，不必刻意访问。

拓展延伸这一环节，应尽量与“文”的教学目标吻合，为“文”的教学目标的达成服务。就如上文对《药》的课堂设计，也可在第三、第四两个环节之间设计一个拓展延伸的环节，可拓展阅读叶圣陶的《夜》、施耐庵的《智取生辰纲》、唐弢《同志的信任》、都德的《柏林之围》或欧·亨利的《麦琪的礼物》中任何一篇，以加深学生对“双线并行”的印象。如此拓展延伸，对达“语文”之“语”有着不可低估的作用，可谓妙哉；如此拓展延伸，才是语文课堂教学过程中的重要环节。

其三，课堂导入、作业布置、板书设计与终极目标。

课堂导入是教学过程中的第一环节，精彩的课堂导入，就如优秀导游的开场白，能起到引人入胜的作用。关于课堂导入，成功的经验颇多，本讲第三节有较为详细的阐述，此处不再赘述。

布置作业，似乎是教学过程中的细枝末节，尤其是经过了 20 世纪末的那场“大讨论”，布置作业被扣上了“应试教学”、“摧残学生”的大帽，一些教师不敢涉足，也有一些教师打着“减轻学生负担”、“课改”的幌子借机偷懒。当然，一些责任心较强的教师还在“顶风作案”，或抄写词语，或要求学生将课后的练习做在本子上，如此不能说无用，但难以达到理想的效果。还是让我们借用他山之石吧！数学课上，教师布置作业是天经地义，数学教师布置的作业，一般都与例题相关，而例题就是对教学目标的首度展示；也就是说，布置作业是为了使学生巩固从例题中学到的知识，是为了达标。那么，语文课布置作业又怎能离开课堂教学的目标尤其是“文”的目标呢？关于作业布置，本讲第三节也有较为详细的阐述，此处不再赘述。

由于现代化媒体的滥用，当今语文教师的板书能力越来越差，在目标设置比较科学的语文教师中，板书设计能紧扣教学目标者不足 20%，一般仅是分个段落层次而已。我们认为，板书就是根据课堂教学目标对文本的图示。正如上文所说，板书是在教学过程中逐步达成的，最终板书“凝固的一刹那”，应是对该节课的完美的展示。就本部分的《药》的教学而言，其最终板书如图 10-1，就基本能达到这种效果。

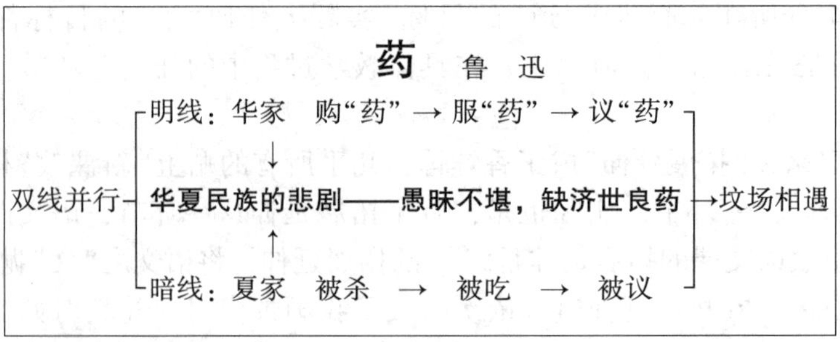

图 10-1

设计板书，是教师综合能力的体现。设计板书的过程，是教师进一步理解课文的内容和结构的过程。板书的直观性强，板书设计必须围绕该课时的教学目标，必须突出教学的重点难点，不必面面俱到。优秀的板书设计，对发展学生的逻辑思维能力、记忆力、想象力，以及培养良好的书写习惯，都有积极的作用。板书设计应该达到的要求是，某人即使未曾在教室听课，下课铃响前一刹那从后门走进教室，看了黑板就大致能知道教师的授课内容。

板书设计必须适应实际。一般的黑板，横竖之比大致为 4∶1，扣除两边不宜书写之处，实际可供使用部分为 2. 5×1(甚至为 2×1)的矩形；考虑到当今学生的视力等因素，书写时上下以八行为佳，一般不能超过十行；字数亦也不宜过多，应简洁明了；同一个教学内容，在不同的班级应有不同的板书设计，当然这“不同”指的是有所撤换，而不是全部推翻。板书设计中的对应部分，其逻辑范畴应尽量一致。

板书设计，可作为课堂教学评价的重要手段。

一堂成功的语文课，教学目标是教学工作的出发点和归宿，是教与学双边希望通过一系列的努力达到的目的，是课堂评议的主要参照物。所以说，使教学程序科学有序的基础还是课堂教学目标的设置。如果教学目标含糊不清(如"了解本文的记叙方式"之类)，如果教学目标脱离了真正意义上的"语文"；那么，教学过程的科学有序就是一句空话。

三、教案的书写

"台上一分钟，台下十年功"。如果要想"台上"成功，那么"台下"认真备课就是必经之途。教师的备课主要包括三方面的内容：一为"备教材"，这个"教材"，实际上就是教学内容，所以首先要学习"最新课标"，弄清有关要求；二为"备学生"，要求教师充分了解学生的具体情况，以加强教学的科学性、针对性、预见性；三为"备教法"，即教师还要考虑选择教学方法，就课程目标而言，属于"过程与方法"的维度。教师备课的成果，就是教案。

(一)多课时教案的基本结构

这里所说的教案，指语文教学中教师对某一课题的施教方案。所谓的"某一课题"，就识字、写字教学而言，就是某一组字的教学内容；就阅读教学而言，就是某篇课文的教学内容；就作文教学而言，就是某次"写话"或"习作"的教学内容；就口语交际教学而言，就是某一个专题的教学内容。从所涉及课时的数量来看，语文教案分多课时教案和单课时教案两种。

多课时教案，即"完整教案"，一般分为课题计划和课时计划两大部分，其大致结构如图 10-2：

- 课题名称
  - 课题名称
  - 教材分析
  - 学情分析
  - 教学设想
    - 教学目标
    - 教学重点
    - 教学难点
    - 方式方法
    - 课时安排
  - 教学后记
- 课时计划
  - 第×课时
  - 教学设想
    - 教学目标
    - 教学重点
    - 教学难点
    - 具体方法
  - 教学过程
  - 作业布置
  - 板书设计

图 10-2

首先是课题计划。即教学该课题的总计划，由课题名称、教材分析、学情分析、教学设想和教学后记五部分组成。

课题名称，即本教学设计的课题。如识字、写字教学，可用“学写字之一（教案）”或“‘学写字之一’教案”的形式；阅读教学一般可采用“春（教案）”或“《春》教案”的形式；如写作教学，可用“肖像描写（教案）”或“‘肖像描写’教案”的形式；如口语交际教学，可用“说话要注意场合（教案）”或“‘说话要注意场合’教案”的形式。

教材分析。这里所谓的“教材”，指准备教会学生的内容。就识字写字教学而言，就是拟教会学生的那几个字以及他们的载体——课本的有关部分；就阅读教学而言，就是课文；就习作教学而言，就是作文的题目等有关内容；就口语交际教学而言，就是有关场景等。授课质量的高低，取决于对教材分析的恰当。对教材的分析，重在抓住教材的“个性”。宏观上说，就是抓住识字写字教学、阅读教学、习作教学或口语交际教学的不同特征；微观上说，如阅读教学，就是抓住这篇课文区别于其他不同类或基本同类的课文的显著特点。

学情分析，即本教案适应的对象概况，可从学生的年龄特征、学校档次、生源情况、班级情况等维度考虑。

教学设想，即教师为达到预设目标而作的具体设计。

其一，教学目标（不是“教学目的”）的设置，即设置希望通过本课题的教学达到的最终目标。教学目标应按照语文学科的性质和任务来确定，一般包括“文”（读写听说能力培养上需要达到的要求）“道”（学生人文素养培养上需要达到的要求）两个方面。

其二，重点难点。重点指该课题中最能体现教学目标的部分，既可以是文本的某个部位，也可以是教学时的某个环节；难点指学生理解可能有困难的地方。重点和难点有时是一致的。

其三，针对教学目标与学生的实际，确定课的类型及准备采用的具体方法，包括教具的选用。（属于“三维目标”中的“过程与方法”范畴）“教法”的选择，首先应着眼于怎样引导学生学习。“教无定法”，没有哪一种方法“放之四海而皆准”。教学方法的制订与选择受教育理论、教材内容、学生特点、教学媒体、教师特长以及授课时间的制约。教师在制订教学方案时，更要考虑教会学生学法，即“授之以渔”，进行恰当的学法指导。

其四，确定教授该课题所需的课时（一般“大于或等于二”）。

其五，教学后记，即教后感、教学反思。一般先空出一定地方，教学结束后补记。在语文教学改革深化过程中，一些语文老师往往注重教法的研讨，却忽视了每次教学后的经验总结。写好教学后记对教师本人教学水平的提高有着不可低估的作用，甚至可以说，能否写好教学后记是“教师”与“教书匠”的分水岭，如今所谓的“教学随笔”，基本就是教学后记。写教学后记，应记下教学中的经验教训及教案使用的实际效果、学生的信息反馈、别人的评议，甚至是自己失败的情况与原因分析。它是自己积累资料、日后改进教法的依据，更是日后进行科研，发表论文的基础。

其次是课时计划。即教学该课题每一课时的具体计划，由第×课时、教学设想、教学过程、作业布置、板书设计五部分组成。

第×课时，开篇居中。

教学设想，即该课时所要解决的问题，是该课题教学目标在每一课时的具体化，应包括本课时教学内容、教学目标（每个课时一组，“文”“道”各一；即每个课时解决“文”的一点，“道”可以“重复使用”)、重点难点、具体方法。

教学过程，为教案的主体部分，包括教学步骤和环节、教学中师生双方的活动、导入、过渡、悬念设置、自我提示等。一般设五个左右环节，每个环节必须紧扣该课时的教学目标，可以这么说，每个环节就是该课时不同阶段的阶段目标。对初涉教坛者而言，还需注明每一步骤所需的时间，落实到“分”。另外，所设计的每一环节，皆应预备一些“候补”内容，当完成预设任务但时间未到时可用来补充。

作业布置，必须围绕教学目标，应备有参考答案。

板书设计，指课时结束前的整体板书。这个板书，必须能反映该课时的教学目标，使学生可从板书中回忆教学的每一步骤，总结出本课时的教学内容，归纳出本课时的教学重点。至于板书设计的一些有关事项，上文已作了专项阐述。

(二)多课时教案案例分析

《藤野先生》教案

(苏州市太湖旅游中等专业学校　张莉)

一、教材分析

《藤野先生》是传统的初中教学名篇，作者为鲁迅先生。这篇散文，一直被当作鲁迅先生表达爱国精神的典型代表作。该文通过典型事例表现人物的手法历来为语文教学界所称颂；文中的反语等讽刺性语言亦颇有特色。另外，该文对人物的具体描写，如肖像描写、动作描写、语言描写等也很传神。文本较长，面面俱到不甚现实，故必须抓住重点。

二、学情分析

初三的学生，有些度过了叛逆期，有些尚未度过叛逆期，对他们进行空洞的道德说教，意义不大，而通过典型形象进行思想教育，应能有所收获。

三、教学设想

(一)教学目标

学生通过感情朗读与深入分析，较为深刻地理解通过典型事例表现人物形象的手法。

学生通过感情朗读与深入分析，较为深刻地理解讽刺性语言的积极作用。

学生通过感情朗读与深入分析，较为深刻地理解鲁迅先生忧国忧民、爱憎分明的战斗精神和藤野先生正直热忱、治学严谨的高尚品质。

学生通过感情朗读与深入分析，较为深刻地理解作者强烈的爱国主义精神。

(二)教学重点

有关藤野先生与鲁迅交往的部分，表现“清国留学生”的一些词语。

(三)教学难点

藤野先生的两次叹息；表现“清国留学生”的一些词语。

(四)方式方法

朗读法与文本分析法。

(五)课时安排

安排两课时。

四、教学后记

事实证明，如此安排教学，第一课时内容颇多，紧张了些；而第二课时内容较少，甚是宽松。以后可考虑将有关词语挪到第二课时，第一课时仅仅解决“典型事例表现人物”的目标。或者，第一课时解决“讽刺性语言”和其他词语问题，第二课时解决“典型事例表现人物形象”问题。

第一课时

一、教学设想

(一)教学目标

学生通过感情朗读与深入分析，较为深刻地理解通过典型事例表现人物形象的手法。

学生通过感情朗读与深入分析，较为深刻地理解鲁迅先生的爱国精神和藤野先生正直热忱、治学严谨的高尚品质。

(二)教学重点

鲁迅先生与藤野先生交往的部分。

(三)教学难点

藤野先生的两次叹息。

(四)具体方法

文本分析法。

二、教学过程

导入：要表现一个人，最好通过实实在在的典型事例。(阶段目标：先声夺人，学生初步感知典型事例对表现人物形象的作用。)

第一环节：初读课文，注意“挟着”、“芋梗汤”、“诘责”、“寒颤颤”、“畸形”、“绯红”等词语，理清文章主要写了哪两个人。(阶段目标：为下面鲁迅先生和藤野先生的典型事例做铺垫。)

第二环节：再度研读课文 1~3 自然段，分析鲁迅先生“从东京到仙台”的原因。(阶段目标：“进入”典型事例，突出鲁迅先生的爱国精神。)

第三环节：研读鲁迅“弃医从文”的内容，分析其原因。(阶段目标：“深入”典型事例，突出鲁迅先生的爱国精神。)

第四环节：研读分析“添改讲义”、“纠正解剖图”、“关心解剖实习”、“了解中国女人裹脚”和“依依惜别”五个典型事例，重点分析藤野先生的两次叹息。(阶段目标：再度分析典型事例，突出藤野先生的高贵品质。)

第五环节：研读最后三个自然段，直至基本背诵。(阶段目标：突出藤野先生对鲁迅的积极影响。)

三、作业布置

就一位很有个性的老师列一个写他的作文提纲，要求列出三个典型事例。

四、板书设计

藤野先生(一)　　→积极影响→　　鲁　迅

添改讲义
纠正解剖图
关心解剖实习　←——典型事例——→　从东京到仙台（看不惯）弃医从文（漏题、电影）
了解裹脚
依依惜别

正直热忱，治学严谨　　　　忧国忧民，爱憎分明

第二课时

一、教学设想

(一)教学目标

学生通过感情朗读与深入分析，较为深刻地理解讽刺性语言的积极作用。

学生通过感情朗读与深入分析，较为深刻地理解鲁迅先生的爱国精神藤野先生的高尚品质。

(二)教学重点

有关“清国留学生”描述的部分。

(三)教学难点

讽刺性语言的积极作用。

(四)具体方法

文本分析法。

二、教学过程

导入：复习旧课，回顾几个典型事例。(阶段目标：华丽转身，学生转向对文本语言的兴趣。)

第一环节：细读并分析第一、第二自然段，分析“清国留学生”的丑态，着重于“形成一座富士山”、“宛如小姑娘的发髻一般”、“还要将脖子扭几扭”、“实在标致极了”、“精通时事的人”等语句。(阶段目标：感知鲁迅先生对“清国留学生”种种不良习气的憎恶。)

第二环节：细读并分析“送信事件”，着重于“爱国青年”等词语。(阶段目标：理解鲁迅对狭隘民族主义的讽刺。)

第三环节：研读最后三个自然段，直至背诵，着重于“正人君子”等词语。(阶段目标：理解鲁迅先生爱憎分明的战斗精神。)

第四环节：运用置换法，再度分析以上词语，咀嚼体会。(阶段目标：突出讽刺性语言的积极作用。)

三、作业布置

联系社会生活的实际，用讽刺性的语言造两个句子。

四、板书设计

藤野先生(二)　　　　鲁　迅

形成一座富士山　　　　精通时事的人　　　　正人君子
宛如小姑娘的发髻一般
还要将脖子扭几扭
实在标致极了

讽刺丑态　　　　讽刺不学无术者　　　　讽刺“御用文人”

爱憎分明

按：在这个教案中，教材分析部分抓住了这篇课文区别于其他的课文的显著特点——表达爱国精神、通过典型事例表现人物的手法、反语等讽刺性语言和多种描写方法，对文本的内容、形式作了简要的分析介绍，体现了教师对教材的解读能力。对照下面的教学目标，我们发现授课人没有对知识点面面俱到，而是突出重点，既体现了对教材的分析，也体现了对教材独到之处的处理。

学情分析部分针对初三学生的学龄特点，分析了学生的心理特点——叛逆性，这是选择切合学生特点的教学方式的基础：重点选择通过典型事例表现人物的教学目标；选择了合适的教学方法——朗读法和文本分析法。

设定的教学目标综合体现了知识与技能、过程与方法、情感态度与价值观三个维度。教学的重点与难点基本一致。

从两课时的教学设计来看，第一课时紧紧围绕“典型事例表现人物形象”的教学目标，五个环节清晰有序，既分析了典型事例，又表现了事例中体现的人物形象。这是对全文的概貌的梳理，板书设计水到渠成，让学生一目了然，体现了教学目标的达成。作业设计是用典型事例写一位有个性老师的提纲，照应了教学目标，这个提纲，便于学生巩固“典型事例体现人物形象”的知识点，对本课的教学达到了学以致用的目的。

第二课时是语文味更浓的一节课，从粗知大概走向深入细读，符合认知规律。针对文本“讽刺性语言”的特点，将“较为深刻地理解讽刺性语言的积极作用”作为教学目标。通过细读分析、研读背诵、置换词语、品味语言等多种方法，让学生在不断品读文字中感受鲁迅对“清国留学生”种种不良习气的憎恶、对狭隘民族主义的讽刺的情感，感受鲁迅的爱憎分明的斗争精神，感受语言文字的魅力。作业布置和第一课时的作业作互补设计：第一课时突出概貌的提纲设计，第二课时突出仿句式的语言训练。两者结合起来，就是对学生的作文的构思、语言的训练了。

点评专家：苏州大学文学院王家伦

(三)单课时教案的基本结构

随着语文教材中所收篇目的增多，有些课文(特别是自读课文)需一课时教完；所以，必须学会单课时教案的设计。这种单课时教案（亦称简易教案）与完整教案从整体而言应是一致的，但具体来说，仍有不少区别，因为它将“课题计划”与“课时计划”合二为一。其一般结构如图 10-3：

- 单课时教案
  - 课题名称
  - 教材分析
  - 学情分析
  - 教学设想
    - 教学目标
    - 教学重点
    - 教学难点
    - 方式方法
    - 课时安排
  - 教学过程
  - 作业布置
  - 板书设计
  - 教学后记

图 10-3

教学目标不宜多提，一般是一文一道，体现一课一得。

一份优秀教案的教学设想、教学过程、作业布置以及板书设计，处处都应围绕“教学目标”进行设计，切忌随心所欲。

（四）单课时教案案例分析

让笔下的人物活起来——侧面描写与正面描写相结合

（苏州大学文学院　王家伦）

一、教学内容分析

从小学到初中，学生写人不知写了多少遍，也不知写了多少人；但是，他们笔下的人物往往是干巴巴的，其中一个主要原因是他们不会将侧面描写与正面描写相结合。所以，特准备一些有关侧面描写的语言材料（其中大多是学生学过的）。

二、学情分析

初二学生的逆反心理比较严重，他们对语文，尤其对作文的抵触情绪比较严重，所以，作文教学必须让学生感到“好玩、有劲”。

三、教学设想

（一）教学目标

学生通过阅读讨论，基本掌握侧面描写的几种方法以及侧面描写与正面描写相结合的手法。

学生通过阅读讨论，基本学会全面分析人物的辩证思维。

（二）教学重点、难点

重点为侧面描写在文章中的比重，难点为“化正面为侧面”的方法。

(三)方式、方法

文本阅读法、讨论法、摹写法。

(四)课时安排

安排1课时。

四、教学过程

导入：发讲义，由原任课教师是否介绍过授课人自己入手。(详见本章第三节之“三”)(阶段目标：直接引入侧面描写。)

第一环节：阅读有关侧面描写孔乙己的语段，告诉学生，实际上这个“人家”和“掌柜”就是作者的有意识安排。(阶段目标：学习通过旁人介绍侧面表现人物的手法，即解决教学难点。)

第二环节：阅读分析其他语段。(阶段目标：学习通过有关物件、旁人反应、环境烘托等侧面表现人物的手法。)

第三环节：教师假设特邀一个模特，然后自己模仿“猫步”走进教室，要学生写自己的肖像、神态、语言、动作。(详见本章第三节之“三”)(阶段目标：转入正面描写。)

第四环节：阅读分析一个正面描写与侧面描写结合的文本。(阶段目标：学习正面描写与侧面描写结合的方法。)

第五环节：再度分析阅读文本，教师提醒，单纯侧面描写表现出来的人物毕竟比较苍白。(阶段目标：学习正面描写为主、侧面描写为辅的手法。解决教学重点。)

五、作业布置

用正面描写与侧面描写相结合的手法，写一个老师，六七百字。(第二节课当堂完成。)

六、板书设计

怎样让笔下的人物活起来

通过旁人介绍 ┐　　　　　　　　　　┌ 肖像
通过有关物件 │　　　　　　　　　　│ 语言
通过旁人反应 ├ 间接描写 + 直接描写 ┤ 动作
通过环境烘托 │　　　　　　　　　　│ 神态
通过…… ┘　　　　　　　　　　└ 心理

七、教学后记

不可否认，这堂课的教学效果甚是理想，学生活动异常踊跃，从学生第二堂课所写的作文来看，大多能符合要求。但是，执教者搬用这个教案到另一个学校试，却遭遇了“滑铁卢”，其原因是，生源不可同日而语。所以说，针对不同的生源，必须要有不同的教案。

按：作文教学历来是语文教学的难点。难在预设，针对教材序列，结合学生实际进行富有创造性的设计并循序渐进；也难在生成，在预设基础上，逐步调整学生的思维、情感，教会学生方法，将学生逐步引入佳境。所以，作文教学对语文教师是很大的挑战。

从这节课的设计中，我们能发现一些引领我们深入思考的问题：

其一，中小学作文教学的终极目标到底是什么？是成为作家吗？显然不是，而应该是使学生能自如地反映自己的生活，“我手写我心”。这个终极目标由许多个阶段目标所体现，阶段目标通过一次次的作文课的目标来实现。本次作文课的目标，就是让学生学会通过间接描写和直接描写的结合来描写人物。

其二，作文教学的主要任务是什么？作文教学的主要任务应该是教学生怎样写，要“授人以渔”，把学生现有的生活有声有色地表现出来；而不是教学生表现自己原本不熟悉的东西。所以不必要求学生“深入”原本不属于自己的生活——那是作家们的事。本次作文课就是教学生怎样把自己眼前的人物写活。

为了教授这一方法，教师设计采用多种方法。课一开始，作为借班上课的老师问学生原上课教师是否介绍过自己，导入侧面描写，直接切入教学目标。接下来阅读孔乙己侧面描写的片段，体会“人家”和“掌柜”的作用，启发学生理解学生侧面描写方法之一——通过旁人介绍。这是运用身边例子和学生学过的文章来引导学生，学生容易理解什么是侧面描写。在此基础上，教师让学生阅读其余语段，在阅读感知的基础上分析出侧面描写的其他方法——通过有关物件、旁人反映、环境烘托等。这样由易到难，知识点的构建逐步形成了。这个知识点不是教师强加给学生的，而是通过学生自己的思维活动建构的。然后，教师模仿“猫步”，学生进行肖像、神态、语言、动作等描写，直接进行了正面描写。这是学生在阅读的基础上直接进行写作实践，加深体验。最后，再来分析文本，学生体会到正面描写和侧面描写结合的重要性，达成了教学目标。板书设计将正面描写和侧面描写的方法及时总结，直观地进行总结。所有教学环节都是让学生自己感受后领悟到写人物的方法，潜移默化地教学生学习怎样写作文。

其三，一堂作文课成功与否，不在于教师的表演是否精彩，不在于学生的活动是否积极，而在于学生究竟学会了什么，实现了终极目标中的哪一部分。所以，这堂课要求学生学完后当堂作文，用学生的作文来验证这堂作文课是否成功，达到学以致用、及时巩固的效果。

点评专家：江苏第二师范学院学报编辑部　陈晓姿

第三节　语文课堂教学

语文课堂教学牵涉到讲解、答疑、提问、评价/点评、组织讨论、朗读、作业布置等方面。由于它们体现在具体课堂的“起”、“承”、“转”、“合”中，因此，这里拟通过课堂教学的“起”“承”“转”“合”来进行阐述。

一、起——三言两语引人入胜

导游的任务是引人入胜；所以，优秀的导游对自己每次带团时的开场白都颇为重视。

语文教师也是导游，他带领学生游览语用的殿堂；所以，语文教师也必须重视自己每次“带团”时的开场白，这就是每堂课的导语。课堂导语有三重境界。

(一)“引人入胜”是第一要着

导语的首要任务就是使学生迅速进入学习状态。正因为如此，设计课堂导语首先要从以下几个方面考虑。

其一，课堂导语应该“悬”。这个“悬”，指的是能引起读者的悬念。上课伊始，教师若能引起学生的悬念，可使学生思维立即进入活跃状态。语文界流传着这样一段执教《孔乙己》的导语：“大家知道，偷就是窃，窃就是偷。同学们说对不对？(生：对)但有人说：窃不能算偷。(生：这个人没有读过书？)不，他读过十几年书；你们的衣服大概三五天就要换洗吧，但有的人一件衣服似乎穿了十多年没有补，也没有洗。(生：这不可能，穿在身上不舒服。)但鲁迅笔下就有这样一个人，他就是——孔乙己。”真令人拍案叫绝。如此，学生就能在期待中等待悬念的解开，急迫并认真地“走进”孔乙己的世界。

其二，课堂导语应该“松”。这个“松”，就是所谓的“套近乎”，指的是能使任课教师迅速和学生打成一片，引起师生之间心灵的轻松交流。“松”，在教师与学生不甚熟悉而学生又颇为紧张的第一次见面中尤为重要。曾听说魏书生老师在近千人戏院的戏台上借班上课，当发现学生很紧张时，就要大家闭上眼睛，想象着长出翅膀飞上天空，向下睁眼一看，戏院中的人一点点大。于是，教师与学生笑成一片，紧张心理一扫而尽。

其三，课堂导语应该“简”。这个“简”，指的是简明扼要，绝不喧宾夺主。课堂导语犹如民歌中的“起兴”，如《孔雀东南飞》，通过“孔雀东南飞，五里一徘徊”的“兴”，一下子进入“十三能织素，十四学裁衣”的正文。也就是说，“虚晃一枪”后直接导入对文本的研读之中，切忌在文本之外游荡。

其四，课堂导语应该“新”。唯陈言之务去，应尽量抛弃那些耳熟能详的套路。诸如“今天我们一起学习一篇×××的文章”，“请把书翻到 N 页”的导语早就该进博物馆了。

其五，课堂导语应该“旧”。这个“旧”并不是与“新”相对的“陈旧”，而是指尽量地联系学生已经学过的知识，给学生以亲切温馨的感觉，达到“温故知新”的效果。

(二)“语文”凸显颇为重要

一般来说，语文教师授课，尤其是公开课，尽量使自己的导语吸引学生是共识。但是，具备了以上五个条件的课堂导语是否就成了“语文课堂教学的优秀导语”？我们认为，语文课堂教学的导语应该姓“语”。

姓“语”，一指导语本身“很语文”。

江苏吴江的著名特级教师汪兆龙在体育课后上语文课，说：“刚才上了体育课，大家一定很累，我们先来猜个谜语。谜面是《西游记》人物开大会，打一条成语。”当一个学生猜出谜底为“聚精会神”时，混乱的课堂立即静了下来。虽然目的是为了维持教学秩序，实际上却使学生对“聚精会神”这个成语中的“精”与“神”的多重含义有了深刻的了解。所以说，这个导语“很语文”。

姓“语”，二指导语与教学文本相结合。

如执教《阿 Q 正传》，可用这样的导语：“《阿 Q 正传》，是鲁迅先生的代表作，它收在小说集《呐喊》中。我们已经学习过《呐喊》中的《社戏》、《故乡》、《孔乙己》、《药》等好几篇小说，也曾读过《〈呐喊〉自序》，请结合所学过的课文，谈谈《呐喊》是怎样的一本书，作者为什么要取这样的书名。"这个导语，一方面带领学生回顾学过的课文，同时也使学生对鲁迅精神的内涵有了进一步的理解，可谓一举两得。

（三）结合"文"的教学目标是最高标准

"伤其十指不如断其一指。"上文说过，为了更好地"达标"，最恰当的语文课堂教学应该实行"一课一得"，即一堂课的教学目标预设为"文""道"各一。从课堂教学目标达成的角度来看，课堂导入应该尽量地结合这一组教学目标。然而，靠向教学目标也有一个孰重孰轻的问题。

某语文教师教授刘亮程的散文《今生今世的证据》（苏教版必修一），其教学目标为"通过分析讨论，较为深入地学习本文的多重排比手法"，"通过分析讨论，较为深入地理解作者对故乡的怀念之情"。这位教师从余光中的《乡愁》导入，这与本堂课"道"的教学目标密切相关，不该非议；但是，能不能使自己的导语向"排比"即"文"的目标靠拢一点呢？

如果用三个课时教学《祝福》，第一课时"文"的目标如为"通过阅读分析，深刻理解倒叙手法的积极作用"，导入时就可从学生初中时学过的《社戏》入手，告诉学生《社戏》在《呐喊》中的原貌：从北京戏院的乱象入手，回忆起儿时看过的一次留下深刻记忆的"社戏"；第二课时"文"的目标如为"通过仔细品味，深刻体会作者传神的肖像描写"，导入时就可引导学生联系初中时学过的阿累的《一面》，要求学生从空间变化的角度分析比较三次有关鲁迅的肖像描写的异同，由此进入《祝福》的教学活动，从时间变化的角度对祥林嫂的三次肖像描写作分析比较，实是顺理成章；第三课时"文"的目标如为"通过深入品味，较为深刻地理解社会环境对人物命运的影响作用"，导入时就可从学生学过的《孔乙己》中酒店周围的人群或《药》中的看客、茶客入手。

在这里，我们竭力提倡从"文"出发，即从培养学生读写听说能力的角度导入语文课堂教学；但我们无意贬低语文课从"道"的角度导入。然而不管怎么说，语文课从培养学生读写听说能力的角度导入更为恰当，因为必须通过"工具"才能渗透"人文"。

二、承——紧扣目标渐入佳境

这个"承"，与诗歌创作理论中的"承"不尽相同，不能把它看作是"导"后的某一环节，而应看作是整个教学过程中的每一个环节。当然，也可以把它理解为新课程三维目标中的"过程与方法"，这就是紧扣预设目标，通过由浅到深的、由简单到复杂的一个环节又一个环节的推进，扎扎实实地走向目标达成。这些环节，可以预设，也可以临时达成。其最终目的，是使预设目标成为达成目标。总之，在各个环节的教学活动中，凡与预设目标关系不大的内容尽量少涉及甚至不涉及。

关于教学过程的问题，本讲第二节已经作了较为详尽的阐述，此处不再赘述。

三、转——欲罢不能高潮突兀

这里讲的"转"，主要指课堂教学的高潮，课堂教学中的"高潮"能提高学生接受知识，并转化为能力的效率，我们有必要对语文课堂教学的高潮做一些比较深入的分析。与课堂导入一样，我们认为，语文课堂教学的高潮也有三重境界。其一，吸引学生注意力；其二，紧扣教学内容；其三，紧扣“文”的教学目标。

某语文教师上作文课，教学目标为“学生在自己的生活中寻找素材，基本学会用侧面描写与正面描写相结合的表现人物的方法”。在导入并教授完“侧面描写”的几种方法后，发现有些学生注意力不太集中，就出现如下的高潮：

师：那能不能直接写人的肖像、语言和动作呢？

（学生点头，回答“可以”。）

师：为了让同学们直接写好人物，我今天特意请了一个模特。现在我把他请进来。

（老师走出教室，所有学生都向门口张望，小声议论。几秒钟后，老师推开门慢慢走了进来，一个转身“亮相”，站在讲台中间，同学们都很诧异。）

师：怎么样？今天我义务为大家做模特！

（同学恍然大悟，笑声一片。）

师：现在同学们可以直接写我的外貌、动作、语言。可以和周围的同学商量一下。

（学生激烈争论；老师则在同学中间认真听讨论，适时参与到同学的讨论中进行点拨。）

不难看出，上面这个案例，就符合我们所说的三重境界。

语文课堂教学的高潮设置没有固定的时段。既可以出现在课堂教学的开始之际“先声夺人”，也可以如上面这个案例般设置在课堂的当中，甚至还可以设置在课堂将要结束时已达到余音绕梁的效果。

至于设置高潮的途径，没有固定的模式。既可以是预设，也可以是生成；既可以是教师的“表演”，也可以是学生的讨论；既可以是师生任何一方的朗读，也可以是当堂的作业。总之，必须是师生的互动。

四、合——课虽有尽余音绕梁

所谓的“合”，应该是总结，应该是最终的“大团圆”，应该给学生留下思考的余地。

语文课时教学的“合”，首先体现为通过“板书”而“合”。关于板书设计，上文已经有了较为详尽的阐述，此处不再赘述。

语文课时教学的“合”，还体现为通过“作业”而“合”。学生完成作业是对已初步掌握的目标的巩固；所以，教师布置作业也必须围绕教学目标，尤其是“文”的教学目标。如上面所说的《药》，既然教学目标定为“（学生）通过反复研读，较为深入地理解本文双线并行的结构”和“体会半殖民地半封建社会人民群众的愚昧”，那么，布置作业就应该要求学生用“双线并行”的结构写一篇作文；或要求课外阅读一篇同样为“双线并行”结构的文章，如叶圣陶的《夜》、都德的《柏林之围》、施耐庵的《智取生辰纲》等。至于“体会半殖民地半封建社会人民群众的愚昧”，可以布置课外阅读鲁迅的《阿Q正传》。在这组目标中，前者较为显性，后者较为隐性，所以布置作业应向前者倾斜。

语文课时教学的“合”，当然还体现为通过“结束语”而“合”。结束语既可以是鼓励性的话语，更可以是拓展性或者探索性的话语。总之，应达到余音绕梁的效果。

第四节　说课、模拟授课与片段授课

语文教学展示，指的是语文教师经过充分的备课，面对评委或学生，在课堂上所作的说课、正式授课、模拟授课或片段授课等教学活动。这些活动，就是语文教师基本教学能力的展示。据我们所知，当今，无论是教师招聘，还是在职教师的评优竞争，常用的几种方式无非就是说课、模拟授课与片段授课。故下文一一介绍。

一、说课

我们这里的“说课”，指的是“备课后说课”，也就是为评优、应聘等而进行的说课。即教师在充分备课的基础上，把自己的教学设计、教学安排以及估计学生的达标程度一一道出，供领导、专家、同行鉴定评判。“说课”必须包括的内容涉及教育理论知识、教材内容与教学对象，另有教学目标、教学过程、教学方法、教学效果以及对以上诸项所作的分析等。我们认为，可将说课的过程设计为一个演绎的过程。下文以《荷塘月色》的说课为例，进行分析。

(一)“大前提”：说理论

教育学知识、心理学知识、语文课程与教学论知识、哲学知识以及有关教育的名人名言等都可以是“说理论”的内容。具体来说，最新的课程标准应该是教学设计的主要依据，因为它是将教育学、心理学、语文课程与教学论以及哲学知识整合在一起的集大成者；所以说，说课从《义务教育语文课程标准(2011版)》或《普通高中语文课程标准(实验)》的有关论述开始，是一个较为明智的举措。

从逻辑推理的角度而言，这就是推出以后结论的“大前提”。实际上，这是教学设计的理论依据。这个部分，一般的教案设计中不作要求，故说课者必须另行准备。

一般情况下，常规的问候后，就应开始说“大前提”，可以“因为……”为起点。

通过以下案例来分析。

(听到呼唤走进教室，微笑环视四周，擦干净黑板)

各位老师，谢谢给我一个展示自己的机会。我今天说课的课文是叶圣陶先生所写的说明文《苏州园林》。(板书：“苏州园林”“叶圣陶”)

课程标准是课堂教学的理论依据，所以，我们的任何教学展示活动都必须以课程标准为依据。

因为《义务教育语文课程标准(2011版)》课程目标中明确指出：“具有独立阅读的能力，学会运用多种阅读方法。有较为丰富的积累和良好的语感，注重情感体验，发展感受和理解的能力。”“在通读课文的基础上，理清思路，理解、分析主要内容，体味和推敲重要词句在语言环境中的意义和作用。”

按：在这段叙述中，说课人引用《义务教育语文课程标准(2011 版)》的权威阐述，其目的是将之作为自己教学设计的理论依据。当然，也可引用教育学、心理学或与教育有关的名人名言作为强有力的理论根据。需要强调的是，无论运用哪一种理论，都要围绕说课的对象，使之为自己预设的教学目标服务。说得要简要、具体，要令人信服；千万不要自恃才学而“掉书袋”。

(二)“小前提”：说教材与说学情

说“小前提”应从两个方面考虑。其一，说课离不开教材分析，因为教材是说课之“本”，不涉及教材，就无所谓说课。——这个部分，对应教案中的“教材分析”。其二，说课离不开学情分析，因为学情是说课之“依”，任何脱离学情的授课或说课都是无的放矢，没有任何意义。这个部分，对应教案中必须有的“学情分析”。实际上，这“小前提”部分就是说课的事实依据。

开始说“小前提”，可以“又因为……”“再因为……”为起点。

首先是说教材。所谓的“教材”，指准备教会学生的内容。就阅读教学而言，当然指的是牵涉到的具体文本；“说教材”必须抓住这篇课文区别于其他不同类或基本同类的课文的显著特点，尤其是语言形式上的显著特点。总之，不说或尽量少说与教学目标无关的内容。

通过以下案例来分析。

又因为《苏州园林》是“苏教版”语文教材八年级上册的精读课文，这是叶圣陶先生写的一篇准确把握了事物特征的优美的说明文，原是为摄影集《苏州园林》写的序。在这篇文章中，叶圣陶先生牢牢把握住苏州园林的“务必使游览者无论站在那个点上，眼前总是一幅完美的图画”这一显著特征，宏观上运用由主到次的逻辑顺序；而在“主”的部分，又运用了“由总到分”的说明顺序。另外，用词精确也是这篇说明文的显著特点。

按：这段内容就是“说教材”。说课人对教材文本进行了梳理，对文本区别于其他文本的显著特点如“围绕图画美”、“由主到次的顺序”、“总分结构”等作了分析。实际上，就是对文本内容和形式方面的显著特点作了简要的分析介绍。如果看了下文，就能明白，说课人确实对不准备涉及的内容如作比较、打比方等说明方法作了必要的“忽略”。

其次是说学情。对学生实际情况的分析正确与否，是说课成功与否的关键。不同年段的学生适用不同的教学设计；即使同一年段，不同的学校、不同的班级也应有所不同。所以，必须对所任教的学生的情况作一些分析。

有一点必须注意，如果是应聘说课或竞赛说课，一般对学生没有丝毫的了解，但是，应该也必须作教学对象的假设，如说“我的教学对象预设为……”；否则，说课只能“空对空”。无论如何，必须注意“学情”，这和“教材”一样，是制订教学目标的事实依据。

通过以下案例来分析。

再因为《苏州园林》这篇课文在“苏教版”语文教材八年级上册，所以我的教学对象预设为初二学生。心理学研究表明，初二年级是培养学生抽象逻辑思维能力的关键时期，而说明文所具有的科学性、条理性、逻辑性等特点，正适合培养学生的抽象逻辑思维能力。

按：此段中，说课人涉及了一些初二学生心理方面的内容，这些，都是下文提出教学目标与具体教学框架的依据。

必须注意的是，“小前提”要呼应“大前提”，不能与“大前提”背道而驰。因为“大前提”中有“在通读课文的基础上，理清思路，理解、分析主要内容，体味和推敲重要词句在语言环境中的意义和作用”，所以，“小前提”中重点分析文本的写作思路；因为“大前提”中所涉及的内容针对初二的学生，所以，“小前提”对初二学生的心理作重点分析。

(三)“结论”：说教学设想

“演绎”过程的“结论”为说课的主体部分，这就是说出自己的教学设想。教学设想指在有了充分的理论依据，抓住教学内容的“个性”和学生的具体情况的前提下，所作的教学设计。可以用“所以，我的教学设计如下……”之类的话语导入对自己教学设计的介绍——基本上就是对自己教案的介绍。依次说出教学目标、难点重点、方式方法、课时安排等，尤其要突出每一个教学环节的层次，当然还要说出自己的作业布置。

最容易被说课者忽略的，就是同步板书。说课的时候，很难运用现代化媒体，所以，根据教学目标所做的板书设计就显得尤其重要。

通过以下案例来分析。

所以，我的教学设计如下。

根据语文课程标准对课程目标所做的“三个维度”的要求，我的课堂教学目标为“通过文本研读，较为深入地理解文本由主到次的逻辑顺序和主要部分的总分结构”，“通过文本研读，较为深入地理解用词精确的显著特点”，“通过情景设置，较为深刻地感知苏州园林的图画美”。

我的教学重点将放在文本的③④⑤⑥自然段，我认为教学的难点是对“不对称美”的理解与对“技术”与“艺术”的辨析。

我主要用朗读法、比较法和置换法进行教学活动，准备安排两个课时。

我第一课时的教学目标为“通过文本研读，较为深入地理解文本由主到次的逻辑顺序和主要部分的总分结构”，“通过情景设置，较为深刻地感知苏州园林的图画美”。具体环节如下。

导入：因为学生对叶圣陶有一定的了解，所以，我不准备对作者做过多的介绍。我将如此导入：出示一幅不讲究对称的照片和北京宫殿讲究对称的照片给学生，一方面引起学生兴趣，另一方面为第二环节突破教学难点服务。花时约2分钟。

我的第一个环节是指导学生学习第①②两段课文，要求指出苏州园林的总体特点与作者准备从哪些角度进行说明，估计大多数学生能够完成任务。(板书：“图画美”

“四美”）以上是我的第一环节，阶段目标：感知苏州园林的总体特征“图画美”，花时约5分钟。

我的第二环节是带领学生重点研读第③自然段，首先范读这个自然段，要求学生理解这段文字的描写对象。估计学生对“不对称美”的理解会有困难；所以，我将出示苏州园林与古代宫殿的图片，让学生作比较。（板书：“亭台轩榭的布局”）以上是我的第二环节，阶段目标：体会布局美，花时约10分钟。

我的第三环节是带领学生研读第④自然段，也是首先范读，然后带领大家齐读。估计学生对“艺术”与“技术”之间的差别理解有困难，我将简单举些例子作补充说明。（板书：“假山池沼的配合”）以上是我的第三环节，阶段目标：体会配合美，花时约8分钟。

我的第四环节是带领学生研读第⑤⑥两个自然段。（板书：“花草树木的映衬”“近景远景的层次”）。在此基础上，结合③④两个自然段，回顾第②自然段。（板书：“总—分”）阶段目标：理解主要部分的总分式结构。这个环节估计学生没有多少困难。此环节花时约12分钟。

我的第五环节是研读第⑦⑧⑨三个自然段，感知其中表现的内容。（板书：“角落美”“门窗美”“色彩美”“不能忽略”）此环节花时3分钟。

在这个基础上，带领学生将⑦⑧⑨三个自然段与③④⑤⑥四个自然段的内容作比较，学生会很容易看出本文先主后次的逻辑写作顺序。（板书：“先主后次”）此环节花时约5分钟。

结束时，我将布置如下作业：仔细观察，写一篇由主到次的表现校园环境的说明文。（只要列出提纲即可）

以上是我第一课时的教学设计，第二课时，我将以“通过文本研读，较为深入地理解用词精确的显著特点”和“通过情景设置，较为深刻地感知苏州园林的图画美”为教学目标，希望以后有机会向各位专家请教。

我今天的说课到此结束，谢谢。

（擦干净黑板，走出教室，轻轻掩上教室门）

（附：板书设计）

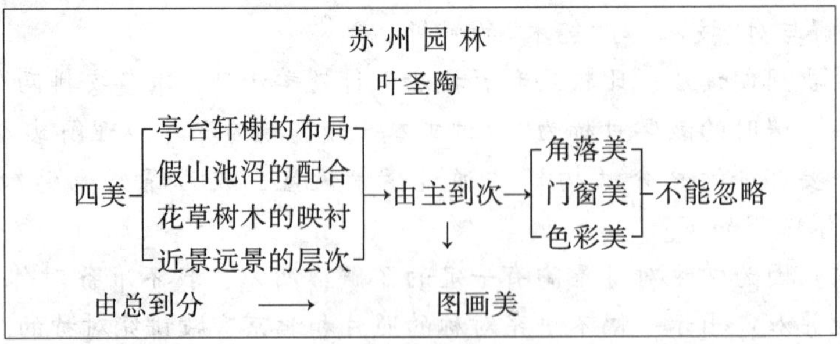

按：这个“结论”由上文的“大前提”与“小前提”而得出。因为“大前提”中有“在通读课文的基础上，理清思路，理解、分析主要内容，体味和推敲重要词句在语言环

境中的意义和作用”，因为“小前提”中重点分析了文本的写作思路、结构顺序，所以，将“文”教学目标设置为“通过文本研读，较为深入地理解文本由主到次的逻辑顺序和主要部分的总分结构”。因为“小前提”中有对初二年级学生的心理分析，所以在教学环节中有所针对地预设了教学时可能遇到的一些困难。

另外，这个课时的教学目标坚持了“一课一得，文道各一”的原则，教学设想中每个环节依次递进，不枝不蔓，且都能显示出阶段目标，关注想象中的学生的情况，层次颇为清晰。“第一环节”、“第二环节”、“第三环节”等过渡性语言鲜明突出，甚至每个环节结束时还重申一下“以上就是我教学设计中的第 N 个环节”；每一个环节的开头或结尾，还说了自己这么做的理由，也就是说清楚设计这一环节的阶段目标，此点甚为重要。

再有，“说”的过程中，还注意到“学法”的指导，把对学情的估计说出来，说了学生学习中可能碰到的困难和教师的应对策略。

另外，这个说课的作业布置和板书设计都较为合理，因为都体现了教学目标。

值得一提的是，这个说课稿假设了自己有第二课时的安排，但却对第二课时的教学设计“虚晃一枪”，因为在短短的 10 分钟到 15 分钟的时间内，想要说出两个课时的教学安排，甚为困难。就一些内涵比较丰富的文本，如此安排甚是机智。(如果要求连个课时都得说，那另当别论)当然，也可以将第一课时“虚晃一枪”，而详细说出第二课时的教学设计。另外，如果文本内涵不甚丰富，或者说备课时看不出文本的其他方面，那还是做一课时安排较为保险。

本部分介绍的“演绎法”只是一个大致框架。不同的学段、不同的教学内容，都应有不同的具体呈现，都应体现具体的教学目标和教学设计的过程，并且针对自己的教学理念和教学风格，有所侧重。当然，在说到“教学过程”时也可作一些理性的分析。——此乃“微观”上的演绎推理。

二、模拟授课

在教师招聘或教学评估过程中，为了更多地了解被考察人处理教材的能力和具体授课时的语气语调，需要通过被考察人的授课情况以了解其对理论知识、教材的掌握程度，了解其对学生情况的灵活把握程度；但是，由于直接面对学生的正式授课受到时间、对象的限制，有时难以具体操作。于是，模拟授课(亦称“微型授课”)就应运而生。

模拟授课是指授课人面对有关领导、专家或其他行内人士，在规定的时间内，对假设的学生进行的模拟授课活动。从一定意义上来说，这是一种授课者的“自说自话”，是一种“模拟”。

(一)模拟授课与正式授课的异同

模拟授课与正式授课有以下几处相同点：两者事先都必须精心备课写好教案；两者都要站在讲台上进行，面对着台下的“听众”，与之作眼神交流；两者都必须兼顾到“教”与“学”双方；两者都要按“授课”的进程逐步板书，并在“授课”结束前使自己的板书成为“凝固的一刹那”；当然，两者也都要按教学目标布置作业。

然而，模拟授课与正式授课之间也存在着明显的区别，主要表现在以下几个方面：

首先，所用时间不同。按通常规定，前者一般花时 10～15 分钟，后者一般花时 40 分钟。

其次，具体对象不同。正式授课时教师依据自己所编制的教案，逐步实现教学目标、完成教学任务；针对的是实实在在的教学对象——学生，有具体的双边活动。模拟授课则不同，授课教师面对特殊听众(领导、专家和其他行内人员)自编、自导、自演，而真正意义上的教学对象——学生只存在于设想之中。至于"双边活动"则有两重含义：其一为模拟授课者与听"课"者之间的双向交流，其二为想象中的师生互动。

最后，评价标准不同。正式授课注重学生的活动，主要解决"教师怎样教，学生怎样学"的问题，尤其注重课堂教学的效果，注重学生实际接受知识、发展能力的情况，即评价的重心是学生"所得"；而模拟授课重在评价教师灵活运用教学理论、掌握教材、设计教学方案以及展示教学基本功等的素养，当然也要顾及想象中的学生之"得"。

(二)模拟授课与说课的异同

两者都要预先写好教案，利用 10 分钟或 15 分钟，在讲台上展示教案，完成任务，都要同步板书并布置作业。两者的评价标准都是对理论、教材和学情的认识程度，都是对学生所得与否的认同。至于"双边活动"，也有两重含义：其一为说课人(模拟授课者)与具体听者之间的双向交流，其二为想象中的师生互动。

但是，模拟授课不等同于说课。

就设计内容而言，说课除了展示自己的教案(说出教学设想)以外，还必须说理论、说教材、说学情。模拟授课只要展示自己的教案即可；但是，并不是说模拟授课不必顾及理论、教材和学情，而是要将这些渗透在自己的"授课"过程中，使之"隐性化"，即间接展示自己对理论、教材和学情的把握。有人认为，相对于说课而言，模拟授课更为务实，对授课者融会贯通的要求更高。此言颇为中肯。

就学生对象而言，说课需直接说出学情，如说"拟针对××年级的学生"；而模拟授课却在"授课"的过程中"透露"，如故意说"你们都是某某年级的学生"等。

就师生"双边活动"的展示而言，虽然说两者的学生对象都存在于设想之中，但说课只能说"估计学生会……"而模拟授课应该将学生的活动用假设法直接"说"出来，即自问自答，如"对老师的问题，这位同学认为……很正确(或不够深入等)"。

(三)模拟授课的程序

和说课一样，模拟授课也有一个比较常见的操作程序。

第一，面向台下单刀直入。

进入教室后，首先可以有一个问候的程序，为自己得到这个机会而向在座者表示感谢，然后擦干净黑板。紧接着是第二次问候，虽然眼睛看着台下的专家、领导和行内人士，但被问候的却是假想中的学生，简单一点，一句"同学们好"也可以。——当然，这种问候是没有学生答谢的，也可以紧跟着说一声"同学们问候老师时很有感情啊"。

第二，起承转合环环紧扣。

问候以后，不一定特意说出教学目标，就可以直接开始"授课"，就像正式授课一样，准备的导入语可以一字不差地说向想象中的学生，达到引人入胜的效果。原先准备的每个教学环节(包括拓展延伸等)环环紧扣，步步推进，直至最后的能够绕梁三日的结束语都要展示出来。当然，模拟授课的每一个教学环节也都必须紧扣教学目标，并能使在座的专家、领导和行内人士明显感受到模拟授课的教学目标。如果有能力，可以搞一个小小的“生成”，即假设某一个学生作出了出乎意料的回答，故意扯出去，然后，迅速回到正题。其目的，就是使在座的专家、领导和行内人士知道你懂得教学生成。

第三，省却等候自问自答。

教学中必须有师生之间的双向活动，就模拟授课而言，应该扣除等候的时间，立即将假设的学生的回答自己说出来，就如俗语所谓的“自言自语”。这种假设的学生回答，可以从正反两个方面考虑，如“对老师的问题，这位同学认为……很正确”或“对老师的问题，这位同学认为……不够深入”等，然后，说出理由。

第四，板书作业必不可少。

模拟授课，也需要在“教学过程”中同步板书，板书当然必须紧扣课堂教学目标；在授课的过程中或结束前也必须布置紧扣教学目标的作业。

总之，模拟授课面对的是专家、领导和行内人士；但模拟授课又必须假设面对的是学生，一定意义上将那些专家、领导和行内人士视作“无物”。

上文说过，由于模拟授课面对的是专家、领导和行内人士，但却必须“装作”面对学生进行授课活动，似乎有些难度。所以，经常有被考察者因此而发愁，不知究竟该怎样操作，甚至以说课充当模拟授课。因此，我们提供以下有关《陋室铭》的模拟授课案例供参考。

(四)案例分析

《陋室铭》模拟授课稿

(听到呼唤走进教室，微笑环视四周，擦干净黑板)

同学们好。怎么？大家向老师问候好像不太热烈？重新来。同学们好。这下子热烈了。

我们已经是初二年级的同学了。有谁知道“座右铭”是什么意思？哪位同学能向大家简单介绍一下？这位同学，就你吧。

他介绍得很好，“座右铭”就是放在书案右边用以警戒的文字。老师再补充一些：“铭”最早是一种刻在器物上用来警戒自己、称述功德的文字，后来成为一种文体。这种文体文辞简练、讲究押韵，与格言相似，形式活泼且易诵易记。

请同学们把书翻到N页，自由朗读，注意小黑板上的难写的字。我们规定一下时间，5分钟应该够了吧。

(挂出小黑板：陋；馨、牍；同时板书：刘禹锡、陋室铭)

同学们一起读黑板上的生词。嗯，读得很好。请这位同学再读一遍。同学们努力记住这几个字的写法。现在老师把这几个字擦掉，请这两位同学上黑板书写，其他同学合上书本，在座位上听写。

请同学们再度自由地朗读三遍课文，然后回答老师问题：这篇课文是否具备“文辞简练”、“讲究押韵”的特征？

（板书：文辞简练　讲究押韵）

这位同学举手了，他说得好，总共81个字，确实很简练。

有一位同学举手了，确实押韵。押韵的字是名、灵、馨、青、丁、经、形、亭，最后字的韵母相同或者相近，这就是——押韵。

我们又要读了。大家试试，能不能把它背出来。我给大家五分钟的时间。

一个，两个，三个……有五个同学举手了。那么，老师请第一个举手的同学试着背一背。

背得还不太熟，不要紧，回家再加工一下。老师追问你一个问题，你能不能说说为什么你这么快就能背出来。

他说的是因为押韵，朗朗上口。还有其他原因吗？那位穿黄衣服的女孩说。

她说因为文中有很多对偶句，所以易于背诵。说得很好。

（板书：多用对偶）

请同学们说说文中有哪些对偶句。

大家回答得很好："山不在高，有仙则名"与"水不在深，有龙则灵"形成对偶，"苔痕上阶绿"与"草色入帘青"形成对偶，"谈笑有鸿儒"与"往来无白丁"形成对偶，"调素琴"与"阅金经"形成对偶；"无丝竹之乱耳"与"无案牍之劳形"形成对偶，"南阳诸葛庐"与"西蜀子云亭"形成对偶。

我们总结一下我们这篇铭文的三大特点。

（板书：特点）

邻座的两个同学面对面读，左边的同学读上句，右边的同学不看课文对下句。然后，两个同学交换一下。

都背出来了吗？同学们都在点头。那就一起背。有个条件，本次背诵允许"作弊"，背不出可以"偷看"课文。

大家背得很熟。老师接着问大家，作者刘禹锡对自己的陋室抱着怎样的感情呢？回答得很好——喜爱之情。

那么，刘禹锡为什么要写这篇《陋室铭》呢？怎么？没人举手了？

我问同学们一个问题：刘禹锡认为自己的陋室究竟"陋"还是"不陋"。这位同学认为很"陋"，他说出了原因：题目上有"陋"。又一位同学举手了。

这位同学说"不陋"，并说根据是最后句"何陋之有"。那请你继续说说，"何陋之有"的意思。他说就是"不陋"，意思对了，但不完整。这是一个文言文特有的倒装句，应该理解为"有何陋"？

请大家再仔细阅读文本，看看哪些地方表明陋室不陋。给大家10分钟，可以讨论，然后推代表发言。

大家说得很好，老师总结一下：

"苔痕上阶绿，草色入帘青"写的是室中自然环境幽雅。（板书：环境幽雅）

"谈笑有鸿儒，往来无白丁"写的是主人交往不俗。（板书：交往不俗）

"可以调素琴、阅金经"写的是生活情趣高雅。（板书：情趣高雅）

"无丝竹之乱耳，无案牍之劳形"写的是作者对世俗生活的厌弃。（板书：厌弃

世俗）

总之，室之中景美、人雅，生活情趣高雅。所以作者说“何陋之有”！陋室不陋呀！

下面，老师请全班朗读最好的一个同学朗读全文，大家推举呀。

这位同学读的确实很好，读出了铿锵的音韵，明快的节奏。下面大家自由讨论，作者在文中为什么提到南阳诸葛庐和西蜀子云亭？

对了，这是类比，你能说诸葛亮的草庐、扬雄的子云亭“陋”吗？

确实“不陋”，这是为什么呢？

这位同学说因为室主人品德高尚。

刘禹锡认为他的屋子也不陋，那是为什么？你能用文中的一句话来概括吗？

这位同学说是“斯是陋室，惟吾德馨”，完全正确。这句话点明了全文的主旨。（板书：斯是陋室，惟吾德馨）

作者想借陋室表达他的什么愿望呢？老师来告诉同学们刘禹锡的一些情况吧。

刘禹锡因参加当时政治革新运动而得罪了当朝权贵，被贬至安徽和州县当一名小小的通判。按规定，通判应在县衙里住三间三厢的房子。可和州县官是势利眼，屡次缩小刘禹锡的住房，最后仅剩斗室。刘禹锡看到这位狗官实在欺人太甚，遂愤然提笔写了这篇超凡脱俗情趣高雅的《陋室铭》，并请人刻上石碑，立在门前。

到此，同学们应该明白刘禹锡写作《陋室铭》的原因了吧。哪位同学说说看。

是的，这位同学说得很好，表明自己身居陋室，却安贫乐道，不以为陋，因为自己有着高尚的品德。

（板书：高尚节操　安贫乐道）

请同学们说说看，通过一个具体的事物来表现另一种事物，言在此而意在彼，这样的手法就是？

托物言志，很对。我们学过的《马说》用的就是托物言志的手法。（板书：托物言志）

这堂课马上要结束了，下面布置作业：找找看，我们学过的课文中还有没有和这篇文章的表现手法相似的。

下课，同学们再见！

（擦干净黑板，向评委颔首，走出教室，轻轻掩上门。）

（附：板书设计）

陋　馨　陟

陋　室　铭

刘禹锡

斯是陋室（托物）　（言志）惟吾德馨

特点：文辞简练、讲究押韵、多用对偶

环境优雅、交往不俗、情趣高雅、厌弃世俗——高尚节操、安贫乐道按：这是一份安排一个课时的模拟授课稿。授课人虽然没有特意介绍语文课程标准，没有直接分析教材特点和学情；但是，在授课的过程中却时时处处兼顾语文课程标准、教材特点和学情，可谓八面玲珑、游刃有余。

一开始，授课人面向台下作假设性问候后直奔主题，在起承转合诸环节中，环环紧扣，步步推进，直至最后的作业布置。即使是旁观者，也能明显感受到授课人的教学目标，就是“通过反复朗读，较为深刻地理解托物言志的表达方式”，“通过反复朗读，较为深刻地理解作者安贫乐道的高尚情操”。

在模拟授课实施中，授课者巧妙渗透了语文课程研究意识，向以前学过的文本拓展延伸，主要体现在作业布置中。如此，即巩固了当前所学，又有效地复习了旧课，一举两得，不亦乐乎。

一般授课需要有学生活动的时间，需要有学生的回答，但模拟授课不同，因为没有真正意义上的学生，而且只有10~15分钟的时间，所以，授课人只能省却等候，自问自答。实际上，授课人将假设的学生的回答自己说出来，就如“自言自语”。授课者故意设计了一处学生的错误回答(关于陋室究竟是否陋)，显示对学情的把握。与正式授课一样，授课者在“教学过程”中同步板书，在授课的过程中与结束前也布置了紧扣教学目标的作业。

当然，提供的案例仅仅是“案例”，并不是“模板”，具体操作时更应该发挥自己的聪明才智，在大致符合要求的前提下有所突破。在这个案例的授课过程中，授课教师用了一些有关的教具，但在应聘时的模拟授课中，根本来不及准备这些教具；所以，模拟授课必须因地制宜。

有时候，对一些内涵较为深刻的教学内容需要作两课时设计。设计成两个课时，既可以合成一次作模拟授课，也可以分为两次作模拟授课。当然，合成一次时，两个课时之间要有上下课的过渡，都应以师生相互问候开始。两个课时的教学环节都不可少，但每个环节的内容必须压缩，也可以一详一略。

模拟授课是假设在有学生的情况下进行的。一般认为模拟授课水平与正式授课水平密切相关，但也有例外，某些教师模拟授课表现极佳，但实际课堂教学却不甚理想。其主要原因是正式授课比模拟授课多了真正意义上的教学对象——学生。学生不是被动接受的听众，而是随时参与并作用于教学活动全过程的主体，在具体的课堂生成面前，预设有时候是苍白的。所以，不能以模拟授课的练习代替正式授课的练习。

三、片段授课

“片段(片断)”就是局部，与其相对应的当然是“完整”。所以说，相对于完整的课堂教学而言，片段授课就是截取某节课的局部的教学内容而进行的教学活动。虽然说片段授课只是教学实施过程中的一个断面，但执教者也能通过完成指定的教学任务，来表现自己的教学观念、教学能力和教学基本功；所以，片段授课也作为考核的手段，用在教师资格考核、各类评比或招聘活动中。一般情况下，片段授课的时间限定在10分钟以内。从下面片段授课的两种类型和两种呈现形式就能知道片段授课与正式授课、说课和模拟授课的异同。

(一)片段授课的两种类型

从教学场景看，片段授课可分为实对学生型与虚对学生型两种。

其一，实对学生型片段授课。所谓的实对学生型片段授课，就是为教者提供真正的课堂，教者面对学生进行教学的活动。可以这么认为，这种授课形式就是从正式课堂授课中截取一个片段的活动形式。当然，这个片段有相对的独立性，也就是我们所说的为了一个阶段目标而进行的教学活动，即某一个教学环节。

下文以上节第一部分所设计的完整教案的第一课时第三环节的授课活动为例，作进一步说明。该环节为"研读鲁迅'弃医从文'的内容，分析其原因。(阶段目标：'深入'典型事例，突出鲁迅先生的爱国精神)"

《藤野先生》实对学生型片段授课(第一课时第三环节)

师：同学们，上面我们分析了鲁迅先生从东京到仙台的原因是看不惯"清国留学生"的丑态；(板书：从东京到仙台　看不惯)

师：然而，鲁迅先生到仙台遇到了两件怎样的事情，致使他的学医思想发生了变化？请大家散读24~32这9个自然段，概括出这9个自然段写的两个有关事项。

(学生自由朗读。)

生1：一是漏题事件，二是电影事件。(板书：漏题　电影)

师：学生会干事为什么要翻检鲁迅的笔记？

生2：他怀疑藤野先生将试题泄露给鲁迅。

师：为什么？

生2：干事认为，作为中国人的鲁迅，如果得不到泄露的题目，不可能及格。

师：很对。大家说，当时鲁迅气愤吗？

生齐：非常气愤。

师：我们再来看电影事件。这个事件的核心是什么？

生3：麻木的中国人看日本人枪毙中国人。

师：当时鲁迅怎么想？

(学生沉默。)

师：请大家看下面的注释。

(学生纷纷颔首。)

师：就是在这种情况下，鲁迅先生的思想发生了变化，他决定弃医从文。(板书：弃医从文)

师：上面两个典型事例，表现了鲁迅现先生怎样的思想？

生4：忧国忧民，爱憎分明。(板书：忧国忧民，爱憎分明)

师：但是，在仙台，鲁迅先生遇到的难道就只是那些"爱国青年"吗？

……

板书设计

藤野先生(一)　　　　鲁　迅

　　　　　　　　┌从东京到仙台┐
　　　　　　　　│(看不惯)　　│
典型事例→　　　│弃医从文　　│
　　　　　　　　└(漏题、电影)┘

忧国忧民，爱憎分明

按：虽然说教师进行片段授课的目的是让有关人士评价自己的教学水平，虽然说授课的时间只有十来分钟；但教学场景是实实在在的，因为有学生，有实实在在的学生活动，“麻雀虽小五脏俱全”。虽然只是截取了整个教学过程的一个环节，但具体实施时还得考虑到它的前因后果，这就是在前后设置的过渡性语言；而主体部分，也分为五步骤，也有五个小小的阶段目标，也有板书设计，也有教师与学生之间的双边活动。唯缺作业布置。实际上，这种实对学生的型片段授课就是正式授课的一部分。

其二，虚对学生型片段授课。虚对学生型片段授课就是面对评委进行的模拟教学活动，实际上，就是本节第二部分所介绍的模拟授课某一环节的放大，所以说，虚对学生型片段授课的要求与模拟授课一样。由于虚对学生型片段授课不受时空限制，操作方便，所以在实际中常被频繁使用。

下文仍以上节第一部分所设计的完整教案的第一课时第三环节的授课活动为例作进一步说明。该环节为“研读鲁迅‘弃医从文’的内容，分析其原因。(阶段目标：‘深入’典型事例，突出鲁迅先生的爱国精神)”

《藤野先生》虚对学生型片段授课

同学们，上面我们分析了鲁迅先生从东京到仙台的原因是看不惯“清国留学生”的丑态；然而，鲁迅先生到仙台遇到了两件怎样的事情，致使他的学医思想发生了变化？且让我们一起来学习课文的24~32自然段。

谁能概括一下这9个自然段写了哪两件事？有好多同学举手了。好，就请穿红衣服的女同学回答吧。

她概括得很好，一是漏题事件，二是电影事件。(板书：漏题　电影)

我们先来看漏题事件。学生会干事为什么要翻检鲁迅的笔记？请最后一排的那位高个的男同学回答。

他说那个干事怀疑藤野先生将试题泄露给鲁迅。说得对吗？为什么？请你回答。

这位同学说，干事认为作为中国人的鲁迅，如果得不到题目泄露，不可能及格。

很对，大家说，当时鲁迅气愤吗？同学们回答得很响亮。

我们再来看电影事件。这个事件的核心是什么？

这位同学的回答很好，麻木的中国人看日本人枪毙中国人。

当时鲁迅怎么想？怎么没人举手？请大家看下面的注释。现在好多同学举手了。

就是在这种情况下，鲁迅先生的思想发生了变化，他决定弃医从文。(板书：弃医从文)

上面两个典型事例，表现了鲁迅先生怎样的思想？同学们各抒己见，老师总结一下：忧国忧民，爱憎分明。(板书：忧国忧民，爱憎分明)

但是，在仙台，鲁迅先生遇到的难道就只是那些“爱国青年”吗？后面我们将学习有关鲁迅和藤野先生交往的部分。同学们，注意力可要集中啊。

……

板书设计(见上文)

按：很明显，教学场景是虚设的，因为没有正式的学生，一切学生活动都是教师虚拟的。不难看出，这个虚对学生型的片段授课实际上就是截取模拟授课的一部分，所以它的表现形式与模拟授课一样。唯一不同的就是将模拟授课的一个环节放大了，并且必须兼顾这个环节的“上面”与“下面”。另外，虚对学生型的片段授课也可设计成说课的形式。但不管怎样，都得听从届时的具体要求。

(二)片段授课的两种呈现形式

从教学内容看，片段授课可分为节选型与专题型两种类型。

其一，节选型片段授课。节选类片段授课就是从一堂课的教学过程中截取某个片段进行的教学活动。教者根据节选的内容确定教学目标，设计教学方案，然后实施课堂教学。这个教学活动，既可以是正式授课，也可以是说课，还可以是模拟授课，就如上文分析的两个案例。

其二，专题型片段授课。专题型片段授课就是提出某一个专题(知识点、能力点)让教师施教，教者以此为目标进行教学。如就“互文”、“通感”等修辞手法进行教学活动，或者就“侧面描写”、“肖像描写”、“插叙”等写作方法进行教学活动。

下文，将以本讲第二节所设计的单课时教案的第一环节作为“专题”，来作进一步说明。这个专题为“学习通过别人介绍侧面表现人物特征的手法”，考虑到具体的需要，我们作虚对学生型设计。

通过别人介绍侧面表现人物(专题型片段授课)

同学们，洪老师有没有向你们介绍过我？大家摇头，看来是没有，真太没面子了。

那我只能自己介绍自己了。在下姓×，名叫××，我13年前就已经从中学讲台上“金盆洗手”了，现在是教别人怎样教语文；今天重出江湖，再操旧业。

我发现大家听得很认真。请记住“我13年前就已经从中学讲台上‘金盆洗手’，现在是教别人怎样教语文；今天重出江湖，再操旧业”，这些话刚才是谁说的？同学们回答得很正确，是我自己说的；但是，你们写的时候能不能把这些话变成是你们从洪老师那儿听来的呢？大家点头了。好，我们找一个同学来试一试，这位红衣服的同学，你来吧。

这位同学说：“听洪老师说，×老师其实在13年前就已经“金盆洗手”不教中学了，现在是大学教师。今天给我们上课，是为了科研。说得很好。”刚才她明明是自己直接知道我的情况的，但却可以“变”成是听别人说的。那能不能把这些话“变”成是听爸爸说的？

这位同学回答得也很好：昨晚，我和爸爸说起明天我们班要请××大学的×老师来上一堂作文公开课。爸爸面露惊讶之色：“哦，是他啊，当年我就是他的学生，他可是大名鼎鼎的啊，所以我的作文才能写这么好！”大家笑了，我从掌声听出了大家的赞许。大家明白了吧，要让笔下的人物活起来，第一个办法可以借用旁人的介绍，这个人可以是你的老师、同学，甚至可以是你坐公交车时偶然遇到的。（板书：借用旁人的介绍　老师　同学　其他人）

下面我们看课文《孔乙己》的第⑤自然段，作者写孔乙己使用了什么方法呢？大家都看出来了，借用旁人的介绍。

那么，同学们想一想，作者写孔乙己的时候是不是真有一个旁人在边上介绍呢？对，没有，是作者故意借用旁人介绍的方法来介绍孔乙己。所以当你想写一个人物的时候，也可以故意地借用旁人的介绍来写。这是老师教你们的第一种“独门暗器”，要记住啊！（板书：故意借用）

……

板书设计

通过旁人介绍表现人物—{老　师 / 同　学 / 其他人}—故意借用

按：这就是“专题型”片段授课。实际上就是“命题作文”，因为这个题目是考核人给的。我们可以看出，授课人为了让学生真正意义上有所得，在这个小小的片段中，也设计了几个小小的环节，以逐步把学生引向“胜地”。或许有这种情况，“游戏规则”规定被考核人自选“专题”，那就千万不要客气，找自己最有把握的。——这就如体操比赛中的“自选动作”了。上面这个“片段”实际上就是模拟授课，当然，也可以设计成正式授课或说课的样式，一切要看届时的具体要求。

本讲中，我们重点介绍了语文教师必须具备的专业知识和语文教学能力。由于语文学科的特殊性，“课标”并没有列出专门的知识体系和能力系统，所以，应该将本讲中所提及的语文专业知识视作举例，举出了一些最重要的例子；绝不能认为只要掌握了这些知识就万无一失。另外，从语文教学展示而言，随着时代的发展，各级各类的考核活动中，各种各样的展示活动在不断地涌现，所以要想当一位优秀的语文教师，立于不败之地，就得不断学习，不断充实自己。

第十一讲　历史基础知识与教学能力

第一节　历史学科知识

一、中国史

(一) 中国古代史

1. 先秦时期

(1) 史前文明

中国的史前文明，大致可划分为以下四个时期：猿人时期、早期智人时期、晚期智人及新石器时代。

我国最早的猿人是“巫山猿人”，距今约204—206万年，发现于四川巫山县龙骨坡。其他重要的猿人还有：发现于云南元谋县的“元谋猿人”，发现于陕西蓝田县的“蓝田猿人”，发现于北京周口店的“北京猿人”等。

大约距今25万年至4万年，活跃于我国境内的是早期智人。早期智人生活在旧石器时代中期，我国比较重要的早期智人有大荔人、许家窑人和丁村人等。距今4万年左右，早期智人进化为晚期智人。晚期智人生活在旧石器时代晚期。晚期智人的代表是山顶洞人，距今约2.7万年左右，其遗址位于北京周口店龙骨山的山顶。

新石器时代开始于1万年前左右，一直延续至距今4000年左右结束。陶器制作、农业出现、氏族制度的形成等，都是该时期的主要标志。我国已发现的新石器时代遗址有7000余处。具有代表性的新石器文化有仰韶文化、红山文化、大汶口文化、河姆渡文化等。

(2) 夏商周三代

经历了漫长的史前时期，在距今4000年左右，我国进入文明时代。我国文明时代的发展，奠基于夏、商、周三代。

夏朝的开创者是大禹。王朝共历四五百年的历史，从公元前21世纪至前16世纪。作为我国历史上第一个王朝，夏朝的许多制度、礼仪和文化都对后世有深远的影响，例如夏历，因适合农业生产的安排而沿用至今。

继夏而起的商朝是由子姓的商族所建立的。商族领袖成汤讨伐夏桀后，建立起商王朝。从成汤起，商王朝共传17世，31王。在商朝的政治、社会生活中，神意的色彩很浓重，这突出表现在“殷墟”出土的大量甲骨卜辞中。

代商而起的姬姓周族，也是一个古老的部落。至周文王、周武王时期，日益强大的周部落与商部落的矛盾日益尖锐，最终周武王打败商纣王，建立起周王朝，史称西周。西周王朝最具特色的政治制度是宗法制和分封制，两者紧密结合。从周武王建国，至末王周幽王被杀，共历时两百余年。

(3)春秋战国时期

从西周王朝灭亡，至秦统一中国，在我国历史上被称为春秋战国时期。春秋时期，国家由统一走向分裂，即周王室的权力不断式微，各诸侯国先后崛起，出现所谓的“春秋五霸”。战国时期，各国间的兼并战争走向白热化，同时统一的趋势也开始酝酿，并最终由秦完成。春秋战国时期是一个社会变革异常激烈的时期。经济上，土地私有制得到迅速发展。政治上，周王朝的宗法制、分封制纷纷受到冲击，新的郡县制和官僚制度被确立。思想文化上，出现了著名的“百家争鸣”。

2. 秦汉时期

(1)秦朝时期

公元前221年，秦统一六国，建立起中国历史上第一个统一的多民族的专制主义中央集权国家。秦朝共传2世，历国15年。

秦朝虽然国祚短促，但由其所开创的一整套专制主义中央集权的政治制度对中国历史有着深刻的影响，其主要内容有：皇帝是整个政治制度的核心；中央以三公九卿制为核心的官僚体系；以郡县制为主导的地方管理制度等。

公元前210年，秦始皇逝世后，其子秦二世胡亥进一步加重对人民的剥削和压迫，终于导致了农民起义的大爆发，最终刘邦等人推翻了秦王朝的统治，是年为公元前206年。

(2)西汉王朝

西汉(前206—8年)，是继秦而起的一个强大的封建王朝。秦末起义在推翻秦王朝之后，便进入刘邦、项羽两大集团对决的“楚汉战争”阶段，最终刘邦打败项羽，建立起西汉王朝。

西汉王朝前期，推行黄老无为之术，轻徭薄赋，与民休息，出现所谓的“文景之治”。至汉武帝时，西汉王朝的国力达到鼎盛。西汉的统治是在借鉴秦政的基础上建立起来的，史称“汉承秦制”。至西汉后期，土地问题、阶级矛盾开始尖锐。公元8年，外戚王莽代汉称帝，国号新，结束了西汉王朝的统治。

(3)东汉王朝

东汉王朝(25—220年)，是西汉皇族刘秀建立起来的政权，定都洛阳，史称东汉或后汉。

光武帝刘秀在位期间，推行了一系列改革。例如，颁布释放奴婢的诏令，削弱三公的权力，加强尚书台的权力等。东汉时期，豪族地主的势力膨胀，在国家政治、经济领域都占据大量的资源，王朝末年的外戚和宦官轮流专政及“党锢”之祸，都与此有关。

184年，黄巾起义爆发，沉重打击了王朝的统治，地方割据势力迅速膨胀，国家走向瓦解。220年，曹丕代汉称帝，东汉遂亡。

3. 魏晋南北朝时期

(1)三国两晋

东汉末年，各路诸侯相继崛起，互相征伐吞并，逐渐形成曹操、刘备、孙权三足鼎立的局面，三人分别建立魏、蜀、吴三国。263年，魏灭蜀。两年后，魏国大臣司马炎代魏，建立西晋。280年，西晋灭吴，中国复归统一。

晋武帝司马炎死后，西晋统治阶级上层爆发内乱，史称“八王之乱”，同时不断内迁的少数民族因遭受上层压迫也不断起兵反抗。在连绵的阶级斗争与民族斗争中，西晋王朝在317年覆亡。

西晋覆亡后，中国北方地区进入十六国时期。南方则由司马睿建立起东晋。在东晋的政治生活中，门阀氏族的地位尤为显要。

(2)南北朝时期

420年，原东晋将领刘裕自立为帝，建国号为宋。宋以后，南方陆续有齐、梁、陈三朝，历史上统称上述四个王朝为南朝。

北方在十六国之后，先后存在北魏、东魏、西魏、北齐、北周几个王朝，总称为北朝。439年，北魏统一北方，北魏孝文帝曾大力推行封建化改革，有利于民族的融合。

576年，北周灭北齐，再次统一北方。北周武帝死后，外戚杨坚执政。581年，杨坚代周称帝，建立隋朝。589年，隋朝灭南方陈朝，中国复归统一。

4. 隋唐时期

(1)隋朝

589年，隋朝统一中国后，采取了一系列加强中央集权和促进经济发展的措施。在加强中央集权方面，重要的有在中央实行三省六部制、军事上采用府兵制、人才选拔上开创科举制等。在整顿经济方面，最重要的是颁布均田令，改革赋役制度，此外还有开通大运河等，这些都促进了隋朝经济的繁荣。

至隋炀帝杨广，社会矛盾逐渐尖锐，农民起义此起彼伏。618年，隋炀帝在兵变中被杀，隋朝覆亡。

(2)唐朝

唐朝建立者李渊原是隋朝将领，在隋末动乱中起兵。隋炀帝被杀后。李渊称帝建国，定国号为唐，定都长安。

唐朝前期，政治清明、国力强盛，唐太宗“贞观之治”、唐玄宗“开元之治”，历来为史家所推重。唐朝的制度基本是在继承隋朝的基础上进一步加以完善而形成的，如三省六部制、均田制、科举制等。

至唐朝中后期，社会面临许多矛盾。“安史之乱”后，地方节度使的权力不断膨胀，更是威胁着政局的稳定。唐末黄巢等领导的农民起义沉重打击了王朝的统治。907年，藩镇将领朱全忠废唐帝自立，国号梁，唐朝统治正式结束。

5. 五代十国与宋元时期

(1)五代十国时期

唐朝覆亡后，在中原地区陆续出现五个朝代，后梁、后唐、后晋、后汉、后周。与此同时，在南方及北方的山西地区，则出现了十个割据政权。故从唐朝覆亡，至北宋建立这段历史时期被称为五代十国。

此时期的整体特点是政局动荡、政治黑暗、经济凋敝。相较而言，南方所受战乱的破坏要比北方轻，经济的发展情况也较北方为优。

(2) 两宋时期

960年，后周将领赵匡胤发动“陈桥驿兵变”，夺取后周政权，定国号为“宋”，史称“北宋”。

979年，北宋灭北汉，统一全国。鉴于唐末藩镇问题，北宋采取了一系列加强中央集权的措施。至北宋中期，“三冗”问题愈发严重。故范仲淹、王安石等人纷纷推行改革，但均未能彻底解决国家面临的问题。而在与周边少数民族政权的纷争中，北宋也处于劣势。

1127年，金军攻陷北宋首都汴京，俘虏宋徽宗、宋钦宗，史称“靖康之难”，北宋灭亡。同年，宗室赵构在南京应天府称帝，建立南宋。南宋与金朝划江而治，偏安一隅。后蒙古人陆续灭亡了金朝和南宋，统一了全国。

(3) 元朝时期

元朝统一全国后，在中央和地方行政结构方面基本仿照汉制，但也有创新之处，例如行省制度。元朝在民族政策上推行不平等的四等人制，不利于民族间的团结。由于民族歧视和民族压迫政策，元朝从建国之初，就不断有起义，至元末，起义更是愈演愈烈，最终在1368年被起义推翻。

6. 明清时期

(1) 明朝时期

明朝共传16帝，历时277年。明太祖及明成祖统治期间，是明朝的建立和巩固阶段，一系列的制度与法令均创设于此时期。例如，内阁制度、五军都督府、卫所制度、《大明律》等。至明仁宗、明宣宗时期，便出现了所谓的“仁宣之治”。“仁宣之治”后，明朝便进入其中后期，该时期的主要历史事件有：内阁与宦官的关系、党争、皇位继承问题等。至明末，一方面农民起义风起云涌。另一方面，兴起于东北地区的满族也日益强大。1644年，明朝在农民起义和满族入侵的双重打击下覆亡。

(2) 清朝时期

从努尔哈赤建立政权，至1911年溥仪退位，清朝共计12位皇帝，历时268年。努尔哈赤、皇太极时期，清朝仍是地方政权。至顺治时期，清朝定鼎中原。康熙、雍正、乾隆在位的一百多年，史称“康乾盛世”。“康乾盛世”也是君权专制达到顶峰的时期，诸如南书房、军机处的设立，奏折制度、秘密立储等都是君主专制强化的具体体现。“康乾盛世”后，清朝的各类社会问题开始逐渐显现，并在鸦片战争之后愈益严重，最终导致了中国最后一个封建王朝的灭亡。

(二) 中国近代史

1. 鸦片战争与中国近代史的开端

(1) 第一次鸦片战争

鸦片战争，是中国近代史的开端。1840年，英国以中国的禁烟为借口向清政府开战，鸦片战争爆发。清政府战败，被迫求和，双方于1842年签订中英《南京条约》。《南京条约》是近代中国历史上第一个不平等条约，中国从此开始沦为半殖民地半封建社会。

(2) 太平天国起义和第二次鸦片战争

鸦片战争后，清政府加重对人民的盘剥，再加上自然灾害等原因，导致了农民起义的爆发，其中规模最大的是爆发于1850年的太平天国起义。1864年，起义被清政府镇压，历时14年，沉重打击了清王朝的统治。

与此同时，英、法等国对中国发动了第二次鸦片战争。清政府再次战败，与英、法等国签订了《天津条约》、《北京条约》等不平等条约，加深了中国半殖民地半封建社会的程度。

2. 洋务运动和中国民族资本主义的产生

(1)洋务运动

两次鸦片战争的失败，使一批开明之士认识到中国在武器装备等器械方面远落后于西方。从19世纪70年代起，他们以"中学为体，西学为用"为指导思想，开展了一场学习西方先进的科学技术，以达到"师夷长技以制夷"目的的运动，史称洋务运动，其主要内容有组建新式海陆军、兴办近代军工企业、设立新式学堂等。作为一场封建统治阶级的自救运动，洋务运动有其积极作用，但因其具有天生的局限性，最终未能获得成功，1894年甲午战争中国的战败，标志着洋务运动的失败。

(2)中国民族资本主义的产生

在洋务派开办官督商办企业的同时，中国社会还出现了一批近代的民办企业，它们是中国民族资本主义发展的开端。比较著名的有上海的发昌机器厂、广东的继昌隆机器丝厂等。从19世纪60年代末至90年代初，是中国民族资本主义发展的第一个时期。在其产生之初，便在外国帝国主义和本国封建主义的双重压迫下求生存，可谓举步维艰。这种情况决定了中国民族资产阶级既具有进步性又具有先天的软弱性。

3. 中法战争和中日甲午战争

(1)中法战争

19世纪六七十年代，资本主义列强加紧侵略中国，中国边疆危机四伏。法国在将越南变为其殖民地后，便不断向中国西南边境渗透，中法战争由此爆发。中法战争持续两年，主战场从越南北部，扩大到中国东南沿海地区。最终的结果是中国"不败而败"，签署了《中法新约》，承认法国对越南的吞并，中国的西南门户由此被打开。

(2)中日甲午战争

1894年，日本对中国发动侵略战争，史称中日甲午战争。最终中国战败，北洋水师全军覆没。1895年4月，中日签署《马关条约》，日本获得中国台湾、大量赔款及其他特权，中国半殖民地半封建社会的程度大大加深了。

4. 戊戌变法和义和团运动

(1)戊戌变法

进入19世纪末，中国的民族危机日益加深。面对空前的民族危机，资产阶级维新派主张通过"变法"来挽救民族危机，其代表人物有康有为、梁启超等人。

《马关条约》签订后，康有为组织在京赴考的举子联名上书，提出"拒和、迁都、变法"等主张，史称"公车上书"，掀开了戊戌变法的序幕。维新派的"变法"主张，渐得光绪皇帝的支持。光绪皇帝在1898年6月11日颁布"明定国是"诏书，宣布"变法"。"变法"仅推行103天便因慈禧太后的反对而终止，故又称"百日维新"。戊戌变法是中国近代史上一次重要的政治改革，也是一次思想启蒙运动，虽然它最终失败了，但是它推动了近代中国的思想解放。

(2) 义和团运动与八国联军侵华

义和团是以民间的义和拳为基础，在群众性的反教会斗争中逐渐发展起来的反帝组织。义和团最初的发源地在山东，后逐渐发展到京津地区。义和团以“扶清灭洋”为旗帜，故清政府试图通过义和团来对抗列强。英、美等国组织联军侵华以镇压义和团，联军占领北京后，清政府再次求降，与英、美等 11 个国家签订《辛丑条约》，该条约的签订，标志着中国半殖民地半封建社会彻底形成了。

5. 辛亥革命

(1) 资产阶级民主革命的兴起

中国资产阶级民主革命运动是从孙中山开始的。早在 1895 年，孙中山在香港创办兴中会，以“驱逐鞑虏，恢复中华，创立合众政府”为纲领。1905 年，孙中山、黄兴等人决定建立一个统一的革命组织，以领导全国的革命，同盟会应运而生。同盟会以“驱逐鞑虏，恢复中华，创立民国，平均地权”为纲，积极开展各类革命活动，标志着资产阶级民主革命进入新的阶段。

(2) 辛亥革命

1911 年 10 月 10 日，武昌起义爆发，标志着辛亥革命的开始。武昌起义后，各地纷纷响应，湖北、湖南等 13 个省宣布起义，清政府的统治已土崩瓦解。同年 12 月，孙中山回国，被推举为临时大总统。次年 1 月 1 日，孙中山在南京宣布就职，宣告中华民国临时政府成立。1912 年 2 月，袁世凯逼迫清帝退位，清王朝的统治正式结束。

辛亥革命是中国历史上一次伟大的资产阶级民主革命，推翻了清政府及统治中国两千余年的封建皇权制度。尽管革命的成果最终被袁世凯窃取，但通过这次革命的洗礼，共和民主的观念已经渐渐深入人心。

6. 北洋军阀统治时期

(1) 袁世凯的专制与反袁斗争

1913 年的“二次革命”失败后，袁世凯巩固了自己的专制统治。1915 年，袁世凯与日本签订“二十一条”以争取日本支持自己称帝。同年 12 月 12 日，袁世凯宣布接受帝位，推翻共和，复辟帝制，改中华民国为“中华帝国”。袁世凯的倒行逆施，激起全国人民激烈反抗。袁世凯迫于形势，宣布取消帝制，并于数月后病逝。

(2) 府院之争与护法运动

袁世凯死后，黎元洪任总统，段祺瑞出任总理，恢复临时约法和国会。后黎元洪与段祺瑞因中国是否向德国宣战，发生府院之争。黎元洪免去段祺瑞总理之职，并引张勋入京，酿成“张勋复辟”。复辟后被段祺瑞镇压，黎元洪引咎辞职，总统之职由冯国璋取代。段祺瑞重新控制北京政府后，拒绝恢复中华民国国会和临时约法，孙中山遂于 1917 年在广州发动护法运动，但未获得成功。

(三) 中国现当代史

1. 五四运动和中国共产党的创立

(1) 五四运动

从 1840 年起至 1919 年的七十多年，中国人民不断进行反帝反封建的斗争，但最终都以失败而告终，标志着旧民主主义革命的失败，说明中国的资产阶级无力领导中国人民取得革命的胜利。

至20世纪初，中国的国内外情况出现了许多新的变化。新文化运动宣传了民主与科学的思想，第一次世界大战为民族资本主义的发展迎来了契机，俄国十月革命使国人开始了解和接受马克思主义。正是在这些新的背景下，1919年5月4日爆发了五四运动。在五四运动中，无产阶级开始登上历史舞台，标志着中国新民主主义革命的开始。

(2)中国共产党的创立

五四运动促进了马克思主义在中国的传播，锻炼了中国的无产阶级，为中国共产党的创立，作了思想上和实践上的准备。

1920年8月，中国第一个共产党组织在上海成立，随后各地纷纷建立共产主义小组。1921年7月23日，中国共产党第一次全国代表大会在上海召开，通过了中国共产党的纲领，宣告中国共产党诞生。

2. 第一次国共合作与国民革命

(1)第一次国共合作

1924年1月，中国国民党第一次全国代表大会召开，通过《中国国民党第一次全国代表大会宣言》，以《宣言》为标志，孙中山将旧三民主义发展为新三民主义，成为国共两党合作的政治基础。国民党第一次全国代表大会正式确立了联俄、联共、扶助农工的三大政策，重新解释了三民主义，改组了国民党，标志着国共合作的正式建立。

(2)国民革命

国共两党实现合作后，国民革命运动逐步兴起。为推翻军阀的统治，国共两党在1924年开始北伐。正当北伐节节获胜之时，国民党右翼分子却背叛了革命，蒋介石在上海发动四·一二反革命政变，汪精卫在武汉发动七·一五反革命政变，标志着第一次国共合作全面破裂，国民革命以失败而告终。

3. 国民党全国统治的建立与共产党的工农武装割据

(1)宁汉合流

蒋介石与汪精卫相继背叛革命后，各自分别在南京和武汉建立政府。经过双方互相的妥协与协商，武汉国民政府迁往南京，南京国民政府同武汉国民政府合并，史称“宁汉合流”。南京国民政府在形式上统一了全国。

(2)共产党工农武装割据的建立

1927年9月，毛泽东带领秋收起义后的工农革命军，向井冈山进发，并建立革命根据地。从此，中国共产党领导中国革命逐渐走上了以农民为主力，以土地革命为中心内容，以武装斗争为主要形式，建立农村根据地，以农村包围城市的正确道路。至1930年，革命根据地已分布在江西、福建、湖南、湖北、广西等许多省份。

4. 抗日战争与解放战争

(1)抗日战争

抗日战争是中国抵抗日本侵略的一场民族性的全面战争，因这场战争历时八年，故又被称为八年抗战。

1931年九一八事变后，日本侵占中国东北，并成立伪满洲国。1937年7月7日，日军在北平附近挑起卢沟桥事变，中日战争全面爆发。1941 年 12 月 7 日日本发动太平洋战争后，美国正式对日宣战，中国战场成为第二次世界大战的主战场之一。1945 年 8 月 15 日，日本宣布无条件投降，抗日战争赢得最终的胜利。抗日战争，是近代以来中国人民第一次取得完全胜利的反侵略战争和民族解放战争，极大地推进了中国革命的历史进程，为中国新民主主义革命的最后胜利奠定了坚实的基础。

(2)解放战争

解放战争又称第三次国内革命战争，是指 1945 年 8 月至 1950 年 6 月中国共产党与国民党争夺国内领导权而进行的一场内战，最终以中国共产党的胜利而告终。

抗日战争赢得胜利后，以蒋介石为首的国民党积极准备发动内战。从抗日战争胜利至 1946 年 6 月，是战争的准备阶段，重要事件有国共的重庆谈判。从 1946 年 6 月至 1950 年 6 月是战争的全面爆发阶段，中国共产党经历了由战略防御至全面反攻两个阶段，并最终赢得胜利，为新中国的建立奠定了基础。

5. 中华人民共和国的成立和国民经济的恢复

(1)中华人民共和国的成立

1949 年 9 月，中国人民政治协商会议第一届全体会议召开，会议通过《中国人民政治协商会议共同纲领》，选举中央人民政府主席和中央人民政府委员。同年 10 月 1 日，中央人民政府委员会第一次会议召开，决定中华人民共和国中央人民政府成立，并举行开国大典。中华人民共和国的成立，标志着新民主主义革命的完成和社会主义建设的开始，中国历史进入当代时期。

(2)国民经济的恢复

旧中国留下的经济是一个千疮百孔的烂摊子，1950 年召开的中国七届三中全会，提出了以恢复国民经济作为新中国成立头三年的中心任务。具体而言，主要完成了三项工作。一是土地改革，至 1953 年春，土地改革在全国范围内基本完成；二是对现有工商业作合理的调整，包括调整公私关系、劳资关系、产销关系等；三是精简经费。经过三年的努力，国民经济得以恢复和发展。

6. 社会主义建设的曲折发展

(1)社会主义制度的确立

1953 年，中国共产党提出过渡时期的总路线，即从中华人民共和国成立到社会主义改造完成是一个过渡时期。过渡时期的总路线和总任务，是要在一个相当长的时期内，逐步实现国家的社会主义工业化，并逐步实现对农业、手工业和资本主义工商业的社会主义改造。至 1956 年，三大改造基本完成，社会主义制度得以确立。

(2)建设社会主义道路的初步探索

1958 年，党的八大二次会议提出“鼓足干劲，力争上游，多快好省地建设社会主义”的总路线。以该总路线为指导，相继开展“大跃进”和人民公社化运动。至 1960 年，由于“大跃进”、人民公社化及其自然灾害等多重原因，国民经济出现严重困难。1961 年，中共八届九中全会确立了“调整、巩固、充实、提高”的方针，调整国民经济各部门之间比例的失调。至 1965 年，国民经济调整的任务基本完成。

(3)“文化大革命”

“文化大革命”，全称“无产阶级文化大革命”，是指1966年5月至1976年10月在中国由毛泽东错误发动和领导、被林彪和江青两个反革命集团利用、给新中国带来严重灾难的政治运动。“文化大革命”造成国民经济发展缓慢，人民生活水平基本上没有提高，拉大了中国与发达国家之间的差距。

7. 改革开放与中国特色社会主义建设

(1)思想上的拨乱反正

1978年召开的党的十一届三中全会，重新确立了解放思想、实事求是的思想路线，决定将党和国家的工作重心转移到经济建设上来，成为新中国历史上一次具有重大转折意义的会议。1981年党的十一届六中全会通过《关于建国以来党的若干历史问题的决议》，标志着指导思想上拨乱反正的完成。

(2)改革开放与社会主义市场经济体制的确立

在对外开放方面，十一届三中全会决定实施对外开放，至1980年，已先后设立深圳、珠海等4个经济特区。1984年，又开放14个沿海港口大中城市。1985年，长江、珠江、闽南三个三角洲被划为沿海经济开发区。至20世纪90年代，继续开放沿江及内陆城市和沿边城市。至此，我国已形成“经济特区—沿海开放城市—沿海经济开发区—沿江和内陆城市—沿边开放城市”的全方位对外开放格局。

1992年邓小平的“南方谈话”，破除了市场经济姓“资”还是姓“社”的问题。同年党的十四大，明确提出经济体制改革的目标是要建立社会主义市场经济体制。1993年党的十四届三中全会通过了《中共中央关于建立社会主义市场经济体制若干问题的决定》，规定了社会主义市场经济体制的主要内容。随着新时期社会主义市场经济体制的确立，社会主义现代化建设蓬勃开展起来。

二、世界史

(一)世界古代中世纪史

1. 两河文明

两河流域文明又称美索不达米亚文明，是指在底格里斯河和幼发拉底河之间的美索不达米亚平原发展出的文明。两河文明的发展大概经历了以下几个阶段。苏美尔文明时期、阿卡德王国时期、乌尔第三王朝时期、古巴比伦王国时期、亚述帝国时期、新巴比伦王国时期、波斯帝国时期以及最后的马其顿—希腊时期。作为最古老的文明之一，两河文明在天文历法、数学、语言文字、技术等方面都为人类文明作出了重要贡献。

2. 古埃及文明

古埃及文明位于尼罗河第一瀑布至三角洲地区，时间范围从公元前3100年埃及南、北王国的首次联合，到公元前30年罗马帝国吞并托勒密埃及为止。古埃及文明的发展，经历了前王朝时期、早王朝时期、古王国时期、第一中间期、中王国时期和第二中间期、新王国时期、后王国时期以及托勒密埃及时期。古埃及文明创造了非常丰富的物质和精神文化，象形文字、天文历法知识、金字塔建筑等，都为人类文化作出了杰出的贡献。

3. 古印度文明

古代印度是一个历史上的地理概念，指喜马拉雅山以南的整个南亚次大陆。古印度地区最早的文明是哈拉巴文化，其年代大概在公元前2300年至公元前1750年。大约在公元前15世纪，古印度进入吠陀时代，其最具特色的制度是种姓制度。吠陀时代之后，是古印度的列国时代和孔雀帝国时期，时间跨度从公元前6世纪至公元前2世纪。古印度有着丰富灿烂的文化，特别是它发达的宗教文化，是其文明的一大特色。

4. 古希腊文明

古希腊文明的发展大体经历了五个时期。第一是爱琴文明(前20世纪—前12世纪)，是指爱琴海地区的青铜文明，以克里特岛和迈锡尼两地为主。第二是荷马时代(前11世纪—前9世纪)，亦称黑暗时代。第三是古风时代(前8世纪—前6世纪)，古风时代是古希腊文明的奠基期。诸如大殖民运动、城邦的产生、僭主政治等都产生于该时期。第四是古典时期(前5世纪—前4世纪中期)。古典时期是古希腊文明的鼎盛期。雅典、斯巴达等城邦达到发展的顶峰，希腊城邦共同赢得希波战争的胜利，而伯罗奔尼撒战争则预示着希腊古典时代走向衰落。最后是马其顿统治时期(前4世纪晚期—前2世纪中期)。马其顿国王亚历山大用武力征服希腊，希腊成为亚历山大帝国的一部分，希腊城邦遂丧失独立的地位。古希腊文明被视为欧洲文明的源头之一。

5. 古罗马文明

古罗马文明的发展经历了以下几个时期。最早是王政时代，从公元前753年罗慕路斯建城至公元前510年高傲者塔克文被推翻为止。从社会发展的阶段看，王政时代是罗马从氏族社会到阶级社会的转变时期。随后是共和国时期，从公元前510年塔克文及其家族被驱逐到公元前28年屋大维建立帝制为止。共和国的主要历史事件有：罗马的对外扩张、罗马贵族与平民的斗争、军事独裁的出现等。从屋大维建立帝制，一直到476年西罗马帝国最后一个皇帝罗慕路斯被废黜，是帝国时代。主要内容有帝国管理制度的形成和完善、罗马3世纪危机等。

6. 中世纪时期

中世纪是欧洲历史上的一个时代，一般认为其时间断限从西罗马帝国灭亡(476年)至东罗马帝国灭亡(1453年)。封建制度的形成、发展和解体是这一时期欧洲历史的主线。政治上，随着西罗马帝国被日耳曼人所灭，相继出现了一批国家，如法兰克、伦巴德、勃艮第、汪达尔、东哥特、西哥特、盎格鲁撒克逊等，这些国家不断发展、变迁后成为近代欧洲各国的前身。思想文化上，基督教成为世人的信仰，教皇的权力一度至高无上，教权和王权的斗争是这一时期的主要历史事件之一。13世纪末，意大利产生了文艺复兴运动，并扩展到欧洲很多国家，对宗教思想加以批判。中世纪时的经济主要是封建制的自然经济，随后也开始出现一批城市，巴黎、里昂、汉堡等都是当时重要的城市和商业中心。在社会关系上，西欧社会人与人之间普遍存在一种依附关系。这种依附关系，在大小封建主之间表现为封君封臣关系。封臣制是西欧封建国家行政管理系统不完善、政治分裂和国家权力分散的产物。

(二)世界近代史

1. 16世纪的西欧

1500年左右是世界近代史的开端。在1500年之前，整个世界大体处在相互闭塞的阶段，而在此之后，随着新航路的开辟和欧洲殖民运动渐次拓展，世界越来越成为一个不可分割的整体。16 世纪的西欧，主要有以下几个重要的历史事件。

第一是地理大发现和新航路的开辟。新航路开辟的结果，引发了欧洲的商业革命和价格革命，使得资产阶级开始登上历史舞台。第二是文艺复兴，最初以意大利为中心，随后发展到欧洲各国。文艺复兴以“人性”为标杆，反对宗教对人性的禁锢，打破了中世纪经院哲学一统天下的局面。第三是宗教改革。宗教改革的发动者是新兴的资产阶级，对天主教会进行猛烈的冲击，并由此产生基督教新教。著名的改革人物有马丁路德、加尔文等。

总之，16 世纪的一百年，是在西欧乃至世界历史上都有着重要意义的一百年。西欧在政治、经济、文化思想等领域都出现了重大的变革，标志着一个新的历史时期即将来临。

2. 资产阶级革命时代

16 世纪的尼德兰革命和 17 世纪的英国革命，都是近代资产阶级革命的先声。至 18、19 世纪，更大规模的资产阶级革命在欧美国家爆发，故将这段时期称为资产阶级革命阶段。

1776 年的美国革命，即美国独立战争，拉开了这场资产阶级革命浪潮的序幕。从性质上来说，美国独立战争，既是一场民族解放战争，又是一场资产阶级革命。通过这次革命，美国不仅赢得了独立，更完成了广泛的政治和社会改革，为美国资本主义的发展扫清了道路。

1789 年，法国爆发资产阶级革命。其纲领性文件是《人权宣言》，核心原则是人权和法治。革命大致经历了以下几个阶段：人民群众攻陷巴士底狱；君主立宪派统治时期，主要事件为 1791 年颁布《人权宣言》，并通过制宪会议宣布废除君主专制；吉伦特派统治时期，1792 年成立法兰西第一共和国；雅各宾派专政时期，颁布土地法令和 1793 年宪法；热月党人统治时期，成立督政府，结束恐怖时期，1799 年拿破仑发动雾月政变，结束督政府的统治，法国大革命的高潮结束。法国大革命结束了法国的君主专制，是一次深刻的社会变革，对法国及当时的世界均具有深刻的影响。

1848 年，在欧洲爆发了一场规模巨大的资产阶级革命运动。这场革命爆发的根本原因是工业革命后欧洲日益壮大的资产阶级与本国封建统治者之间的矛盾日益尖锐。1848 年 1 月，意大利西西里岛首府巴勒莫爆发起义，成为 1848 年革命的序幕。随后，法国爆发二月革命，德国出现三月革命，在法、德革命的鼓舞下，欧洲其他国家也纷纷爆发革命。1848 年革命打击了欧洲各国的专制制度，摧毁了反动的神圣同盟和维也纳体系。

3. 工业革命与马克思主义的诞生

(1) 工业革命

18 世纪后期，英国首先发生了工业革命，即第一次工业革命。英国的工业革命首先出现在棉纺织业，随后在采煤业、冶铁业中相继出现技术革新，而以瓦特的蒸汽机为标志。至 19 世纪，工业革命逐渐从英国扩展到欧美地区。工业革命对近代历史的进程有深刻的影响。首先，工业革命促进了社会生产力的飞速发展，创造了大量的物质财富，有利于改善人民的生活；其次，工业革命还引起了社会阶级关系的变动，无产阶级逐渐兴起，而无产阶级与资产阶级之间的斗争则成为世界历史进程的主线之一。

(2)马克思主义的诞生

工业革命之后，随着工人队伍的壮大，特别是觉悟的提高，工人运动开始在欧美各地出现。比较著名的有英国的宪章运动，法国的里昂工人起义和德国的西里西亚工人起义。

工人运动的蓬勃发展，既是马克思主义诞生的条件之一，又为马克思主义的诞生提出了需要。马克思主义诞生于19世纪40年代，它是西欧资本主义社会发展到一定阶段的产物，也是马克思、恩格斯根据时代需要对西欧的各种理论加以改造、创新的结晶。

马克思、恩格斯在创立革命理论的同时，也积极组织、参加工人阶级的革命斗争。1847年，共产主义者同盟第一次代表大会在伦敦召开，同年年底，第二次代表大会召开，马克思起草了《共产党宣言》，并于次年公开发行，成为无产阶级运动的纲领性文件，它的出版也标志着马克思主义形成过程的完成。

4. 资本主义制度在世界范围内的确立

(1)欧美的民族、民主运动

19世纪中叶是资本主义大发展时期，各类民族统一运动、民主改革运动风起云涌，资产阶级由此掌握并巩固了自己的政权，也标志着资本主义制度在世界范围内的确立。

首先是英国的1832年、1867年改革。经过两次改革，英国大约有一半的成年男子拥有了选举权。其次是德国的统一。直至19世纪中叶，德国仍处于分裂的状态。在德意志诸国中，普鲁士国力最强，国王威廉一世与宰相俾斯麦都极欲统一德国。通过对奥战争、普法战争等一系列战争，至1871年，威廉一世即位为德意志帝国皇帝，德国统一宣告完成。德国的统一为其资本主义的快速发展扫清了道路。

同时也兴起统一运动的是意大利。1848年革命后，意大利处于分裂的状态，各国中只有撒丁王国是实行君主立宪制的独立国家，自然成为统一的领导者。与德国通过自上而下的王朝战争赢得统一不同的是，意大利的统一自始至终是自上而下的王朝战争与自下而上的人民战争双线并进。至1871年，意大利统一最终完成。

在西欧各国通过革命或改革，纷纷走向资本主义道路时，俄国仍然是一个相对落后的封建农奴制国家。至19世纪中叶，落后的农奴制越来越成为俄国资本主义发展的阻碍。1861年，沙皇亚历山大二世颁布废除农奴制的法令。俄国2100万名农奴被从农奴制的枷锁中解放出来。

美国自赢得独立战争的胜利后，伴随着领土的不断扩张，资本主义发展迅速。但是，美国的资本主义仅限于北部，美国南部盛行的是奴隶制经济。两种不同发展模式之间的矛盾，最终导致了美国内战的爆发。1865年，南方宣布投降，美国内战以北方的胜利而告终。美国内战实质上是美国的第二次资产阶级革命，消灭了严重阻碍资本主义发展的奴隶制，为美国资本主义的迅速起飞扫清了最大的障碍。

(2)日本的明治维新

自1853年美国军舰叩关打开日本国门之后，日本便面临沦为半殖民地的危险。1867—1868年，日本爆发戊辰战争，战争的结果是德川幕府的统治被推翻，建立起新的以明治天皇为首的政府。新政府成立后，实施了一系列废除封建制度的改革。随后为振兴国力，民治政府又确立了三大发展政策，即殖产兴业、文明开化和富国强兵。明治维新基本完成了日本民主和民族革命的双重任务，使得日本从一个落后的封建国家一跃成为一个先进的资本主义国家。

5. 资本主义向垄断过渡

(1)第二次工业革命与资本主义的飞速发展

第一次工业革命和资本主义的迅速发展，使得自然科学研究在19世纪取得一系列突破性进展。这些新突破的成果，被广泛而有效地运用于工业生产，从而促成了人类历史上的第二次工业革命。

第二次工业革命开始于19世纪六七十年代，结束于19世纪末20世纪初，以电力的广泛应用为标志。同第一次工业革命相比，第二次工业革命具有了一些新的特点。第一，科学与技术的结合更为紧密；第二，几乎同时发生于主要的资本主义国家；第三，对德国等新兴国家而言，两次工业革命是同时进行的。在第二次工业革命的推动下，各主要资本主义国家在19世纪的最后30年，都赢来了经济高速成长的时期。据统计，1850—1870年的20年，世界工业生产只增加了1倍多，而1870—1900年这30年却增长了将近2倍。

(2)垄断组织的形成

伴随着第二次工业革命及主要资本主义国家在19世纪最后30年经济的迅速发展，资本主义国家企业的规模也越来越大，垄断组织便在这一过程中应运而生。所谓垄断组织，是指资本主义大企业间为了垄断生产和市场而联合组成的垄断经济同盟。至19世纪末20世纪初，各主要资本主义国家相继进入垄断阶段。垄断组织的出现既有积极的一面，又有其消极的一面。积极的方面，有利于生产力的进一步发展，有利于整合社会资源，提高生产效率等。消极的方面，垄断市场与价格，势必会影响广大群众的生活水平，垄断组织为不断扩大市场，积极推动本国向外进行殖民扩张等。

(三)世界现代史

1. 20世纪初的世界

(1)美国和日本的崛起

美国自南北战争之后，经济进入迅猛发展的历史时期。至1894年，美国的工业产量已经跃居世界首位，至1900年美国工业产值约占世界工业产值的30%。美国经济腾飞以后，便积极开展海外扩张。1898年，美西战争爆发，美国获得古巴、菲律宾等地区，开始向海外扩张。门户开放政策、大棒政策和金元外交都是美国在19世纪末20世纪初积极向外扩张的具体体现。

日本自明治维新之后，国力迅速增强。1894—1895年，日本入侵中国，甲午战争爆发，获胜后的日本获得大量赔款、领土及在华特权。随后，日本又与俄国的矛盾日益尖锐，1904年日俄战争爆发，日本获胜，日本趁机吞并朝鲜。通过战争获得大量利润和殖民地，日本国内的经济赢来大发展，进一步增强了日本的国力，使其跻身帝国主义国家的阵营。

(2)第一次世界大战

20世纪初，随着主要资本主义国家政治经济发展的不平衡，它们彼此之间的矛盾日益尖锐，其中尤以英德之间的矛盾最深。为在激烈的竞争中赢得优势，各主要资本主义国家都积极寻求同盟，从而在20世纪初形成了两大对立的军事集团：德、奥匈、意的“三国同盟”和英、法、俄的“三国协约”，双方都在积极扩充军备，成剑拔弩张之势。

1914 年 6 月的萨拉热窝事件成为第一次世界大战的导火索，随后战争全面爆发。1914 年是战争的第一阶段，主要战役有马恩河战役，德国速战速决的战略失败；1915—1916 年是战争的第二个阶段，主要战役有凡尔登战役、索姆河战役和日德兰海战；1917 年是战争的第三阶段，双方仍处于僵持之中，美国也加入战争；1918 年，战争进入决战阶段，最终同盟国失败。

第一次世界大战对世界的影响是深刻的。首先它造成主要资本主义国家力量对比的变化，欧洲列强衰落，美、日兴起；战争引发了一系列革命运动，最著名的是俄国的十月革命；最后战后形成了新的国际关系格局——凡尔赛—华盛顿体系。

(3)俄国十月革命

第一次世界大战令资本主义国家陷入严重的危机之中，而原本就比较落后的俄国更是因战争而危机重重，经济濒临崩溃。1917 年 3 月(俄历 2 月)，俄国爆发二月革命，沙皇尼古拉二世被迫退位，俄国出现资产阶级临时政府和苏维埃两个政权并存的局面。同年 11 月(俄历 10 月)，布尔什维克党发动十月起义，推翻了临时政府，建立起苏维埃政权。

2. 战后国际关系的建立与调整

(1)凡尔赛—华盛顿体系的建立

第一次世界大战后，战胜国先后召开巴黎和会和华盛顿会议，划分战后势力范围，由此而形成战后新的世界格局，被称为凡尔赛—华盛顿体系。

凡尔赛体系由《凡尔赛条约》和随后签订的各项条约构成。它标志着列强在欧洲、近东和非洲所建立起来的战后新秩序。华盛顿体系是由《四国条约》、《五国海军公约》和《九国公约》所构成，建立了第一世界大战后帝国主义国家在亚太地区的新秩序。

(2)国际关系的调整

凡尔赛—华盛顿体系的建立，奠定了 20 世纪 20 年代国际关系的基础，但是该体系内部的不稳定因素在战后仍在影响着各国之间的关系，因此随后列强们又通过一系列条约对凡尔赛—华盛顿体系所规定的内容做出调整。

德国赔款问题是其中最为复杂的国际问题之一。战后德国赔款问题，曾引发了 1923 年的鲁尔危机，同年为解决赔款问题美、英、法等国成立赔款委员会，1924 年委员会提出“道威斯计划”，次年开始执行，鲁尔危机和德国赔款问题暂时获得解决。“道威斯计划”的通过和实施，是协约国对德政策的转折点，也是协约国对战后国际关系所做出的一次比较大的调整。最终赔款问题不了了之，德国最终摆脱了《凡尔赛条约》的经济束缚。

欧洲安全保障问题，是凡尔赛—华盛顿体系未能解决的另一个重要问题，涉及英、法、德等国对欧洲安全问题各自的利益考量。1925 年，为协调各国的不同要求，英、法、德等七国在瑞士洛迦诺举行会议，共同签署《洛迦诺公约》。《洛迦诺公约》是协约国在欧洲安全问题上对凡尔赛体系所做的一次比较大的调整，暂时解决了欧洲安全问题，使欧洲的国际关系进入相对稳定时期。

3. 20 世纪二三十年代的苏联

(1)新经济政策

苏维埃政权在经历内战稳定政权后，面对国内经济的凋敝，在 1921 年的俄共(布)第十次代表大会上宣布正式从战时共产主义政策向新经济政策过渡。

新经济政策的主要内容有以粮食税代替余粮收集制，允许私人和外国资本经营中小企业等。新经济政策是苏维埃政府政策的一次转折，表明以列宁为首的布尔什维克党放弃了由战时共产主义政策直接过渡到社会主义的设想和实践。从1922年开始，国民经济开始逐渐恢复，至1926—1927年，国民经济恢复工作基本完成。

(2)社会主义改造与建设

苏联从1928年开始，实行第一个五年计划。到1932年年底，宣布第一个五年计划提前完成。从1933—1937年开始实行第二个五年计划，从1938年开始实行第三个五年计划，随后因二战爆发德国入侵而中断。

苏联两个五年计划的重点是工业，特别是重工业，至战前的1940年，苏联的工业总产值比1913年增加6倍多，跃居欧洲第一位，世界第二位，增速显著。然而片面发展重工业，也使苏联的农业和轻工业长期滞后，粮食总产量、畜牧业生产均呈逐年递减的态势，经济比例严重地失调。

(3)斯大林模式的形成

1936年，第八次苏维埃代表大会通过新的宪法，宣告第一个社会主义国家的建成，也标志着斯大林模式的建成。

斯大林模式在政治上的特点是，权力高度集中。在经济上，则形成一个以国家为核心的、高度集中的经济体制。该模式在特殊时期有其积极的作用，但它忽视社会主义商品经济发展的客观规律，从长远看阻碍了经济的发展和生产力的提高。

4. 世界经济危机及第二次世界大战的爆发

(1)1929—1933年的经济危机

1929年，资本主义世界爆发了一场猛烈的经济危机。这次危机先从美国爆发，随后扩大到英、法等国，席卷整个资本主义世界。至危机结束的1933年，资本主义国家的工业产量下降40%。这次危机的特点是范围广、持续长、影响深，是资本主义发展史上最严重的一次世界性经济危机。这次危机对各国均造成严重的后果，各国为挽救危机，纷纷采取各种手段和政策，第一次世界大战后的国际关系又迎来了新的危机与挑战。

(2)两大战争策源地的形成

1929—1933年的经济大危机对德国经济的打击十分严重，由此为纳粹活动提供了有利的条件，1933年初，希特勒被任命为德国总理，德国进入法西斯专政时期。德国法西斯专政建立起来后，便开始加紧扩军备战。德国法西斯专政的建立及其加紧扩军备战，标志着第二次世界大战的欧洲策源地形成。

1929年的经济危机对日本经济同样打击沉重。至20世纪30年代，日本法西斯势力猖獗发展，1936年“二·二六”事件后，以统制派为核心的军部法西斯势力确立了在日本的统治地位，受军部控制的广田内阁，公布“庶政一新”及《国策基准》，加紧向外侵略扩张，至此第二次世界大战的亚洲策源地也形成了。

(3)第二次世界大战

德国、日本、意大利的法西斯统治建立后，加紧向外侵略扩张，世界大战一触即发。1937年7月7日，日本发动侵华战争，标志着第二次世界大战爆发。1939年9月1日，德国闪电战入侵波兰，标志着第二次世界大战的全面开始。

第二次世界大战是有史以来规模最大的一次战争。先后有61个国家和地区、20亿以上的人口被卷入战争，战火遍及欧洲、亚洲、非洲、太平洋、大西洋，军民共伤亡约9000余万人，造成经济损失4万多亿美元。1945年9月2日，日本签署投降书，第二次世界大战以反法西斯的胜利而告终。

第二次世界大战对世界历史的发展有深远的影响。首先，战争沉重打击了各主要帝国主义国家，为亚非拉人民的民族解放运动创造了条件。其次，社会主义超出一国的范围，特别是中国人民革命的胜利，使社会主义力量空前壮大。最后，第二次世界大战客观上也推动了科学技术的迅猛发展。

5. 第二次世界大战之后的国际政治经济格局

(1)世界经济的统一性与多样性

第二次世界大战后，世界经济的统一性进一步增强。1945年12月27日，包括中国在内的29个国家，共同签字加入布雷顿森林体系，宣告两个国际经济组织——国际货币基金组织和世界银行的正式成立。1947年10月30日，美、英、中、法等23个国家在关税与贸易总协定签字，成为世界贸易组织的前身。国际货币基金组织、世界银行和关税与贸易总协定都是第二次世界大战后世界经济统一性的具体体现，被公认为是当今世界经济金融和贸易的三大支柱。

世界经济在呈现出统一性不断增强的同时，其多样性也日益丰富，具体表现在所谓“两种体系、三种国家”的出现。“两种体系”是指社会主义经济体系和资本主义经济体系并存的现象。“三种国家”是指社会主义国家、发展中国家和资本主义发达国家同时存在的局面。

(2)第二次世界大战后的国际政治格局

在反法西斯战争即将赢得胜利之际，同盟国召开一系列会议以协商第二次世界大战后世界的安排，其中尤以1945年2月美、苏、英三国首脑在雅尔塔举行的会议及其签署的协定最为重要。以雅尔塔会议签署的协定为基础，形成了第二次世界大战后新的世界格局——雅尔塔体系。该体系建立在美苏均势的基础之上，是美苏两国相互妥协的产物，美苏借此划分了各自的势力范围。正因如此，雅尔塔体系最终发展的方向是以美苏为首的两大阵营的形成。从此，近代以来以欧洲大国均势为核心的传统国际格局为美苏两极格局所取代。1991年12月，苏联解体，两极中的一极崩塌，导致支配第二次世界大战后40余年的两极格局最终崩溃，世界出现多极化的格局，并伴随区域集团化的新趋势。

第二节　历史教学设计

一、历史学科的教学设计总论

教学设计是根据教学对象和教学目标，确定合适的教学起点与终点，将教学诸要素有序、优化地安排，形成教学方案的过程。它是一门运用系统方法科学解决教学问题的学问，它以教学效果最优化为目的，以解决教学问题为宗旨。教学设计是传统意义的教案，更是整个教学过程实施的统领。教学设计也是教师将教学内容与学生学习链接的媒介。加涅曾在《教学设计原理》(1988)中界定为："教学设计是一个系统化(systematic)规划教学系统的过程。教学系统本身是对资源和程序作出有利于学习的安排。任何组织机构，如果其目的旨在开发人的才能均可以被包括在教学系统中。"

教学设计，是教师重要的基本功，也是教师实施自我教育理念的载体。教学设计是教学过程顺利实施的保障。由于每门学科各自的特点，每门学科的教学设计也有其自身的特点。历史是人类社会的发展过程，历史学是研究这一过程的科学。中学历史课程是帮助学生认识人类文明发展历程，培育人文素养，形成正确的世界观、人生观和价值观的重要途径，是基础教育课程体系的有机组成部分。故历史学科有以下几个特点：存在形式的过去性、认知结构的多样性、思维方式的求异性和灵活性、学科联系的交融性。针对历史学科的特点，教学设计要把历史的过去性、多样性、交融性以学生的认知程度为基础呈现出来。这要求任课教师针对学科特点，结合学情，结合现代教育技术与手段，将授课内容以书面的形式呈现出来。结合历史学科的特点，历史课程的教学设计应该具备时间性、辩证性、逻辑性等学科特点。历史学科的教学设计的素材当中，多是文字史料、图片、视频等材料，这些材料的运用是为了更好地培养学生对于历史的可见性，进而培养论从史出的能力。一份优秀的教学设计，不仅包括教师对于某一内容的思维精华，也是教师展示其教育理念的展示平台，优秀的教学设计往往需要在实践中不断打磨方能成型。

二、教学方法与教学过程设计

(一)分析课标要求

课程标准体现国家对不同阶段的学生在学科上的要求，课程标准既是教材编写的依据，也是教师实施教学的指挥棒。认真分析课标要求，有利于教师更透彻地了解学科的性质、目的、内容框架，还有助于了解对教学提出的建议和评价建议。《历史课程标准(2011年版)》提出历史课程的基础性、综合性与普及历史常识的理念；历史课程的思想性与提升公民素养的理念；历史课程的人文性与育人为本的理念。教师在进行教学设计的时候要以以上三大理念作为设计的基础，结合课标对教材内容的具体要求进行设计，不仅要体现历史教育对学生能力培养，更要体现历史教育的育人本质。

(二)整合教材内容

教材是教师授课的载体，是学生学习的依据。中国有句老话"教师要给学生一碗水，自己要有一桶水"，这要求教师要有深厚的知识储备。教材上的有限内容是不足以满足教师对知识储备的要求的，所以教师在备课的时候，除了精研教材外，还应该对教材所涉及的内容进行延展，例如在讲到北魏孝文帝改革，教师可以参看白寿彝先生的《中国通史》，傅乐成主编的《中国通史》，或者有更多精力的老师可以翻看《剑桥中国史》，虽然是同一个内容，但是大陆、中国台湾、国外的史学家在选择史料方面有自己的特色。历史教师只有了解更多的历史细节，在授课的时候才能吸引学生的注意力，以便于教学内容的落实。教材内容由于受课时、编写时间等因素的限制，教师在使用教材的时候时常会觉得教材内容的编写与自己的教学设计不合拍的现象出现，尤其是现代教学要求教师创新，在这样的大环境下，需要教师针对教材内容进行整合。对教材的整合是指，教师依据自己的教学设计，对教材内容进行重组或删加。

（三）完善学情分析

二期课改明确要求改变教师主导课堂的现状，提倡以学生为课堂主导，过去的教学过多地强调教师的“教”，忽略学生的“学”，学生是课堂教学成果的最终呈现者与受益者，当今教学将学生在课堂中的主导地位明确定位，故教师在进行教学设计的时候，要对学情进行充分的分析，依据学情进行教学设计。对学生的学情分析，应该包括以下几个方面：对学生认知能力的评估，具体地说就是对于学生已经了解的知识要有所掌握；对学生理解能力的评估，同一年龄的学生对于同一个现象的理解能力不同，教师在授课的过程中会有所体悟，故教师在进行教学设计的时候，要选择折中的设计方案；对学生心理状态的评估，学生是未成年人，心理承受能力有限，教师在进行教学设计之时，要将学生的心理状态考虑进去，例如在设计南京大屠杀教学内容时，虽然有些图片对于日本军队的残忍性极具说服力，但是考虑到照片的血腥场面有可能对学生的心理造成阴影，故在选择素材时要慎重。

（四）精心设计教法

教师如何将教学内容与学生学习有机地结合起来，教法是这其中的媒介。历史学科的特点要求教师在进行教学之时，运用多种手段创设历史情境，让学生置身于时代当中，能够更好地理解当时的背景。随着教学方法的科研化，对于教学方法的创新也是层出不穷，但教学方法的运用只有一个核心就是以学生为主导。在以学生为中心的教学中，教学方法主要是以多媒体教学配合小组探究为主。历史教师在进行教学设计之时，也会更多地考虑采用此方法，小组探究式的学习方法的意义在于，组员之间为了解决同一个问题，进行明确分工从而达到互助性学习的目的。采用小组探究的学习法，要求教师在进行教学设计的时候，尤其是设计问题的时候充分考虑到学生的能力与学生之间的差异，提供的研究素材也须精挑细选，预设学生在进行小组探究性学习之时可能会遇到的困难，针对可能遇到的困难采取相应的措施并对其进行指导。在多媒体设计方面，教师应更多地考虑在设计某一内容时，保持内容的连贯性与逻辑性。

（五）选择素材最优化

历史学科的过去性特点要求教师在进行教学设计之时尽量使用史料将历史还原，进而达到可视的效果。作为一名合格的历史教师，对史料进行筛选与鉴别是基本功，教师在进行教学设计时，会针对教学内容与学生的学情进行史料的选择，由于学生的发展特点，初中学生更适合图片与视频等史料，高中生文字史料居多。史料浩如烟海，如何选择最优的素材，这本身就是仁者见仁智者见智的过程，但无论如何选择，教师都必须遵从史料的真实性，这要求教师不断提高自身鉴别史料的能力。在确定史料真实性之后，教师针对学生的学情，进行史料的选择。此处建议教师在选择史料的时候，有意识地关注史料的类别，不要一味地使用某一类史料，在一个合理的教学设计中，史料的类别应包括文字、图片、视频等多种元素。教师在某一类别中，例如孝文帝的图片史料或文字史料中再依据学生的特点进行最优选择。

（六）集体备课益处多

正所谓人无完人，每个教师在自我备课的过程中都难免有狭隘之处，集体备课就很好地解决了这个问题。每门学科都有自己的备课组，成员之间就同一内容，同课异构，在交流内容的同时互相补充不足之处，自身不能解决的问题也可以听听其他老师的意见，从而使备课内容不断完善。但教师要切记，集体备课只能是为自己的设计查缺补漏，不可全盘抄袭他人成果，教师还是要在坚持自己原创的基础上进行有目的地选择。

（七）他山之石可以攻玉

一名教师的成长需要不断地学习，其中一项就是向经典学习，向前辈学习。一名新教师在刚刚走上工作岗位之初，会觉得自己的思维被教参框住，没有什么创新想法，想要提高教学设计水平的一个途径就是多参看名师们的教学设计，虽然是同一内容，但是不同教师的设计各有千秋。在参看他们的教学设计之时，除了能够对所设计的内容有新的认识外，也可以学习到名师的教学设计的完整性和逻辑性，从而对自己的教学设计进行完善。前辈们的经典设计既是教师学习的方向，也是教师前进的动力。

三、教案的书写

（一）学目标

课程目标是对一门课程学习的总体要求，包括对学生的学习过程、学习方法、学习效果等方面所要达到的教学目的，反映了国家和社会对课程的教育宗旨和基本要求。教学目标包括三部分：知识与技能、过程与方法、情感态度与价值观。《课程标准(2011 年版)》在表述知识与技能目标时，将其细化成五个部分。其中，第一部分涉及的是历史知识的目标要求，第二部分至第五部分是关于能力方面的要求。知识与技能目标的第一部分是要求学生通过历史学习，“知道重要的历史事件、历史人物及历史现象，知道人类文明的主要成果，初步掌握历史发展的基本线索”。一般来说，历史知识是由历史事件、历史人物、历史现象以及历史发展的基本线索构成的。学生以了解、理解、运用三种思维模式将以上要素还原成历史事件。对于学生能力方面的要求如表 11-1 所示：

表 11-1

序号	能力目标	程度要求	达成目标的条件与途径
1	在具体时空条件下考察历史事物的能力	初步学会	了解历史时序及相应的社会背景
2	从历史发展的进程中认识历史人物、历史事件的地位和作用的能力	初步学会	了解历史时序，从整体上把握历史事件的完整过程
3	历史的阅读能力和观察能力以及对历史情景的想象力	逐步提高	了解和体验多种历史呈现方式
4	重证据的历史意识和处理历史信息的能力	初步形成	从多种渠道获取历史信息；依据史料解释历史
5	对历史的理解分析能力和解决问题的能力	逐步提高	就某些历史问题进行探讨
6	表达与交流的能力	逐步提高	书面表达和口头表达训练

《课程标准(2011 年版)》在提到过程与方法时，指出过程是学生学习的过程。学生通

过历史学习，不仅了解和掌握历史，而且亲身经历对历史的认识过程，对历史有所感悟和体验，积累学习的经验，学会学习。因此，教师在教学时，应当注重引导学生参与教学过程，培养学生逐步形成正确的学习方法，从而根据学习的需要调整学习的策略。具体方法和途径如表 11-2 所示：

表 11-2

序号	方法目标	程度要求	达成目标的条件和途径
1	运用时序与地域、原因与结果、动机与后果、延续与变迁、联系与综合等概念，对历史事实进行理解和判断的方法	学会	在学习知识的过程中
2	发现问题、提出问题、初步理解历史问题的方法	学会	在了解历史事实的基础上
3	对历史事物进行分析和评价的方法	初步学会	在体验探究历史问题的过程中
4	计算历史年代的方法、阅读教科书及有关历史读物的方法	逐步掌握	在历史学习的过程中
5	识别和运用历史地图和图表的方法	逐步掌握	在历史学习的过程中
6	查找和收集历史信息的方法	逐步掌握	在教师的引导下，通过教学活动
7	运用材料具体分析历史问题的方法	逐步掌握	在教师的引导下，通过学习活动
8	解释历史问题的方法	初步掌握	在教师的引导下，通过学习活动
9	表达与交流学习体会的方法	学会	在教学过程中

《课程标准(2011 年版)》中指出情感、态度、价值观的概念。所谓“情感”，一般是指人的感情倾向和情绪体验，是人对客观事物是否满足自己需要而产生的态度体验。所谓“态度”，是指人在认识和行为上相对固定的倾向。所谓“价值观”，是指人对周围客观事物的意义，重要性的总评价和总看法。《课程标准(2011 年版)》在这方面的目标的表述，如表 11-3 所示：

表 11-3

序号	情感、态度、价值观
1	从历史的角度认识中国的具体国情
2	认同中华民族的优秀文化传统，尊重和热爱祖国的历史和文化
3	认识统一的多民族国家和中华民族多元一体
4	认识国内各民族之间的交往、交流和交融的重要性
5	增强民族平等、民族团结和各民族共同繁荣发展的观念

续表

序号	情感、态度、价值观
6	增强民族自信心和自豪感
7	感悟近代中国人民为救亡图存和实现中华民族伟大复兴而进行的英勇奋斗和艰苦的探索
8	认识中国共产党在中国革命、建设和改革事业中的决定作用
9	树立中国特色社会主义理想信念
10	继承和弘扬以爱国主义为核心的民族精神
11	认识到国家统一、民族团结和社会稳定是中国强盛的重要保证
12	初步形成对国家、民族的认同感，增强历史责任感
13	了解人类社会历史发展的基本趋势及人类文化的多样性
14	理解和尊重世界各国、各民族的文化传统
15	学习汲取人类创造的优秀文明成果
16	认识和平与发展是当今时代的主题
17	逐步形成面向世界的视野和意识
18	认识人类历史上物质文明、精神文明发展的重要性
19	理解历史上的革命与改革在不同程度上促进了社会的进步
20	认识从专制到民主、由人治到法治是历史发展的必然趋势，不断发展社会主义民主与加强社会主义法制意识
21	认识科学技术的发展对人类历史进步的推动作用
22	逐步形成尊重科学、崇尚科学的意识
23	树立求真、务实和创新的科学态度
24	从历史的演变中认识合理开发和利用资源、生态环境保护的重要性，初步形成可持续发展的观念
25	认识人民群众创造历史的作用以及杰出人物在历史上的重要贡献
26	吸取前人的经验和智慧
27	初步理解个人与群体、个人与社会的关系
28	提高对是与非、善与恶、美与丑的识别判断力
29	逐步确立积极进取的人生态度
30	形成健全的人格和健康的个性品质

以上是关于教学目标的注解，教师可以根据教材内容结合以上注解编写教学目标。三维目标是一个整体，是基于知识的了解和理解的过程而渐次地、递进地展开的，是史论的统一和情意的统一。

（二）教学重难点

教学重点（简称重点）是指教学中的重点内容，是课标、考纲规定的，是课堂学中需要解决的主要矛盾，是教学的重心所在。教 学 难 点（简称难点）是指那些太抽象、离学生实际太远的、过程太复杂的、学生难于理解和掌握的知识、技能与方法。教学重点的确定是依据课标与考纲中对某一内容的要求制定，要求学生掌握到什么样的程度。通常教学重点都是一课内容中最为核心，也就是与前后内容关联最大或是一课内容中最为精华的部分。教学难点的确定却是要依据学生的认知程度，例如某一知识对于思维程度较高的学生而言就是普通知识，但是对于思维程度较低的学生而言就是难点。教学重点面向所有学生，但是教学难点却是因人而异的。教师只有确定教学重难点才能有的放矢，去进一步设计教法。故教学的重难点需要教师结合课标与考纲，结合学生实际进行确定。

（三）教学过程

教学过程是整个教学设计的核心环节，教学过程包括了教学内容的编排与实施，教师的教学理念与预设学生反应的情境。教学过程包括新课导入、各环节设计、本课小结。新课导入应该能起到以下作用引起学生的注意力；引起学生的学习兴趣；能承上启下，使学生能够有准备地进入新的学习；为新课学习开展创设情境。根据导入的作用需要，结合历史学科的特点，新课导入主要有影像表演导入、故事导入、歌曲导入、图片导入、知识回顾导入等方法。新课导入后，开始进入新课授课环节，在授课环节，教师要严格遵守的原则就是“以学定教”，必须以学生为中心，教师要以设计的环节考虑学生可能出现的反应，并设计预案。教学过程不仅要设计教师针对所学内容精心设计的问题，也要启发学生敢于提问，敢于质疑，这就要求教师在设计的时候，将自主学习、小组探究的模式设计到教学过程中去，给学生留有足够的时间让学生领会所学知识并解答问题。检验一名教师优秀与否的指标就是看教师在进行教学设计之时，是否能够将每一环节之间的过渡设计得自然，使两个环节间能够实现无缝对接。这就要求教师在备教材之时，必须琢磨各部分内容之间的联系。教学过程的最后一部分是本课小结的环节，小结部分要求教师设计 2 分钟以内的时间，对本课内容进行总结，可以是教师梳理也可以是学生进行梳理，从而加深学生对本课内容理解的同时，增加课程的完整性。

（四）板书设计

板书是一节课内容的精华版，优秀的板书应该具有以下几个特点：逻辑性、完整性、科学性、启发性、艺术性。依据历史学科的特点，板书设计主要采用以下几种方式：①提纲式板书就是按照教学内容和教师设计的程序，条理分明、提纲挈领地编排书写的板书形式。②结构式板书是根据课文本身的内在逻辑性和系统性设计板书内容的方法。用这种方法设计板书，有利于培养学生分析问题的能力。③线索式板书是层层推理设计板书内容的方法。这种方法可以经过推理，得出结论，可以比较清晰地反映论证过程。④表格式板书根据教学内容可以明显分类、进行比较等特点，找出教学内容的要点，列成表格，通过横向对比和纵向归纳，获得新知识或建立知识间的联系。适用于教学内容各要素具有并列关系或新旧知识的对比学习、试验数据的分析归纳等。教师采用何种板书形式，主要选择的依据是教学内容与学生易接受的程度。优秀的板书设计可以在完整呈现教学内容的同时，也可以帮助学生梳理重难点、指引学生学习与思考的方向，帮助学生对知识体系形成完整的认识。

(五)课后作业

作业是对于课程内容学习的巩固与检测，教师对于作业的设计应结合教学内容、考试大纲以及学生的程度。作业设计应考虑以下几个因素：①完成作业所花费的时间。②作业的分层，作业内容应精选，设计应该由浅入深，适合不同层次的学生。③作业的及时反馈。④作业的题目可以是教师的原创，也可以是教辅书上的习题。任何一本教辅书都不可能是针对本班学生而设计，故教师在布置课后作业之时应更多地集合所教学生的实际情况，精选习题，对症下药。

(六)教学反思

教学反思是教师实施教学后，对自己的教学内容、教学方法、板书设计在实际教学操作中的效果进行思考，对于效果较好的方法继续坚持，对于效果不佳的设计进行修改以便于在今后的教学中能够取长补短。教学反思是教学设计的最后环节，是教师在授课后，学生的接受效果对自己的教学设计进行反思。教学反思主要反思教师授课的成功之处与不足之处，这需要教师课后悉心思考。反思可以是一节课后的反思。例如，每位教师都不止教一个班级，在第一个班级上课时所出现的问题，教师课下就要及时反思并找出解决问题的方案，在第二个班以至后面的班级不再出现类似的情况；反思也可以是一个内容的反思，例如教师一个授课内容在几个班级结束后，反思几个班级的共性问题与个性问题，这既是对教学内容的反思也是对学情的反思。教师反思可以从以下几个方面着手：学生在课堂的参与度高不高，参与度高则说明教师的教学内容与方法适合学生，反之则需要考虑方法是否得当；本节课有几个有思维梯度的问题，学生反应如何；课堂提问是不是各个层面的同学都有提问到；学生回答不出问题时有没有及时有效地启发；各部分的衔接是否顺畅；对于教学的重难点学生是否掌握；一节课是教师说的多还是学生说的多；对于课堂的突发情况教师有没有合理应对；教学重点与难点的落实情况是否达到2/3以上的学生接受；板书设计是否符合教学内容，符合学生的思维模式等。以上是教学反思可以思考的点，但是教师在教学反思中不需要做到面面俱到，每次课后反思一个成功点和一个需改进的点，日积月累，不断形成教学的再设计，在指导自我提高的同时也提升了专业素养。

【教学设计案例及点评】

授课内容：华东师大版初中历史八年级《第二次世界大战的爆发》

是谁，在绥靖法西斯战车?

上海市格致初级中学　袁文菁

一、教学内容分析

20世纪30年代，面对法西斯德国的扩张，英、法推行绥靖政策，《慕尼黑协定》是最为典型的恶例；苏联与德国签订了《苏德互不侵犯条约》，后又与日本签订了《日苏中立条约》。这些大国为了自身利益而背信弃义，出卖盟国和小国，使法西斯侵略不仅没有得到制止，反而助长其野心，纵容其步伐。1939年9月初，德军悍然入侵波兰，第二次世界大战全面爆发。

二、课时说明

本课选自上海初中历史教材《历史》(八年级第二学期)第四单元，为第13课《第二次世界大战的爆发》的第二课时。

三、教学目标

1. 知道《慕尼黑协定》签订的背景和内容；知道苏联与德国签订了《苏德互不侵犯条约》。

2. 通过对第二次世界大战爆发原因的分析，提高用历史唯物主义观点分析历史问题的能力。

3. 通过对政治漫画的解读，提高识图能力；通过图文互证，掌握基本的史学思想方法。

4. 通过对《慕尼黑协定》和《苏德互不侵犯条约》的剖析，认识大国背信弃义，出卖盟国和小国的独立、领土和主权的行径，纵容了法西斯国家的侵略野心。这种卑劣行径，违反了国际准则，应该受到谴责。

四、教学重点与难点

教学重点：绥靖政策及其影响。

教学难点：运用“图文互证”的方法解读政治漫画。

五、教学过程

【导入新课】

展示地图、引入情境：1939 年 9 月 1 日，法西斯德国对他的邻国——波兰，发动了闪电般的进攻。进而引爆了人类至今都心惊胆战的第二次世界大战。

引发思考：那么，人类是如何走向这场的战争的呢？

【教学环节一：绥靖政策】

出示漫画 1：

漫画《三头怪兽》

提问：这个怪兽的三个头代表哪三个国家？这个长着三个头的怪兽代表什么？漫画的作者想告诉我们什么？

教学意图：引导学生用已学知识解读漫画，激发学习兴趣。

结合地图，讲述从 1933—1938 年，希特勒毁约扩军、扩张侵略的步伐。

出示漫画 2：

漫画《希特勒、墨索里尼与狗》

希特勒：“没有问题的，你知道有些狗是只会吠而不会咬人的吗？”

墨索里尼：“我知道，你知道，但那只狗知不知道？”

提问：从对话中可以看出，希特勒对这条狗是什么态度？漫画中的狗代表哪个国家？希特勒、墨索里尼站在栅栏的外面还是里面？

出示一组材料：

材料 1：(1936 年 3 月)7 日德军开进莱茵非军事区。对德国的违约行动，英法仅在口头上提出抗议，没有采取任何行动。

——赵东禾《论纳粹德国对外侵略扩张的两个特点》

材料 2：希特勒后来承认：“进军莱茵以后的 48 小时，是我一生中神经最紧张的时刻。”

——[德]施密特《我是希特勒的译员》

材料 3：英、法驻德大使馆奉命提出抗议照会，谴责德国对奥地利施加“压力”。希特勒……干脆宣称德、奥关系是“德意志人民的内部问题，与第三者无关”。一个月后，西方大国都承认了这一事实。

——王斯德《世界通史第三编》

提问：结合刚才我们阅读的材料，你认为对话中的“吠”和“咬人”指的是什么？漫画作者想要告诉我们什么？

教学意图：由教师引导学生对漫画表层信息进行解读，并由教师示范如何结合文字材料解读漫画作者的观点。

出示绥靖政策的概念：

英文“绥靖”一词的含义是“抚慰”、“平息”、“姑息”。绥靖政策，其核心内容是通过妥协退让以达到避战求和的目的。

——王斯德《世界通史第三编》

讲述：20世纪30年代英法推行绥靖政策的原因。

【教学环节二：《慕尼黑协定》】

结合地图讲述：1938年，希特勒挑动苏台德地区德意志人向捷克政府提出独立的要求，为德国的干涉提供机会。面对德国的扩张野心，英国首相张伯伦推行安抚德国的绥靖政策。1938年9月，时年69岁高龄、从未乘坐过飞机的张伯伦，三次飞往德国同希特勒会晤。

出示新闻照片：《1938年9月29日，英、法、德、意四国首脑在慕尼黑召开会议》。

出示一组材料：

材料1：《慕尼黑协定》

1938年9月29日至30日，英、法、德、意四国首脑在慕尼黑会议上签订的条约，全称《关于捷克斯洛伐克割让苏台德领土给德国的协定》。

正文共八条：一、撤退将在10月1日开始。二、联合王国、法国和意大利同意从领土上撤退应于10月10日完成，不得破坏目前存在的任何设备，并且捷克斯洛伐克政府将被责成履行撤退，不得损害上述设备。……

——《历史选修3教师教学用书》(人教版)

材料2：马萨里克(捷克斯洛伐克代表之一)回忆道："凌晨一点半，我们被带到了曾举行会议的那个大厅。在场的有尼维尔·张伯伦先生、达拉第先生……气氛沉闷，判决就要作出了。……一个法国人用一种十分粗暴的态度向我们解释说，这是一项无权上诉、也不可能改变的判决。"

——《慕尼黑——和平的代价》

讲述：9月30日，张伯伦与希特勒在慕尼黑的元首府举行了一次私下会谈，签署了英德宣言。

播放新闻纪录片片断：《1938年9月30日张伯伦在伦敦赫斯特机场发表演说》。

提问：张伯伦在机场上挥舞着的这张纸是什么？除了旁白、张伯伦的演说，你还听到了什么声音？

讲述：英法为了保住自己的和平，不惜出卖主权国家，甚至是盟友的利益，因此慕尼黑会议将绥靖政策推向顶点。

教学意图：新闻照片、文献史料、回忆录、新闻纪录片等不同类型的图文材料互相印证，增强了真实性与时代感。

结合地图讲述：10月1日，德军进入苏台德地区。1939年3月，德国出兵占领了捷克斯洛伐克的残存地区。绥靖政策的基础动摇了。

【教学环节三：《苏德互不侵犯条约》】

讲述：英、法的绥靖政策让苏联大失所望。《慕尼黑协定》更让斯大林警惕西欧国家"祸水东引"的图谋。因此，苏联决定避战自保。1939年8月23日，《苏德互不侵犯条约》签订。

出示漫画3：

指导阅读：仔细观察，我们应该关注画面中的哪些内容呢？(人物、文字、符号等)。

漫画《荒唐的伴侣》

提问：作者是站在哪些国家的立场上画的？漫画的作者表达了对《苏德互不侵犯条约》怎样的态度？

出示一组材料：

材料1：希特勒在《我的奋斗》一书中以及在其他场合，都曾一再宣称，他就是要消灭布尔什维主义，要使东欧广袤的领土归属于德国。

——[美]帕尔默《现代世界史》

材料2：1933年希特勒上台……纳粹党利用“国会纵火案”，打击德国共产党，逮捕和迫害大批共产党人和进步人士。

——《世界历史(九年级下册)》(人教版)

提问：根据材料，为什么从英国和法国的立场看，《苏德互不侵犯条约》是荒唐的？

出示材料：

《苏德互不侵犯条约》(1939年8月23日)

第一条：缔约双方保证决不单独或联合他国在彼此间使用任何武力行动、任何侵略行动或任何攻击。

第二条：如果缔约一方成为第三国敌对行为的目标，另一方将不向该第三国提供支援。

第五条：本条约有效期为10年。

——《历史选修3教师教学用书》(人教版)

提问：从条约的内容看，为什么英法认为《苏德互不侵犯条约》是荒唐的呢？

出示材料：

在(《苏德互不侵犯条约》)当时保守秘密的一项条款中，双方同意，将来只要重新安排领土，苏联和德国就共同瓜分波兰，苏联在波罗的海各国将享有优势，并且在收回1918年丧失给罗马尼亚的比萨拉比亚问题上，能够得到对方的承认。

——[美]帕尔默《现代世界史》

提问：从《苏德互不侵犯条约》秘密附加议定书的内容看，荒唐在哪里呢？

教学意图：由学生自主解读漫画表层信息。通过教师精心设计的一系列问题，引导学生结合文字材料解读漫画作者的观点。

【教学环节四：小组活动】

出示漫画4：

指导阅读：我们应该关注这幅漫画中的哪些内容呢？（文字、人物、炸弹等。）

小组活动：首先了解漫画作者想要告诉我们什么？然后为这幅漫画命名。（学生讨论，教师倾听指导；学生交流。）

教学意图：由学生自主解读漫画表层信息。在小组讨论和交流的基础上，学生自主解读漫画作者的观点，并确定漫画主题。

【教学环节五：第二次世界大战的爆发】

出示地图，动态展示1939年9月1日（德国入侵波兰）——1941年底（苏德战争初期），德国法西斯战车肆虐大半个欧洲的情况。

教学意图：使学生对二战初期法西斯德国的侵略态势和二战的扩大一目了然。

【课堂小结】

提问：二战的爆发，法西斯是首犯。是谁，在绥靖法西斯战车？

总结：正是因为大国的私利、胆怯、推诿和阴谋，加速了二战的爆发。世界和平是不可分割的，大国应该承担起大国的责任。只有同心协力，共同维护，世界和平才能持久。

教学意图：通过问题，引导学生对二战爆发的原因进行思考，结束本课。

课后点评

1. 袁老师的授课突出了论从史出的原则。用历史漫画、图片等深入浅出地引导学生理解绥靖政策。绥靖政策达到了顶峰，深入浅出地突出慕尼黑阴谋。

2. 袁老师的启发式教学风格很有特色，通过漫画与文字史料相结合的设计理念，对问题精心设计，使三者有机结合，帮助学生更好地理解史实的同时解决问题。

3. 袁老师的授课，每个环节丝丝入扣，过渡自然，灵活多样。对于唤起学生学习兴趣，培养学生观察、分析、归纳能力，使学生的定向思维向多向思维的转变，成为有创造力的开拓型人才，是有积极意义的。如谈话型过渡、设问型过渡、激发学生学习兴趣的悬念型过渡、直观型过渡等是针对不同的内容而应用很有特色。

4. 袁老师历史功底深厚，所以能够看出教育教学的科学艺术，在组织教学方面得心应手，引导学生普遍参与教学活动，能够恰当地启发学生回答问题。

5. 在袁老师的整个教学过程中始终贯彻史论结合的原则，反复使用此方法，让学生明白史由证来，论从史出的原则，突出求证史实的必经过程。

希望袁老师在今后的教学中在讲解较为难理解的知识点时，例如绥靖政策，可以列举学生身边的例子以加深其理解，如两个小朋友打架，家长在一边置之不理，这也是一种绥靖，是发生在我们身边的绥靖，这样的例子有助于学生更好的理解这一概念。

点评专家：上海市历史高级教师　王秀华

第三节　历史课堂教学

历史课堂教学是教学的实施阶段，也是上课的环节，教师需要对教授的内容进行讲解；对于学生提出的问题进行答疑；为了使授课内容更好地被学生接受，精心设计提问是必不可少的；对于学生的回答，要进行点评；精心组织学生讨论环节，这些看似琐碎的细节构成了教师的教学基本功，也是教学环节能够顺利进行的必备条件。

一、表达能力

教师作为一节课的主导者，其表达能力是制约本节课优秀与否的关键所在，首先，一名教师所具备的表达能力要求教师有标准的普通话，吐字清晰言语流畅，这是学生能够听清楚教学内容的大前提；其次，教师应该具备较为扎实的专业功底，能够对所教授的内容烂熟于心，并且能够对所学习的内容进行适当地旁征博引。再次，作为历史教师应该具有较为缜密的逻辑思维能力与辩证思维能力，任何教学内容都是有梯度的，教师在教授的过程中，也应该在自己表达中对于教学内容的逻辑性有所体现，且能呈现授课内容的完整性。且作为历史教师在表述内容的时候，要注重辩证思维的展示，让学生在潜移默化中习得辩证思维。最后，一名教师如果能够将自己的幽默与教学内容相结合，把握学生的学习心理，适当地进行气氛的调节，也会对学生的学习兴趣起到助推作用。除以上内容外，教师的仪态也对授课内容的准确传达有所影响，授课教师要仪态自然，落落大方。

二、答疑能力

教师作为教学内容引领者，自然对所教授的内容运用自如，但对于学生而言，肯定会在听课的过程中，有这样或者那样的疑问，如何答疑，进而将学生不理解的内容讲解清楚这是教师必须具备的能力。教师在答疑的过程中应注意以下几点：①不要以炫耀的姿态说出答案，在知识的储备量上，教师具有天然的优势，而学生在向教师提问的时候，或多或少是有些心理压力的，教师应该以平和的语态将问题讲解清楚，让学生轻松地接受答案，若教师以炫耀的姿态讲解答案，容易伤害学生学习的积极性。②解答过程要使学生知其所以然，每个学生的认知程度不同，同一个问题，较为优秀的学生理解起来轻松，中等的学生理解，较后进的同学可能会理解困难，故如果是较为难理解的问题，教师在解答后，应再提问一个同类的问题，以便于不同认知程度的同学都便于理解，且教师在讲解的过程中，应注意渗透解题技巧。③教师应乐于回答书本以外的问题，学生有浓厚的求知欲望是乐事，教师应该鼓励学生多提问，无论是课本以内还是以外，这也要求教师不断提升自我素质，不断地给自己充电，只有这样才能更好地为学生服务。

三、提问能力

提问是教学环节中非常重要的环节，提问既可以引出新的内容，也可以通过提问检测已学的知识。提问的问题应该精心设计，一般是利用已学知识可以解答的，直接能够在书本上找到答案的问题，最好不要设计。问题的设计应该具有梯度，根据内容的不断深入，问题的设计也要具有针对性和实效性，更要通过问题，培养学生有针对性的观察图片或文字史料。根据历史学科的特点，在设计问题时应考虑到对于史观和史学方法的应用，并通过问题的设计培养学生论从史出、史论结合的能力。

四、评价能力

与提问能力相对应的是教师针对学生回答问题的评价能力，这恰巧是容易被教师忽视的能力。很多教师在学生回答问题后，自然地过渡到下一环节，忽略了对学生的评价。这往往会挫伤学生回答问题的积极性。对于学生回答问题的评价，教师也应注意以下几点：①针对性，对于学生的正确回答要给予充分肯定，对于学生的错误回答要慎重对待，弄清原因，或是知识点错误，或是表述错误，帮助学生找到根源，切忌盲目否定。②激励性，对学生的评价要注重感情效应，通过评价激发学生学习兴趣，这就要求教师的评价客观、公正，评价的语言丰富多变，富于感染力。③时效性，对学生的回答评价要及时，还要求时效，通过评价能使学生对知识理解更深刻，能力得到有效发展。

五、组织学生讨论的能力

课堂讨论往往是一节课的重要程序，讨论环节的设置主要是突出学生自主学习的重要性，让学生在讨论的过程中，完成对所学知识的习得。做好准备工作是讨论成功的关键。学生的准备主要在于认真自学，只有认真自学，才能在讨论时，充分表达个人的意见和见解，为使学生能够全面和细致地进行讨论，教师要为学生提供或指导学生准备必要的学习资料，有时要进行个别的辅导。讨论要注重全体性原则，不能总是集中在几个积极发言的同学身上。要想方设法让每一个学生都参加讨论，不仅要指导他们自学，还要鼓励不善发言的同学参加讨论，开始可以让其他同学提供给他们发言的时间和机会，使他们逐渐勇于发言，学会讨论。此外，在学生讨论的过程中，教师要不断地到各组听取讨论过程，一方面促进学生的讨论进度，防止部分同学浑水摸鱼，讲闲话浪费时间；一方面，教师也可以参与到学生的讨论当中去，听取他们的内容，并进行相应的指导。

以上内容仅是对于教师而言在课堂教学中所应具备的能力，但是课堂教学是动态的，即便准备得再充分，也会遇到这样或者那样的突发状况，教师除不断提升自身的基本功外，还要不断提高应变能力，在实实在在的教学工作中不断反思，善于思考，进而完善教学。

第四节　说课与评课

一、说课

说课是教师在制订教学方案或教学实施后，面对同行和专家，以科学的教育理论为指导，将自己的教学设想及其理论依据进行阐述的一种教学研究活动。简言之，说课就是要说“教什么、怎么教、为什么这样教”(内容问题—技术问题—原理问题)这三个问题。说课以教师为对象，分“课前说课”和“课后说课”两类；是一种教学研究活动；说课的重点是说清楚“为什么这样教”，因其说课主要说为什么这样教，主要让听者了解教师的教学思路，还要了解教学思路的设计原理，故说课属于教学研究的范畴，这区别于备课与上课。

(一)说课的特点

①思维活动的直观性，说课是教师将自己的教学设计以及教学设计的原理，用直观、简洁、理性的语言表达出来。这是将教师备课时的思维活动，用语言描述出来。说课是教师将自己的教学设计过程由静态变为动态，由抽象变为直观的过程。②听课对象专业性，说课是教师技能大奖赛或是新教师面试的必经之路，故说课一般是面对专家或是同学科的老师。③说课操作简易性，说课不受空间和时间的限制，也没有学生的参与，较为灵活。

(二)说课的内容

①说教材，主要从教材的地位与作用说。②说教学目标，结合教材内容，结合学情制定教学三维目标。③说教学的重难点，此处结合课标与考纲制定。④说教法，教法是教师组织教学时使用的方法，具体地说一共采用了几种教法。⑤说学法，教师引导学生采取何种学习方式来学习。⑥说教学过程，包括导入新课、讲授新课、课堂小结、板书设计、作业布置的内容，以及每部分所花费的时间。⑦说小结，包括对教材内容的处理；教学策略的选用。⑧最后说结束语。

(三)说课需把握的要点

1. 能用新课程的教育教学理念指导说课

具体表现：①注重学情分析，并根据学情选择恰当的教法与学法，做到以学定教。②教法、学法的多元性与有效性。如问题探究法、小组讨论法、情景体验法。彻底摆脱了填鸭式教学。③精心设计教学过程中的学生活动。经典设计如《抗日战争》一课中，设计“展厅解说员”活动，《新航路的开辟》设计有“哥伦布评价辩论赛”，《一国两制》设计有“我来当记者”、“小论坛”等学生活动。我们不要小看这些教学行为在教学设计中的变化。新课程理念从浅层来看，是由以往以教师的“教”为重心，转变为以学生的“学”为重心，就是最大限度地把课堂还给学生，把学习的“主权”还给学生，让学生真正成为学习的主人。如果从深层来看，它其实涉及我们国家究竟培养什么样的人才和怎样培养人才的问题，这是事关国家和民族兴衰的大事。

2. 能部分体现建设高效课堂的教改意图

要建设好高效课堂应把握以下几点。①一个定义：指教育教学效率或效果能够在单位时间内有相当高的目标达成的课堂。②三个层位的评价标准：第一，赢得考试——低层位标准；第二，实现“三维目标”——中层位标准；第三，让每个学生获得最好的发展——高层位标准。(为什么?)③构建高效课堂的三个要件：第一，教学模式的构建、提炼与推广(结构决定性质，性质决定价值)；第二，导学案的编写与使用；第三，学习小组的建设。(为什么?)

3. 能紧扣说课的主要特征进行说课

说课过程中，教师能够说清楚为什么这样说，也就是说，当教师分析“为什么这样教”而不是那样教时，是最具说服力的。

无论是“设计依据”、“设计意图”，还是“设计理念”、“设计理由”，事实上都是为了回答“为什么这样教”的问题。这是说课的关键所在，是说课之所以是一种教学研究活动，而不是一般的教学活动的本质所在。所以，这是在说课过程中最为成功的一个方面。但是，大多数教师目前所缺少的就是这方面的能力，这本身也是对教材深研对教法积累的过程，看似复杂实则需要教师潜心去琢磨，在实践中不断地提高分析判断的能力。

4. 能准确把握说课的呈现形式，“说”得到位

会“说”是说课的主要技巧。换句话说，就是语言表达能力强往往是教师在说课中的优势。

这有两种表现：①恰当地使用独白语言与教学语言。由于说课教师既是“编剧”，又是“导演”，还是“演员”，它必然要求教师使用两种不同的语言形式：“独白语言”，是独自向其他教师或评课专家说课时的用语(导演身份)；“教学语言”，就是暂时把听众当成学生，仿用课堂教学语言(演员身份，即真实的上课教师身份)。②单从“独白语言”的角度看，不少教师的语言功底好、表达能力强。精妙的语言往往有以下特点：语言精练，没有闲话，能从语言的清晰听出其思路的清晰；富有逻辑性和层次性，有点像经过多年历练的理科教师的语言，一听就明；善于用自信和平稳的心态把握语言的起伏，听不出半点紧张的心情；语言朴实，没有丝毫的卖弄与夸张。像这样的语言功底不是一朝一夕练就的，像这样的语言能力也是不多见的。

(四)说课需注意的事项

1. 要注意说课与备课、上课的区别

第一，说课不是备课，说课不是说教案。说课也不是上课，说课不是对上课一种浓缩性的表达。有的说课表面上看好像很精彩，但大部分内容都是在“说教案”，或是“上课的简缩版”，这远远背离了说课的本质要求。第二，说课不是“背诵说课稿”。有的说课表面上看虽然很熟练，但在说课现场中缺乏创造性和临场发挥，反而被“熟练的稿子”套住了自己。第三，应注意说课课件与上课课件的区别。说课课件应当是对“说课稿”高度提炼的展示，而不是对上课课件的嫁接与拼凑，应以文字表达方式为主。因为听课的是专家和教师而不是学生，不需要对图片、视频进行具体的了解。

2. 要学会寻找教学设想或教学实施的理论依据，将平时的经验性思维与直觉思维上升到理性思维的层面

①《课程标准》中的指导思想、课程理念、教学原则、教学要求等。如大家在解读“三维目标”时都注意到要注重学科能力的培养，但这样做的依据是什么呢？《高中历史课程标准》有这样一句话可做依据：“掌握历史知识不是历史课程学习的唯一和最终目标，而是全面提高人文素养的基础和载体。”

②《教材》、《教参》中的编排说明、具体要求等。这是指导我们确定具体教学目标、重点、难点的理论依据。如大家在“说教材”这一环节，都展示了教学重点、难点，但重点、难点确定的依据是什么呢？他们之间的关系又是怎样的呢？教学重点与教学难点既相互区别又相互联系。教学重点是《课标》、《教材》、《教参》规定的，是国家意志，而不是教师和学生随意选择的，具有绝对性。如教材对课文中的小字部分就明确不做统一要求。《教参》依据《课标》和《教材》的精神也对每课的重点予以了规定。教学难点则是针对知识的特点与学生的特点而言的，具有相对性(知识的特点：知识抽象；知识相近易混。学生的特点：学生的年龄特征、认知发展水平和生活经验的多少；基础知识薄弱；思维水平较差或思维定势)。因此，不同的学生对学习难点的感觉很可能是不一样的。重点、难点有时相同，有时无关联。

③《教育学》、《心理学》中许多教学原则、原理、要求和方法等。如我们在设计练习题时为什么要有梯度呢？我们可以依据前苏联心理学家维果斯基的“最近发展区理论”。“最近发展区”即学生已经达到的发展水平与学生可能达到的发展水平之间的距离。教学应着眼于学生的“最近发展区”，为学生提供带有难度的内容，调动学生的积极性，发挥其潜能，超越其“最近发展区”而达到下一发展阶段的水平，然后在此基础上进行下一个“最近发展区”的发展。

④对教育教学进行哲学层面的思考。如我们为什么要摒弃灌输式教学，选择启发式教学？因为：第一，“教育不是雕刻，而是唤醒”。哲学家苏格拉底的父亲是一个著名的石匠师傅。在苏格拉底很小的时候，有一次，他的父亲正在雕刻一只狮子，苏格拉底观察了好一阵子，问：“怎么才能成为一个好的雕塑师？”“看！”父亲说，“以这只石狮子来说吧，我并不是在雕刻这只狮子，我只是在唤醒它！”“唤醒？”“狮子本来就沉睡在石块中，我只是将它从石头监牢里解放出来而已。”教育不只是教会学生几个知识点、几道考题，也不是把学生教成我们所认为的“好学生”，雕刻成我们想要的“理想”形象，而是应该唤醒学生的智慧。第二，“知识可以传授，智慧只能唤醒。”(周国平)智慧不能像知识那样直接传授，它需要在获取知识、积累经验的过程中由教师不断唤醒、点化、开启、丰富。第三，“博学并不能使人智慧。”(赫拉克利特)知识与智慧是有区别的。某个学生考试得 100 分，并不意味着他拥有 100 分的智慧。正因为这样，高分低能的现象在学生中层出不穷。又如为什么要还课堂给学生，强调学生的自主性学习呢？因为：第一，教师口头传授的技能终归只是纸上谈兵，学生只有通过亲身实践、体验、感悟，才能获取真正的技能。第二，“一切教育都可以归结为自我教育。学历和课堂知识均是暂时的，自我教育的能力却是一笔终身财富。经验证明，一个人最终是否成才，往往不取决于学历的高低和课堂知识的多少，而取决于是否善于自我教育。”(周国平)第三，人是唯一拥有“自我意识”的生物(照镜子)。学生在课堂上的自我意识体现为：我为什么一定要听你喋喋不休地讲？我自己看书可能收获更大。你为什么一定要我接受你的观点？你的观点就是彻头彻尾的真理吗？正

是由于人具有自我意识，才能使自己形成完整的个性，而个性则是创造性的前提。

3. 说课要力求避免脱节的现象

①避免理论与实际相脱节。既要防止就事论事(只讲“教什么”和“怎么教”)，又要防止空谈理论(不能将“怎么样”与“为什么这样教”很好地融为一体)。②避免教学目标与教学策略脱节。教学过程的设计和教法、学法的选择是达成教学目标的措施，二者是一致的。即用怎样的教法、学法来达成三维目标，二者不能“游离”。有的说课将“三维目标”展示了一大堆，但后面的教学策略、教学措施并没有紧扣教学目标去研制、去实施。

4. 要善于处理说课中的细节问题

①把握好说课的时间。从结构上看，应将说课重点放在“说教学程序”上。②把握好说课的“时态”。究竟是课前说课，还是课后说课，你只能选择一种。课前说课应为“我准备怎么教和这样教的依据”(将来时)；课后说课应为“我已经怎么教了和这样教的理由”(过去时)。但有的课后说课的教师却采取了“将来时”，牛头不对马脸。

【说课案例及点评】

说课内容：华师大版初中历史八年级

是谁，在绥靖法西斯战车?

上海市格致初级中学　袁文菁

各位老师好：

今天我说课的课题是《是谁，在绥靖法西斯战车?》。下面我对本课题进行分析。

一、说教材

《是谁，在绥靖法西斯战车?》是华东师大版八年级教材第四单元第 13 个课题。在此之前，学生们已经学习了《繁荣与危机》，这为过渡到本课题的学习起到了铺垫的作用。学好本课能够很好地理解第二次世界大战爆发的原因，它是整个世界近代史中具有转折性的历史事件。

二、说教学目标

根据本教材的结构和内容分析，结合着八年级学生他们的认知结构及其心理特征，我制订了以下的教学目标：

1. 知识与技能目标：知道《慕尼黑协定》签订的背景和内容；知道苏联与德国签订了《苏德互不侵犯条约》。

2. 过程与方法目标：通过对第二次世界大战爆发原因的分析，提高用历史唯物主义观点分析历史问题的能力。通过对政治漫画的解读，提高识图能力；通过图文互证，掌握基本的史学思想方法。

3. 情感与价值观目标：通过对《慕尼黑协定》和《苏德互不侵犯条约》的剖析，认识大国背信弃义，出卖盟国和小国的独立、领土和主权的行径，纵容了法西斯国家的侵略野心。这种卑劣行径，违反了国际准则，应该受到谴责。

三、说教学的重难点

本着遵循课标的要求，在吃透教材基础上，我确定了以下教学重点和难点。

教学重点：重点的依据是只有掌握了绥靖政策及其影响，才能理解和掌握第二次世界大战爆发的原因。

教学难点：难点的依据是图文互证较抽象，学生没有这方面的基础知识。

为了讲清教材的重难点，使学生能够达到本课题设定的教学目标，我再从教法学法上谈谈。

四、说教法

我们都知道历史学科是一门培养人的综合能力的重要学科。因此，在教学过程中，不仅要使学生“知其然”，还要使学生“知其所以然”。我们在以师生既为主体又为客体的原则下，展现获取理论知识、解决实际问题的思维过程。

考虑到八年级学生的现状，我主要采取设置情景教学法，让学生积极主动地参与到教学活动中来，使他们在活动中得到认识和体验，产生践行的愿望。培养学生将课堂教学和自己的经验结合起来，引导学生主动去发现周边的客观事物，发展思辨能力。当然老师自身也是非常重要的教学资源。教师本人应该通过课堂教学感染和激励学生，调动起学生参与活动的积极性，激发学生对解决实际问题的渴望，并且培养学生以理论联系实际的能力，从而达到最佳的教学效果。基于本课题的特点，我主要采用了以下的教学方法：

1. 直观演示法：利用漫画等手段进行直观演示，激发学生的学习兴趣，活跃课堂气氛，促进学生对知识的掌握。

2. 活动探究法：引导学生通过创设情景等活动形式获取知识，以学生为主体，使学生的独立探索性得到了充分的发挥，培养学生的自觉能力、思维能力、活动组织能力。

3. 集体讨论法：针对学生提出的问题，组织学生进行集体和分组语境讨论，促使学生在学习中解决问题，培养学生团结协作的精神。

由于本课题内容是世界近代史上的大事件，很多学生对于二战有所了解，可以让学生自己阅读课本并思考，列举学生已知道的关于二战爆发原因的史实，在老师的指导下对绥靖政策进行讨论，然后进行归纳总结，得出正确的结论。这样有利于调动学生的积极性，发挥学生的主体作用，让学生对本课知识的认知更清晰、更深刻。

五、说学法

我们常说：“现代的文盲不是不懂字的人，而是没有掌握学习方法的人。”因而，我在教学过程中特别重视学法的指导。让学生从机械的“学答”向“学问”转变，从“学会”向“会学”转变，成为学习的真正的主人。这节课在指导学生的学习方法和培养学生的学习能力方面主要采取以下方法：思考评价法、分析归纳法、自主探究法、总结反思法。

最后我具体来谈谈这一堂课的教学过程。

六、说教学过程

在这节课的教学过程中，我注重突出重点，条理清晰，紧凑合理，各项活动的安排也注重互动、交流，最大限度地调动学生参与课堂的积极性、主动性。

1. 导入新课(2~3 分钟)

由展示地图、引入情境导入新课。导语设计的依据：介绍第二次世界大战爆发的事件，由此提问：人类是如何走向这场战争的呢？进而引发学生的思考。这是教学非常重要的一个环节。

2. 讲授新课(35 分钟)

在讲授新课的过程中，我突出教材的重点，明了地分析教材的难点。还根据教材的特点，学生的实际、教师的特长，以及教学设备的情况，我选择了多媒体的教学手段。这些教学手段的运用可以使抽象的知识具体化，枯燥的知识生动化，乏味的知识兴趣化。还重视问题的设计，适当对题目进行引申，使它的作用更加突出，有利于学生对知识的串联、积累、加工，从而达到举一反三的效果。

3. 课堂小结(2~3 分钟)

课堂小结的目的是强化认识，可以把课堂传授的知识尽快地转化为学生的素质；简单扼要的课堂小结，可使学生更深刻地理解绥靖政策，进而理解第二次世界大战爆发深层次原因。

4. 板书设计

我比较注重直观地、系统的板书设计，并及时地体现教材中的知识点，以便于学生能够理解掌握。我的板书设计是：

绥靖政策→{《慕尼黑协定》、《苏德互不侵犯条约》}→第二次世界大战的爆发

5. 布置作业

针对八年级学生素质的差异，我进行了分层训练，这样做既可以使学生掌握基础知识，又可以使学有余力的学生有所提高，从而达到拔尖和“减负”的目的。我布置的课堂作业是：完成练习册部分，程度较好的同学完成拓展部分。

七、说小结

1. 对教材内容的处理

根据新课程标准的要求、知识的跨度、学生的认知水平，我对教材内容的有增有减。

2. 教学策略的选用

组织学生探究知识形成新的知识。利用地图、漫画、视频等学生较为喜欢的史料结合文字史料，精心设计问题，环环相扣，层层递进，学生对于漫画等直观的图像有了感官认识后再去结合文字史料，有助于学生对问题的理解。且结合小组探究的形式，组员内互相启发互相答疑，在培养学生协作的同时也训练学生的思维。基本上实现课堂以学生为主体，教师为主导的授课模式。

八、结束语

各位领导、老师们，本节课我根据八年级学生的心理特征及其认知规律，采用直观教学和活动探究的教学方法，以“教师为主导，学生为主体”，教师的“导”立足于学生的“学”，以学法为重心，放手让学生自主探索的学习，主动地参与到知识形成的整个思维过程，力求使学生在积极、愉快的课堂气氛中提高自己的认识水平，从而

达到预期的教学效果。我的说课完毕，谢谢！

课后点评

袁老师的说课思路清晰，能够突出学生是课堂主体的原则，在设计之时充分选择了学生较为感兴趣的漫画作为本课的基础史料，史料选择与教学内容匹配度高。整堂课的设计能够突出训练学生历史思维的主旨，运用多种教学模式培养学生学习历史的兴趣，重点突出且教学手段的选择结合教材内容与学生特点，授课内容的时间分配较为合理。期待袁老师在授课中能够将以上理念——实践。

点评专家：上海市黄浦区教育学院　任琍

二、听课与评课

教师的成长是一个完整的生态系统，除了教学设计与说课外，提高此二项能力的是听课与评课，一名教师想要成长迅速就一定要向前辈学习，多走出校门去他校听课，去学习去见识。听课与评课是教研活动的其中一项，也是一名教师必备的素质。新教师往往刚刚走上教师岗位，对于教学设计已经觉得头大，对于听课与评课也只是匆忙应对，但有经验的教师都知道，想要成长就一定要向他人取长补短，听课与评课就是向他人学习的最直接的方式。听课是教师将他人经验内化的过程而评课是教师与他人交流、沟通的过程，二者缺一不可。如何听课，如何评课，也是有门道的，要有的放矢地听课，带着反思去评课，才能获得事半功倍的效果。

（一）听课听什么

1.“听”课的结构

课的结构是指课的各部分的设计和时间分配。课型不同，课的结构也不同。新教师在听课时，要看教师是怎样安排课堂结构的。例如：一节课设计了几个环节完成，每个环节所用时间；新课的导入有何新颖之处，是否起到启发学生学习兴趣的作用；每个环节之间的过渡是否顺畅，逻辑顺序是否清晰；每个环节都采取了哪些教学法，效果如何；学生在每个环节中的表现如何；教师是否利用了教学设计引导学生学习，使学生成为课堂的主导等。

2.“听”重点难点的突破

重难点的突破是听课者所要听得重要环节。首先，重难点本身对于学生而言就是较为困难的知识，此处听教师如何设计，如何启发学生的思维，在启发的同时激发学生的求知热情，从而使学生真正成为学习的主体。其次，听教师讲重难点提问时，如果学生不会回答，如何引导学生思考，这一项技能是很多教师的软肋，提问的问题学生不会回答，教师先慌张，有经验的教师会用巧妙的语言引导学生。最后，听重难点的落实，教师在讲授重难点后，势必会结合习题来检验学生的接受情况，从学生的反馈情况进行相应的调整，这也要求教师在备课时充分考虑到多种情况的发生，如何针对学生的情况再落实也是教师听课的重点。

3.“听”板书及教学媒体运用

现代教学的一大特点就是传统与现代相结合。虽然多媒体技术对于教师授课而言帮助越来越大，但是板书对于引导学生归纳总结知识点的用途却未能被取代。板书设计也是见教师功底的技能，书写的美观与否自是不必多说，教师采用哪种板书形式，此种形式是否符合教材，是否符合学生的认知，这也是教师展示的重头戏。好的板书设计不仅能使学生对所学知识一目了然，也可以使外行听得头头是道。现在的课堂教学很少有教师不使用多媒体技术，课件的设计是否与教师所要传授的内容息息相关，是否启发学生学习兴趣；引领学生学习的效果也是听课的一个重要环节。

4.“听”课堂气氛

现在课堂评判一名教师授课的质量，其重要的评判标准就是教师是否能够充分地调动学生学习的积极性。学生是一味地活跃而忽略教师的启发还是学生在教师的循循善诱下自主学习，自主解决问题，这都是考验教师的难题。课堂不能一味地追求气氛上的活跃而忽略师生之间的相互交流，真正优秀的课堂应该是教师是引导，学生唱主角，学生表达的内容要比教师多，摒弃过去教师一言堂的授课模式。让学生主导课堂，教师辅助学生。

5.“听”闪光之点

每节课都有自己的亮点或者是一节课的高潮所在，一节课最担心的就是让听者感觉平平的，如果听课的人感觉平平，那学生听起来也定是索然无味的。优秀的教师都有其自身的特点，有的是过人的表达能力；有的是严谨的表述；有的是课件设计的高效；有的是学生调动的充分；有的是启发学生恰到好处。总之，每个教师在进行教学设计的时候一定会结合自身的优势来设计，教师在听课的时候一定要会听授课教师的闪光之处，从而学习其优点，进而内化自身的本领。

6. 听课后的反思、总结

听课后，要认真思考。一节课的好坏，不同时期、不同学科有不尽相同的标准。此外，一堂好课还要做到：要有科学性。这里的科学性一指呈现的材料、知识、观点必须是正确的；二指教师的角色定位是否准确，是否体现教学过程中师生交往、积极互动、共同发展，教学就是帮助每个学生进行有效的学习，使其个性得到充分发展。教师对教材为何这样处理？换成自己该如何处理？教师是怎样把复杂问题转化为简单问题的？自己应怎样对“闪光点”活学活用？思考之后，记下其得失优劣，写下反思之法，借鉴之道。并和自己的备课思路进行对比分析，大胆地去粗取精，扬长避短，写出符合自己特点的教案，并付诸实施。

(二)评课评什么

1. 从教学目标评

教学目标是教学的出发点和归宿，它的正确制订和达成，是衡量一节课的主要尺度。

首先，从教学目标制订来看，要看是否全面、具体。其次，从目标达成来看，教学目标是否落实是评价一节课成功与否的重要指标之一。教学目标的落实和达成是多维度的，可以是学生在小组讨论后得出的结论，也可以是回答问题时的正确答案，也可以是训练习题时的正确率，总之，教学目标的达成是教学成果的展示。

2. 从教材整合评

在授课中如何使用教材，也是考量教师教学能力的指标，现在越来越多的教师将教材内容进行整合，为我所用。或补充或删减，完全围绕教学目标的达成而进行整合，使教材真正成为授课环节中自然而然的一部分。

3. 从教学程序评

教学目标要在教学程序中完成，教学目标能不能实现要看教师教学程序的设计和运作。因此，评课就必须要对教学程序做出评析。每位教师的教学思路都是独特的，同一个内容不同的教师设计的思路肯定是有所区别的。教师课堂上的教学思路设计是多种多样的。为此，评课者评教学思路，一是要看教学思路设计是否符合教学内容实际，是否符合学生实际；二是要看教学思路的设计是不是有一定的独创性，给人耳目一新的感觉；三是看教学思路的层次、脉络是不是清晰；四是看教师在课堂上教学思路实际操作的效果。除了教学思路，还要看授课者的教学时间设计，教学时间的设计能较好地了解授课者授课重点、难点。听课的时候可以有意识地记录教师每一环节以及过渡环节所使用的时间。

4. 从教学方法和手段上评

评析教师教学方法、教学手段的选择和运用是评课的又一重要内容。什么是教学方法？它是指教师在教学过程中为完成教学目的、任务而采取的活动方式的总称。但它不是教师孤立的单一活动方式，它包括教师"教学活动方式，还包括学生在教师指导下""学"的方式，是"教"的方法与"学"的方法的统一。评析教学方法与手段包括以下几个方面的主要内容。

①看是不是量体裁衣，优选活用。我们知道，教学有法，但无定法，贵在得法。教学是一种复杂多变的系统工程，不可能有一种固定不变的万能方法。一种好的教学方法总是相对而言的，它总是因课程，因学生，因教师自身特点而相应变化的。也就是说教学方法的选择要量体裁衣，灵活运用。

②看教学方法的多样化。教学方法最忌单调死板，再好的方法天天照搬，也会令人生厌。教学活动的复杂性决定了教学方法的多样性。所以评课既看教师是否能够面向实际恰当地选择教学方法，同时还要看教师能否在教学方法多样性上下一番功夫，使课堂教学超凡脱俗，常教常新，富有艺术性。

③看教学方法的改革与创新。评析教师的教学方法既要评常规，还要看改革与创新。尤其是评析一些素质好的骨干教师的课。既要看常规，更要看改革和创新。要看课堂上的思维训练的设计，要看创新能力的培养，要看主体活动的发挥，要看新的课堂教学模式的构建，要看教学艺术风格的形成等。

④看现代化教学手段的运用，现代化教学呼唤现代化教育手段。"一支粉笔一本书，一块黑板，一张嘴"的陈旧单一教学手段应该成为历史。看教师教学方法与手段的运用还要看教师适时、适当用了投影仪、录音机、计算机、电视、电影、电脑等现代化教学手段。当前在教学方法的问题上还存在"四个一"现象，这应该在听课评课中得到解决。这"四个一"是：一讲到底满堂灌。不给学生自读、讨论、思考交流时间，教师"讲""灌"包打天下。一练到底，满堂练。由一个极端，走向另一个极端。教师备课找题单，上课甩题单，讲解对答案，怪不得学生说："不是灌就是串，要不就是满堂练。"一看到底，满堂看。有的教师上课便叫学生看书，没有指导，没有提示，没有具体要求，没有检查，没有反馈。名为"自学式"，实为"自由式"。一问到底，满堂问。有的教师把"满堂灌"变成了

“满堂问”，而提的问题，缺少精心设计，提问走形式。

5. 从教师教学基本功上分析

教学基本功是教师上好课的一个重要方面，所以评析课还要看教师的教学基本功。通常，教师的教学基本功包括以下几个方面的内容。

①看板书。好的板书，首先，设计科学合理，依纲扣本。其次，言简意赅，有艺术性。再次，条理性强，字迹工整美观，板画娴熟。

②看教态。据心理学研究表明：人的表达靠55%的面部表情+38%的声音+7%的言词。教师课堂上的教态应该是明朗、快活、庄重，富有感染力。仪表端庄，举止从容，态度热情，热爱学生，师生情感交融。

③看语言。教学也是一种语言的艺术。教师的语言有时关系到一节课的成败。教师的课堂语言，首先，要准确清楚，说普通话，精当简练，生动形象有启发性。其次，教学语言的语调要高低适宜，快慢适度，抑扬顿挫，富于变化。

④看操作。看教师运用教具，操作投影仪、录音机、微机等熟练程度。

6. 从教学效果上分析

巴班斯基说：“分析一节课，既要分析教学过程和教学方法方面，又要分析教学结果方面。”经济工作要讲效益，课堂教学也要讲效果。看课堂教学效果是评价课堂教学的重要依据。课堂效果评析包括以下几个方面。一是教学效率高，学生思维活跃，气氛热烈。二是学生受益面大，不同程度的学生在原有基础上都有进步。知识、能力、思想情操目标达成。三是有效利用45分钟，学生学得轻松愉快，积极性高，当堂问题当堂解决，学生负担合理。

课堂效果的评析，有时也可以借助于测试手段。即当上完课，评课者出题对学生的知识掌握情况当场做以测试，而后通过统计分析来对课堂效果做出评价。

【听课与评课案例】

听课学校：上海市格致初级中学　班级：八一班　授课教师：袁文菁　第二节课

课题：《是谁，在绥靖法西斯战车?》　课型：新授课

导入：欧洲地图导入，引出二战。设问：人类是如何走向这场战争的呢?

评：导入简洁直奔主题，使用地图，突出地图重要史料作用，培养学生的空间感。用设问的形式引出环节一。

环节一：出示漫画1《三头怪兽》并提问。学生回答。出示漫画2《希特勒、墨索里尼与狗》与文字材料提问：对话中的“吠”和“咬人”指的是什么？漫画作者要告诉我们什么？学生以小组探究的形式，相互讨论，能够将漫画与文字结合得出结论。最后引出绥靖政策的概念并讲述其原因。

评：袁老师的漫画与文字材料相结合的设计非常巧妙加之问题设计得精准，使得学生在讨论时能够有充分的素材，且学生在回答问题时，教师能够示范如何结合文字材料解读漫画作者的观点，充分落实了论从史出的史学方法。能够落实绥靖政策这个重点与难点。

环节二：出示新闻照片：《1938年9月29日，英、法、德、意四国首脑在慕尼

黑召开会议》，并出示《慕尼黑协定》的内容，播放新闻纪录片片段：《1938 年 9 月 30 日张伯伦在伦敦赫斯特机场发表演说》，多种史料介绍慕尼黑协定，并提问，学生带着问题阅读史料。

评：不同类型的史料相互印证，为学生理解问题提供了多种渠道，且学生的小组探究能够遵循老师之前指导的方式，史料间相互证明，得出问题的结论。这种设计符合学生的学习思维的演变。

环节三：教师再次结合地图讲解德国入侵苏台德区的史实。引出《苏德互不侵犯条约》出示漫画 3《荒唐的伴侣》与文字史料及条约的内容。并提问：荒唐在哪里？整个问题由学生独立完成。

评：学生在前两个环节中逐渐掌握论从史出，史论结合的史学方法，在本环节中能得到巩固，且学生之间能够相互补充不足。教学环节非常紧凑，课堂效率高。

环节四：小组活动，小组结合漫画与问题，独立完成问题。学生运用史学方法独立完成，小组间相互交流，对漫画作者的观点由表及里的分析并阐述其观点。

评：史学方法的再巩固，学生基本已经掌握其方法，前面的教学很成功。

环节五：出示动态图，德国闪击波兰。小结本课内容。

课后点评

袁老师的本课设计非常成功，是一节非常成功的史学方法课，从教学内容看出袁老师在备课过程中非常细致，史料搜集非常新颖且种类丰富。每一个问题都是精心设计的，这既需要学识也需要多元的思维。本节课的另一个成功之处在于环节间的环环相扣，每个环节间的过渡自然。袁老师的教学语言也极为简洁精准，时间把握恰到好处。如此大的信息量也正是有了袁老师清晰的逻辑思维引导学生，学生才能准确把握。从学生的反应来看，学生能够很准确地执行袁老师的教学意图，且小组探究的形式，做得很实，不浮夸，真正做到了小组成员间的思维互补。无论从教学设计还是教学知识的落实以及课堂的组织，学生的反馈，这节课都是十分成功的。

点评专家：上海市华东师范大学附属周浦中学　张镇

第十二讲　政治基础知识与教学能力

第一节　政治学科知识

一、初中思想品德学科基础知识

(一)课程性质

思想品德课程是一门以初中学生生活为基础、以引导和促进初中学生思想品德发展为根本目的的综合性课程。本课程的特性主要有以下几个方面。

1. 思想性

以社会主义核心价值体系为导向，深入贯彻落实科学发展观，根据学生身心发展特点，分阶段分层次对初中学生进行爱祖国、爱人民、爱劳动、爱科学、爱社会主义的教育，为青少年健康成长奠定基础。

2. 人文性

尊重学生学习与发展规律，体现青少年文化特点，关怀学生精神成长需要，用初中学生喜闻乐见的方式组织课程内容、实施教学，用优秀的人类文化和民族精神陶冶学生心灵，提升学生的人文素养和社会责任感。

3. 实践性

从学生实际出发并将初中学生逐步扩展的生活作为课程建设与实施的基础；注重与社会实践的联系，引导学生自主参与丰富多样的活动，在认识、体验与践行中促进正确思想观念和良好道德品质的形成和发展。

4. 综合性

有机整合道德、心理健康、法律和国情等多方面的学习内容；与初中学生的家庭生活、学校生活和社会生活紧密联系；将情感态度价值观的培养、知识的学习、能力的提高、思想方法与思维方式的掌握融为一体。

(二)课程基本理念

1. 帮助学生过积极健康的生活，做负责任的公民是课程的核心

初中学生正处于身心发展的重要时期，自我意识和独立性逐步增强。在初中阶段帮助学生形成良好品德，树立责任意识和积极的生活态度，对学生的成长具有基础性的作用。思想品德课程的任务是引领学生了解社会、参与公共生活、珍爱生命、感悟人生，逐步形成基本的是非、善恶和美丑观念，过积极健康的生活，做负责任的公民。

2. 初中学生逐步扩展的生活是课程的基础

思想品德是人在对生活的认识、体验和实践过程中逐步形成的。初中学生生活范围逐渐扩展，需要处理的各种关系日益增多。思想品德课程正是在学生逐步扩展的生活经验的基础上，与他们一起体会成长的美好、面对成长中的问题，为初中学生正确认识成长中的自己，处理好与他人、与集体、与国家和与社会的关系，提供必要的帮助。

3. 坚持正确价值观念的引导与学生独立思考、积极实践相统一是课程的基本原则

思想品德的形成与发展，离不开学生的独立思考和积极实践，国家和社会的要求只有通过学生的独立思考与实践才能为学生真正接受。思想品德课程将正确的价值引导蕴含在鲜活的生活主题之中，注重课内课外相结合，鼓励学生在实践中进行积极探究和体验，通过道德践行促进思想品德的健康发展。

(三)课程设计思路

思想品德课程以初中学生逐步扩展的生活为基础，以学生成长过程中需要处理的关系为线索，有机整合道德、心理健康、法律、国情等方面的内容，进行科学设计。

初中学生逐步扩展的生活，尤其是处在青春期的初中学生的身心发展特点是思想品德课程设计的基础，课程从学生的生活实际出发，直面他们成长中遇到的问题，满足他们发展的需要。初中阶段的学生需要进一步学习正确处理与自我、与他人和集体，以及与国家和社会的关系。这三组重要关系依次构成了本课程的三大内容板块。每一内容板块中均涉及道德、心理健康、法律和国情等方面的具体内容。

(四)课程目标

思想品德课程以社会主义核心价值体系为导向，旨在促进初中学生正确思想观念和良好道德品质的形成与发展，为使学生成为有理想、有道德、有文化、有纪律的社会主义合格公民奠定基础。

思想品德课程引导和帮助学生达到以下几个方面的目标。

1. 情感、态度、价值观

①感受生命的可贵，养成自尊自信、乐观向上、意志坚强的人生态度。

②体会生态环境与人类生存的关系，爱护环境，形成勤俭节约、珍惜资源的意识。

③养成孝敬父母、尊重他人、诚实守信、乐于助人、有责任心、追求公正的品质。

④形成热爱劳动、注重实践、崇尚科学、自主自立、敢于竞争、善于合作、勇于创新的个性品质。

⑤树立规则意识、法制观念，有公共精神，增强公民意识。

⑥热爱集体、热爱祖国、热爱人民、热爱社会主义，认同中华文化，继承革命传统，弘扬民族精神，有全球意识和国际视野，热爱和平。

2. 能力

①学会调控自己的情绪，能够自我调适、自我控制。

②掌握爱护环境的基本方法，形成爱护环境的能力。

③逐步掌握交往与沟通的技能，学习参与社会公共生活的方法。

④学习搜集、处理、运用信息的方法，提高媒介素养，能够积极适应信息化社会。

⑤学会面对复杂的社会生活和多样的价值观念，以正确的价值观为标准，作出正确的

道德判断和选择。

⑥学习运用法律维护自己、他人、国家和社会的合法权益。

3. 知识

①了解青少年身心发展的基本常识，掌握促进身心健康发展的途径与方法，理解个体成长与社会环境的关系。

②了解我与他人和集体关系的基本知识，认识处理我与他人和集体关系的基本社会规范与道德规范。

③理解人类生存与生态环境的相互依存关系，认识当今人类所面临的生态环境问题及其根源，掌握环境保护的基础知识。

④知道基本的法律知识，了解法律在个人、国家和社会生活中的基本作用和意义。

⑤知道我国的基本国情，初步了解当今世界发展的现状与趋势。

(五)各模块概况和内容概述

初中思想品德课程围绕成长中的我、我与他人和集体、我与国家和社会三个维度，又从心理、道德、法律、国情四个方面来呈现。

1. 成长中的我

(1)认识自我

悦纳自己的生理变化，促进生理与心理的协调发展；了解青春期心理卫生常识，体会青春期的美好，学会克服青春期的烦恼，调控好自己的心理冲动；正确对待学习压力，克服厌学情绪和过度的考试焦虑，培养正确的学习观念和成就动机；理解情绪的多样性、复杂性，学会调节和控制情绪，保持乐观、积极的心态；客观分析挫折和逆境，寻找有效的应对方法，养成勇于克服困难和开拓进取的优良品质；主动锻炼个性心理品质，磨砺意志，陶冶情操，形成良好的学习、劳动习惯和生活态度；了解自我评价的重要性，能够客观地认识自我，积极接纳自我，形成客观、完整的自我概念。

(2)自尊自强

认识自己生命的独特性，珍爱生命，能够进行基本的自救自护；自尊、自爱，不做有损人格的事；体验行为和后果的联系，懂得每个行为都会产生一定后果，学会对自己的行为负责；能够分辨是非善恶，学会在比较复杂的社会生活中作出正确选择；体会生命的价值，认识到实现人生意义应该从日常生活的点滴做起；养成自信自立的生活态度，体会自强不息的意义。

(3)心中有法

知道法律是由国家制定或认可，由国家强制力保证实施的一种特殊行为规范。理解我国公民在法律面前一律平等的；知道不履行法律规定的义务或作出法律所禁止的行为都是违法行为，理解任何违法行为都要承担相应的法律责任，受到一定的法律制裁；知道法律对未成年人的特殊保护，了解家庭保护、学校保护、社会保护和司法保护的基本内容。掌握获得法律帮助和维护合法权益的方式和途径，提高运用法律的能力；了解违法与犯罪的区别，知道不良心理和行为可能发展为违法犯罪，分析未成年人犯罪的主要原因，增强自我防范意识。

2. 我与他人和集体

(1)交往与沟通

知道礼貌是文明交往的前提，掌握基本的交往礼仪与技能，理解文明交往的个人意义和社会价值；了解青春期闭锁心理现象及危害，积极与同学、朋友和成人交往，体会交往与友谊对生命成长的意义；体会父母为抚养自己付出的辛劳，孝敬父母和长辈。学会与父母平等沟通，调适“逆反”心理。增强与家人共创共享家庭美德的意识和能力；了解教师的工作，积极与教师进行有效沟通，正确对待教师的表扬与批评，增进与教师的感情；学会用恰当的方式与同龄人交往，建立同学间的真诚友谊，正确认识异性同学之间的交往与友谊，把握原则与尺度。

(2)在集体中成长

正确认识个人与集体的关系，主动参与班级和学校活动，并发挥积极作用。有团队意识和集体荣誉感，感受学校生活的幸福，体会团结的力量；学会换位思考，学会理解与宽容，尊重、帮助他人，与人为善；领会诚实是一种可贵的品质，正确认识生活中诚实的复杂性，知道诚实才能得到信任，努力做诚实的人；理解竞争与合作的关系，能正确对待社会生活中的竞争，敢于竞争，善于合作；知道每个人在人格和法律地位上都是平等的，做到平等待人，不凌弱欺生，不以家境、身体、智能、性别等方面的差异而自傲或自卑，不歧视他人，富有正义感。

(3)权利与义务

了解宪法对公民基本权利和义务的规定，懂得正确行使权利、自觉履行义务；知道公民的人身权利受法律保护，任何非法侵害他人人身权利的行为，都要承担相应的法律责任；知道公民有受教育的权利和义务，学会运用法律维护自己受教育的权利，自觉履行受教育的义务；知道法律保护公民的财产，未成年人的财产继承权和智力成果不受侵犯，学会运用法律保护自己的经济权利；知道法律保护消费者的合法权益，学会运用法律维护自己作为消费者的权益。

3. 我与国家和社会

(1)积极适应社会的发展

关注社会发展变化，增进关心社会的兴趣和情感，养成亲社会行为。正确认识好奇心和从众心理，发展独立思考和自我控制能力；合理利用互联网等传播媒介，初步养成积极的媒介批评能力，学会理性利用现代媒介参与社会公共生活；了解不同劳动和职业的特点及其独特价值，做好升学和职业选择的心理准备；知道责任的社会基础，体会承担责任的意义，懂得承担责任可能需要付出代价，知道不承担责任的后果，努力做一个负责任的公民；理解遵守社会规则和维护社会公正对于社会稳定的重要性，正确认识和理解社会矛盾，理解发展与稳定的辩证关系；积极参与公共生活、公益活动，自觉爱护公共设施，遵守公共秩序，有为他人、为社会服务的精神；感受个人成长与民族文化和国家命运之间的联系，提高文化认同感、民族自豪感，以及构建社会主义和谐社会的责任意识。

(2)认识国情，爱我中华

知道我国的人口、资源、环境等状况，了解计划生育、保护环境、合理利用资源的政策，形成可持续发展意识；知道我国是一个统一的多民族国家，各民族人民平等互助、团结合作、艰苦创业、共同发展；了解我国在科技、教育发展方面的现状，理解实施科教兴国战略的现实意义，认识科技创新的必要性，努力提高自身素质；了解全面建设小康社会的奋斗目标。知道促进城乡、区域协调发展是实现全面建设小康社会奋斗目标的一项重要要求；知道中国特色社会主义理论体系。了解我国现阶段基本经济制度和政治制度，知道我国各民族人民的共同理想；学习和了解中华文化传统，增强与世界文明交流、对话的意识；了解文化的多样性和丰富性，尊重不同的文化和习俗，以平等的态度与其他民族和国家的人民友好交往；了解当今世界发展趋势，知道我国在世界格局中的地位、作用和面临的机遇与挑战，增强忧患意识；认识树立全球观念的重要性，增强为世界和平与发展作贡献的意识和愿望。

(3)法律与秩序

知道《中华人民共和国宪法》是我国的根本大法，是全国各族人民、一切国家机关和武装力量、各政党和各社会团体、各企业事业组织的根本活动的准则，增强宪法意识；知道依法治国就是依照宪法和法律的规定管理国家，体会依法治国基本方略的实施有赖于每个公民的参与，是全体公民的共同责任；知道我国环境保护的基本法律，增强环境保护意识，自觉履行保护环境的义务；了解建立、健全监督和制约机制是法律有效实施和司法公正的保障，增强公民意识，学会行使自己享有的知情权、参与权、表达权、监督权；懂得维护国家统一，维护各民族的团结，维护国家安全、荣誉和利益是每个公民的义务。

(六)教学建议

教学是落实本标准、达成思想品德课程目标的主要途径和基本环节。教学的组织与实施，应全面贯彻党的教育方针，以社会主义核心价值体系为导向，坚持正确的政治方向；应坚持课程改革的理念和要求，贯彻思想品德教学原则，进行教学改革，提高思想品德教学的实效性；应以本标准为依据，遵循初中学生身心发展和思想品德形成与发展的规律。

1. 准确把握课程性质，全面落实课程目标

教学应准确把握课程的综合性，以学生健康成长需要处理的主要关系为线索，将道德、心理健康、法律、国情等内容进行有机整合、科学设计，避免将这些内容割裂开来，分块进行教学；应准确把握思想品德课程的德育性，避免概念化、孤立化地传授和记诵知识，努力使知识的学习服务于学生思想道德发展的需要。

2. 强调与生活实际以及与其他课程的联系

教师要深入了解学生的学习需求，面向丰富多彩的社会生活，善于开发和利用初中学生已有的生活经验，选取学生关注的话题组织教学，为学生的思想道德成长服务。思想品德课程实施者应增强课程的开放性，积极开发各门学科中的相关资源，加强与其他课程的有机联系和融通，形成教育合力。

3. 创造性地使用教材，优化教学过程

教材是学生学习的基础性资源，教师要了解和研究教材的整体布局，把握教材具体内容在单元和整个教材中的地位、任务，根据本标准，设定鲜明而集中的教学目标。在合理使用教材的基础上，教师应创造性地组织教学内容，设计合理的教学结构，灵活采用多种教学方法和手段，优化教学过程，提高课堂教学水平。

4. 注重学生的情感体验和道德实践

情感体验和道德实践是最重要的道德学习方式。教师要善于利用并创设丰富的教育情境，引导和帮助学生通过亲身经历与感悟，在获得情感体验的同时，深化思想认识。教师还要为学生提供直接参与实践的机会，提高他们道德践行的能力。

5. 引导学生学会学习

教学中，教师要激发学生的学习积极性，引导学生通过调查、参观、讨论、访谈、项目研究、情境分析等方式，引导学生主动探索社会现实与自我成长中的问题，在合作和分享中扩展自己的经验，在自主探究和独立思考的过程中增强道德学习能力。

二、高中思想政治学科基础知识

(一)课程性质

高中思想政治课进行马克思列宁主义、毛泽东思想、邓小平理论和“三个代表”重要思想的基本观点教育，以社会主义物质文明、政治文明、精神文明建设常识为基本内容，引导学生紧密结合与自己息息相关的经济、政治、文化生活，经历探究学习和社会实践的过程，领悟辩证唯物主义和历史唯物主义的基本观点和方法，切实提高参与现代社会生活的能力，逐步树立建设中国特色社会主义的共同理想，初步形成正确的世界观、人生观、价值观，为终身发展奠定思想政治素质基础。

高中思想政治课与初中思想品德课和高校政治理论课相互衔接，与时事政策教育相互补充，与高中相关科目的教学和其他德育工作相互配合，共同完成思想政治教育的任务。

(二)课程的基本理念

1. 坚持马克思主义基本观点教育与把握时代特征相统一

本课程要讲述马克思主义的基本观点，特别是邓小平理论和“三个代表”重要思想，紧密联系我国社会主义现代化建设的实际，与时俱进地充实和调整教学内容，体现当今世界和我国发展的时代特征，显示马克思主义科学理论的强大力量。

2. 加强思想政治方向的引导与注重学生成长的特点相结合

本课程要重视高中学生在心理、智力、体能等方面的发展潜力，针对其思想活动的多变性、可塑性等特点，在尊重学生个性差异和各种生活关切的同时，恰当地采取释疑解惑、循循善诱的方式，帮助他们认同正确的价值标准、把握正确的政治方向。

3. 构建以生活为基础、以学科知识为支撑的课程模块

本课程要立足于学生现实的生活经验，着眼于学生的发展需求，把理论观点的阐述寓于社会生活的主题之中，构建学科知识与生活现象、理论逻辑与生活逻辑有机结合的课程模块；在开设必修课程的同时，提供具有拓展性和应用性的选修课程，以满足学生发展的不同需要。

4. 强调课程实施的实践性和开放性

本课程要引领学生在认识社会、适应社会、融入社会的实践活动中，感受经济、政治、文化各个领域应用知识的价值和理性思考的意义；关注学生的情感、态度和行为表现，倡导开放互动的教学方式与合作探究的学习方式；使学生在充满教学民主的过程中，提高主动学习和发展的能力。

5. 建立促进发展的课程评价机制

本课程要改变过分注重知识和单一的纸笔测验的评价方式，立足思想政治素质的提高，建立能够激励学生不断进步的评价机制。既要考评学生掌握和运用相关知识的水平和能力，更要考查他们的思想发生积极变化的过程，采用多种方式，全面反映学生思想政治素质的发展状况。

(三)课程设计思路

本课程采取模块式的组织形态，分为必修和选修两部分。各课程模块的内容相对独立，实行学分管理。

必修课程围绕经济生活、政治生活、文化生活的主题设置三个模块，以马克思主义哲学常识为主要内容，设置生活与哲学模块。这四个课程模块的建构，贯彻了整体规划小学、初中、高中阶段德育课程体系的思路，既保持以生活主题为基础的系统联系，又体现内容目标的递进层次。对应社会主义物质文明、政治文明、精神文明协调发展的要求，社会主义市场经济、社会主义民主政治、社会主义先进文化建设常识，将成为本课程的重要内容。

选修课程是基于必修课程教学的延伸和扩展，是体现课程选择性的主要环节。课程模块的设置，要把先进性要求与广泛性要求结合起来，既着眼于学生升学的需要，又考虑到学生毕业后的就业需求；既体现本课程作为德育课程的特有性质，又反映本课程在人文与社会学习领域中的特有价值。

(四)课程目标

1. 目标

知道中国共产党是中国特色社会主义事业的领导核心，马克思列宁主义、毛泽东思想、邓小平理论和“三个代表”重要思想是中国共产党的指导思想，“三个代表”重要思想是马克思主义在中国发展的最新成果；了解中国特色社会主义现代化建设常识；学习运用马克思主义基本观点和方法观察问题、分析问题、解决问题；具备在现代社会生活中应有的自主、自立、自强的能力和态度；具有爱国主义、集体主义和社会主义思想情感；初步形成正确的世界观、人生观和价值观。

2. 分类目标

(1)知识

①知道中国共产党始终代表中国先进生产力的发展要求，代表中国先进文化的前进方向，代表中国最广大人民的根本利益。

②理解发展社会主义市场经济、社会主义民主政治、社会主义先进文化的意义。

③了解辩证唯物主义和历史唯物主义的基本原理和方法。

④理解当代中国的公民道德建设和法制建设的基本要求。

⑤获得正确选择人生发展道路的相关知识。

(2)能力

①提高用马克思主义立场、观点和方法面对实际问题，做出正确的价值判断和行为选择的能力。

②提高主动参与经济、政治、文化生活的能力。

③提高在社会生活中正确处理竞争与合作关系的能力。

④培养为未来生活而自主学习、选择、探索的能力。

⑤增强依法办事、依法律己和依法维护自身权益的能力。

⑥发展采用多种方法特别是现代信息技术，收集、筛选社会信息的能力。

(3)情感、态度与价值观

①热爱中国共产党，坚定走中国特色社会主义道路的信念。

②热爱祖国，热爱人民，关心祖国命运，增强民族自尊心、自信心和自豪感，弘扬中华民族精神，树立为实现中华民族伟大复兴而奋斗的志向。

③关注社会发展，积极参加社会实践，诚实守信，增强社会责任感和民主法制观念，培养公民意识。

④热爱集体，奉献社会，关心他人，乐于助人，倡导团结友善的精神。

⑤乐于学习，尊重科学，追求真理，具有科学态度和创新精神。

⑥热爱生活，积极参加健康有益的文化活动，保持昂扬向上的精神状态，追求更高的思想道德目标。

⑦热爱和平，尊重世界各民族的优秀文化，关注全人类的共同利益，培养世界眼光。

(五)各模块的概况和内容概述

1. 必修一：经济生活

(1)模块概况

本模块以邓小平理论和“三个代表”重要思想为指导，帮助学生认识中国共产党始终代表中国先进生产力的发展要求，知道社会主义的根本任务是发展社会生产力，各项工作都要服从和服务于经济建设这个中心；了解我国社会主义初级阶段的基本经济制度，知道社会主义市场经济的特点；认识现实生活中常见的经济现象，获得参与现代经济生活的必要知识和技能，理解公平与效率的关系，珍惜诚信的价值，增强法律意识，培养进取精神，树立科学发展观。

(2)内容概述

本模块共设生活与消费、投资与创业、收入与分配和面对市场经济四个单元。

第一单元生活与消费内容概述：第一，解析货币在商品交换中的作用及其基本职能；解释常见的信用工具的用途，理解金钱在社会主义经济生活中的意义。第二，归纳影响商品价格变化的因素，理解价格变动的意义，评析商品和服务价格的变化对我们生活的影响。第三，描述几种消费心理；比较消费行为的差异；辨析消费观念的变化，树立正确的消费观。

第二单元投资与创业内容概述：第一，解析银行存贷行为，比较商业保险、存款、债券、股票的异同，解释利润、利息、股息等回报形式，说明不同的投资行为。第二，识别公司的不同类型，描述公司的经营表现和发展状况，阐述锐意进取、诚实守信在现代经济生活的价值。第三，评选劳动者维护自身合法权益的案例；列举集中就业途径和创业方式；树立诚实劳动、合法经营、积极就业的观念，树立正确的就业观和择业观。

第三单元收入与分配内容概述：第一，解释我国实行按劳分配为主体、多种分配方式并存的分配制度；解析“效率优先，兼顾公平”的原则。第二，评议一个由政府财政承担的工程项目，说明政府的财政支出对大众生活、经济发展的影响和作用。第三，分析个人所得税、增值税等重要税种；说明税收是财政收入的重要来源；理解依法纳税是公民的基本义务。

第四单元面对市场经济内容概述：第一，阐释市场是资源配置的基础，分析用法律和道德规范市场秩序的重要性，阐明发展社会主义市场经济的意义。第二，解析政府在市场经济活动中发挥作用的典型事例，说明发展社会主义市场经济离不开政府的宏观调控。第三，描述全面建设小康社会的经济目标，阐明科学发展观的含义；说明全面建设小康社会，最根本的是以经济建设为中心，不断解放和发展社会生产力。第四，评选遵循世贸组织规则的典型案例，感受经济全球化进程，明确对外开放是我国的基本国策。

2. 必修二：政治生活

(1)模块概况

本模块以邓小平理论和“三个代表”重要思想为指导，帮助学生认识中国共产党始终代表中国最广大人民的根本利益，是中国特色社会主义事业的领导核心；了解中国特色社会主义政治制度，懂得建设社会主义政治文明，最根本的是把党的领导、人民当家作主和依法治国有机统一起来；了解公民在政治生活中依法行使权利，履行义务，参与民主选举、民主决策、民主管理、民主监督的意义、途径和方式；理解国际竞争与合作对于我国发展的影响，进一步增强公民意识和国家观念，坚定正确的政治方向。

(2)内容概述

本模块共设公民的政治生活、为人民服务的政府、建设社会主义政治文明和当代国际社会四个单元。

第一单元公民的政治生活内容概述：第一，引述宪法对我国公民基本权利和义务的有关规定，说明公民有序参与政治生活的意义。第二，评选具体事例，比较不同的选举方式的特点；表达公民依法行使民主选举权利的正确态度。第三，列举公民依法行使民主监督权利的渠道和方式，体会公民依法参与民主监督的责任和价值。第四，列举当前公民参与民主决策的形式；对照村民自治和城市居民自治的有关制度和法规，理解公民行使民主决策和管理权利的途径和方式。

第二单元为人民服务的政府内容概述：第一，列举生活中的实例，评议政府履行职责的表现；说明政府部门和工作人员依法行使职权对我们生活的影响和作用。第二，评价一项对政府权力加强监督的改革措施，说明政府权力不能滥用，行使权力要反映人民的利益和愿望。

第三单元建设社会主义政治文明内容概述：第一，引述宪法规定，明确我国是人民民主专政的社会主义国家，说明人民代表大会制度是我国的根本政治制度。第二，阐述中国共产党始终代表中国最广大人民的根本利益，中国共产党的执政地位是历史和人民的选择；明确中共产党领导的多党合作和政治协商制度是具有中国特色的政党制度。第三，阐明立党为公、执政为民是“三个代表”重要思想的本质，理解把“三个代表”重要思想确立为党的指导思想的深远意义。第四，阐述民族区域自治制度是符合我国国情的一项基本政治制度；了解我国的基本宗教政策。第五，概述发展社会主义民主政治，建设社会主义政治文明，最根本的是要把党的领导、人民当家作主和依法治国有机统一起来。

第四单元当代国际社会内容概述：第一，知道国际社会和主权国家和国际组织构成；确认主权国家的权利和义务；说明我国在国际社会中是负责任的国家。第二，评析国家之间合作、竞争和冲突的实例，印证国家利益是决定国际关系的主要因素，说明我国在国际关系中必须维护自己的国家利益。第三，引述有关资料，表明和平和发展是当代世界的主题；展示世界多极化趋势和国际竞争的特点；阐明我国外交政策的宗旨是维护世界和平，促进共同发展。

3. 必修三：文化生活

(1)模块概况

本模块以邓小平理论和“三个代表”重要思想为指导，帮助学生认识中国共产党始终代表中国先进文化的前进方向，认同面向现代化、面向世界、面向未来的，民族的、科学的大众的社会主义文化；懂得文化传承、文化交融和文化创新的意义，大力弘扬中华民族精神；正确对待各种文化现象，辨识落后文化，抵制腐朽文化，积极参加健康有益的文化活动，投身社会主义精神文明建设，不断追求更高的思想道德目标。

(2)内容概述

本模块共设文化与生活、文化传承与创新、文化与民族精神和发展先进文化四个单元。

第一单元文化与生活内容概述：第一，观察不同区域、不同阶层和不同人群的文化生活，体察广大人民的文化需求，知道文化是人类社会特有的现象。第二，评析文化生活对人们思维方式、生活方式、生产方式和交往方式的影响，说明文化与经济、政治和综合国力相互交融的意义。第三，赏析优秀文化产品，感悟积极向上的文化生活对于丰富人们的精神世界、增强人们的精神力量的意义，确信其促进人的全面发展的重要作用。

第二单元文化传承与创新内容概述：第一，解析中华民族传统文化在现实生活中的作用，阐述继承传统文化要“取其精华，去其糟粕”的道理。第二，汇集实例，说明社会实践是文化创作和发展的重要根源，阐述推陈出新、革故鼎新是文化创新的重要途径。第三，赏析不同民族文化的精粹，展现不同民族文化的差异，确认文化多样性的价值，树立尊重不同民族文化的观念。第四，评析国际文化交流的典型事例，阐明世界范围内各种文化的相互交融也是文化发展和创新的重要途径。第五，列举现代文化传播的主要形式，评估它们各自的特点；理解传媒技术的进步，以及教育和学习方式的变革对文化传承具有深刻的影响。

第三单元文化与民族精神内容概述：第一，运用中华文化发展的典型事例，说明文化的力量深深熔铸在民族的生命力、创造力和凝聚力之中。第二，辨析中华文化的区域特征，说明中华文化是中国各民族人民共同创造的；展现源远流长、博大精深的中华文化是中华民族延续和发展的重要标识。第三，归纳以爱国主义为核心的中华民族精神的表现，理解立足于中国特色社会主义的实践，弘扬中华民族精神的意义。

第四单元发展先进文化内容概述：第一，辨析落后文化和腐朽文化的表现，把握大众文化的丰富内涵，认识加强社会主义文化建设的重要性。第二，列举我国当前加强社会主义精神文明建设的实例，说明必须坚持马克思主义的指导地位，用“三个代表”重要思想统领社会主义文化建设；理解发展先进文化，就是发展面向现代化、面向未来、面向世界的，民族的科学的大众的社会主义文化。第三，引述公民道德规范，评析公民道德修养和文化修养的关系，说明加强社会主义道德建设是发展先进文化的重要内容。

4. 必修四：生活与哲学

(1)模块概况

本模块以邓小平理论和“三个代表”重要思想为指导，帮助学生了解马克思主义哲学的基本原理，学习运用辩证唯物主义和历史唯物主义的观点和方法，正确看待自然、社会和人生的发展，知道实践是检验真理的唯一标准，坚持解放思想、实事求是、与时俱进，能够在社会生活中做出正确的价值判断与行为选择，树立和追求崇高的理想，逐步形成正确的世界观、人生观、价值观。

(2)内容概述

本模块共设生活智慧与时代精神、探索世界与追求真理、思想方法和创新意识、价值判断与行为选择四个单元。

第一单元生活智慧与时代精神内容概述：第一，思考日常生活富有哲理的事例，感悟哲学是关于世界观的学说，能够开启人的智慧。第二，援引经典作家的言论，说明对世界的不同看法形成不同的哲学；解释哲学的基本问题。第三，分析实例，说明真正的哲学是时代精神的精华，明确马克思主义哲学在人类认识史上的重要地位和作用。

第二单元探索世界与追求真理内容概述：第一，辨析实例，说明世界是物质的，物质是运动的，物质的运动是有规律的，阐述坚持从实际出发、实事求是的意义。第二，解析客观规律是可以认识和掌握的实例，印证人们在尊重客观规律的基础上，能够发挥主观能动性，自觉地把握客观规律。第三，列举现实生活中的实例，阐明实践是认识的基础，检验实践在发现真理、检验真理和发展真理过程中的重要作用，确信追求真理要与时俱进。

第三单元思想方法和创新意识内容概述：第一，观察社会现象与自然现象，领会世界是普遍联系的，学会用联系的观点看问题；解析事物整体与部分的联系，学会用系统优化的方法安排工作。第二，剖析自然界与社会生活中的实例，领会世界是永恒发展的，学会用发展的观点看问题。第三，运用生活中的事例，说明事物自身“对立统一”的辩证关系；理解矛盾分析方法的普遍意义，坚持具体问题具体分析，解决问题要抓主要矛盾。第四，列举多方面的创新表现和成果，辩证地说明批判性思维在创新过程中的作用，阐释解放思想的重要意义。

第四单元价值判断与行为选择内容概述：第一，识别事实判断与价值判断的表现，说明价值判断的意义，理解价值观对人们行为的导向作用。第二，剖析生活实例，说明人们的社会地位不同、认识事物的角度不同，时间、地点、条件不同，会形成不同的价值判断；领悟社会存在决定社会意识。第三，剖析价值冲突的实例，体味价值判断、选择、鉴别、冲突的过程；认同人民的利益为最高价值标准，树立为人民服务的思想。第四，探寻实现人生价值的条件和途径，阐明生活的意义，理解只有对社会作出贡献才是真正有价值的人生。

(六)教学建议

1. 注意学科知识与生活主题相结合

要恰当运用哲学、经济学、政治学、法学等学科的基本概念和方法，努力把基本观点、原理融入生活题材之中；结合应用性常识，围绕学生关注的社会生活问题组织教学，全面落实课程目标。同时还要注意内容目标中有关过程性目标与结果性目标的陈述，在教学中准确把握内容标准的要求。

2. 坚持正确的价值导向，采用灵活的教学策略

要坚持正确的价值导向，必须重视在教学活动中灵活运用教学策略；把教师主导的“目标—策略—评价”的过程与学生经历的“活动—体验—表现”的过程结合起来；引导学生在范例分析中展示观点，在价值冲突中识别观点，在比较鉴别中确认观点，在探究活动中提炼观点；进而有效地提高学生理解、认同、确信正确价值标准的能力。

3. 强化实践环节，丰富教学内容

要积极开展多种形式的社区服务、社会调查等实践活动；教学内容可从教科书扩展到所有学生关注的、有意义的题材；时事政策教育、党团活动、班级活动等也要与课堂教学建立互补关系；从而使课程的实施面向学生的整个生活世界，形成网络式的教学系统，以利于全面提高学生社会参与的能力。

4. 倡导研究性学习方式

在明确基本标准的前提下，要结合相关内容，鼓励学生独立思考、合作探究，为学生提供足够的选择空间和交流机会，能够从各自的特长和关切出发，主动经历观察、操作、讨论、质疑、探究的过程，富有个性地发表自己的见解，以利于培养求真务实的态度和创新精神。

第二节　政治教学设计

教学设计也就是传统的备课和教案写作，是教师根据课程标准的要求和本学科的特点以及学生的实际，选择合适的教学方法，设计和优选教学方案，以保证学生顺利而有效地学习的一系列准备工作。教学设计是教师组织课堂教学的路线图，也是引导学生自主学习的导游图。苏霍姆林斯基《给教师的一百条建议》中有这样一个故事：一个在学校工作了33年的老师，上了一堂非常出色的观摩课。邻校的一位教师问他：“你的每一句话都具有巨大的思想威力，请问，你花了多少时间来准备这堂课？”那位老师回答说：“这节课我准备了一辈子，但是，直接针对这个课题的准备，则花了约15分钟。”十五分钟与一辈子深刻地道出了教师备课的真谛，为了能上好一堂课，备课是非常重要的。

教学设计，是教师重要的基本功，也是教师的职责和应遵守的规则。优化教学设计是上好课的前提。教师要实现教学设计的优化，必须在教学设计前、教学设计中和教学实施后的全过程中，做到精心准备、优化组合、认真反思。

一、教学设计前：精心准备，功夫花在备课前

（一）认真研读课标

课程标准是教材编写的依据，也是课堂教学的指导。研读课程标准，可以使教师熟悉所教学科的课程性质、基本理念、设计思路、教学目标、内容框架、教学评价及要求等内容；可以帮助教师正确理解教材内容，准备把握教材重难点，指明课堂教学方向。因此，

备课首先要研读课标。研读课标不是仅仅停留在文字的表述上，而应该深挖其实质和内涵；既要真正掌握“课程标准”所体现的新理念，也要准确理解把握“课程标准”对具体教学内容的针对性要求，以“课程标准”为准绳来指导备课与课堂教学，增强主动性，避免盲目性。

（二）深入钻研教材

教材是教师实施课堂教学的基本载体，是最基本的课程资源。教师备课必须要深入钻研教材。钻研教材，不是简单粗略地阅读，而是一种艰苦且富有创造性的劳动。它需要在吃透课标的基础上熟读教材，准确把握教材的编写意图，正确认清教学内容的地位和作用，科学地确定教学的三维目标，准确地找出教学重难点，准确地把握教材的逻辑结构；需要参考《教师教学用书》来研读教材，来充分理解教材的本意和新意，把握教材的精髓和难点，内化教材的精神，充分与作者、编者对话，走进作者、编者的心灵；需要紧密联系社会变化和学生生活实际主动去丰富教材，大胆地去创生教材。

（三）充分了解学生

学生是课堂教学的主体，备课必须要备学生。备学生就是要充分地了解学生，了解学生原有的知识状况和实际学习能力，了解学生的性格特点和课堂表现，了解学生的兴趣爱好和所思所想。了解学生可以借助心理学理论知识、学生的生活环境、学生的学习情况反馈，通过观察、谈话等方法来了解。充分地了解学生，体现了以人为本的教育理念，增强了课堂教学的针对性，可以帮助教师把教学定位在“最近发展区”，可以使教学与学生的生活经验、情感体验结合起来，可以使课堂充满生活气息和生命活力。

（四）精心设计教法

教无定法，但须有法。科学灵活的教学方法是完成课堂教学任务的保证，教学方法是否得当对提高课堂教学效率和质量，减轻学生课业负担，全面提高学生素质具有重要意义。因为提高课堂教学效率的有效途径关键是看教师用怎样的方法来激励学生的求知欲，激发学生的学习积极性，即精心设计教法。它不但要求教师有较高的知识水平，而且还要有较高的教学艺术技能，有了理想的教学方法，不但使学生能够学会，更能使学生得法，使“学会”变为“会学”，达到举一反三、触类旁通的效果，也正如叶圣陶所说的：“教是为了达到不教这一目的。”

（五）优化选择素材

教学素材的选择可以亦庄亦谐，雅俗共赏，但不可低俗粗俗。有的教师为了烘托课堂教学气氛，打造欢乐课堂，纯粹为幽默而幽默，在教学设计中不加认真选择，严重影响到思想品德课的严肃性和思想性。有的教师将道听途说、花边绯闻等作为课堂教学的“有说服力”的佐证，这些经不起推敲的传闻只会损害我们需要佐证问题的本身；还有教师坚持“有条件要上，没有条件也要上”，没有素材就自己编织素材，用假新闻说教。教学设计中的课后反思也是不可缺少的，我们必须认真反思自己的教学设计在实际课堂教学中的不足和瑕疵，让我们从中吸取教训，借鉴经验，推进教学水平的提高。我们要杜绝只有反思环节的形式而无反思实质的行为，这样只会让我们止步不前。

（六）积极参加集体备课

集体备课，顾名思义，就是大家一起来备课，即同年级同学科的教师在一起备课，各人把自己的教学新理念、新思路、新方法贡献出来，集思广益、取长补短、优化组合，形成最佳教学宏观方案。然后，教师再根据自己班级学生的实际情况和自己的风格特长实施富有个性的教学。集体备课既有利于提高课堂教学效益，又有助于促进教师专业成长，但在实际执行过程中，虽然学校也通过“定时间、定地点、定内容、定中心发言人”等要求来规范教师的集体备课行为，效果仍然不十分理想，教师参与集体备课的积极性与主动性仍然不够，这就影响了备课和课堂教学的效果。

(七)借鉴名师备课

备课强调教师的独立思考与创新，但不排除借鉴。其实，独立思考的关键并非是独自一个人思考，“独学而无友，则孤陋而寡闻”。借鉴名师的优秀备课也是至关重要的，创新很少是在闭门造车的情况下出现的，多数的创造来自于思想的碰撞。因此，充分的备课离不开对名师的优秀教案的学习与借鉴，特别是缺乏经验的年轻教师更应如此。当然，借鉴不是照搬照抄名师的教案，而是从自己实际出发批判地吸收，取其精华，为我所用。

二、教学设计中：综合平衡，优化组合出精品

(一)集体与个人的结合

集体备课是教师实行个性化教案设计一个不可缺少的重要环节，体现了教师们对于提高教育教学水平和教学艺术集体智慧的结晶，是不可多得的宝贵的教学资源。但教师在进行教学设计时需要防止对集体备课成果采取剽窃式地照搬照抄，需要有选择性地使用，以防止这些看似“高大上”的研究成果对自己或者对本班学生产生“水土不服”的症状，影响教学效果。因此，教学设计需要正确处理集体智慧和个人思想的关系，在进行教学设计过程中充分引用适合自己的优秀的集体备课成果，摒弃虽然也很优秀但不适合自己也不适合自己班级学生的成果，坚持以我为主，为我所用的原则。教学设计中坚决反对以集体备课为名，对教学设计进行任务性条块分割，各自为政，最后拼凑成完整但不完美的教案，美其名曰减轻教师的备课负担，这样做的结果就是降低课堂教学的质量，降低课堂教学的效果。我们的教学设计应该是在集体备课基础上的“二次备课”，应该将集体备课中的优美风景与自己及班级学生的风土人情结合起来，对集体备课成果进行“本土化”改造，从而使备课组的课堂效果呈现出百花齐放的同课异构的效果。

(二)预设与生成的包容

教学设计说白了就是进行教学的预设，就是为组织课堂教学实现教学目标写好的剧本。理想很美好，现实很骨感。有时我们在教学设计过程中形成的教学预设在周密的思考之下总想做到尽善尽美，但在现实的课堂教学中并不是那样一回事，我们总会遭遇到课堂教学中突发事件的挑战。因此，我们在教学设计过程中要正确处理预设与生成的关系，为生成预留一定的空间，使教师与学生都存有一个应对生成的“缓冲”区。如果我们在教学设计过程中将预设设定得太死，就可能缺少回旋的余地，就可能对突发的教学事件缺乏应对的教学机智，就可能在课堂教学中防不胜防，疲于奔命。因此，在教学预设中不需要将各个教学时间精确化，应该有一个大致时间，留有一定的余地，从教学时间上实现预设对生成的包容。同时，我们在探究问题的设计上也可以预设一些思考方向，但不要向学生提供自以为是精确的参考答案。设想一下，你向学生提供了规定性的参考答案，就直接限定

了学生的思维，培养了学生思维“懒惰”情绪，导致课堂教学对学生的培养是“白痴化”的条件反射式的训练，“格式化”的“八股式”的思维培养，其危害是深远的。同时，精确性的参考答案还会直接导致不甘承受“思想奴役”的学生发难，一旦学生提出在老师看来似是而非、离经叛道的思想，可能导致教师的束手无策。因此，对探究结果的呈现应当在师生“真”探究之下产生的结果，提高学生的自主探究能力，调动学生探究的积极性。

(三)素质与应试的兼蓄

教学设计要关注学生的学科核心素养，发展学生学科核心素养的关键在于培养学生的能力和素质。在教学设计过程中逐步培养学生的政治认同、理性精神、法治意识和公共参与，促进学生将教材当作培养能力和素质的工具，而不是学习的目标的全部。但就当前的评价标准来看，如果我们的学生在我们的素质教育下得不到相应的分数，我们在教学设计中精心装备的素养因素也就会遭到摒弃，不利于素质教育目标的实现。可见，我们的教学设计中既需要体现对学生情感、态度、价值观等觉悟素质的规定性，也需要体现识记、理解、运用等应试能力的规定性。在考试指挥棒下，学生拿不到相应的分数，家长、社会、学校都不会认可你的教学设计和课堂教学，再精彩的教学设计也仅仅是空谈而已。虽然我们不会坚持“分数是硬道理，没有分数就没道理”那种极端的想法，但缺乏理想分数做支撑，再美的教学设计也只会被视为花拳绣腿、绣花枕头，不被相信，不被看好，其中承载的核心素养、德育教化功能的目标也就无法实现。因此，在教学设计过程中应将务虚与务实结合起来，让学生在应试学习中潜移默化核心素养和德育素质，在应试承载下实现由知识向能力和素质的转化。

(四)教师与学生的和谐

我们总是要求在教学设计的备课中要“备”学生，要将学生定位为备课的重点。学生是组织课堂教学的主体，教师是服务者和引导者，因此在教学设计中“备”学生也是无可厚非的。但是，我们在“备”学生的策略上出现了一些问题。如我们许多教师只是将提出的问题按难易程度分为一定的层次，并在每个问题背后写下某个同学的名字，将该生确定为该问题唯一被提问的“候选人”。这样做的好处也显而易见的，既能够节省大量的教学时间，又能照顾被提问学生的自尊。但其中的弊端也是不容忽视的，我们提出的问题应该面向全班学生，激发全班同学不同层次的思考。如果我们仅仅针对一个或者几个学生，时间节省了，学生面子也有了，但课堂的教育教学效果却严重下降了。也有学生忿忿不平，为什么老是提问自己白痴问题？当问题被轻而易举地回答后还会“遭”到老师热情洋溢的表扬，学生的自尊心、自信心被伤害得淋漓尽致，师生关系也就可想而知了。有些教师害怕被冠上“满堂灌”的落后教学模式的帽子，在教学设计中精心准备了大量的问题，这样“满堂灌”就演变成为更加恐怖的“满堂问”，面对法官一般老师的质问，或者面试一样的答辩，这对学生的残忍程度也就可想而知了。因此，在教学设计中促进师生关系的和谐，就应该照顾学生的关切，从学生自身认知水平出发，让学生不仅有尊严地学习，而且在学习中有所收获，有所成就，有所快乐。

(五)传统与现代的穿越

当前教学设计中教学手段的选择出现了两极分化的现象。有的教师热衷于传统教学模式，一支粉笔打天下，仍然一讲到底，拒绝现代文明带来的优秀成果。也有的教师热衷于多媒体，现代化的教学手段在课堂设计中运用得淋漓尽致。显然，这两种极端做法都值得商榷。传统教学模式固然带有人性化的一面，可以在师生对话中实现教学重点的突出和难点的突破，但课堂效率低下，板书占用了大量的宝贵时间，直接导致学生思考时间减少。现代教育科学技术的发展适应了课堂教学大容量的要求，课堂教学进度自然而然得到了提高，但这种“人机”对话下的课堂教学基本上被机器操纵着，师生互动沟通产生了很大的困难，有时教师在机器的高速运转下很难顾及到学生自身的感受。尤其是教学基本功遭到了致命的损害，板书设计变为屏幕展示，对粉笔字的要求名存实亡。俗话说，好记性不如一支烂笔头，学生听课结束后，课堂教学甚至是精彩的实况只能消失在残存的记忆之中，并随着时间的流逝最终毁尸灭迹，并完全消失。因此，教学设计中要正确选择教学手段，正确处理教学手段的传统与现代的关系，唯传统论与唯现代论都有不可取之处。因此，我们的教学设计对教学手段的使用上需要更加宽容一些，对传统与现代兼收并蓄，宜传统则传统，宜现代则现代，使我们的教学手段充满弹性，在课堂教学中实现传统与现代的穿越。

(六)体验与自主的融合

教无定法而有法。教学方法的选择不是最好的，而是最合适的。“第二课堂”虽然被提出来的时间已经不短了，但“开辟第二课堂”也仅仅流于形式。当前课堂教学中假探究、假合作、假讨论还比较盛行，无疑而问的现象仍然比较普遍，课堂教学缺乏体验和自主的环境和气氛。在教学设计中侧重于知识点的记忆和解题技巧的掌握，着重让学生对现成成果的接受，忽视了学生自身探究能力的提高和探究精神的培养，这严重地违背了新课程教学理念，也不利于对学生学习力的提高。因此，在教师进行教学设计时，务必加强对体验和自主学习方面的研究。如精心准备体验活动，而不是纸上谈兵假模假样地“探究”，小法庭、小联合国、小调解、小辩论等活动在精心准备下可以闪亮登场；新闻播报、一周时事、时事评论等活动也可以常态化；走访田间地头、街头百姓、公交站台都可以成为学生问卷调查、掌握第一手资料的重要场所，让学生将所学知识与社会实际有机结合起来，从而达到学以致用的良好效果。在应用中进一步巩固知识，培养能力，提高素质。

三、教学实施后：总结反思，不断改进趋完善

教学设计中的教学总结和反思等不仅仅是为了凑足教学环节完整，也不仅仅是形式上的需要，而是教师提升自己完善自我的必须。勿让教学总结和反思成为“鸡肋”，而是让教师在教学总结和反思中不断提高，使教学总结和反思成为教师的智慧之源、进步的阶梯。

教学反思不一定要面面俱到，关键要写成功之处、写不足之处、写教学机智、写学生创新、写“再教设计”。

一份完整的课时教案应包括以下一些方面：

课题(授课课题如框题、复习课题的名称)；

课型(主要有讲授课、活动探究课、复习课、试卷讲评课等)；

教学时数(一般情况下是一课时完成一框教学任务)；

学情分析(把握所授对象的特点，以便有针对性的教学)；

教材分析(简介所授课的主要内容编排和内在联系以及与单元或模块的关系)；

教学目标(主要写清楚知识、能力与情感态度价值观三个方面，必须紧扣课程标准对相关教学内容的要求)，教学重难点(分别写出教学的重点和难点，也可写出处理的方法)；

教学方法(列出为达到教学目标而设计的教与学的方法)、教学媒体(写出本课时需要辅助的教学工具)，教学过程(呈现课堂教学的完整结构和层次，主要有导入新课、讲授新课、课堂小结、布置作业等环节，还包括贯穿教学过程之中的设疑、点拨、讨论、板书等)，板书设计(精心设计的板书是知识凝练的结晶、浓缩着教师备课的精华；有利于叩开学生的智慧门户，在课内利于学生听好课、记好笔记，在课后利于学生复习巩固、进一步理解和记忆。板书的设计要能体现本课教学的主要内容和知识点的内在联系，需突出重点突破难点)；

教学反思(主要从教师的教和学生的学两个方面总结经验和教训)。

【教学设计案例及点评】

授课内容：苏人版初中思想品德八年级《三思而后行》

注：这是根据江苏省苏州工业园区星洲学校孙全军老师在苏州市教科院主办的2010年苏州市初中课改观摩展示活动中开设的一节示范课整理而成。

一、使用教材

苏人版《思想品德》八年级上册第7课第3框。

二、教学目标

【情感、态度与价值观目标】树立为自己的行为承担法律的、道德的责任意识，养成对自己的行为负责的良好品质，努力做个负责任的公民。

【能力目标】学会判断行为的正误，从行为前的预见和选择、行为中的自律与自控、行为后的自省与负责三个方面学会对自己的行为负责；培养学生的行为判断能力和行为控制能力，提高学生解决问题的应变能力。

【知识目标】知道对自己行为负责的内涵；懂得对自己行为负责，要在行为前对行为进行选择，行为过程中要及时调控，在行为后要及时反省和承担责任。

三、教学重、难点

1. 重点：“行为后要承担责任”。“帮助学生学习做负责任的公民”是初中思想品德课程的追求。而在日常生活中，相当一部分学生在某些错误行为发生后往往缺乏勇气去对待，更不要说勇于承担责任了，要通过教师的情境预设与师生的合作探究让他们认识到逃避责任是错误的。

2. 难点：“行为中要自律自控”。行为中的有许多事情具有突发性，不易把握，甚至是出乎意料的，要增强自控力，善于调控自己的行为对学生来说比较难以做到。

四、教学过程

(一)导入新课，建构联系

师：(师生问好后简单的自我介绍)非常高兴有机会与在座的同学一道走进快乐的初中思想品德课堂。今天我们要探讨的话题是——三思而后行。(板书：三思而后行)

师：有同学知道这一格言是谁提出的吗？

交流的结果是绝大部分学生并不清楚问题的答案，但有一些同学齐声说道是孔子。教师运用学生生成的答案，进而质疑。

插曲：本次我市课改观摩活动是跨区借班上课，笔者拿到的课表安排显示我是上午10：50—11：35的第4节课。10：50铃声打响后，我正常上课。未料很快响起了眼保健操的音乐声。意识到自己的行为错误，我立即停止上课让学生先做眼保健操。学生做好眼保健操后，我及时对学生做出解释并郑重地向学生鞠躬致歉，掌声响起！然后继续上课。

师：果真如刚才同学所说，“三思而后行”是孔子提出的吗？让我们带着这个疑惑来欣赏一段视频！

视频简介：春秋时期，鲁国大夫季文子为人谨慎，凡事都要“三思而行”，一般来说，在干一件事之前，要多加考虑然后行动，总是利多弊少的，对于某些比较粗率和冒失的人来说，“三思而后行”更是一句有意义的格言。

欣赏完视频后，学生结合视频交流“三思而后行”这一格言的作者和含义。

师：请同学们结合前面两框的学习内容说一说，“三思而后行”标题中的“行”指代什么？为什么“行”之前先要“三思”？

生：标题中的“行”指代“行为、行动”。之所以“行”之前先要“三思”，是因为“行为与后果具有一致性，行为必定会产生一定的后果”，也只有“三思而后行”才能真正做到“对自己的行为负责”。

师：根据刚才同学的回答，反言之，我们要做到对自己的行为负责，就必须“三思而后行”。“三思而后行”是几千年来被绝大多数成功人士公认的经验之谈。但“三思而后行”决不是一句空话，有着实实在在的内容。说起来容易，真正做起来却比较困难。2010年11月初，江苏省南京市的7名中学生就陷入了这样的尴尬境地……。

(二)合作探究，学习新课

视频资料1，附内容介绍：给老弱病残孕让座在世界各地都被看成是与美德相关的最起码的行为。但近来这种观点却不时受到现实的挑战。有网友在网上发帖称，11月5日早上，7名中学生在南京公交车上“集体不让座”，漠视一个白发苍苍的老大爷站在身边。此帖一出，引来多方热议。许多网友轮番抨击了孩子的素质问题并提及自己遇到过的“不让座”的例子。网友莫咪说：“我从来没有在公交和地铁上看到学生主动让座的。他们的漠然让人吃惊！”

师：看完这段视频，哪位同学可以说说南京市的7名中学生陷入了怎样的尴尬境地呢？

生：他们因为在公交车上漠视一位白发苍苍的老大爷“集体不让座”而遭到了网友的抨击。

师：你作为一名中学生在现实生活中遇到这样的情况时，会做出何种行为选择呢？并说说自己考虑的因素。

课堂上绝大部分学生都表示：当自己遇到这种情况时会主动让座。并说道：尊敬老人是中华民族的传统美德；老人站在公交车里抓着扶手遇到急刹车很容易摔倒，伤及身体等。但有个别同学认为自己不会让座，问及其考虑的因素时，他们振振有词地说：周围有那么多成年人都不让座，凭什么要我们未成年人学生让座呢？

对部分学生选择不让座行为后的这一“意料之外”的解释，我稍作思考便立即与学生对话：周围的成年人不让座能成为我们未成年人不让座的理由吗？这是一种什么心理现象？我们该怎么看到这种心理现象？

师生交流、对话的基础上，达成共识：这种解释反映的是一种从众心理，现实生活中我们不能盲目从众，本着对自己负责的态度，我们应该有基本的善恶与是非辨别能力。在此基础上我亮出自己在网络论坛上发帖对这一事件的看法：

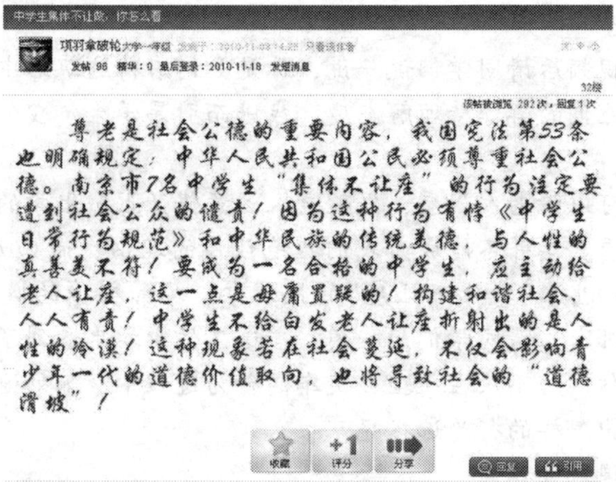
项羽拿破轮

发帖 98 精华：0 最后登录：2010-11-18 发短消息

32楼

该帖被浏览 292 次，回复 1 次

尊老是社会公德的重要内容，我国宪法第53条也明确规定：中华人民共和国公民必须尊重社会公德。南京市7名中学生“集体不让座”的行为注定要遭到社会公众的谴责！因为这种行为有悖《中学生日常行为规范》和中华民族的传统美德，与人性的真善美不符！要成为一名合格的中学生，应主动给老人让座，这一点是毋庸置疑的！构建和谐社会，人人有责！中学生不给白发老人让座折射出的是人性的冷漠！这种现象若在社会蔓延，不仅会影响青少年一代的道德价值取向，也将导致社会的“道德滑坡”！

收藏 +1 评分 分享 回复 引用

师：刚才同学们的讨论非常激烈，各执己见！老师尊重同学们的不同行为选择！但老师要说的是：主动给老人让座并不是一种法定义务，但它折射出的是个人的修养和公德心！从刚才的视频中，我们也发现：当这7名中学生“集体不让座”的行为被曝光后，他们遭到了数十万网友的谴责！同学们觉得他们当时在作出“不让座”这一行为选择前，他们考虑到刚才讨论过程中持“让座”态度的同学们所列举的因素了吗？他们又是否预测到过自己事后会遭到数十万名网友谴责的不良后果和负面影响？

生：没有。

师：那这对我们在座的同学在生活中学会对自己的行为负责有何启发呢？

生：1. 对自己的行为负责，行为前——预见和选择(教师板书)。

师：在行为前，我们通常需要考虑到哪些因素呢？

在学生交流、回答的基础上，教师总结并投影展示：

行为前，我们往往要考虑行为条件是否成熟，我们的行为与周围的环境是否合拍，行为与道德规范、法律法规是否矛盾冲突，有无不可预测因素的存在，是否有可能造成负面的影响，为防止不良后果的产生，有无应变措施或方案等。在充分预测的基础上，我们可以在多种方案中做出最优化的选择！

情景体验：我们在行为前应有所思考和选择。回顾自己的日常行为，反思一下我们在做一件事情之前，一般会考虑哪些因素？(学生代表任选其一进行交流。)

(1)好友被同年级同学敲诈勒索，请我帮他去教训对方一顿？

我考虑的因素：______________________________

(2)面对网络游戏的诱惑，我能常进网吧吗？

我考虑的因素：______________________________

师：事件中的7名中学生做出了“集体不让座”的行为选择，相信同学们都迫切想了解下他们之前是如何考虑的？就让我们来听听他们的解释吧！

视频资料2，附内容介绍：“我不是不想让，我有时太累了！每天学习到大半夜，早晨5点就起来。除了睡觉，眼睛一睁开，就是学习、学习再学习！你们来拎一拎我们的书包，有一二十斤！两手空空什么都不拎的老人早锻炼时，劲头比谁都大！我为什么要给他让座？”

师：欣赏完视频后请同学们说一说，你是如何看待这7名中学生的解释的呢？

部分学生对他们的解释持理解态度，我进而引导学生，我们有什么两全其美的做法呢？

生：如书包可以请老人代看，提醒老人注意错开上班上学的高峰期等。

师：书包太重其实并不能成为我们拒绝让座的理由！诚如大河网一位网友所说：厚重的书包竟然滋生出“集体不让座”的怪现象，尽管公德的概念很虚，但它一定重过书包的重量！那么，请同学们想一想：当这7位中学生看到了网上数十万名网友的抨击和谴责后，你认为下次在乘坐公交车的行为过程中，如果他们再次遇到类似的情况时，他们会做出怎样的行为选择呢？

生：毫不犹豫地让座。

师：是的，老师也相信他们会改变自己的行为方式！那请同学们根据刚才的讨论，说一说这对我们学会对自己的行为负责又有何启发呢？

生：2. 对自己的行为负责，行为过程中——及时调控(教师板书)。

师：在行为过程中，我们为什么需要学会对自己的行为进行及时的调控呢？我们又该如何学会调控呢？

生1：世界是变化发展的，即使我们在行为前进行了认真的思考与选择，但随着事物的进一步发展，主观的、客观的因素都会有一定的变化，会引起行为与后果的偏离，如果不加以及时调整，可能出现许多意想不到的情况，甚至会出现事与愿违的结果。所以在行为过程中，我们要学会对自己的行为进行及时的调控。

生2：学会对自己的行为进行及时调控，我们要不断检查自身的行为，了解事态发展的动向，及时发现行为偏差，适时调整行为方式，必要时改变甚至停止自己的行为，采取措施控制事态发展。

教师援引事例说明：驾驶员在行驶过程中往往会根据路况随时调整方向和速度；在学习过程中根据学习内容和效果的变化，及时调整学习策略和方法。

师：7 名中学生“集体不让座”的行为曝光后，引起了社会各界的广泛关注与讨论，相信同学们非常想了解此刻他们的心境。其中一名学生在接受记者采访的过程中便如此说道：

投影展示：现在的我非常后悔！其实当时自己坐在公交车上的时候我的内心也曾挣扎，我犹豫过，也想让座的，看到其他几位同学都没站起让座，我最终还是没有冲破自己心灵的枷锁。其实如果那时我轻轻地站起给那位老爷爷让座，我心里的挣扎也许马上就化成了美德的践行。借此机会，我想对那位老爷爷真诚地说声：对不起！也希望我们中学生搞好学习成绩的同时不忘做个负责任的公民，以实际行动弘扬尊敬老人的社会公德！

师：从接受记者采访时这位中学生的言行中，你发现这名中学生事后在通过哪些方式弥补自己当初的行为过错的呢？这对你学会对自己的行为负责有何启发？

生：3. 对自己的行为负责，行为后——自省与自觉承担责任(教师板书)。

师：这名中学生事后的举动使我们懂得：做一个负责任的公民，应及时地反省自己的行为及后果，如果我们的行为出现消极甚至损害的后果，要勇于承担责任、及时消除影响，减轻损失，以吸取教训。若我们的行为取得的是积极的后果，我们要总结经验，再接再厉！

(三)学习收获，深化提升

师：本节课我们主要围绕南京“7 名中学生集体不让座”事件的讨论，我们分别从行为前、行为中、行为后三个方面悟出了如何对自己的行为负责！那么要做到对自己的行为负责，在行为前、行为中、行为后分别有什么要求呢？学生小结的基础上教师投影展示，如下：

如何对自己的行为负责？
- ◎行为前预见选择
- ◎行为中及时调控
- ◎行为后自省担责

在此基础上教师概括并投影展示“对自己的行为负责”的内涵：对自己的行为负责，是一个自我认识、自我接纳、自我调节、自我引导与调控的过程。这意味着我们需要在行为前预见和选择、行为中自律与自控、行为后自省与负责。

(四)反思生活，质疑探究

1. 反思生活：回忆自己的生活实际，说说平时的我是一个懂得“三思而后行”的人吗？并请学生联系本节课开始的“意外插曲”，从“三思而后行”的角度说说老师是否做到了对自己的行为负责？

2. 质疑探究：本节课所说的行为前、行为中、行为后限于一次行为吗？

在学生交流的基础上教师点拨引导：

很多时候我们是在某一行为已经造成后果的情况下，通过行为后的自省与负责才意识到并懂得：在下一次行为前应该预见和选择，行为中要学会调控。所以本节课所学习的行为前、行为中、行为后的要求并不限于某一次行为，而是行为的不断发展的过程，也正是在这个发展的过程中伴随着我们的进步与健康成长。从中也可以发现：对自己的行为负责集中体现在对行为后果的自省及自觉承担责任上。

(五)关注时事，学以致用

视频资料，附背景介绍：2010 年 10 月 16 日，发生在河北大学校园内，河北传媒学院李启铭酒后驾车撞倒两名女学生后，不但没有停车，反而若无其事一脸轻松，继续开车接其女友，最后造成严重后果，受到社会谴责和法律制裁的案例后，请同学们结合本课所学知识以网络留言的形式与肇事者李启铭交流：

1. 如果李启铭开车前考虑到了哪些因素，这场事故是否可以避免?

2. 在事故过程中，若李启铭采取什么措施，这场事故的危害程度是可以降低的?

3. 事故的严重后果已经酿成，当前李启明应该做什么?

(六)教师寄语，结束新课

师：今天有缘和同学们相聚在此，共同探讨了“三思而后行”这一格言，学习如何学会对自己的行为负责。从同学们的课堂的精彩表现中可以看出同学们收获很多，在与同学们分别之际，老师想最后送上一段赠语，与同学们共勉!

投影展示：随着年龄的增长，我们的智力和情感都将得到进一步的完善，学会正确地看待事物，也开始了独立处理问题的尝试。本着对自己行为负责的态度，学会三思而后行，生活将会因我们而更美好!

再次感谢同学们的参与、合作!

课后点评

孙全军老师的这节课成功之处：

1. 以主题情境探究为主要教学形式。探究式教学已广泛地存在于中学政治课教学之中。但目前很多的探究式教学是“碎片式”的，执教者往往轻易地将未经或稍经整理的新闻或见闻拿到课堂上“即兴”使用，使教材上原本有着内在联系的原理散落在无主题的事例或情景之中。这种“满天星斗，不成气候”的课堂探究不利于培养学生系统地思考问题的能力和宏观把握知识之间有机联系的能力。而主题情境探究则围绕一个整体案例开展教学，师生以案例为载体，以问题为纽带，使课堂教学形散而神不散，环环相扣，启发学生更全面、更深层次的思考，培养学生运用所学知识分析问题、解决问题的能力。在本节课的教学中，孙老师依据学生已有的知识积累和生活体验，引入授课时刚发生的“南京市 7 名中学生集体不让座”的典型事例，深入挖掘，一例贯穿全课，通过引入“两难”性的话题，引领学生自主、合作探究，激活学生思维。

2. 情境线、问题线、知识线三线清晰，环环相扣。中学政治主题情境探究式教学是以情境为载体，以问题为中介和桥梁，以探究为手段，通过问题将情境与知识联系起来，让学生围绕问题在对情境的探究中把握知识，提高能力，形成科学的世界观、人生观和价值观。如果缺乏情境，中学政治课就变成了空洞的说教，自然不能激发学生的学习兴趣；如果没有问题，情境与教材就变成了相互脱节的“两张皮”，就是为了情境而情境，就失去了情境教学的应用作用。在本节课的教学中，孙老师围绕主题情境，精心、巧妙设置问题，实现了情境、问题和教材的无缝对接。整节课以学生感兴趣、有体验、能回答的问题作为教学的出发点，培养学生发现问题、解决问题的能力，鼓励学生发表不同意见和独特性的见解。在学生完成问题回答后，教师给予有效的反馈，而不是仅仅简单地判断学生回答的对与错，或简单地给予更正。好的课堂教学是师生共同建构学习主体的过程，它通过多样、丰富的交往形式，有意识地培养学生学会倾听、交流、协作、分享的合作意识和交往技能，让学生在体验成功中不断发展。

3. 以明理导行为主要目标。中学思想政治课的最主要功能是坚持立德树人，把育人放在首位，在传授知识、培养能力的同时，引导学生树立正确的世界观、人生观和价值观，做到明理导行，使思想政治课入耳、入脑、践行。在本节课的教学中，孙老师在对“三思而后行”这个主题的探究中，设置了感悟、体会和践行等环节，把践行作为最终的立足点和出发点。

4. 积极预设，动态生成。好的课堂必须有充分的预设，所谓“预则立，不预则废”。但一个优秀的教师，则更要把握在动态中生成，正确处理预设与生成的关系。在本节课的教学中，虽然课堂开始出现因客观因素导致的意外，虽然课堂过程中出现了“意料之外”的回答，但孙老师却自然、巧妙地进行引导，把意外变成了一种美丽，变成一种生成性的资源，体现了自身较强的课堂驾驭能力和教学机智！

本课需要改进之处：

1. 要进一步提高探究的质量。美国国家科学教育标准对探究的定义是：探究是多层面的活动，包括观察；提出问题；通过浏览书籍和其他信息发现什么是已经知道的结论，制订调查研究计划；根据实验证据对已经知道的结论作出评价；用工具收集、分析、解释数据；提出解答、解释和预测；交流结果，确定假设，进行批判和逻辑思考，并且考虑其他可能替代的结果。从这个意义上说，老师尽管做了积极可贵的尝试，但离真正意义上的探究教学还有一定的距离。

2. 要进一步提高问题设置的质量。一节课的教学质量，一定意义上取决于问题设置的质量。因为，思维始于问题，问题是思维的载体。不仅教师要设置高质量的问题，更要引导学生发现并提出问题。正所谓学问千千万，关键在一问。如果能够引导学生哪怕提出一个高质量的发人深思的问题，其价值决不低于教学内容本身。

3. 要进一步关注学生自主学习能力的培养。通过学生自我选择、自我监控、自我调节，逐步形成自我学习的能力。要给学生更多的思考与自学时间，采用讨论、交流、辩论、竞赛等多种活动形式，指导学生学会自主学习、学会自我评价。

4. 要进一步提高情境素材选择的质量。情境素材的选择要更加少而精，情境素材的运用要更加充分而深入。

点评专家：朱开群，男，中学政治特级教师，教授级高级教师，苏州市政治学科教研员。

第三节　政治课堂教学

一、讲解

随着新课改和高考改革进入“深水区”，在高考指挥棒下的课堂教学也日新月异，课题研究和实践也层出不穷，成果也捷报频传。传统教学中的“一言堂”、“满堂灌”等落后的教学模式已经被大部分教师们唾弃了，取而代之的是让课堂成为学生的“主场”，让学生成为学习的主体。一大批先进的课堂教学理念，如“先学后教”等体验教学法、唤醒教学法的先进教学经验成为争先效仿的对象。在高考命题特色有所改变的前提下，课堂教学的探究和分组讨论也搞得如火如荼，热火朝天。随着科学技术的进步和多媒体的普及，可能让学生在课堂上接触更大的信息量，iPad 和 StarC 构成的未来教室等也逐步进入中学课堂，师生互动可能由原始的问答升级为“键对键”的关怀。但课堂无论如何创新，永恒不变的就是教学质量要提升上去，学生的学习力要增强。不久前国人广泛关注的以杨培东等四位美籍华人获得提名竞争诺贝尔物理学奖，最后三位日本人(其中一位为美籍)笑到了最后。这不得不让我们再次将课堂教学创新与解答“钱学森之问”联系起来。课堂教学需要创新，但创新课堂不是越新越好，也不是越另类越好，课堂教学创新也应该有节操，坚守自已的“底线”。

(一)勿让学生沦为课堂“孤儿”

有人说没有不会教的教师，只有教不好的学生；也有人说没有教不好的学生，只有不会教的教师。我们知道这两个观点都是不科学的，虽然学生的学是根本决定作用，但教师教的作用也不可小觑，是不能忽视的。传统课堂教学模式下，教师凭借知识和权力的优势独霸讲台，垄断话语权，操纵学生的思想，成为课堂中名副其实的大独裁者。这种传统的课堂教学模式的弊端是显然易见的：教师目空一切，根本无法了解学生的需求，理论上的重点、难点、易错、易混点可能与学生真正的需要有很大的差距，导致教学具有很大的盲目性。教师唯我独尊，完全沉浸在自己对课堂教学的构思和想象中，学生在教师的强势下听课，学习具有很大的被动性，缺乏能动性、建设性和创造性，无法从任务型学习中解放出来。

1. 警惕教师成为课堂的观众

新课改下，许多教师认识到教师独裁课堂教学这种奴化教育的危害，开始探索在课堂教学中正确定位教师与学生的关系，先后提出双主体，即教师是教学的主体，学生是学习的主体，但在实际上因教师的主体过于霸道，不仅用教案控制教学节奏，还用学案控制学生的学习，双主体与传统教学模式并没有实质的区别。有人提出发挥教师在课堂教学活动中的主导作用(有人改为引导作用)和学生在学习活动中的主体作用，让学生在教师的指导下自主学习，充分发挥教师在“传道授业解惑”方面的积极作用。有些教师为了完全发挥学生在学习中的主体作用，探索“先学后教”的教学模式，但在实际上却采取了学生“先学后学”，完全依靠学生的自学，这种教师“缺位”的教学模式导致学生在学习上成为没有教师的“孤儿”。虽然师父领进门，修行在个人，但师父不明徒弟拙，千军易得，一将难求。教师的引导和指点对于提高学生的学习能力还是非常重要的。教师的缺位必然导致学生的学习失去正确的方向，在学习的道路上缺乏应有的领路人。

2. 警惕教师遗忘课堂的角落

课堂教学中实施创新教育必须面向全体学生，为了一切孩子，这样才能体现素质教育的要求。心理学研究表明每个人都具有创新的潜能，创新课堂就是要发现和开发蕴藏在每一个学生身上的创新潜能。由于学生先天遗传与后天环境和教育的差异，存在着不同的特长和兴趣爱好，本来是无可厚非的。我劝天公重抖擞，不拘一格降人才。当今社会对人才的需求具有多样性、多层次、多模式，我们完全可以根据因材施教的原则，针对学生们各自不同的兴趣、特长、欲求水平、能力倾向、思维方式、气质和性格进行订单式培养，努力拓展学生个性发展的空间，让学生在被尊重和重视中茁壮成长。但在应试教育下，好多学校的分层教学并不是根据学生的个性特点划分的，而是简单粗暴根据成绩分类的。甚至几个学期下来，某些教师总是和几个踊跃发言的学生频繁互动从而成为课堂教学的主角，其他学生全成了负责羡慕嫉妒恨的观众。这样，因为教师对成绩后进同学的偏见可能导致对这批同学视而不见，导致这批学生也成为脱离教师视野甚至完全被放弃的学习上的“孤儿”。这样，在创新课堂的幌子下，一切为了学生，为了一切学生，为了学生一切也就成为一个彻头彻尾的谎言。

(二)勿让学生变为课堂“雏鸟”

齐白石教育他的弟子，学我者生，似我者死。传统高考的答案要做到丰富多彩是多么艰难的一件事啊。既然高考的参考答案就是标准答案，就是宝贵的分数，就是学生升学的依据和台阶。那么，传统的课堂教学模式完全不理会高考命题中参考答案的设计是不现实的。当前高考命题的参考答案设计在精准方面有了一些松动，有了一些弹性，但前景仍然不容乐观。还有一些学校在创新课堂方面走在前面，可能导致我们的复制和粘贴，导致学生被这些经验牵着鼻子走，成为人云亦云等待教师“喂食”的“雏鸟”。

1. 警惕预设成为迷信的圣经

中国古代寓言故事《郑人买履》，宁信度，不自信也。看起来确实很可笑，但可笑的事情我们却也在不时地实践着。古人有志之士不受嗟来之食。但在中国传统的教学模式下，教师讲，学生听；教师思考，学生记录的格式并没有得到根本的改变。正确处理预设与生成的关系，固然生成的价值高于预设，在关键时刻预设也要让位于生成。诚然，预设耗费了教师大量的心血，可能还牵扯到环环相扣的教学进度。但学生有需要，教学时机已经来临，我们为什么不能暂时舍弃预设，和学生一起兴致盎然地一起去拓展，一起去探究，一起去欣赏不一样的风景呢？由于书本知识往往是以集中思维的形式，总结前人探求出的唯一答案，而传统的教学又只重视证明这唯一答案的正确性，是高考中得分的唯一凭证，我们也就失去了质疑的勇气和反抗的动力，也就满足于教师的知识喂食了。或许我们对张着大口嗷嗷待哺的雏鸟们的印象还是比较深刻的，事实上这与我们日常的“喂食教育”颇为相似。真实地说，创新课堂不应该是学生对教师思想观点的模仿秀，也不是对教材知识或者标准答案的机械教条地照搬照抄，而是应该有学生自己的思想、观点和反思，应该有学生意志的参与和个性的张扬。

2. 警惕名师成为创新的障碍

他山之石，可以攻玉。有许多名师的经验可以共享，可以借鉴，可供学习，但却不可复制和抄袭。教师在得分率的引诱下让学生迷信参考答案从而成为标准答案的学舌“鹦鹉”。名师的许多做法和创新可能对我们来说启发多多，但这不能成为我们照搬照抄的理由，在名师面前我们需要做“明师”。试想一下，如果我们不考虑自身的实际情况，盲目照搬一些“水土不服”的先进经验，致使我们放弃自己以往教学中的成功经验，不顾教情学情实际，盲目模仿甚至机械照搬时髦的教学结构和模式，只字不易地采用名师教案。由于脱离实际和对名师经验并未悟彻，不仅教者牵强别扭，难以得心应手，学生也无所适从。东施效颦，邯郸学步，教学效果反而降低。这样，学生不仅成为教师预设的“雏鸟”，也成为名师们的“雏鸟”。

（三）勿让学生成为课堂的“过客”

传统教学模式中，教师是课堂教学的主宰，因此课堂上学生的主体被淹没在教师的主体之中，成为课堂教学的“过客”。新课改形势下，虽然也重视学生的主体地位，但应试教育下，学生在高考分数升学等功利面前甘拜下风。再加上教师创新课堂展示及各种竞赛评比，实质上学生成为创新课堂的“过客”。

1. 警惕多媒体一用就灵

电子信息技术的发展日新月异，这对课堂创新增加了很大的科技含量。未来教室不仅是多媒体、白板教学，而是向更高科学技术延伸。在许多学科竞赛都对使用多媒体提出特别要求，即不使用多媒体一票否决。要想课堂出彩，也需要集图片、动画、音响、音乐为一体的多媒体发挥作用。学科竞赛似乎不是教学实力的展示，而是 PPT 的大比拼，多媒体一用就灵的观点在某些教师的思想里已经根深蒂固了。多媒体等现代教学工具的过度使用促使教师与学生的注意力从教材转向屏幕，师生之间的关注和互动减少了，课堂教学活动异化为键盘的操作和鼠标的点击。多媒体等高新技术的使用导致师生对多媒体产生了严重的依赖，似乎离开多媒体就不会听课上课了。学生的主要活动变成了看屏幕、画面频频变换。学生目不暇接，而思维却处于休眠姿态。有的课上三言两语能讲清的问题，也用课件或三维动画来模拟，随时随地可取的实物也要用课件模拟。这种“创新型”的教学法不过是传统“注入”教学模式的变种。课堂教学改革只不过是由过去的人工“满堂灌”变为电子机器代劳了。

2. 警惕学生沦为陪练道具

学生是学习的主体，不仅是教学对象，这是学校教育与企业生产最大的区别。传统观点将青年学生的可塑性理解为橡皮泥，可以任意被捏成任何形状，忽视了学生也有自己的精神世界，有自己的兴趣爱好和喜怒哀乐。在某些创新课堂中，有些教师不仅将学生视为与多媒体、黑板、粉笔一样的教具，甚至成为教师表演借位展现个人高超教学技艺的道具。如为了表现出在创新课堂中师生“双边”或者师生、生生的“多边”活动，不时提出一些不需动脑的“白痴”问题让学生整齐划一地回答；为装门面经过多次劳民伤财地排练、试上演示意义不大的模拟、表演活动；不论是否需要，过滥使用音像媒体。还有分组讨论，貌似热闹非凡，学生热情高涨，“议论纷纷”，似乎学生沉浸于教师提出的问题中，但这种分组讨论的表演作秀成分大于实质意义，学生不过又一次被赶鸭子上架充当一次道具而已，讨论流于形式。各种摆架子、耍花枪式的点缀，使得课堂花里胡哨，学生疲于奔命，牺牲了思考反思的时间，成就教师创新课堂“高超”的教学艺术。

（四）勿让学生成为课堂的“小丑”

课堂创新建立的基础是尊重学生，相信并尊重学生的智慧，让学生在课堂学习中享受到经过艰苦探究到成功的喜悦。有一位特级教师为了激励数学学习落后的学生，几乎每一节课都要提问这位学生一个比较简单的问题，每一次回答后都会毫不吝惜自己热烈的表扬，这在初期对学生产生极大的激励作用。随着该生数学能力突飞猛进，特级教师仍然继续提问简单的问题，并在每次成功回答后给予热烈的表扬，这样学生感觉到很受伤，感觉这位特级教师瞧不起人，学习的积极性也严重受挫，成绩也开始一落千丈。

1. 警惕向学生提出白痴问题

记得有一首歌词，如果主角换成了学生就更加合适了："你曾经问个不休……"创新课堂教学应该是一个质疑、答疑、释疑、生疑的过程，让学生在质疑中迸发出"创新"的火花。但有些教师将课堂创新理解为质疑提问，于是传统的令人痛苦的"满堂灌"变成了现在令人恐怖的"满堂问"，有质疑也问，无质疑也问，问题提出具有很大的随意性。"学贵有疑"，任何创新教育的课堂教学模式和方法，都需以设问的方式进行。但课堂质疑应当正确处理"疑"和"思"，教师提出的问题应该是有"疑"有"思"，由"思"生"疑"。通过教师的质疑引爆学生的思维，拓展学生的思维空间，这要求教师对问题要精心准备，精心备课，善于围绕重难点引疑、导疑、设疑，创设"疑"的环境，激发学生勇于质疑问难，学会思考、分析、解决疑难。师生间、生生间在质疑、释疑过程中才能真正地在合作中热烈讨论。

2. 警惕对学生提出虚假表扬

陶行知的奖励"三块糖"堪称赏识教育的经典，麦克劳德因杀死校长家的爱狗被罚画一幅狗的骨骼图和一幅血液循环图并因此成为著名的解剖学家和诺贝尔奖的获得者。可见，创新课堂还需要正确处理批评与赏识的关系，创新课堂需要赏识，也需要巧妙地惩罚。当前课堂赏识过于泛滥化，一味地对学生放水表扬，给学生准备一顶又一顶的"高帽"，无论学生作出何种回答，教师总是千篇一律简单贫乏地"你真棒"、"好极了"，学生在如此言不由衷的为赏识而赏识的廉价表扬面前麻木了，失去了兴趣，这样赏识也就失去了原有的价值。其结果不是导致部分不知天高地厚学生满足于一得之功和一孔之见，沾沾自喜，骄傲自满，丧失进取、探索之心；就是导致学生感觉自己像小丑一样被教师戏弄，导致师生关系紧张。

创新课堂要落到实处，就应该坚守创新教育的底线，勿让创新课堂成为对中国教育和中国学生的伤害。"钱学森之问"要求我们重新审视我们的课堂教学，加强对课堂教学的创新，但这个创新有自己的底线和节操。我们既要改变传统课堂教学模式中落后的做法，与时俱进地创新课堂教学的新模式，但我们也需要适时适度，让学生在不断质疑、释疑、生疑的道路上不断提高自身的素质。

二、答疑

自古以来学问就是有学有问，要求学生既能主动学习，又能提出有价值的疑问，从而在学习活动中把学生的学习和质疑有机结合起来。可见，教师的职责不仅仅在于传道、授业，更在于解惑，在于适时适度地解答学生的质疑，灵活处理学生的提问。通常情况下，面对学生的质疑提问，有些教师过于热情，知无不言，言无不尽，丝毫不给学生任何自我探索的机会；有些教师则可能对学生提出的在教师看来过于幼稚的问题不屑一顾，置之不理。这些应对学生质疑的处理方式对学生自主学习和探究的发展都会产生不利的影响。这要求教师在应对学生的质疑时有所区别对待，依据学生对质疑问题接受能力的差异采取不同的对策。教师需要对学生质疑的问题经过快速过滤筛选、分类汇总，譬如可以把学生质疑的所有问题归类为有问不答、有问必问以及有问必答等，同时采取相应的对策，切不可一概而论。

第一，有问必答。面对学生的质疑和提问，教师的道德和良知都不允许教师对有疑求助的学生置之不理。有问必答的就是学生的质疑确实属于学生依靠自身无法解决的，同时也有解决必要的问题，如学生在哲学学习过程中就提出许多很有价值的问题，例如意识是主观的，真理属于意识，但真理是客观的；物质是运动的主体，意识是变化发展的，但意识不是运动的主体；联系是可以改变的，规律属于联系多样性的表现，但规律是不可改变；实践是检验认识正确与否的标准，真理是主观与客观的统一，但真理不能作为检验认识的标准。这些问题确实是“问题”，也是必须解答的问题，如果不搞清楚，学生们的思想可能会滑向唯心主义或者形而上学的泥坑。同时，这些问题又超出了学生当前的认知水平，是学生们无法自主解决的问题，这些问题教师坚持有问必答的原则在师生合作探究下予以解决。思维往往是由问题激发的，一个好的问题能使思维得以产生、维持和深入。古往今来，凡有创新精神的人无不具有强烈的问题意识，他们常主动带着怀疑的眼光去观察世界、发现问题。正因为他们有提出问题的意识，为了促成问题的解决，就自然有了创新的意识。因此，在教学活动中鼓励学生质疑有助于培养学生的创新意识。对学生产生的此类质疑需要做到有问必答，耐心指导，详细讲解，促使同学们都愿意提出问题。有问必答的前提和基础是师生合作探究。有问必答并不意味着对学生的质疑包办代替，给学生一个现成的答案，而是需要鼓励学生提出自己的想法，在学生解决问题遇到困难时为学生提供一些必要的帮助，对质疑问题的正确解答仍然主要靠学生自我解决。解答问题并不是有问必答的全部，教师还需要鼓励学生在正确解答所质疑问题的基础上举一反三，提出更多、更新的问题，解决更多、更新的问题，从而大大激发学生的灵感，激发学生的积极性和创造力，促进学生素质的提高。

第二，有问必问。课堂教学需要用问题激发问题，用思想碰撞思想。对真理的追求比对真理的占有更为可贵。有问必问就是对于学生因质疑而提出的问题单靠学生自身确实无法探究出来的，需要教师稍加引导和点拨的，这时教师的职责不是有问不答，也不是有问必答，而是有问必问。头脑不是一个要被填满的容器，而是一个需要点燃的火把。教师可以提出与需要解决问题相关的问题逐层让学生解答，通过一个个相关问题的解答，帮助学生逐步接近并形成正确的答案，享受从质疑、探究到成功的快乐。如在讲解我国的宗教信仰自由政策时有学生提出这样一个问题：为什么实质上同样都是唯心主义世界观，国家要保护正常的宗教信仰，而不去保护正常的封建迷信活动？显然，这个问题完全依靠学生自主解决有一定的难度，但学生在教师的启发之下也可以通过自主探究得到有效解决，这需要教师坚持有问必问的原则加以解决。为了引导学生解决这个问题，教师可以设问与这个问题密切相关的其他问题，如我国现阶段为什么要允许宗教长期存在？封建迷信活动有哪些危害性？这样在有问必问之下，保护正常的宗教活动，但不存在保护正常的封建迷信活动这个质疑就在教师提出的两个问题的解答中水到渠成地得到了解决。历史上苏格拉底的“精神助产术”基于其独特的哲学观和教育观。他认为，理想的教育方法不是把自己现成的、表面的知识教授给别人，而是凭借正确的提问，激发对方的思考，通过对方自身的思考，发现潜在于自己心中的真理。因此，苏格拉底提问意旨明确，环环相扣，善于突破关键，充分挖掘对方思维潜能，具有很强的引导性与严密性。而我国古代最伟大的教育家孔子也是启发性教学的倡导者，他能够针对不同的个性特征，循循善诱，点拨精妙，善于把握时机，给学生相当大的思维空间，具有启发性、灵活性。东西方两位大师共同的优点都是“有问必问”。我们必须认清一点，学生在提问时有可能仅仅是为了获得正确的答案。因此，有问必问应该成为教师应对学生质疑提问的主要策略，只有让学生不断质疑提问，教师不断针对学生的质疑有针对性地设计问题，在教师的设问中积极引导学生解答这些问题，帮助学生产生正确的观点，才能引导学生形成自主学习和自主探索的良好学习习惯，才能真正让学生成长为学习的主人。

第三，有问不答。可能许多教师对学生提出的问题不作任何解答似乎很难接受，似乎有悖于教师传道授业解惑的职责。既然“解惑”是教师的三大职责之一，有问必答是教师的优良品质，因此教师就应对学生的质疑提问时知无不言，言无不尽。但如此一来，学生不仅失去了享有探究过程的乐趣，也扼杀了学生的想象力。在学生质疑过程提出了超过教师自身认知水平的问题怎么办？我们是为了维护自己可怜的自尊心去不懂装懂、牵强附会、自圆其说地糊弄误导学生，还是实事求是地告诉学生，这个问题超出我们的认知水平，我也不会，让我们一起探究吧。显然，与其教师自己打肿脸充胖子，死要面子活受罪，倒不如老老实实地承认自己对这个问题的“无知”，以科学的心态与学生共同探究。这样，反而可能激发学生思维强者的意识，将学生的学习激情激发出来，使他们的学习力得到提高。总结起来，对学生质疑的有问不答应当坚持三项原则，即对明显“白痴”级别的问题不答，对超出师生实际认知水平的问题不答，对目前科学没有定论的问题不予以回答。有些教师担心，对学生提出的质疑不作任何解答是否就是教师的工作责任心有问题呢？首先需要明确的是有问不答的问题是不需要或者不必要或者无法回答的问题。事实上，教师可以根据有问不答的原则对几种情况的作具体处理。如对待学生应当能够独立解决但由于缺乏冷静思考、过于急躁而不能解决的问题或者不是学生不能解决，而是因为怕动脑筋而不去努力解决的问题，教师应该鼓励学生依靠自己的力量自主解决。如有学生提出的问题是“什么叫形而上学”。这类问题在教材中有现成的答案，学生通过阅读在教材中可以发现答案，但是由于学生缺乏阅读课本或者学生因阅读课本不认真而产生了疑问，教师也可以针对这种情况鼓励学生在多看书和认真看书的基础上，自主在书本中归纳、概括和总结出答案。有问不答的第三类情况是学生提出的问题超出了教师现有的知识和能力能够达到的高度，或者是按照学生目前的知识水平是根本无法解决的，这类问题即使教师无论能否解决都要拒绝回答，否则就会因产生一知半解的认识导致误导学生，或者导致学生好高骛远，自吹自擂，忘记自己是天下老几了。可见，坚持有问不答的原则，也有利于调动学生自主探索的积极性，培养和提高学生自主分析问题、解决问题的能力；有利于培养学生坚持实事求是的科学态度。当然，这种有问不答并不是教师的素质不高，或者对学生不负责任，而是为了督促学生形成良好的学习习惯，促进学生的自我完善。

教师解答学生提出的问题不是教育教学的目的，教师答疑的目的在于引导学生形成一种更高的能力，能够提出更新的问题，形成新的观念。爱因斯坦所说：“提出一个问题往往比解决一个问题更重要，因为解决问题也许仅是一个数学上的或实验上的技能而已。而提出新的问题，新的可能性，从新的角度去看旧的问题，却需要创造性的想象力，而且标志着科学的真正进步。"因此，教师在解答学生质疑提问时无论是有问不答、有问必问还是有问必答，都需要注意讲求策略，既要体现保护学生问题意识，又要体现培养学生自主探究精神，从而实现素质教育的目标。

三、提问

"春蚕到死丝方尽，蜡炬成灰泪始干。"这是社会对教师无私奉献精神的崇高赞誉。蜡炬型教师们奉献精神固然令人钦佩，但这种应试教育"填鸭"式教学模式产生的结果是教师燃烧了自己，烧毁了学生。新课程下本来应该由学生们"亲自操刀"的综合探究、相关链接、专家点评、名人名言等栏目也被教师们格式化了，这种教师"好心"地越俎代庖，使学生仅有的一点自我发展的机会也失去了。因此，我们不妨在思想政治课教学活动中巧妙地运用"钓鱼"提问法，让学生自己动起来，实现由知识灌输向能力培养和素质提高转化。

（一）提问应该欲言又止，"钓"出学生的想象力

记得小时候没有什么可供娱乐的电子产品，接听收音机节目成为我们保留项目，其中听刘兰芳、单田芳等大师的《岳飞卷》、《杨家将》、《呼家将》等评书成为最值得期待的事情。这些大师有一个共同点，就是喜欢在节目结束前"丢包袱"、"留悬念"。往往节目在非常精彩的紧要关头，大师们突然戛然而止，这简直是让我们欲罢不能，迫切想知道故事的结局、人物的命运。尤其是大师们一句卖关子的说辞"预知后事如何，且听下回分解"吊足了我们的胃口，甚至会将故事的结局想象好几回，甚至在讨论中还会假设几种不同的结局。为了尽快解开谜底，第二天我们会迫不及待地准时"开机"，打开收音机，迫切想找到昨天被丢下来的"包袱"，验证自己的想象，找到谜底和答案。现在想来，大师们在评书中制造的悬念极大地开发了我们的想象力和自主思考能力。当前思想政治课教学堪称是无悬念教学，在教师"保姆式"的关怀之下，学生得到的都是教师经过细嚼吐脯的食物，学生甚至都失去了吞咽的欲望，这可能是直接导致学生在学习中缺乏成就感和动力以致厌学的重要原因之一。教师在教学中欲言又止，留给学生充分想象空间，使思想政治课颇有新鲜感，这就极大地提高了学生们学习思想政治的主观能动性。

教师在组织思想政治课堂教学活动中可以制造悬念，可以欲言又止，吊足学生的胃口，让学生欲罢不能。这样，教师在教学中"留一手"，就能够让学生去"露一手"。叶圣陶先生说过："尝谓教师教各种学科，其最终目的在达到不复需教，学生能自为研索，自求解决，故教师之为教，不在全盘授与，而在相机诱导。必令学生运其才智，勤其练习，领悟之源广开，纯熟之功弥深，乃为善教者也。"如果教师对教学内容讲得太透彻、太深刻，很容易误导学生，无意中限制了学生想象力和创造力的发展空间。如果我们要让学生比教师自己看得更远，就让学生站在自己的肩膀上吧。我们教师应当放下急功近利的心态，心甘情愿为学生"看得更远一些"搭建梯子，让学生有一个拓展的空间。因此，教师在授课过程中可以对值得探究的问题采取欲言又止的方式制造悬念，设置陷阱，制造幌子，让学生在几经探究之余恍然大悟，笑料迭出，打造动态课堂。可见，我们的课堂教学需要坚持点到为止的原则。将学生引入"愤""悱"状态，使学生处于欲言又止、欲罢不能的境地。

（二）提问可以言不由衷，"钓"出学生的思辨力

记得有一位数学大师，他的课堂教学相当独特，没有过多的说教，只有写不完的演算。据说这位数学大师的课堂教学就是在黑板上不断思考和演算，错了就擦掉重新运算，下课时就在黑板上留下满满的思维过程，包括错误。俗话说，师父领进门，修行在个人。这位数学大师在黑板上留下来的信息鱼目混杂，真伪并存，按照我们传统的学习方法肯定是误导学生。我们传统教学方法是教师教，学生学；教师讲，学生记笔记。这种教学模式容不得教师犯错误，一旦教师出错，师父不明徒弟拙就成为现实。金无足赤，人无完人。智者千虑必有一失，教师在言行方面的哪怕是一点点的失误，也可能演变成为整个班级的灾难。关键在于学生在课堂上仅仅接受到真理的洗礼，却缺乏错误的考验。因此，在思想政治课教学过程中教师可以运用真真假假、虚虚实实的方式演绎课堂教学，通过欲盖弥彰考查学生的眼力和辨别力，从而"钓"出学生的思辨能力。

教师上课时不妨制造点错误，在思想政治课教学中不仅要设置一些悬念，制造一点"障碍"，添一点"麻烦"，增加一点"难度"，教师甚至可以通过故意犯错误等检测学生的辨别力。吾爱吾师，但吾更爱真理。教师在讲授时不妨刻意犯些错误，如在学生记笔记时不妨夹杂一些错误的观点，并注意学生的反映。如在讲述"封建迷信"这部分知识时，笔者就故意让学生记下了"国家保护正常的封建迷信活动"，发现有的同学奋笔疾书生怕漏记老师的某一句话，有的学生已经隐约怀疑开始查教材、查资料进行验证，还有的学生用迷惘的双眼望着老师。部分突然醒悟过来的学生大叫起来，老师，不对吧！其他同学也转过神来，并说明了理由。我国实行宗教信仰自由政策，因此国家保护正常的宗教活动；封建迷信具有严重的社会危害性，属于落后腐朽文化，要坚决取缔。这时教师也会温馨提示：请在刚才那个命题上打叉，这不仅让学生对这个误区产生深刻的印象，而且也提高了学生的思辨能力和辩证思维。在组织课堂教学过程中我习惯于即兴编制习题，有一次故意编制一道没有正确答案的单项选择题，随着一个个选项被否定，好多同学非常肯定最后一个选项是正确的，经过教师分析和讲解之后，失去了正确解答该题的最后一根稻草，引起了全班同学的哄堂大笑。教师在选项 D 之后添上"E"，让学生为这道单项选择题设计一个正确的符合题意的参考答案，这样学生就能够在错误中不断拨乱反正，完成从谬误向真理探究的美丽蜕变。

（三）提问鼓励百花齐放，"钓"出学生的学习力

思想政治课教学也需要私人定制，根据学生的差异和需求，对学生进行订单式培养，提高学生的学习力。如可能某部分内容一部分同学已经熟练掌握了，而另一部分同学却云里雾里绕不出来，我们的教学目标就需要依据学生的实际情况进行分层设定。如何在班级建制下面对参差不齐水平学生实施因材施教的有效教学呢？让吃不饱的学生有饭吃，吃不了的学生也吃得进的关键就在于了解学生真实认知水平、学习中存在的问题以及实际需求等。在思想政治课教学过程中我们通常采取笼统的做法，即教师按照自己对学生的猜测和教学进度教学计划盲目地组织课堂教学。可能学生已经熟练掌握的问题教师却讲个不停，但学生学习的难点、盲点、空白点教师又无暇顾及。其结果是学生原来就会的知识仍然会，不会的知识仍然不会。可能学生已经熟练掌握的知识在教师的作业布置中仍然占很大的分量，但学生需要加强练习的内容却找不到，这不仅加重了学生的学习负担，而且直接导致学生学习的高耗低效。记得有位特级教师讲述真实的例子，他接班高三时，该班班主任和前任数学教师都告诉他小洋同学数学学习有困难，在他的头脑中就产生了根深蒂固的印象，小洋是数学差生。为了激发小洋学习数学的积极性，同时也保护小洋的自尊心，几乎每一节课这位特级教师都要提问小洋一个简单的问题。这确实激发了小洋学习数学的积极性，数学实力一日千里，突飞猛进，但比较遗憾的是特级教师并没有注意到这个变化。一节数学课后，特级教师仍然将“白痴”问题抛给小洋，并给他的回答一个大大的表扬。课后，小洋追上正在回办公室路上的老师，满含热泪。出乎特级教师的意料，小洋不是向他表达感激之情的，而是责备老师老是向他提出“白痴”问题，还要给热情洋溢的表扬，这让他无法承受。因此，教师在组织课堂教学时，一定要了解学生在学习中存在的问题，了解并满足学生在学习方面的合理需求，“钓”出学生的需求也就越发重要。

思想政治课教学内容与历史相比较显得抽象枯燥，把握领会的难度较大。但由于学生的个性差异和认知水平差异，学生在思想政治学习中存在的问题和需求也有很大的差异，这就要求我们善于在学生作业和测试中发现学生的错误，并针对学生的错误行之有效地帮助学生。在学生作业和练习考试后，有些教师会急于评讲习题，代替学生过早地进入参考答案展示阶段，越过了学生们充分思考阶段。事实上，我们需要将批改过的作业和试卷直接发给学生，让学生自主思考和解决做错的问题。因为有些问题可能不是学生真的不会不懂，可能是因粗心用错了教材和知识，也有可能是用错了情境材料等。教师在学生订正后，需要对这些作业和试卷进行“二次批改”，从而比较接近地了解学生普遍存在的问题并在以后的习题评讲中重点有效地解决这些问题。欲擒故纵的方法还包括要求学生对作业和练习写出反思，对自己的学习状况进行反思，并形成文字交给老师。可能学生交上来反思中反映的问题各有不同，但我们需要对这些问题和要求进行分类汇总，合并同类项。这样，虽然我们无法完成对每个学生的个性化私人定制，但也可以对每一类学生进行有效备课和指导。可能这批学生在哲学学习上有问题，可能那批学生在经济学的学习上有困难。有可能这批学生在矛盾观的学习上有障碍，那批学生在唯物史观方面没感觉。我们也可以根据学生的反思和总结提出个性化学习要求进行个性化备课，提供个性化素材，使学生学科发展的短板得到有效的弥补。这样，我们就可以根据学生提供的有效问题信息进行有效的辅导，使我们的课堂教学真正地落在实处。

俗话说，点将不如激将。穷则变，变则通，通则久，思想政治课教学改革势在必行。通过思想政治课“钓鱼”提问法的实施，学生发现了学习中存在的不足与问题，教师也了解了自身教学中需要加强或者改进的地方，从而使教与学两个方面都能够做到有的放矢。在思想政治课教学中学生发现问题和提出问题远比解决问题更重要。因此，我们不能仅仅在“授人以鱼不如授人以渔”的理念下，将思想政治课异化为解题方法和应试技巧课，而是鼓励学生自主思考、自主发现、自主探究。当我们教给学生的知识和方法、技巧，学生都懂了，看到学生们没有疑问，提不出问题可能给我们带来很大的欣慰，似乎我们实现了教学目标，完成了教学任务。但我们却忽视了对学生学习能力的培养，我们缺乏培养学生通过“会学”实现“学会”的耐心，我们甚至无法承担起学生疑问的责任。既然提出一个问题比解决一个问题更重要，既然思维是从疑问和惊奇开始的，我们不妨让我们的课堂充满有待解开的悬疑，这就要求教师将学生的学习胃口、思辨能力以及问题需求统统地“钓”出来，使我们的思想政治课教学更加切实有效，将新课程改革真正地落到实处。

四、评价/点评

评课是公开课一个非常重要的环节，直接影响着一节公开课最终收获的成果。很多时候我们在公开课活动中过于重视美轮美奂的教学情境的外化，忽视了公开课还承载着教学艺术和教学手段的吸收和借鉴的重大功能。如果在公开课活动中任凭评课环节的缺失，或者评课环节被忽视，甚至公开课评课环节被歪曲和误导，就会直接导致公开课效果在形式中流逝，以至于前功尽弃。当前我们在公开课活动中的评课环节还存在着诸多痼疾，正是这些痼疾的存在，导致某些已经耗费大量人力物力财力的公开课活动仅仅是某些教师“秀”一把的平台。评课，需要对课堂教学的成败得失及其原因作出切实中肯的分析和评价，并且能够从教育理论的高度对一些现象做出正确的解释。行之有效的评课活动，是促进教师专业发展的有效途径之一。但由于主客观因素的影响，当前在评课的问题上还存在许多不尽如人意的地方，亟须得到有效矫正。公开课不应该是示范课，更不应该是表演课。课堂教学有亮点，肯定也存在不足，中肯的评课不仅可以惠及听课教师，也必定让授课教师受益。而“变味”的评课不仅无法达到预期的效果，反而会对青年教师产生误导，导致公开课活动无一利却有诸多危害。因此，我们必须明确“伪”评课的危害，从而在教研活动中知其害而避之。

事实上，我们在评课过程中除了认真对待教研活动，认真对待评课活动的同时，要实现评课避免流于形式化，我们需要坚持两大原则：其一，对课不对人。要将评课与评教师分开，评课教师不要将自己当作“判官”，将评课活动演变成单纯的学术讨论。其二，要优缺兼顾。有人说，评课时要“优点说全，缺点抓准”。优点说全，就是把优点说充分，这就合理地满足了人的需要，从而使其产生良好的自我感觉，增加做好工作的自信心。同时，缺点抓得准，自然让人口服心服。那么，公开课中评课对课改推动功能自然得到充分显现。在评课过程中，倡导各抒己见，畅所欲言，提倡“群英会”，抵制“一言堂”，使评课环节的效果最大化。通过“货真价实”的评课，授课教师虚心听取意见，扬长避短，不断提高教学水平和教学艺术；评课教师在“众说纷纭”的点评中结合自己课堂教学的得失，可以有效地吸收、借鉴，从而不断完善自己的课堂教学。因此，在《课例研修》课题中，我们仅在评课环节也收获了“真金白银”的效果。这表明我们需要评课环节中问诊并克服诸多痼疾，使我们的评课更加真实可信，使公开课从高耗到高效转变。

五、组织讨论

新课改就是需要我们改变课程实施过程过于强调“填鸭式”满堂灌的接受学习、死记硬背、机械训练的现状，倡导学生主动参与、乐于探究、勤于动手，培养学生搜集和处理信息的能力、获取新知识的能力、分析和解决问题的能力以及交流与合作的能力。实现上述目标的关键就是引导学生进行自主探究，在探究中解决问题和发现问题。而自主探究活动的最常见形式就是在课堂教学过程中组织学生分组讨论，似乎讨论得越热烈，探究的效果就越能够显现。目前，公开展示课上组织学生分组讨论如同多媒体一样已经成为新旧课程课堂教学区分的标志，也是授课教师期待在评课中的“亮点”。在某些教师的观点中，缺乏多媒体没有组织课堂讨论，似乎就不是新课程，就背离了新课标改革的主旨。因此，点燃学生的热情，激发学生的探索就成为教师备课过程中进行预设的重中之重。经过教师精心选题，巧妙构思，一些美轮美奂的探究设计就呈现在听课教师面前，这凝聚了师生的心血！

我们需要确定可靠的探究课题，实施可行的探究模式，获得可信的探究成果，完成实实在在的探究活动。我们必须摒弃探究活动中华而不实的东西，脱下披在探究身上光芒四射华丽的外衣，让我们的探究活动真正充满着“真、善、美”，展现冷暖课堂的两面。这要求我们教师彻底改变“单边主义”的做法，实现角色的转变，既要由学生学习的主宰者向学生学习平等的咨询者、引导者和合作者转变；也要求学生改变过去落后的学习方法，由被动的、凭空想象的和单一的学习方式向自主的、探究的和合作的学习方式转变。教师在课堂上灵活采用讨论探究的教学方法，学生在教师的启发诱导之下开展积极思考和自主探究，促进探究冲出迷雾，达到理想的彼岸。

第四节　说课与模拟授课

一、说课

所谓“说课”就是教师在备课的基础上，依据课标和教材，在教学理论的指导下，结合教师、学生实际和教学条件，在规定时间内，针对具体课题向同行或教研人员采用口头阐述为主的方式，系统地分析教材和学生等，并阐述自己的教学设想及理论依据，然后由同行评议，达到互相交流、共同提高的一种教研活动。说课有利于提高教师理论素养和驾驭教材的能力，同时有利于部分地区教师招聘过程中简化考查过程，实现快捷而全面地选拔优秀教师。而要说好课，就必须认真撰写说课稿。认真撰写说课稿，是说课取得成功的重要前提，是教师提高业务素质的有效途径。

（一）立足“教”的层次，区分“教”与“说”

教师进行有效的教学预设，首先必须想清楚三个问题：一是“教什么”，二是“怎么教”，三是“为什么这样教”。这三者有机统一，层层递进。在现实的教育教学生活中，我们发现大部分思想政治（品德）学科教师思考得最多的是“教什么”和“怎么教”这两个问题。从教师“教”的角度讲，在进行“教”的设计时，主要围绕这两个问题选择恰当的策略，使师生的有效对话得以开展。也就是说，教案主要是说清楚“教什么”和“怎么教”。但说课稿则是为进行说课准备的文稿，它不同于教案，说课稿不仅要说清楚“教什么”和“怎么教”，更要重点说清楚“为什么要这样教”，因此，教师在撰写说课稿时，就必须立足“教”的第三个层次，在吃透教材，简析教材内容、教学目标、教学重难点的基础上，遵循整体构思、融为一体、综合论述，分块写清，分步阐述教学内容，以进一步提高教学效果。

具体地说，“说课”是一种课前行为，“讲课”是一种课堂行为；“说课”在于说明对一定的教学课题“怎样教”和“为什么这样教”的教学设计思想的分析、概括，原则上是对教案的设计阐述、分析，“讲课”是指教学的设计及其分析的实施；“说课”重在阐述、说明，“讲课”重在讲述、解疑；“说课”的对象是教师、教研人员，“讲课”的对象是学生；“说课”的听课人数和场地不一定严格受限，“讲课”的听课人数和场地严格受限；“说课”花费时间较少(不超过20分钟)，“讲课”用的时间较长(一节课的时间)；“说课”属于教学研究范畴，“讲课”属于课堂教学范畴；“说课”阐明的是教学课题的教学设计，以及为什么要这样设计的教学分析，讲课则是教学设计的具体实施。因此，切不可将说课等同于上课，有画蛇添足之嫌。

说课是从教材分析、教学方法、教学指导、教学程序等方面展现教师备课的思维过程，也显示了教师对大纲、课标、教材、学生的理解和把握。因而说课能集中、简练地反映教师教学理念、教学技能和教学风格，充分体现教师教学水平和教学智慧，同时说课还能把备课、上课、评课有机地结合起来，具有较强的参与性和合作性，能很好地解决教学与研究、实践与理论相脱节的矛盾，是一项基于教学基层，面向教师，服务实践的教育教学活动。针对说课的价值和优势，中央教科所副所长、博士生导师田慧生将其归纳为六点：第一点，它是源自于基层的、具有中国特色的、原创性的研究成果。第二点，说课是新课改背景下的教学研究，是校本教研的重要形式。第三点，从教师成长角度来看，说课还是教师提高素质的、实现专业成长的有效途径。第四点，说课是促进教师进行教学反思，推动课堂创新的重要手段。第五点，说课还是优秀教学经验、总结、交流、扩散的一个广阔平台。第六点，说课是优化教学管理、改善教学评估的有效手段。没有规矩就不能成方圆。说课就要遵守说课的规矩，遵循说课的程序。明确什么内容该说，什么内容不该说。既要全面，又要突出重点。尤其是探究活动要组织到位，探究问题的参考答案要经得起推敲。如果将说课当作对说课文稿的照本宣科，或者对课堂教学的现场直播，那就大错特错了。

(二)做足说的准备，厘清“说”的根脉

教案和说课稿的主要区别在于“教”的层次不同。说课稿必须阐述清楚“为什么这样教”。所谓说清“为什么这样教”，就是平常我们所讲的理论依据。一般而言，思想政治(品德)学科教师可以通过以下几个路径去寻找到“理论依据”：一是《课程标准》中的“课程性质”、“课程的基本理念”、“课程的设计思路”、“课程目标”、“课程实施建议”、“课程资源开发与利用建议”等，这是指导我们确定教学目标、教学重难点、选择教法以及学法的理论依据；二是与教材相配套的教师教学用书中的“教学目标”、“教材分析”、“教学建议”等，这是指导我们确定具体教学目标，把握教材内容前后联系及教学重难点的重要参考；三是教育学、心理学中的一些教学原理、教学原则、教学方法等，这可作为我们确定教法、学法的理论依据；四是根据教材内容和学生实际，对教材中知识点进行切合实际的考虑。

(三)遵循“说”的核心，架构说课内容

“说”的核心是说清楚“为什么要这样教”。教师在撰写说课稿时，就必须紧紧围绕这一核心，整体架构说课内容。简单地说，就是在教案的基础上，要“说”清楚每一板块设计的理论依据。

1. 说学情

美国著名教育心理学家奥苏伯尔说："是否了解学生的学情，决定教学的成败。"学情分析的目的在于更好地制订教学目标和选择教学方法，正确的学情分析既可以体现教师对本学段学生的了解程度，同时能够为正确的选择教学方法奠定基础。在进行学情分析时，应从认知心理学和发展心理学的角度出发，依据课程标准的要求，结合本节课的具体教学内容，对学生的身心特点、已有认知结构、认知水平、生活经验，存在的认知误区和可能的行为偏差等情况进行有针对性的分析。在学情分析时，我们在脑海中首先要浮现的是该学段学生普遍的特点，又要根据本地区的实际情况和所要教授的内容作出有针对性的选择；同时，还应该注意全面分析学情，尤其注意学生情感态度的分析。只有这样深入分析学生的情感特点，才能为进一步设置重难点及如何突破重难点打下基础。

2. 说教材

教材是实施课堂教学的最基本依据，也是说课的基本依据。教师必须有整体把握教材的能力，对教材在年级、学段学习中的地位与作用了如指掌，对教学目标、教学重难点处理得当，并能说清楚如此处理的理论依据。说课质量的高低，取决于对教材分析的深广程度，取决于对教材的价值认识。说教材主要包括：

①教材简析。说明教学内容的科目、教材版本、年段册数、所在单元、课及框题；分析教材的编写思路、结构特点。

②从情感态度价值观、能力与知识三个维度明确提出本课时的具体教学目标。

③确定本课时的教学重点、难点及确定依据。

3. 说教法

说教法，就是根据本节课内容的特点和教学目标要求，说出选用的教学方法和教学手段。思想政治(品德)课教学方法多种多样，每一种教学方法都有其特点和适用范围，不存在任何情况下对任何年龄学生都有效的教学方法。这就是所谓的"教学有法、教无定法"，为了达到教学方法的优化，常常在现代教学理论的指导下，选择最基本的一种或几种教学方法综合使用，达到优化课堂教学过程的目的。教学方法的制定与选择受教材内容、学生特点、教学媒体、教师特长以及授课时间的制约。说教法在说出自己拟采用的教学方法的基础上还应说明选择教学方法的依据或说明自己选择的教学方法如何体现课程理念或教学原理、原则等，并说出教学过程中教学媒体的选择和运用。

4. 说学法

主要说明学生要"怎样学"的问题和"为什么这样学"的道理。要讲清教者是如何激发学生学习兴趣、调动积极思维、强化学生主动意识的；还要讲出教者是怎样根据年级特点和学生的年龄、心理特征，运用哪些学习规律指导学生进行学习的。

5. 说流程

说教学流程是说课的主体部分，主要说明课堂教学过程和步骤安排以及这样安排的理论依据，这是说课中更为具体的内容，要说出教学过程中教学各环节的衔接和过渡，教与学的双边活动安排、教材重难点知识的突破策略、板书设计等。

说教学流程，一般要说出教什么，接下来说怎样教。这要从选择什么教学方法来突破教学的重难点，如何引导学生探究学习，如何落实学习要求达成目标，选择这样的学习方法处理，其依据是什么。把教学过程说详细具体，但并不等同于课堂教学实录。对于重点环节，诸如运用什么教学方法突破重难点要细说，一般环节的内容则可少说。尽量避免师问、估计生答，师又问，估计生又会答……这种流水账式的说法。如何安排教学过程的各个环节，没有固定模式，可以把整个环节的安排先说出来，再逐环节再说，也可以把一个环节的内容说完后，再依次说下个环节的内容，环节之间尽量用上恰当的过渡语，使整个说课内容融为一体。

6. 说反思

说课活动分课前说课与课后说课两种形式，不论是课前说课还是课后说课，上述内容必须阐述清楚。课前说课应预测教学效果，教学效果的预测，既是教师实现教学目标的期望，又是实现教学目标的自我把握程度。教师在说课时，要对学生的认知、智力开发、能力发展、思想品德的养成、身心发展等方面作具体的、可能的预测；课后说课还要总结“成功的经验”，反思“失败的教训”。

(四)坚持学生中心，说课是虚拟学生的教研活动

学生永远是组织课堂教学的主角，是课堂教学的中心。说课的情境是学生缺席，是教师对教师的教研活动，教研活动的根本目的还是为了对学生科学有效施教。说课时学生不在场，但不等于学生就可以在说课中缺失。在教与学这对矛盾中，学生就是根本关键的决定因素。在我们看来学生不仅仅是教学对象，更是学习的主体。因此，教师不仅在预设中要备学生，在说课也必须说清楚学生情况。如说清学生的认知水平。注意分析学生已经储备的知识，明确学生即将涉猎的新知识，分析其中的内在联系，通过由此及彼获得新的认识。再如，分析学生的整体特点风格。由于学生未成年人生理心理不成熟，学生们在整体上呈现出自己的身心年龄特点，以及由于身体和智力上的个别差异所形成的学习方式与风格。既要照顾到学生整体主流特点，也要兼顾到学生的个性差异，将因材施教渗透于说课之中去。

(五)说课中存在的几个误区

1. 误认为说课就是复述教案

说课稿与教案有一定的联系，但又有明显的区别，不应混为一谈。说课稿是在个人钻研教材的基础上写成的，说课稿不宜过长，时间应控制在15分钟之内为宜；教案只说“怎样教”，而说课稿重点说清“为什么要这样教”。教案是教师备课这个复杂思维过程的总结，多是教学具体过程的罗列，是教师备课结果的记录，是教师进行课堂教学的操作性方案。它重在设定教师在教学中的具体内容和行为，即体现了“教什么”、“怎么教”。说课稿侧重于有针对性的理论指导和阐述，它虽也包括教案中的精华部分(说课稿的编写多以教案为蓝本，作为参考的第一手材料)，但更重要的是要体现出执教者的教学思想、教学意图和理论依据，即思维内核。简单地说，说课稿不仅要精确地说出“教”与“学”的内容，而且更重要的是要从理论和实践的结合上具体阐述“我为什么要这样教”。教案是平面的、单向的，而说课是立体的、多维的。说课稿是教案的深化、扩展与完善。

2. 误认为说课就是再现上课过程

有些教师在说课过程中一直口若悬河，激动万分地给听者“上课”：讲解知识难点、分析教材、演示教具、介绍板书等，把讲给学生的东西照搬不误地拿来讲给下面就座的各位同行们听。其实，如果他们准备的内容和课程安排面对的是学生，可能会是一节很成功的示范课。但说课绝不是上课，二者在对象、要求、评价标准以及场合上具有实质性的区别，不能等同对待。“说课”是一种课前行为，“讲课”是一种课堂行为；“说课”在于说明对一定的教学课题“怎样教”和“为什么这样教”的教学设计思想的分析、概括，原则上是对教案的设计阐述；“说课”是指教学的设计及其分析，“讲课”是指教学的设计及其分析的实施；“说课”重在阐述、说明，“讲课”重在讲述、解疑；“说课”的对象是教师、教研人员，“讲课”的对象是学生；“说课”的听课人数和场地不一定严格受限；“讲课”的听课人数和场地严格受限；“说课”花费时间较少(不超过20分钟)，“讲课”用的时间较长(一节课的时间)；“说课”属于教学研究范畴，“讲课”属于课堂教学范畴等；“说课”阐明的是教学课题的教学设计，以及为什么要这样设计的教学分析，说课是说教师的教学思路轨迹，说教学方案是如何设计出来的，设计的优胜之处在哪里，设计的依据是什么，预定要达到怎样的教学目标。这好比一项工程的可行性报告，而不是施工工程的本身。由此可见，说课是介于备课和上课之间的一种教学研究活动，对于备课是一种深化和检验，能使备课理性化，对于上课是一种更为严密的科学准备。

3. 误认为方法点拨就是释疑解惑

固然在释疑解惑中需要用到方法点拨，但我们所讲的方法点拨不单只是解题方法指导，还在于学法指导，不断提高学生的学习力。有的教师在说课中介绍学习方法太过笼统，表述学习方法有失规范。“教学设计和学法指导”是说课过程中不可缺少的一个环节，有些教师在这环节中多一言以蔽之：我运用了启发式、直观式等教学法，学生运用自主探究法、合作讨论法等。至于教师如何启发学生，怎样操作，却不见了下文。甚至有的教师把“学法指导”误解为：解答学生疑问、学生习惯养成、简单的技能训练。

4. 误认为使用材料就是说课文稿

教师在说课时充分运用说课文稿是必要的，但单纯凭说课文稿就无法尽情展示课堂教学的真面目了。因此，在说课时，说课教师除了准备说课文稿外，还需要运用一些必要的辅助手段，如多媒体课件的制作、实物投影仪等，还需要运用黑板展示自己在书写板书时的粉笔字的基本功，这样才可以以浓缩的方式向听课教师展现课堂教学的内核和精华，让听课教师有一个全面的评判。

【说课案例及点评】

说课内容：苏人版初中思想品德七年级《我为人人，人人为我》

一、说教材

(一)说本框教材在教材体系中的地位

(二)说目标

按照新课程知识与能力、情感态度和价值观三位一体的目标定位，结合初中思想品德课的学科性质，把引导学生树立正确的情感态度价值观作为本学科的主要目标。同时又防止贴标签式的空泛化的思想道德教育，将情感态度价值观的引导渗透于对情境的体验、感悟中，渗透于对教材知识的理解把握中，实现三维目标的水乳交融。本课的具体三维目标定位是：

[知识与能力]：帮助学生懂得爱不仅是内心的感动，更多的时候在于点点滴滴的真情实意之中；懂得友善不只在于认识，更在于行动，培养学生的公德意识；懂得爱是有原则的，学会明辨是非；明白怎样的人生才更有意义，更有价值。

[情感、态度与价值观]：培养学生在交往中要有爱心并付诸行动；引导学生在付出爱心的同时也要学会"智爱"，只有分清是非，讲究原则的爱才更可贵，更可靠；帮助学生理解关爱他人对自己、对他人、对社会的积极意义，明白人与人相处需要爱，世界需要爱，只有人人都献出爱，才能实现自己的人生价值，才能构建和谐社会。

(三)说重点难点

懂得友善不只在于认识，更在于行动，"心动不如行动"是本课的重点。因为，思想品德课固然需要入耳、入脑，但更重要的是践行。尤其是在南京彭宇案后，在老人跌倒后要不要扶都成为一个社会性的话题的背景下，更要帮助学生正确认识关爱他人对自己、对他人、对社会的积极意义，并在实际行动中献出自己的爱，为实现自己的人生价值，构建和谐社会贡献自己的微薄之力。

懂得爱需要智慧、需要讲原则，有时也需要一定的方法和技巧，是本课的教学难点。因为初一的孩子往往富有爱心，但还缺乏对社会现实的全面的认知能力，更缺乏一定的原则、智慧和方法。因此，既要鼓励保护学生的爱心，又要引导学生在关爱别人的同时，注意保护自己，要讲原则，要有"智爱"，要懂得一定的方法和技巧。

二、说学情

对学情的准确把握是好的教学设计必备条件。因此，学情分析是教学设计系统中"影响学习系统最终设计"的重要因素之一。认真研究学生的实际需要、能力水平和认知倾向，为学习设计教学，优化教学过程，可以更有效地达成教学目标，提高教学效率。

就初一学生而言，对"我为人人，人人为我"这个话题，在实践上是有比较充分的生活体验的，如父母情、同学情、师生情等，教师必须在教学设计中设计比较充分的交流分享的环节，让学生把这些真情实感说出来，说出自己的感悟，说出自己的困惑。同时，学生对爱心的作用、对如何奉献自己的爱心的认识和理解是不全面的，需要老师结合具体的情境和事例加以正确的引导。

三、说教法、学法和手段

1. 本节课的主要教学方法是主题情境探究法。围绕白芳礼这个感人至深的平民英雄的事例，通过文字、视频、图片等多种呈现方式，设置爱的奉献、爱的体验、爱的智慧、爱的行动四个板块，一例贯之，层层递进。在此过程中通过问题将情境与教材有机结合。从初中思想品德课的实际看，探究式教学已广泛地存在于中学政治课教学之中。但目前很多的探究式教学是"碎片式"的，执教者往往轻易地将大量庞杂的未经整理或稍经整理的新闻或见闻拿到课堂上"即兴"使用，使教材上原本有着内在联系的原理散落在无主题的事例或情景之中，不利于培养学生系统地思考问题的能力和宏观把握知识之间有机联系的能力。而主题情境探究则围绕一个整体案例开展教学，师生以案例为载体，以问题为纽带，使课堂教学形散而神不散，环环相扣，启发学生更全面、更深层次的思考，培养学生运用所学知识分析问题、解决问题的能力。

2. 本节课所采取的学法主要是体验感悟法。《义务教育初中思想品德课程标准(2011版)》的设计思路是“以初中学生逐步扩展的生活为基础，以学生成长过程中需要处理的关系为线索，有机整合道德、心理健康、法律、国情等方面内容设计而成”。这就要求我们在教学过程中要从学生的生活实际出发，直面他们成长中遇到的问题，满足他们发展的需要。教师要了解学生的学习需要，面向丰富多彩的生活，善于开发利用学生已有的生活经验，选取学生关注的话题，创设丰富的教育情境，引导和帮助学生通过亲身经历与感悟，获得情感体验，深化思想认识，从而提高道德践行能力。在本节课的教学过程中，结合学生的生活体验设计如下问题，引导学生讨论探究：

分享你知道的“最美——”故事，说说是什么把你深深打动的；

与同学们分享令你感动的瞬间，说说你的感悟与体会；

在实际生活中我们会经常遇到一些如下的问题，如考试了同学要抄你的试卷；上学途中，发现老人跌倒了，我们要不要扶；与同学一起玩耍时，小伙伴不小心掉河里了，你准备如何处理，说说你的理由等。

3. 本节课采取的主要辅助手段是多媒体辅助教学。充分发挥多媒体形象、直观、动感、多样的优势，激发学生的兴趣，增加课堂容量，丰富呈现方式，提高课堂教学的实效。

四、说流程

环节一：课堂导入

播放歌曲《爱的奉献》，把学生引入了一个爱的世界；开展“分享你所知道的‘最美——’故事，说说是什么把你深深打动”的课堂讨论，在学生的生活体验中，自然引入本课的课题“我为人人，人人为我”；在“爱是一盏灯，黑暗中照亮前行的路；爱是一首诗，冰冷中温暖你我的心；爱是我为人人，人人为我的奉献，只要人人都献出一点爱，世界将会变成美好的人间”的美文欣赏中，激发学生的情感体验。

环节二：爱的奉献

1. 播放最美三轮车夫《白芳礼》的视频。

2. 视频播放结束后，开展活动：填一填(加粗部分为让学生填写的内容)。

一位老人，一辆三轮车，74岁重操蹬三轮的旧业，92岁离世，私有账单财产是0，个人生活几近乞丐，却18年支教，捐资35万，资助300多名学生完成学业，而每次把钱捐出去的时候也是他最快乐的时候。

3. 分享网友写的颁奖词，让学生以小组为单位，为老人设计颁奖词，并在全班交流。

老师选择其中一位网友写的颁奖词：他用破旧的三轮车踏出了中国人的善良与无私；他用瘦弱的脊梁挑起了莘莘学子的希望；他用真诚无怨的笑脸绽放东方明媚的未来！爱的汗水，一如既往，魂的血泪，芳华绝代，心的浇灌，绵延万世，白手离去，芳香余留，礼动天下。(齐读)

4. 结合白芳礼的事迹，开展“谈谈你对爱心的理解”讨论交流，并引导学生理解书本中关于爱的论述。

教材的论述：爱有时是惊天动地的，但更多的在于点点滴滴的真情实意之中。爱是一种理解，一种奉献，爱是一种付出，甚至会做出牺牲，那么老师不禁想问，为什么还有那么多人愿意默默地奉献自己的爱，我们又为什么还要赞美爱，歌颂爱呢？

5. 结合视频谈谈白芳礼老人的无私奉献，对他人、对社会、对自己有何意义？

学生讨论交流后，教师总结分析：

从对他人角度来说：解决了贫困学生的困难，更加努力学习，增强了生活的信心和勇气，更加快乐、幸福。

从对社会角度来说，老人帮助了别人，受助者也会去帮助更多需要帮助的人。人人都献出一点爱，世界将变得更加和谐，更加美好。

从对自己角度来说：心灵的净化、精神的满足和道德的升华，使我们的人生更有意义、更有价值。所谓送人玫瑰手留余香。正如白芳礼老人所说。每一次帮助别人的时候是我最快乐的时候。

正所谓：送人玫瑰，手留余香，我为人人，人人为我。

环节四：爱的体验

1. 分享交流：回想令你感动的瞬间(亲情、友情、师生情……)。

教师总结：谢谢同学们的深情讲述，确实在我们的生命中离不开父母、老师、同学的帮助。这份爱虽然简简单单，平平淡淡，却真真切切，实实在在。爱就在生活的点点滴滴之中。

2. 活动体验：大声说出你的爱。

妈妈，我想对你说……

老师，我想对你说……

同学，我想对你说……

3. 真情朗诵：《让自己的生命为别人开一朵花》。

给予是一种快乐，给予是一种幸福。

奉献是一种大爱，付出着，收获着。

把欣赏给身边的人，让花的妩媚给他们带去行动的勇气。

把帮助给身边的人，让花的宜人给他们送去一丝丝暖意。

把微笑给身边的人，让他们沐浴在花的清新之中。

把真诚给身边的人，让感动、温馨在他们心中涌动。

让自己的生命为别人开一朵花，让别人因为我的存在而幸福。

环节五：爱的智慧

设置关于爱的困惑的两难情境，分组讨论后交流分享：

假如考试时同桌要和你对答案，你会……

假如看见有人落水，你会……

假如看见老奶奶摔倒在地，你会……

环节六：爱的行动

实践体验：假如我是……志愿者。

假如我是校园志愿者，我会……

假如我是马路志愿者，我会……

假如我是社区志愿者，我会……

环节七：课堂总结

五、说反思

注：本文的作者是苏州市相城实验初级中学的钱永珍老师。钱老师执教的“我为人人，人人为我”一课获得了江苏省初中思想品德优质课评比一等奖，又代表江苏省获得了全国初中思想品德优质课评比说课和课堂教学双一等奖。

课后点评

钱老师课的成功之处：

1. 采取主题情境探究的教学方法，以爱为主题，巧妙地结合白芳礼的先进事迹，与教材有机整合，并通过高质量的问题，将整节课设计成既相互独立又有机联系的四个环节：爱的奉献、爱的体验、爱的智慧、爱的行动，环环相扣，一气呵成。

2. 选择白芳礼这个感人肺腑、催人泪下的典型案例，以情激情，清理交融。美国学者威伍在《激情，成就一个教师》一文中曾说过这样一段话：“想要教好的教师在大多数情况下都是志向更高和激情奔放的。伟大至少一部分出自天赋，这是无法传播的。”然而，伟大的教师一定是有激情的教师。政治课的特点、性质更坚定了要提高对学生的吸引力，政治教师就要让自己成为一个有激情的教师。

3. 贴近学生生活的情境选择和案例设计。所设计的情境、开展的讨论需要学生有生活体验、有知识积累，这样就能够有话可说，有感而发。

4. 通过问题设计将情境与教材有机连接，情境线、知识线、问题线三线清晰、连接自然。在主题情境探究设计的课堂中，如果没有情境，从知识到知识，学生没有兴趣，教学没有效率，政治课就失去了应有的生机和活力；如果光有情境没有问题，情境与知识就成了两张皮，缺乏应有的连接，就成了为了情境而情境，也就失去了情境教学应有的作用。而在钱老师的课堂中，情境线、知识线、问题线三线清晰、连接自然，是一节难得的主题情境探究示范课例。

5. 美文、教师寄语的适时应用。政治课教学如何增强人文性，增强感染力，运用一些具有思想性、感染力的美文、教师寄语，是一个有效也可行的方法。钱老师在本节课教学的不同环节，都适时采用了这个方法，效果非常好。

钱老师课需要改进之处：

1. 板块之间的过渡与衔接。钱老师以白芳礼的先进事迹贯穿全课，将整节课有机分成爱的奉献、爱的体验、爱的智慧、爱的行动四大板块，这是一个比较有个性化的亮点。但问题是四个板块之间如何做到过渡自然，衔接自如，还需要进一步精雕细琢。

2. 这是一节在设计中以激情见长的课。但在实际处理中，钱老师在有声语言和体态语言的使用上，如何更能做到以情激情，还需进一步努力。

3. 素材的选择和活动的设计还显得有些过多和繁杂。要进一步提高情境素材选择的质量。情境素材的选择要更加少而精，情境素材的运用要更加充分而深入。

点评专家：朱开群，男，中学政治特级教师，教授级高级教师，苏州市政治学科教研员。

附：全国思想品德、思想政治优质课说课评分表

指标	权重	评价要点		满分	得分
说课稿	20%	依据格式要求有完整的说课提纲		20	
说课过程	80%	教师基本素质 20%	教态：自然亲切、仪表端庄	10	
			语言：使用普通话，语言准确、清晰、简洁、具有感染力	10	
		教学内容分析 30%	教学目标：符合课标要求，三维目标明确具体，可操作性强	6	
			重点难点：把握课标准确完整，符合学生实际需要	6	
			教学创新描述：有特色、有成效	10	
			教学设计思路清晰、教学环节完整清楚	8	
		教学过程分析 30%	学生活动设计合理，有利于学生参与，为学生学习服务	10	
			教学设问有层次、有张力、有助于学生思考	10	
			教学资源使用适度、高效 时间把握合理，在规定时间内完成说课过程，不超时	5	

二、模拟教学

在说课逐渐演变成为一种竞赛或者考核中实用性强、简便易行、较为普遍的教研活动形式时，其中的不足与缺陷也逐步显现出来，如一些说课者，在说的过程中时髦的理论一套一套，面面俱到，但教学设计却并没有多少特点和个性，现实中课堂调控能力低下，根本站不稳讲台，甚至一堂课都无法正常完成等。由此可知，说课也无法完全体现教师的执教水平，这就需要有一种新的形式部分取代说课的功能，模拟课堂也就应运而生了。模拟上课，顾名思义，就是模仿真实课堂教学，类似当前军事演习，甚至也可以与实弹军事演习相媲美。但模拟教学的关键词还是在“模拟”这两个字上，这就与真实课堂有着很大的不同，如模拟教学也仅仅停留在备课阶段，模拟教学的对象不是学生，而是模拟学生的教师。它一般是为了真正课堂教学而准备，通常我们也称之为试讲，目的是演练语言表达，思维转换，教学形态、教学流程、场地器材利用和时间的把握等，这也应属于一种备课形式。模拟上课就是讲课老师模拟上课的情景，把课堂教学中的过程在没有学生的情况下用自己的语言把它描述出来。它是一种将个人备课、教学研究与上课实践有机结合在一起的教学活动，突出教学活动中的主要矛盾和本质特征，同时又能摒弃次要的非本质因素，使教学研究的对象从客观实体中直接抽象出来，具有省时高效的特点。“模拟上课”是江苏省基础教育青年教师教学基本功大赛的比赛项目之一，也是近年来部分省市教师招聘考试的重要环节。模拟上课，也叫“无生课堂”。它是一种虚拟的授课情境，是指教师在没有学生的情况下，以自导自演的方式把自己的教学过程用口语、形体语、多媒体、板书和各项教学技能等组织形式展示教学的过程。

（一）模拟上课的基本特征

模拟上课与真实上课最大的区别就是没有学生的参与，也就是说整个过程是教师在唱“独角戏”，这就使得“模拟上课”具有表演性、教师主体性的特点。无锡市江阴高级中学徐霞、贡和法老师在《模拟课堂 独领风骚》一文中将“模拟课堂”的基本特征概括为以下四个方面：

> “零”对话：学生是课堂教学的主体，教学互动是课堂教学推进的催化剂，然而模拟课堂恰似一场缺少“主角”的课堂。与实际课堂相比，模拟课堂就是一场没有学生的“孤独”演出。它要求教师在15分钟内模拟上课的所有环节，突出教学重点与难点，完成同量的教学任务。对上课教师而言，这无疑是一场“无中生有”的挑战，是对教师综合素质的全面检验。
>
> “零”生成：动态生成一直是课堂教学追求的“意外的精彩”，它是在师生合作、生生合作的对话中，碰撞出的思维火花，是超出教师预设的新问题、新观点。然而模拟课堂缺少了对话的对象，更缺少互动环节，缺少了动态生成的土壤，也就没有了“意外的精彩”。正因为少了这样的生成与互动，也给模拟课堂的上课教师提出了新课题。
>
> “全”虚拟：没有学生、没有互动，这并不是意味着模拟课堂就寸步难行了。模拟课堂同样拥有常规课堂的所有教学环节：教学目标、教学方法、教学设计与教学活动，不同的是所有的这一切都是在虚拟情景下展开的。模拟课堂通过虚拟学生的存在、虚拟学生的回答与反应、虚拟师生的对话、虚拟小组合作探究等活动来完成教学任务，在虚拟中寻找真实的课堂，贴近学生的生活，走进评委的视野，抓住评委的心。
>
> “全”预设：常规课堂下预设过多，会制约学生主体性的发挥，学生易被老师牵着走，背离了课堂的原生态。然而模拟课堂需要：教学设计的预设、学生回答的预设、学生错误的预设、观点交锋的预设、点评学生的预设、过渡语的预设、课堂气氛的全程预设。有无质量的“无中生有”的预设是模拟课堂成败与否的关键。

（二）模拟上课的主要挑战

模拟上课活动往往能够展现出教师在备课中的思维过程，并且显示出教师对课标、教材、学情的理解和把握水平，还能体现出教师运用有关教育理论和教学原则组织教学活动的能力。因此，模拟上课可以提前检测课堂教学，提高备课质量，而模拟上课要求教师用语言把自己的教学思路及设想、教学过程某一环节展示出来，这又无形中提高了教师的语言组织能力和表达能力，促使教师自身素质的提高。

模拟上课不等同于说课，模拟上课是说课的延伸和补充，将说课的教学过程这一部分具体化，把“教材的内容、地位、教学目标、重难点等”通过模拟上课而表现出来，更侧重于它的实践性。另外，模拟上课和真实课堂一样都要注意如何抓住重点，突破难点，不能平均使力，这是一节课成败的关键。

模拟上课最难处理的就是师生互动环节，在缺少学生的课堂却要做到师生互动，虽然很难做到，但确实影响模拟课堂的成败。如果缺乏师生互动的环节，就不能体现新课程"以学生为主体"的理念。因为新课程要求更多的课堂时间给学生去学习、去讨论、去思考、去互助、去表现、去体验。

(三)模拟上课的注意事项

1. 精编"脚本"

为使模拟课堂这幕"独角戏"演得更精彩，演戏之前"脚本"的精编显得至关重要。作为"编剧"的教师既要从宏观上对教师、学生(假设)、教材、环境、资源等因素做整体思考并将这些要素作优化组合；又要从微观上处理好教学设计的三个基本问题：目标——我要到哪里去？方法/途径——我怎样到那里去？结果认可——我是否真的到了那里？从而在"脚本"主题的提炼、内容的统整、资源的利用、方法的设计、氛围的营造等方面达到精致和谐。

2. 关注"观众"

模拟课堂的评委好似"观众"，为获得评委对"独角戏"演出的好评，在上演之初就能抓住评委的眼球，是非常关键的，所以教师一定要关注和研究评委。模拟课堂的设计既要新又要适合"观众(评委)"的胃口!

3. 扮好"主角"

模拟课堂也可比作"演课"，无生课堂教师是唯一的主角，但他却同时扮演着两个不同的角色：老师和学生。如能实现两个角色间的完美转身，那你就成功了。讲课中需要的答案是通过教师自己的嘴巴说出来的，怎么能让它说得更自然、更真实：首先，要在教学设计的环节中就把学生的答案也作为预设的一项列入其中；其次，有些重点、难点的讲述，需要教师适时犯点小错，一来可活跃课堂气氛，二来让真理的出现更显得顺理成章。

4. 营造"气场"

模拟课堂的教学评比，能反映教师个人扎实的专业功底、丰富的知识储备、深厚的综合素养，展示教师对教学的驾驭能力与对知识的理解程度，是教师教学方法及教育理念的一种相融相生。因此，教师在课堂上恰当地运用肢体语言，声情并茂的表达，营造教学相长、激情飞扬的课堂"气场"，对模拟课堂精彩的实施是十分必要的。课堂虽然没有学生，但视无生为有生，秀出你的绝技，亮出你的精彩，那模拟课堂就有了氛围和成功的可能!

5. 突出重点，营造亮点

模拟教学一般只有15分钟左右，有的甚至只有10分钟。在这样短的时间内，最忌讳的就是平均使用时间，看似该讲的都讲了，但实际上必然导致重点不突出，难点缺乏深入解析，亮点无法呈现，也就难以给评委留下深刻印象。因此，在有限的模拟课堂的时间内，必须在深入分析教材的基础上，突出重点和难点，营造亮点。

6. 张扬个性，发挥特长

优秀的教师总是有个性有特长的教师。因此，在参加模拟课堂教学时，要深入分析自己的优势，把自己的优势和特长充分展现出来。

(四)如何上好模拟课

一堂好的模拟课最重要的是处理好教材，因为处理好教材是一节课的灵魂。在对教材进行解析时要目标明确、重点突出、难点突破，还需要注意对学生创新精神和实践能力的培养。教学设计是重点，在教学设计中处理好知识与知识之间的衔接，才能使整节课比较顺利，在这个过程中才能使师生互动体现出来。结合浙江省台州市黄岩中学郑熙老师模拟上课的课题——高中政治必修一第二课《多变的价格》的第一框“影响价格的因素”为例，进行说明。

1. 备课阶段

在备课中要明白所要教的内容是什么样的课题？学生在生活中对这一内容感知多少？应该有怎样的认识？教学的重点和难点是什么？从这一内容中学生应当学到怎样的知识、能力及态度和价值观？在材料的选取上，尽可能地贴近生活、贴近学生、贴近实际，而考虑到模拟上课很少采用多媒体，因此材料尽可能应用书本上的，并加以适当的改进；在采用教学方法时，没有学生的参与而又要考虑到学生的主体地位，因此要多思考如何从教学的“独白”转向“对话”，使“教”服务于“学”。

2. 教学过程

①导入。在对“影响价格的因素”进行模拟上课时，首先要求学生一起朗读引言部分，在学生朗读完引言部分后，再根据引言部分提出问题“价格为什么不是固定不变的，而是有时高有时低”。由此，完成我们的导入。模拟上课的时间通常只有15~20分钟，因此创设有效、实用的导入就比较关键了。如何导入的方式和方法比较多，有温故知新、类比求异、质疑激趣、常识介绍、即兴谈话法、知识检测法、不导而入法等。但新课的导入绝不能一叶障目，更不可越俎代庖，因此在短暂的模拟上课中要合理安排时间，组织好导入内容。上这一课时采用的是引言导入，在每节课的标题下面都有引言部分，而在新课改之前的书是没有引言部分的，引言部分不仅是新课改的体现，而且起到一节课的大纲作用，即使是我们平时上课也不能忽视引言的重要作用。

②目标明确、重点突出。本节课的教学重点是：供求影响价格；商品价值量的决定因素；商品的价值量与劳动生产率的关系；价值规律及其表现形式。教学难点是：商品价值量与劳动生产率的关系。在讲解的过程中始终围绕这些知识点展开讲解。在这一点上，模拟课和上课的要求一样，一定要做到主次分明、详略得到、重点突出、难点突破。在模拟上课的过程中更要体现新课改的三维目标，即在完成知识传授与技能培养的同时，是如何运用巧妙的方法突破重点内容、解决难点问题，如何注意培养学生的学习态度与习惯、加强师生情感与学生对学习的兴趣、形成正确的价值取向。

③模拟上课最难处理的就是师生互动环节。在“影响价格的因素”这框的模拟上课中，通过以下几个环节来达到与学生的互动，在导入的时候要求学生朗读引言部分，再要求学生结合镜头下面的两个问题阅读并思考镜头的内容，在学生回答完问题后，把学生的话引回来“正如刚才同学们说的那样，我们知道了……”在要求学生讨论供求如何影响价格的时候，对学生的发言进行归纳“刚才同学们讨论得非常热烈，有的……有的……”，在讲到价值规律的内容和表现形式时，要求学生把这两个知识点划出来，而在最后则根据板书

采用问答的方式进行总结。这样一节模拟课上下来后，就不会给人“目中无生”的感觉，即使没有学生的配合，也能解决抛出的问题或者过渡到后面的环节。在这框内容的师生互动中，总结了以下几种处理方法，一是对学生的回答进行复述，具体可以有以下几点关联语：正如刚才同学们说的那样，我们知道了……；这位同学的意见(看法)是……。二是对学生的回答进行归纳和评价，具体可以有以下几点关联语：刚才同学们讨论得非常热烈，有的……有的……；除了刚才提到的，还有没其他的呢？三是要求学生朗读书本相关知识，尤其是涉及一些概念的问题，“学生”朗读后教师再对该概念进行解析。四是问答式的总结，突出学生的主体地位。有时候我们需要以上几种方法相结合，才能更好地体现一堂课的师生互动。

④处理好教材是模拟上课的灵魂。在“影响价格的因素”这框的知识点最终可以归结为价值规律的内容，因此在一开始便采用价值规律表现形式图。当供大于求的时候，价格就下跌，在横轴线的下方，当供不应求的时候，价格上涨，在横轴线的上方。随后，在讲到价格由价值决定的时候，将轴线表明为价值。结合图形，便可很清晰地进行讲解。在气候等间接因素与供求影响价格之间用了“它们是通过什么方式来影响价格的呢”来过渡，而且在各个知识的连接点，都设置了比较自然的过渡语进行过渡。模拟上课的取胜之处在于对教材有深刻的分析，抓准教学内容的本质，找出知识的生长点和衔接点，教材处理要有效创新，充分体现出教材的处理能力。在备课、处理教材的时候，不仅要列出教材的知识点，更要设计好知识与知识衔接，在知识与知识之间做好过渡，使整节课比较流畅。

⑤板书作业必不可少。模拟上课，也需要在“教学过程”中同步板书，板书设计必须围绕教学目标，工整规范，主次分明；在授课的过程中或结束前也必须布置紧扣教学目标的作业。

⑥举止大方、语言得体。模拟上课时，老师一上讲台就要有充分的自信、饱满的精神。开始上课后音量要适中，要抑扬顿挫，连贯紧凑，过渡顺畅自然，千万注意不能有过多的口头禅。课堂的生命是什么？是情！是学生的学习热情，是教师投身课堂的激情。因此，教师在模拟上课时精神要饱满自信，表情要和蔼可亲，手势要恰当形象，语言要干脆利落。

(五)模拟教学需要遵循一定的规则

我们所讲的模拟教学并不完全等于职场考核，也不等于高校组织学生带有实验性质的模拟教学。从一定意义上说，高校的模拟教学是学生的模拟实验。我们在参加模拟教学活动中应当注意克服以下几个方面的问题。

1. 遵守面试礼仪程序

上台的问好、行礼，自报家门，下台的结束语要适到好处。态度要恳切，不能做作，表情要自然、有礼貌。

2. 教态必须自然大方

肢体动作自然有序，如手不能插兜里、双手不能摁桌上，手势不能过频，甚至有的人往往手没地方放，让人感觉很紧张或太随意，这都可能给听课教师和评委带来不好的印象；授课时要脱稿，如果手里拿着教案一直边看边讲，会产生备课不够充分的感觉。要给评委和听课者一种“教案在心中”的感觉。

3. 教学设计需要科学规范

模拟教学的教学设计与真实教学的教学设计有很大的差异。事实上，模拟课堂只是真实课堂的一个缩小版，授课教师要力图把教学设计或流程清晰地展示出来，虽然没有真实的学生在场，但要把听课教师想像成学生，要积极应对模拟学生听课教师的提问和质疑，或是本课的重点、难点、易错点时，老师可直截了当地表达出来，切不可生搬硬套，要水到渠成、不着痕迹。

4. 师生互动如同行云流水

要让人觉得讲课教师真心是在给学生上课，不是讲给评委听的。授课教师切忌将讲台当作个人才华展示的舞台，始终记得我们的课堂教学，无论是说课、模拟教学还是真实教学都是为学生服务的。因此，要有与学生模拟的交流的真实意思和真实表现，要体现以学生为主体的新课程理念。对于学生的回答，尽量少用肤浅的表扬，或者简单的批评，我们在给学生评价时，应该用高层次、高水平的话对学生的回答进行总结；也可以是互动游戏等体现出“以学定教”的思想。如我们可以用鼓励代替表扬，用期待取代批评。

5. 搭建合作学习交流平台

教研活动听课中经常看到教师设计出粗制滥造的探究活动，引导学生装模作样地开展探究活动，结果除了环节齐全、作秀成功外，没有多大价值可言。因此，模拟教学应该设计出探究活动、小组合作和讨论交流等环节。同时，在讨论之前必须做出精心细致的安排，比如：交流时该注意些什么；交流时该怎么表达自己的观点，又该如何吸纳别人的建议；有不同意见时该怎么办；小组内的分工怎样等等。教师在组织探究前要尽到导演的职责，按照学生的意愿和观点趋同进行分组，而不是按照座位分组，允许个别学生通过自己沉思来完成探究。探究成果的展示不是匆匆而过，需要授课教师有引导和启发，必须进行总结。否则小组合作学习只能会有名无实，形同虚设。

6. 教学语言需要精准流畅

政治教师在政治术语方面有很高的要求，我们的课堂教学不需要有更多的乡土气息的语言。如果授课教师脱口而出是方言俚语，那将不是合格的课堂。因此，我们不能因为没有真实学生的参与就对自己的语言表达无所谓。正是因为模拟教学没有真正学生的参与，焦点全部集中在讲课教师一人身上，这时教师的每一句话，每一个字显得非常重要，非常突出。教师要注意体现语言的流畅性(可以看出教师的心理素质和备课的充分度)；体现语言的准确性(教师的语音标准，也就是普通话是首当其冲的，还可以看出教师对教材的把握度和挖掘度，同时要体现学科语言的特点，如语文教师要体现语文教学语言的艺术性、优美性、欣赏性，数学学科要体现数学语言的准确性、逻辑性、严密性，同时还要体现启发性)，还有衔接语、过渡语、评价语、激励语等各方面都要注意，虽不能说字字珠玑，但这也是我们每个教师毕生努力的目标。

7. 板书显示教学设计实力

无论是模拟课堂还是真实的课堂，板书是非常必要的。板书可以说是“微型教案”，是浓缩了一堂课的精华。因此，板书设计需要在知识结构的构建中完成，要抓住重、难点，巧妙设计，力求简洁，让人看了一目了然，同时还要讲究艺术性、美观性、科学性。板书的第一印象就是字体，现在大部分教师都不太重视这方面，其实字体也是教师基本素质的一个体现，好的字体也会给评委带来视觉上的享受，而对教师增添几分好感。在这方面文科教师一定要选择恰当的字体，并且设计板书时考虑得比较周全，不要边擦边写，最后留下一幅惨不忍睹的“废墟”。

8. 教学手段需要准备充分

有些模拟教学的教师随意性比较大，以为凭借自己的教学功力就可以凭空驾驭没有真实学生的课堂。建议模拟教学的授课教师最好能够在教学设计的基础上制作精美的课件，体现模拟教学的规范性和逼真性。正是因为缺乏真正的课件的约束，往往造成有的教师肆无忌惮，大胆假设，信口开河，不管合适不合适，也不管有没有效果，纸上谈兵地显示自己模拟运用了多媒体教学手段，尽管天花乱坠，其效果也不会好到哪里去。其实如果模拟课堂允许，不妨把你的课件放出来，让你精心制作的课件成为模拟教学的亮点，为你的模拟教学加分添彩。当然，我们的功夫还可以表现在其他方面，如录音机、小黑板、小卡片、小制作等在模拟课堂上恰当地运用，会弥补自己某些方面的不足(如：唱歌、朗读、写诗、知识讲解等)，同时适时的教学手段也会给教师增添几分魅力。

综上所述，模拟教学相对于说课和实际教学都有很大的差异，但模拟教学的要求更高，检测的效果更好。相对于说课的自说自话和实际教学中的师生互动，在模拟教学中与模拟教学者唱对手戏的却是专家学者，是行里的高手，这要求模拟授课者显示出更高的才艺和更深的功底，否则一旦出现科学性错误，后果是相当严重的。

【模拟课堂案例分析及点评】

人的认识从何而来

选自人教版高中思想政治必修四生活与哲学教材

1. 精彩导入——有波澜起伏的情节

师导入：穿越剧已成为现下电视剧的新宠，今天我们也来玩把穿越，一起坐上“时光穿梭机”来到18世纪的法国。先给大家讲述一个关于爱情苹果的浪漫故事(故事略)，然而爱情苹果还一度被人们称为“狼桃”，最后一位法国画家戏剧性的试吃“狼桃”，从那以后，上亿人均安心享受了这位“敢为天下先”的勇士冒死而带来的口福。

2. 充分预设——有绘声绘色的对话

师创设情境：我们坐上“时光穿梭机”又来到清朝河北沧州的一座靠近河岸的寺庙。有一年运河发大水，寺庙的山门经不住洪水的冲刷倒塌了，一对石头雕刻的大狮子也跟着滚到河里去了。过了十几年，寺庙的主持想重修山门，要把那一对石狮子打捞上来。可隔了这么长时间，到哪里去找呢？我们现场表决一下，你认为应该去哪里打捞，上游？下游？原地？

师模拟学生答案：“认为在下游的举手。”“哟，我来数数有22个同学。”“认为在原地的举手。”“哟，有23个。”“我们有46个人同学，还差一个，你的答案呢？”“呀，他认为是上游，小伙伴们都惊呆了吧。”“真理往往掌握在少数人手中，说不定哦，你来说说理由看。”“那到底在哪里呢，谁的认识正确，谁来检验呢？”“石狮子会不会大声一吼：同志们我在这里?”

3. 有意生成——无生当有生的演出

师：老师有个难题想求助未来的哲学家们，你赞成哪个观点：秀才不出门不知天下事，秀才不出门全知天下事。

师模拟学生1：这位帅哥同学说：我赞成观点二，现在互联网技术高速发展，照样可以眼观四路，耳听八方，我愿意宅在家做一个快乐的“宅男”。

师模拟学生2：哟，有位女生不服气，手举得很高，看来不同意咱这个快乐的宅男喽？好，你来说：你这个观点不就否认老师刚刚讲的知识点实践是认识的来源吗？所以我赞成观点一。怎么样还坚持做宅男吗？

师：貌似都有理呢，好我们一起来看看到底……呀，这位宅男有话说，好你继续。他说老师我觉得这两个观点都对，获得认识我们既可以实践也可以学习，这与实践是认识的基础不违背，学习而来的知识也是从实践中来呀。所以我坚持做宅男！

师：我已经看到未来哲学家的风范，很善于动脑，很有哲学的思辨味。

4. 诗意退场——有情感共鸣的结语

师总结语：不是尾声的尾声，与学生分享“理论使人坚定，哲学使人深邃，历史使人明智，科学使人严谨，文学使人灵动，法学使人规范，报刊使人丰富，网络使人敏捷，天文使人目光远大”。衷心希望在座的每一位学生能够成就最好的自己，人生没有等出来的辉煌！

注：这是2013年江苏省基础教育高中政治青年教师基本功大赛时，无锡徐霞老师的模拟课堂教学《人的认识从何而来》的一个简案。在这次大赛中，徐霞老师获得了一等奖。

课后点评

徐老师课的成功之处：

1. 徐老师的模拟课堂教学注重将价值引领和实践导行放在首要位置，体现了思想政治课独特的学科价值和功能定位。在她的课堂教学中能够寓价值引领和实践导行于知识教学之中，潜移默化地进行科学的世界观、人生观和价值观的教育，实现思想政治课教学目标的入耳、入脑、践行。

2. 情境案例探究式教学是徐老师采取的课堂教学的主要形式。探究学习是新课程所倡导的学习方式之一。而学生的探究学习离不开一定的情境、案例和问题的设置。有了一定的情境、案例和问题的设置，学生的自主学习、合作学习、探究学习就有了一定的载体。徐老师这节课中，从特殊到普遍，再由普遍到特殊，这样的知识呈现方式，符合认知规律和学生的学习规律，有利于激发学生的学习兴趣和求知欲望，能有效地实现具体与抽象、理论与实践、感性与理性的有机结合，理应成为高中思想政治课的主要教学方式之一。

3. 哲学之美，一定意义上在于思辨之美。思辨性是思想政治课的一个重要的学科特征，也是思想政治课要着力培养学生要具备的核心能力之一。徐老师的模拟课堂中，十分重视思辨情境的设置。通过设置具有思辨性质的探讨话题，力求培养学生用辩证的、全面的、历史的观点和方法去分析问题和解决问题的能力。

4. 徐老师的课也有一些独特的附有个性化的处理。如在导入环节，考虑到时间紧、素材少等因素，她机智地选取了几个经典的哲学故事，用一场“穿越剧”把这几个零散的故事串成了一条线，以一个浪漫的爱情故事导入，不失为一个好的选择。只需要教师为这个故事加点料，制造跌宕起伏的故事气氛，悬疑导学也能吸引评委的眼球；在课堂教学探究环节，虽然整个过程一直是徐老师在自言自语、自编自导自演，在这样的一来一去中教师很自然地把问题抛出，引发学生的思考。这样的一问一答看似自然，却是备课时的预设，对学生可能答案的预设，对教学需要的答案的预设。这是一种“充分”的预设，但正是有了这种“充分”才有了模拟课堂的互动与对话，才凸显了模拟课堂的灵动与鲜活。

徐老师的课需要改进之处：

1. 从哲学与人生的有机连接上给学生更多的人生启迪

哲学教学最重要的是对学生的未来发展提供更多的方法论的指导和人生启迪。如讲授实践是认识的来源，要启迪学生敢于实践、勇于实践；讲授实践是认识发展的动力，要启迪学生善于发现问题，善于运用先进的科技手段，不断更新自己的观念，不断提升自己的认识能力；讲授实践是检验认识正确与否的唯一标准，要启迪学生敢于怀疑，敢于挑战权威和书本，不唯书，不唯上，要唯实；讲授实践是认识的目的，要启迪学生读万卷书，更要行万里路，积极投入社会实际，尤其是与人民群众的实践相结合，学以致用。但不可否认的是，这样的好课不多。

2. 要防止情境设计的“空肤化”倾向，防止情境设计牵强附会、不够贴切

本节课的教学采取主题情境探究的模式，但在具体的实施过程中，有时却呈现出空泛肤浅的倾向。很多情境设计只是起着一种引出知识点的简单作用，缺乏深层的背景分析，缺乏有深度、有高度的理论和现实的剖析，学生不能借助于这一情境设计更全面、更深刻地把握知识、理解理论、观察现实，这样就大大降低了情境教学应有的功能。而且，有时过分追求“一例贯之”的“主题情境”探究的模式，在部分知识点的连接上牵强附会、生搬硬套、不够贴切。

3. 在追求有价值的情境设计和思辨设计上，还有待进一步提高

如思辨设计如何克服“非此即彼”的单一性、片面性的倾向；如何创设有认知冲突甚至是两难境地的思辨环境；如何使问题情境设计和思辨设计有利于学生对教材理论问题和社会现实问题更深层次的认识把握；如何使所创设的情境更加贴近学生的生活等，都需进一步的提升。

4. 课堂教学要树立大教材观，也要善于利用教材中的经典案例

本次基本功大赛所选择的课题是《生活与哲学》中“实践是认识的基础”一框。教材中情境案例素材丰富，其中不乏经典案例。如课文的结尾中“陶行知改名”，陶行知的名言“行动是老子、知识是儿子、创造是孙子”。但很少有参赛选手对教材中的这些经典案例加以充分、巧妙的运用。诚然，引入生活活水，运用生活化的素材，有利于进一步增强思想政治课的生机活力。但教材中的许多名人名言、经典案例等都是精挑细选的，经得起时间的检验的，完全应该加以充分巧妙的运用。如运用陶行知的名言“行动是老子、知识是儿子、创造是孙子”设计这样的问题：请分析行动、知识

和实践之间的关系，并说明理由；请将行动、知识、创造、儿子、老子、孙子六个词语，按其内在联系进行连线，并说明理由。这样的问题对教材中的经典案例进行创造性的再加工，富有思维含量，富有启迪色彩。

点评专家：朱开群，男，中学政治特级教师，教授级高级教师，苏州市政治学科教研员。

附：江苏省基础教育高中政治青年教师基本功大赛“模拟上课”细则

1. 坚持面向全体，教学符合学生认知规律，要求适度。

2. 注重知识的形成过程，注重联系学生生活、自然和社会实际，注重发展学生的学科思维、探究及自学能力，注重学法指导，注重三维目标的实现。

3. 课堂结构严谨，密度适中，过渡自然，表述清楚；对教学内容把握准确，有效突出重点、突破难点。

4. 科学创设问题情境，问题设计有梯度和思维深度。

5. 学生全员主动参与，课堂气氛活跃，互动有效。

6. 适时反馈检测，教学内容落实到位。

7. 富有教学机智，有应变能力。

8. 恰当运用教学手段和教学课件，教学方法灵活有效。

9. 教学中使用普通话，语言生动、简洁；板书工整规范，主次分明；实验操作规范、熟练，现象明显。

10. 有自己的教学风格。

参考文献

[日]佐藤学著，钟启泉译：《学校的挑战》，华东师范大学出版社 2010 年版。

[美]伊兰·K. 麦克伊凡著，周作宇译：《培养造就优秀教师——高效能教师的十大特征》，北京师范大学出版社 2007 年版。

叶澜：《教育概论》，人民教育出版社 1993 年版。

全国十二所重点师范大学联合编写：《教育学基础》，教育科学出版社 2002 年版。

袁振国主编：《当代教育学》，教育科学出版社 1999 年版。

王道俊、王汉澜主编：《教育学》(新编本)，人民教育出版社 1999 年版。

肖爱芝：《当代教育心理学》，内蒙古人民出版社 2005 年版。

檀传宝：《学校道德教育原理》，教育科学出版社 2000 年版。

张乐天主编：《教育政策法规的理论与实践》，华东师范大学出版社 2002 年版。

教育部人事司、教育部考试中心编：《教育心理学考试大纲》，北京师范大学出版社 2002 年版。

教育部人事司、教育部考试中心编：《教育学考试大纲》，北京师范大学出版社 2002 年版。

金正昆：《教师礼仪规范》，中国人民大学出版社 2014 年版。

国家教育委员会师范教育司组编：《教师口语训练手册》(试用本)，北京师范大学出版社 1994 年版。

[英]韩礼德：《口语与书面语》(英文)，世界图书出版公司 2012 年版。

姜燕：《即兴口语表达》，山东人民出版社 2014 年版。

孙海燕、刘伯奎编著：《口才训练十五讲》，北京大学出版社 2004 年版。

奚博先：《著名语言学家谈治学经验》，商务印书馆 2008 年版。

路棣：《师范书法基础教程》，天津古籍出版社 2001 年版。

乔俊武主编：《书法基础知识》，陕西人民教育出版社 1989 年版。

侯玉新主编：《师范生书法》，高等教育出版社 1999 年版。

陈振濂主编：《师范院校书法教程》，天津古籍出版社 2012 年版。

[美]加涅著，皮连生、庞维国等译：《教学设计原理》，华东师范大学出版社 1998 年版。

潘巧明：《现代教育技术基础》，科学出版社 2010 年版。

王力主编：《古代汉语》，中华书局 1999 年版。

邵敬敏主编：《现代汉语通论》，上海教育出版社 2007 年版。

叶蜚声、徐通锵著，王洪君、李娟修订：《语言学纲要》，北京大学出版社 2010

年版。

袁行霈主编：《中国文学史》，高等教育出版社2005年版。

马积高、黄钧主编：《中国古代文学史》，人民文学出版社2009年版。

钱理群、温儒敏、吴福辉著：《中国现代文学三十年》（修订本），北京大学出版社2007年版。

黄修己：《中国现代文学发展史》，中国青年出版社2008年版。

陈思和：《中国当代文学史教程》，复旦大学出版社2002年版。

洪子诚：《中国当代文学史》，北京大学出版社2010年版。

朱维之、赵澧、崔宝衡、王立新主编：《外国文学史》（欧美卷），南开大学出版社2011年版。

［美］费正清、［英］崔瑞德主编：《剑桥中国史》，剑桥大学出版社1992年版。

白寿彝：《中国通史》，上海人民出版社2012年版。

晁福林主编：《中国古代史》（上册），北京师范大学出版社2009年版。

宁欣主编：《中国古代史》（下册），北京师范大学出版社2009年版。

郑师渠主编：《中国近代史》，北京师范大学出版社2007年版。

王桧林主编：《中国现代史》，北京师范大学出版社2004年版。

吴于廑、齐世荣主编：《世界史》（六卷本），高等教育出版社2011年版。

范红、刘识亭、王家伦：《小学语文课程解析与教学技能提升》，东南大学出版社2012年版。

周嗣：《数字化教育信息资源配置研究》，华中师范大学硕士学位论文，2007年。

李勇帆：《校园网教育教学信息资源的开发与建设研究》，《中国电化教育》2001年第6期。

夏宏：《苏格拉底哲学教育观的启示》，《现代大学教育》2009年第3期。

陈建民：《张志公先生与口语教学》，《语文建设》1993年第1期。

吴格明：《培养逻辑理性的三种策略》，《语文建设》2013年第4期。

吴格明：《创新能力培养：切不可忽视逻辑思维素质》，《中国教育学刊》2002年第6期。

陈晓姿整理：《让笔下的人物"活"起来——一堂作文教学的课堂实录》，《中学语文教学参考》2007年第1期。

王家伦：《语文课时教学的起承转合》，《中学语文教学》2009年第3期。

高群、王家伦：《论教材文本"剩余价值"的多元开发》，《语文教学与研究》2010年第11期。

王家伦、刘识亭：《"语文教学法"教师"绿色科研"刍议》，《语文教学研究》2010年第1期。

王家伦：《"品味语言"是语文课堂教学目标吗?》，《语文世界》2012年第4期。

王家伦：《阅读教学教案设计的返璞归真》，《语文世界》2012年第10期。

高群、王家伦：《论语文课堂教学过程与目标达成》，《中学语文教学参考》2012年第10期。

范红、王家伦：《“微型授课”正在走向我们》，《中国教师》2013 年第 6 期。

王家伦、张悦：《罗马不是一天建成的——论阅读教学“阶段目标”的设置与落实》，《语文世界》2013 年第 5 期。

范红、王家伦：《借用演绎过程，让“说课”更严谨更精彩》，《中国教师》2014 年第 1 期。

朱平、王家伦：《语文教学：请从“本位”出发选择媒体》，《福建基础教育研究》2014 年第 7 期。

朱平、王家伦：《让“微型授课”走向深入》，《福建基础教育研究》2015 年第 5 期。

王家伦：《设课堂与课堂预设，课堂生成与生成课堂》，《中学语文教学参考》2015 年第 7 期。

王家伦：《论语文课堂导语的价值取向》，《中学语文教学参考》2015 年第 12 期。

朱开群：《对构建思想政治课“导学式”目标教学模式的思考》，《教育探索》2002 年第 2 期。

朱开群：《思想政治课情感教学艺术》，《现代中小学教育》2006 年第 6 期。

朱开群：《新课程实施过程中教师主导作用的缺失》，《现代中小学教育》2006 年第 12 期。

后　　记

《大学文科师范生教学技能十二讲》是苏州科技大学“本科教学工程”汉语言文学重点专业建设系列教材之一。苏州科技大学前身苏州科技学院，由原铁道部直属高校苏州铁道师范学院与原建设部直属高校苏州城建环保学院于 2001 年合并组建而成，学校现有的九个师范类专业基本上都一脉沿自苏铁师的相关专业，其历史积淀是比较深厚的。汉语言文学专业是苏铁师最早建立的专业之一，经过三十多年的发展，该专业已经积累了比较深厚的基础。作为学校重点建设专业之一，汉语言文学专业在近些年进行了一系列的教育改革，改变以往重理论轻实践的办学思路，大力加强对师范专业学生教育教学技能的培养，就是其中改革力度较大、成效比较突出的一项工作，编写《大学文科师范生教学技能十二讲》乃是这项工作的一个有机组成部分。

我们最初的设想是编写一部专门针对汉语言文学专业师范生教学技能培养的教材，但经过充分调研后，我们听取了业内专家的建议，决定编写一部针对汉语言文学、历史学和思想政治教育这三个专业类别师范生教育教学技能提升的综合性教材。以上三个专业，在师范生培养方面存在着诸多的共通之处，校内这三个专业的合作也比较多，因此，从师范生教学技能培养的角度对其进行“组合”也切实可行。

本教材是集体智慧的结晶。它的编写者不仅包括苏州科技大学汉语言文学、历史学和思想政治教育三个师范专业的专任教师，还包括江苏其他高校和苏州地区教育科学研究方面的知名专家，以及全国各地在中学教育一线工作的教师，换言之，它是高校教师与教育研究机构学者、中学教师共同完成的一项工作。编写者群体构成的特点，决定了本教材理论与实践相结合、前沿成果与基础知识相结合的性质。

教材的前期策划由主编陆道平、路海洋主持完成，编写具体工作由路海洋总负责，副主编王玲玲协助路海洋开展编写人员组织、沟通、协调等多方面工作。2015 年 4 月，路海洋草拟了教材编写提纲的初稿及写作说明，经过编委会讨论，由丁敏拟写了提纲第二稿。5 月中旬，编委会就提纲第二稿进行了研讨，并由王家伦完成了提纲第三稿；此后，吴格明、王玲玲、傅嘉德、朱开群等又就提纲第三稿提出了诸多修改、完善的意见，王家伦、朱开群还先后撰写了教材编写的样稿。2016 年初，在教材第一稿完成之后，路海洋对相关稿件进行了统稿、润色，吴格明通读了书稿，并提出了系统修改书稿的详细意见；3 月，编委会讨论、通过了吴格明的修改意见；4 月底，教材第二稿杀青，路海洋再次统稿、审定，并整理了主要参考文献。

教材编写具体分工如下：绪论——周永沛、傅嘉德；第一、第二、第三讲——丁敏；第四、第五讲——王玲玲；第六讲——熊壮、董问博；第七讲——王家伦；第八讲——陈卫东；第九讲——刘桂萍(吴格明负责校改润色)；第十讲第一节——吴松、路海洋、陈娇华，第二、第三、第四节——王家伦、张莉；第十一讲第一节——赵琪，第二、第三、第四节——祖晶然；第十二讲——朱开群。

本教材编委来源广泛，其中不少编委都是相关研究领域的知名专家，但集体协作完成的成果，总不免存在写作风格不完全统一的不足；另外，书中提出的一部分创新观点，也有待实践的检验和印证。要之，这部在一年多时间内编写完成的教材，一定有不少缺点和不完善之处，敬祈方家学者、广大师生和读者朋友不吝批评教正！

本教材在前期策划和编写过程中，得到了诸多专家学者和苏州科技大学领导、同行的关心、指导，在本教材付梓之际，我们对教材全体编委、各位领导、同行，表示衷心感谢！最后，对武汉大学出版社的大力支持及白绍华编辑的辛勤付出，我们也表示由衷的谢意！

编　者

2016年6月